Für Bernd

Für interessante Stunden
ein Buch voller Gedanken-
bilder

von [redacted] und [redacted]

Weihnachten 1990

[redacted] [redacted]

Claude B. Levenson DALAI LAMA

CLAUDE B. LEVENSON

DALAI LAMA

DIE AUTORISIERTE BIOGRAPHIE DES NOBELPREISTRÄGERS

Aus dem Französischen von
Elisabeth Mainberger-Ruh

BENZIGER

Die französische Originalausgabe
erschien 1987 unter dem Titel
Le Seigneur du Lotus Blanc. Le Dalaï-Lama
bei Lieu Commun.

Für die deutsche Ausgabe hat die Autorin
die Entwicklung bis Frühjahr 1990 eingearbeitet.

Die Friedensnobelpreis-Rede erschien erstmals
in deutscher Übersetzung in der *FAZ* vom 31. 1. 1990.
Abdruck mit freundlicher Genehmigung der Übersetzerin
Karin Schulte

ISBN 3 545 34058 6

INHALT

Mein Dank geht an all jene, ohne die dieses Buch eine Utopie geblieben wäre, vor allem aber an den Kostbaren Meister, der es möglich gemacht hat.

Claude B. Levenson

THE DALAI LAMA

VORWORT

Ich kenne Frau Claude B. Levenson nun seit einigen Jahren. Sie hat Sympathie und Verständnis für die tibetische Frage gezeigt. Dies ist sehr zu würdigen, denn es handelt sich um eine komplexe, sehr mißverstandene und wenig bekannte Frage.

Frau Levenson hat die tibetische Frage in ihrem Buch *Le Seigneur du Lotus Blanc* mit Klarheit und Aufrichtigkeit behandelt. Ich bin zuversichtlich, daß diese deutsche Ausgabe ebenso erfolgreich sein wird wie das französische Original.

Wenn du über den Berg gehst,
dann wirst du den Palast
des Königs aus dem Lande des Lotus
erblicken ...

Djroazanmo
Tibetische Volksweisheit

ERSTER TEIL

ERINNERUNGEN AUS DEM LANDE BOD

I

Monlam in Bodh Gaya

Alles deutet darauf hin, daß unser Geist,
sich auf die Spitze treibend, jener Ort ist,
an dem Leben und Tod, Reales und Imaginäres,
Vergangenes und Künftiges, Mitteilbares und
Unmitteilbares, Höhe und Tiefe nicht mehr
als Gegensätze wahrgenommen werden.

André Breton

Granat und Safran – die Farben der Mönchsgewänder verstärken noch das blendende Weiß der Steine unter dem Bodhibaum, dessen dichtes Blätterwerk den ehrwürdigen, am Ort des Erwachens des Buddha errichteten *Stupa* beinahe in den Schatten stellt. Lebendig und wie den Tiefen des Seins entsprungen, formt sich der Gesang von Tausenden von Mönchen zu einem klangvollen Schild: der Raum des Heiligen wölbt sich siegreich, unantastbar und unverrückbar über der Erde der Menschen.

Es war im Dezember 1985 in Bodh Gaya, im hintersten Winkel Indiens, im rückständigen – von Geschichte und Menschen wie vergessenen – Bihar. Ein abgelegener Weiler, dem Tausende von buddhistischen Pilgern zu Fuß, in Bussen, auf Lastwagen, ja sogar auf Ochsenkarren zustrebten. Teils waren sie Wochen unterwegs gewesen, hatten mit oder ohne Erlaubnis die furchterregenden Himalajapässe überwunden, um vom anderen Ende Tibets, jenseits der großen Wüstengegenden und Hochebenen, hierher zu gelangen – nur um ihren geistlichen Führer zu hören und zu sehen und so einen Augenblick intensiver Gemeinschaft zu erleben. Unwettern und Verboten trotzend, brach der Strom der ankommenden Gläubigen nicht ab, vermengte sich mit der wogenden Vielfalt einer inbrünstigen und farbenprächtigen Menge, freudig und ernst zugleich, untrennbar vereint um eine seit Menschengedenken nicht abreißende Kette von Inkarnationen, die Zeuge einer Daseinsform, einer Heiterkeit, einer Weisheit ist.

Will man den Alten, den Hütern der Tradition mit gefurchtem Gesicht und jugendlich aufblitzenden Augen, Glauben schenken, so muß man weit – sehr weit – zurückgehen, um auf die Spuren eines derartigen Zusammentreffens zu stoßen. Jahrzehnte zurück, nach Lhasa zurück, dorthin, wo in der Erinnerung des schlohweißen Lama die nach den Neujahrszeremonien stattfindenden Großen Jahresgebete für das Wohlergehen aller Wesen solche Ausmaße annahmen. Während einer Woche verwandelte sich dann die Stadt in ein gigantisches Kloster. Es war die Zeit, als Lhasa noch eine sagenumwobene, verbotene Stadt war – Ort des Göttlichen.

An diesem sonnigen Dezembertag jedoch, in diesem von den unzähligen Schritten der gläubigen Menge aufgewirbelten, nicht faßbaren und glitzernden Staub, schiebt sich Lhasa vor Bodh Gaya, und die umliegenden Tempel geben sich, da Berge fehlen, den Anschein von Hügeln. Um den Lebensbaum formiert sich ein phantastisches lebendiges *Mandala*, zwischen Schatten und Sonne wogt die weinrote Menge, gesäumt vom Orange der Mönche; Tausende von kahlgeschorenen Häuptern wenden sich einem kleinen, wenige Meter neben dem kräftigen Stamm errichteten, erhöhten Podest zu – dem Thron des Weißen Lotus, überdacht von einem mächtigen gelben Sonnenschirm, dem Königssymbol.

Warten. Schweigen. Ein Windstoß geht wie ein leises Beben und Zittern vorbei, die Gebetsfahnen, überall wie ineinander geflochtene Girlanden gespannt, leuchten in den Farben des Regenbogens, ein Glöckchen erklingt, als Echo der Triller eines Vogels, weit entfernt tönt dunkel eine Trompete. Warten. Schweigend haben sich vier Groß-Lamas, Oberhäupter der Schulen des tibetischen Buddhismus, in ihre den Thron umgebenden Sessel begeben, auf halber Höhe zwischen dem Boden und dem Sitz des Zeremonienmeisters. Mönchlein und junge Reinkarnationen von ehrwürdigen Weisen reißen die Augen auf: noch nie haben sie einer derartigen, außer aller Zeit stehenden Zeremonie beigewohnt.

Flöten und Trommeln kommen näher, die Melodie wird klarer, begleitet vom Rhythmus der raschen Schritte, die über den in Jahrhunderten ritueller Umgehung abgeschliffenen Stein gleiten. Die vertraute Gestalt des vierzehnten Dalai Lama erscheint am oberen Ende der Treppe, er steigt rasch herunter, angekündigt und gefolgt von einigen musizierenden Mönchen, vom Träger des Sonnenschirms, der kaum zu folgen vermag, und von einigen die Menge scharf musternden Leibwächtern. Der federnde Gang, die athletische Gestalt im granatfarbenen Gewand, die rechte Schulter stets entblößt, der muskulöse Arm und die kräftige Hand verstärken den Eindruck von Harmonie: die geistliche Kraft, im Blick konzentriert, drückt sich auch in der körperlichen Geschmeidigkeit und einer geradezu sinnlich wahrnehmbaren Erdhaftigkeit aus.

Inkarnation des Buddha des Grenzenlosen Mitleids, Gottkönig, Herrscher über das Schneeland, buddhistischer Mönch, Ozean der Weisheit – Tenzin Gyatso geht vorbei, auf dem Antlitz ein leuchtendes Lächeln. Die Hände vor der Stirn, verbeugt er sich vor der Statue des Großen Mitleidvollen, wirft ihm einen Blick des Einvernehmens zu, wendet sich ab, begrüßt jene Privilegierten, denen er auf seinem Weg begegnet, und schreitet auf den mit einem schweren Tuch aus schimmerndem Seidendamast bedeckten Thron zu. Erst wirft er sich davor nieder, ehrt so die Lehre des Buddha, setzt sich dann bequem im Schneidersitz hin, glättet mit einer raschen Handbewegung die Falten seines Gewandes, beantwortet die wohlwollende Aufmerksamkeit der Anwesenden mit der strahlenden Sanftheit seines Lächelns, den Blick bereits nach innen gerichtet. Murmeln und Rascheln verebben, die Stille vibriert.

Leise, kaum vernehmbar, erklingt ein Ton und setzt sich, von gewaltiger Kraft getragen, fort. Wäre da nicht dieser Mönch, aufrecht, eine aus der aufmerksam dasitzenden Menge hervorbrechende Säule, diese anhebende und anschwellende Stimme, die lauter wird und all ihre reichhaltigen Modulationen entfaltet, mehr und mehr untermalt vom immer lauter werdenden Murmeln der unzähligen Bonzen und Mönche – diese Stimme könnte aus der Erde selbst dringen, dieser von der ununterbrochenen Inbrunst der Generationen von Gläubigen geweihten Erde von Bodh Gaya. Die Zeit ist aufgehoben: diese kontrollierte Kraft, die andere Welten, alle Welten heraufbeschwört, sie erschafft von neuem den Ursprung, das Erwachen oder die Erleuchtung, und im subtilen Spiel der unsichtbaren, aber wahrnehmbaren Bindungen gibt es nur noch eine Stimme, tief und wohltönend, die auf den Ruf dieser unüberschaubaren Menge, deren Herzen im Einklang schlagen, antwortet: die Stimme des Dalai Lama.

Während Stunden entfaltet das lange Gebet sein Ritual und seine Pracht, seine Gesänge, zwischen Blätterwerk und Heiligtum schwebend. Ein kurzer Unterbruch für eine Tasse Tee aus dickbauchigen Teekannen, mit Butter und Salz nach tibetischer Art, ausgeschenkt von einer Menge lachender Mönche, die sich, glücklich über den Vorwand, die Füße vertritt. Noch eine Überraschung. In das großartige tibetische Ritual fügen sich eine japanische Zen-Melodie, ein koreanischer Gruß, eine birmanische Opfergabe ein. Am Fuße des Lotus-Throns sind, Farbtupfern gleich, die gelben Gewänder der Theravada-Bonzen, der Anhänger des Kleinen Fahrzeuges, im dunklen Purpur die der Anhänger des Großen Fahrzeuges auszumachen.

Die Sonne senkt sich, in der flimmernden Luft sendet sie ihre letzten Strahlen aus – zum Ruhme der von innerem Feuer durchdrungenen Litanei, die gegen den Himmel strebt. Ein Gongschlag, dumpf und unglaublich klangvoll zugleich, wirft einen Mantel der Stille. Unzählige Lichter werden in der heranbrechenden Abenddämmerung entzündet, und plötzlich ist die Nacht da. Die Butterskulpturen glänzen im Halbdunkel, der große Zeremonienmeister verschmilzt für einen Augenblick mit dem wogenden Meer der Mönchsgewänder, begibt sich dann in die Menge, um Tara zu begrüßen, die seit Anbeginn der buddhistischen Zeit Tibet schützt, verschwindet schließlich lächelnd und zieht sich ins Kloster zurück.

Ausnahmsweise der Initiation des Rades der Zeit in Bodh Gaya voraufgehend, ist das Große Gebet für das Glück aller Wesen beendet. Wie ich dann von der äußeren Zinne des Tempels herabblicke, bleibt mir im Herzen die Vision einer aus Blättern des Bodhibaums geflochtenen Krone, eines Mönchs von ansteckender Heiterkeit. Zeitlosigkeit, das Gefühl der Unwandelbarkeit, der Erfüllung im Raum, des wundersamen Zusammentreffens von gestern und morgen in diesem Brennpunkt des Augenblicks, der fortdauert und plötzlich den Glanz der Ewigkeit erlangt.

In meinem Traum habe ich eine Barke, einen Schiffer und einen Fluß gesehen. Aber kein anderes Ufer. Nur der unbewegliche Horizont auf der Linie des Unendlichen – wie die Erinnerung an einen im Gedächtnis vorgezeichneten Weg, ein Leben, das vorüberzieht, eine Vision, ein Zeichen oder ein Traum. Eine Gegenwart.

II

Von Mythos und Geschichte

Das Leben ist kein Problem, das es zu lösen, sondern eine Wirklichkeit, die es zu erfahren gilt.

Buddha

Die Institution des Dalai Lama als solche ist Inbegriff der Anziehungskraft und der Kühnheit, aber auch des Tiefgangs einer einzigartigen Kultur, in der sich Mythos und Geschichte die Hand reichen, sich in ihren Erscheinungsbildern gegenseitig stützen und unentwirrbar durchdringen; sie läßt die Legende hinter sich, um sich als Wirklichkeit zu behaupten.

Eine zumindest auf den ersten Blick verwirrende Wirklichkeit, zwingt sie doch dazu, auf Dimensionen einzugehen, die normalerweise den Dichtern und Künstlern, den Träumern und Mystikern, manchmal auch den Gelehrten und den nach dem Unmöglichen Strebenden überlassen werden. Auf dem Dach der Welt jedoch schreiben sich die Begriffe von Zeit, Raum und Unendlichkeit, von Zeitlosigkeit und Ewigkeit – also von Reinkarnation – in das leibhaftige Wesen eines gemeinsam beanspruchten geistlichen und intellektuellen Erbes ein.

Damit ist bereits gesagt, wie natürlich und selbstverständlich die Vorstellung der Reinkarnation ist – nicht einfach Transmigration, also Wanderung einer Seele von einem Körper zum anderen, von einem Leben zum anderen bis in alle Ewigkeit und bis zur Vollendung der Zeiten, sondern bewußter Entscheid, zurückzukommen, von neuem Gestalt anzunehmen, um so der unermeßlichen Myriade von Wesen helfen zu können.

In seinen Grundzügen steht der tibetische Buddhismus – korrekterweise müßte von dem in Tibet praktizierten Buddhismus gesprochen werden – in direkter Fortsetzung der großen philosophischen Tradition Indiens. Aber wie jedes lebendige Prinzip hat er eine eigene Entwicklung durchlaufen, sich gemäß dem eigenen Rhythmus entwickelt und sich an ganz außergewöhnliche Umstände angepaßt. Um nüchtern zu seinen schwindelerregenden Geheimnissen vorzustoßen, genügt es, vorgefaßte Meinungen abzulegen und ohne Furcht zu sein – für alle Abenteuer empfänglich. Und sie lassen denn auch nicht auf sich warten.

Überall in der Welt haben die Menschen seit jeher nach dem Geheimnis der Unsterblichkeit gesucht. Einige haben es erahnt, einige haben es fast erreicht, die Tibeter haben es vielleicht ergründet. Die Kette der Dalai Lamas deutet es an; einige Blicke, bei Begegnungen zufällig erhascht, kommen aus einer Ferne, einer Tiefe, einer offenkundig ganz anderen Raum-Zeit-Dimension, daß blitzartig der Gedanke auftaucht, es brauche tatsächlich viele Leben, um diese Blicke so klar werden zu lassen. Die Geschichte, die wahre – von der Geschichtsschreibung berichtete – Geschichte beginnt wahrscheinlich im Dunkel der Zeiten. Die Geschichte des Weisen, des großen Weisen beginnt etwas später, vor sechs Jahrhunderten in der anhebenden Neuzeit.

Wie alle Völker der Erde lebte das tibetische Volk innerhalb seiner natürlichen, in diesem Fall äußerst mächtigen Grenzen und der von ihm im Laufe der Zeit geschaffenen Verteidigungslinien. Wenn sein Abenteuer so ungewöhnlich erscheint, dann zweifellos auch deshalb, weil es in der Isolation gelebt wurde, geschützt vor den Blicken der Menschen in der Ebene, die gleichwohl nie von der Vorstellung ablassen mochten, dort oben wohnten die Götter. Und manchmal beliebten die Götter, sich in die Angelegenheiten der Menschen einzumischen, sie scheuten sich nicht, zu ihnen herabzusteigen: dabei nahmen sie die überraschendsten Gestalten an, blieben aber zugleich sich selbst. Nach dem Bilde der Götter kommen und gehen auch die Wesen, in einer zeitlosen Folge der Welten. Bis sie sich vom Trugbild der Illusionen befreien, bis sie die Schwelle des Todes, der Erkenntnis oder der Weisheit überschreiten und sich so vollenden.

Tibet, das verbotene Land, hat lange Zeit die Vorstellungswelt der Menschen belebt. Verkannt und unbekannt, war es für jene, die von ihm träumten, ein Rätsel. Sich aufzumachen, es zu entdecken hieß, dem Unerreichbaren zu trotzen, das Geheimnis herauszufordern. Zurück kamen manchmal Berichte, die so wundersam waren, daß sie an Legenden grenzten; das Heraufbeschwören der bezaubernden Schönheit, der Einsamkeit und der majestätischen Größe belebten eine mit Angst durchmischte Neugier. Ins Zentrum dieser tastenden Zugänge gelangt, führte der Faden der Ariadne unweigerlich zu jenem geistlichen und weltlichen Herrscher, den man den Gottkönig oder den Lebenden Buddha, das Alle-Wünsche-erfüllende-Juwel und den Kostbaren Meister nennt, der sein Land und sein Volk in so hohem Maße symbolisiert, daß sie unzertrennlich geworden sind.

Als Erfüllung einer von Höhen und Tiefen, von extremem Widerspruch und zeitweiligem Gleichgewicht geprägten langen geschichtlichen Entwicklung ist die Institution selbst um das 16. Jahrhundert im Verlauf mehrerer Generationen entstanden. Seltsamerweise herrscht jedoch der Eindruck vor, der Dalai Lama verkörpere eine bestimmte Daseinsform und einen bestimmten Lebensstil derart absolut, daß er seit jeher im Schneeland existiert habe – zumindest als Möglichkeit, die genau dann zur Entfaltung gelangte, als es notwendig wurde. So treffen geistige Schau und Geschichte zusammen, gehen einen gemeinsamen Weg.

Als buddhistisches Land, vom 7. Jahrhundert an unter der Regierung des dreiunddreißigsten großen Herrschers Songtsen Gampo und durch Macht und Ruhm von Meistern wie Padmasambhava oder Atisha zu dieser Weltanschauung gelangt, ist Tibet ebensosehr von der buddhistischen Lehre geprägt, wie diese vom Charakter seiner rauhen Bewohner beeinflußt ist. Als magische Erde schlechthin – wie diesen schwindelerregenden Höhen mit ihrer gewaltigen Kette von Bergspitzen, Gipfeln und Zacken entgehen? – stand das Land Bod den kühnsten Abenteuern des Geistes offen. Im Aufstieg und Fall mehrerer sich ergänzender oder rivalisierender Schulen, die je nach Epoche um weltliche Macht und politische Dominanz kämpften, haben sie Gestalt angenommen.

Wie anderswo auch haben mehr oder weniger mächtige Könige Krieg geführt, sich Gunst oder Zorn der überall auf diesen weiten Höhen entstandenen Kloster-Festungen zugezogen. In diesen *Gompas,* die Zwingburg und Marktflecken zugleich sind, spielte sich die Existenz des Laien unter dem unmittelbaren Schutz der hohen oder niedrigen, gebildeten oder ungebildeten Lamas ab, die manchmal weiße oder schwarze Magie betrieben – im Schatten der Schutzgottheiten, deren Wohlwollen es sich in den entscheidenden Lebensabschnitten zu sichern galt, um nicht deren Zorn herauszufordern. In der Stille der Zellen oder der abgelegenen Einsiedeleien jedoch suchten Mönche ohne Unterlass nach etwas anderem und gaben mit leiser Stimme – manchmal, so wird berichtet, allein durch die Macht des Gedankens – ihre erstaunlichen Entdeckungen an ihre Schüler weiter. Diesen war es dann vorbehalten, auf dem vorgezeichneten Weg weiterzukommen.

So haben sich, von der entlegensten Vergangenheit bis hin zur Rationalität unserer Tage, Ketten der Überlieferung gebildet: die Erkenntnis schlägt Abkürzungen ein, über die man nur staunen kann. Die Reinkarnation erklärt nicht alles, aber sie ist der Eckpfeiler der überraschenden Souveränität der Dalai Lamas in Tibet. In einer vom Gesetz der Energie und ihrer Transformationen regierten Welt tritt sie als eine Möglichkeit unter anderen auf und schreibt sich logischerweise in eine Zeit ein, die die im Westen gängigen Begriffe von Leben oder Tod übersteigt.

Am Anfang des Buddhismus im Lande Bod stand Guru Rinpoche, der Kostbare Meister Padmasambhava, der aus Indien gekommen war, die Lehre zu verbreiten. Er wirkte so überzeugend, war so geschickt und mächtig, daß die Bewohner der Hochebenen das Kriegsgerät mit den Gebetsmühlen vertauschten. In der Folge der Errichtung von Samye, dem ersten vom großen Padmasambhava selbst gegründeten Kloster, entstanden weitere Klöster und übten einen immer mächtigeren Einfluß auf die Bevölkerung aus.

Nach und nach bildeten sich unterschiedliche Schulen heraus, die sich im wesentlichen auf vier Zweige verteilten – «die Alten» oder Nyingma-Schule geht direkt auf Padmasambhava zurück; die Kagyüpa-Schule, die Schule der «geflüsterten Überlieferung», die auf Marpa Lotsawa (den Übersetzer) und seinen berühmten Schüler, den Dichter Milarepa, zurückgeht; dann die Sakya-Schule, die nach ihrem ersten Kloster benannt wird; und schließlich die Gelugpa-Schule – die Schule derjenigen, «die die Tugend praktizieren» –, die aus der Reform von Tsongkhapa hervorgeht. Der Dalai Lama gehört dieser Schule an und ist gleichzeitig geistliches Oberhaupt aller Tibeter.

Erwähnt sei, daß zwischen diesen unterschiedlichen Ausdrucksformen ein und desselben Glaubens keinerlei Rivalität besteht: die Schulen ergänzen sich und sind aus der gleichen grundlegenden Lehre hervorgegangen, der Lehre des Sakyamuni, des historischen Buddha. Als äußeres Unterscheidungsmerkmal vom Rot der Alten (Rotmützen) tragen die Gelugpas eine gelbe Kopfbedeckung; zudem halten sie sich strikt an Zölibat und Alkoholverbot. Mit seiner im 15. Jahrhundert durchgeführten Reform verstärkte Tsongkhapa die Disziplin innerhalb der Klostergemeinschaft und reinigte die religiösen Praktiken von einigen der Bon-Religion (der vom Schamanismus inspirierten autochthonen Religion) entlehnten Riten, die schließlich den ursprünglichen Sinn der buddhistischen Lehre verzerrt hatten.

Neben einer außergewöhnlichen Gelehrsamkeit und einer allgemein anerkannten brillanten Intelligenz – dem kollektiven Gedächtnis noch immer präsent – hat Tsongkhapa seinen Schülern eines der außerordentlichsten Klöster im Tal von Lhasa hinterlassen, das von ihm 1409 gegründete Gaden, dessen Namen «Erde der Freude» bedeutet. «So weit das Auge reicht», schrieb Giuseppe Tucci, der italienische Tibetologe, 1949, «sieht man nur ein Meer von Bergspitzen. Vor diesem grandiosen Hintergrund löst sich Gaden in der schmucken Eleganz der von leuchtendem Purpur gesäumten, frisch gekalkten Mauern, seiner Tempel und seiner golden flammenden Dächer. Die mächtigen Gebäude scheinen schwerelos, als Schattenriß in einem wolkenlos blauen Himmel. Eine Vision, die nicht von dieser Welt ist.»[1] Dort oben auf den Bergen ist der Himmel noch immer blau. Aber von Gaden – so benannt nach dem Paradies, in dem Maitreya, der Buddha der kommenden Zeiten, auf seine Stunde wartet – bleiben heute nur noch Ruinen: auf ihrem Weg haben die chinesischen Rotgardisten alles geschleift. Und geduldig, demütig bauen die Tibeter wieder auf.

Im 15. Jahrhundert hatte sich Tsongkhapas Ruf weit verbreitet, war bis in die entlegensten Täler auf dem Dach der Welt gedrungen. Der Reformer war weise, und seine Schüler waren zahlreich. Am nächsten stand ihm Gedun Truppa, einer seiner Schüler. Einer Familie von Viehzüchtern entstammend, die in den Hochebenen des westlichen Tibets ihre Herden von Weide zu Weide führte, ist sein erster Kontakt mit der Welt der Menschen nicht ohne Originalität. Laut tibetischen Chroniken brachen in einer von Winden und Stürmen gepeitschten, dunklen und kalten Nacht plötzlich Räuber in den Weiler ein. Schreckerfüllt flohen die Bewohner ins Feld, und die verängstigte junge Mutter hatte nur eben Zeit, ihr Neugeborenes hinter einigen Steinen zu verstecken. Als die Gefahr vorbei war und die Dorfbewohner zurückkehrten, stellten sie nicht ohne Staunen fest, daß der Säugling, von einem Raben bewacht, lächelnd spielte. Sie schlossen daraus, daß es kein gewöhnliches Kind war...

Wie um sie in ihrem Urteil zu bestätigen, zeigt Gedun Truppa schon sehr früh eine klare Neigung und eine überdurchschnittliche Fähigkeit für Studium und Religion. Beim Tode seines Vaters tritt der inzwischen Siebenjährige in den Dienst eines Mönchs in einem unweit von Shigatse gelegenen Kloster, bevor er sich dann selbst einkleiden läßt. Zur Verblüffung seiner Gefährten beginnt er unverzüglich philosophische Abhandlungen und religiöse Texte zu verfassen. Mit zwanzig Jahren begegnet er Tsongkhapa und wird einer seiner eifrigsten Schüler. Von einem weiteren treuen Mitarbeiter Tsongkhapas, Sherab Senge, wird er in die subtilen Geheimnisse der *Tantras* eingeführt.

Während Jamyang Chojay am Rande von Lhasa das berühmte Kloster Drepung gründet, läßt Gedun Truppa in Shigatse Tashi-lhunpo errichten, ein Kloster, dessen Bau er bis in alle Einzelheiten überwacht und das im Verlauf der Zeit zu einem wichtigen politischen Machtfaktor der tibetischen Geschichte werden sollte. Aber genügt ein Menschenleben, selbst wenn es wie dasjenige von Gedun Truppa zweiundachtzig Jahre dauert, wenn man mit einem solchen Unterfangen beschäftigt ist? Das war nicht die Meinung des Schülers von Tsongkhapa, der auf seinem Sterbebett erklärte, er werde wiederkommen, um seine Aufgabe weiterzuführen. Als einziges

Testament schärfte er seinen Schülern ein, «sich der Lehren des Meisters Buddha zu erinnern und sie mit höchstem religiösem Eifer zu meditieren». Als der Geist den Körper verließ, so notierten die Schreiber peinlich genau, begann seine sterbliche Hülle zu leuchten, ohne zu zerfallen, und nahm eine goldene Farbe an.

Die außergewöhnlichen Qualitäten und der exemplarische Wille dieses unvergleichlichen Mönchs festigten die Vorstellung, er sei tatsächlich eine Reinkarnation des Schutzgottes des Hochlandes, Chenresi, Herr des Grenzenlosen Mitleids, gewesen. Zum ersten Mal, zumindest erstmals offiziell in dieser Form, tritt die Auffassung vom *Bodhisattva* in der tibetischen Welt in Erscheinung: das Wesen der Erleuchtung, derjenige, der lehrt und hilft. Durch Reflexion, tägliche Disziplin, Meditation und unermüdliche Anstrengung ist es dem Menschen demnach möglich, im Verlauf eines einzigen Lebens zur Erlösung, zum Nirwana – zur Buddhaschaft – zu gelangen. Aber statt endgültig in den ruhmreichen unendlichen Frieden einzugehen, entscheidet sich der Bodhisattva bewußt dafür, wieder menschliche Gestalt anzunehmen, auf die Erde zurückzukehren, um alle leidenden Wesen auf dem Weg zur höchsten Vollendung zu trösten und zu führen.

Geistige Schau, Hirngespinst, eine Realität von solcher Evidenz, daß sie sich wie von selbst aufdrängt? Wie dem auch sei, Tatsache ist, daß die tibetischen Buddhisten nicht davon ablassen: der Bodhisattva ist Teil ihrer Weltanschauung, genauso wie das *Karma* – Gesetz der Ursache und ihrer Wirkungen – oder die in anderen Breitengraden als übernatürlich eingeschätzten Kräfte der großen Weisen. Im übrigen ist das Konzept des Bodhisattva nur *eine* logische Version von Reinkarnation, und in der tibetischen Geschichte gibt es bereits vor Tsongkhapa und den Gelugpas asketische Ausnahmegestalten, deren Leistungen, ja Heldentaten ebenso viele Marksteine auf dem langen Weg zur Weisheit sind.

Die Vorstellung des Bodhisattva hat sich bei den großen Meistern der Schule der Gelbmützen auch deshalb so rasch durchgesetzt, weil ihre Anhänger, im Gegensatz zu den «Alten», dem

Zölibat unterworfen sind und deshalb eine Wissensüberlieferung von Vater zu Sohn ausgeschlossen ist. Es galt einen neuen Weg der nun ausschließlich spirituellen Nachfolge zu errichten. Diese Art von Reinkarnation ist jedoch nicht dem Dalai Lama allein vorbehalten, und zahlreiche Meister, Asketen und Weise kommen, zum größtmöglichen Nutzen ihrer Anhänger, Generation für Generation immer wieder zurück: es sind die *Tulkus.* Sie sind nicht selten, und auch einige abendländische Reisende sind ihnen begegnet.

So berichtet Pater Huc von seiner ersten Begegnung mit einem «lebenden Buddha», der, von Lhasa kommend, zu seinem Kloster im Land der Khalkha, unweit der russischen Grenze, zurückkehrte: «Er war mittelgroß, von eher fester Gestalt. Sein stark gebräuntes Gesicht drückte erstaunliche Jovialität aus; aber in seinen Augen, betrachtete man sie aufmerksam, lag etwas Verstörtes, ein seltsamer Ausdruck, der uns erschreckte.» Dieser Eindruck mußte ihn auch weiter verfolgen, schreibt er doch einige Zeilen weiter unten: «Rede und Benehmen dieses Groß-Lama waren immer von äußerster Verbindlichkeit; aber wir konnten uns mit der Seltsamkeit seines Blickes nicht abfinden: es schien uns, als sähen wir in seinen Augen etwas Diabolisches und Infernales.»[2]

Wie dem auch sei, einige Jahre nach dem Weggang von Gedun Truppa erklärten die hohen Würdenträger von Drepung, er sei unter dem Namen Gedun Gyatso ins Kloster zurückgekehrt. Die so errichtete Kette sollte dann eine Generation später zur Kette der Dalai Lamas werden, die sich mit ihrem vierzehnten Vertreter bis in unsere Tage hinein fortsetzt. Im Verlauf seines Lebens, Gedun Gyatso wird siebenundsechzig Jahre alt, bemüht er sich, die bei seinem früheren Aufenthalt auf der Erde nicht zu Ende geführten Projekte zu verwirklichen; davon profitierte vor allem das Kloster Drepung, das es verstand, im Leben des Landes eine Sonderstellung einzunehmen. Praktisch sollte es sie bis zur chinesischen Besetzung von 1950 nicht mehr verlieren; es spielte vielleicht öfter, als ihm eigentlich zukam, eine wichtige politische Rolle und festigte so seinen nicht ganz ungerechtfertigten Ruf des «Dickschädels» innerhalb der

Mönchsgemeinschaft. Tatsache ist, daß sein philosophisches und spirituelles Ansehen groß war, war doch Drepung – zusammen mit Sera und Gaden – einer der «drei Pfeiler des Tibets» und stellte ein wesentliches Glied des gesellschaftlichen Gefüges dar.

An seinem Lebensabend hat Gedun Gyatso, der seine Aufgabe als unvollendet betrachtete, angeblich den Wunsch geäußert, wiederzukommen und sie weiterzuführen. Es ist also keineswegs erstaunlich, daß 1543, ein Jahr nach seinem Weggang, ein anderer junger Mönch, Sonam Gyatso, seinerseits zur Reinkarnation des Gedun Truppa erklärt wird. Mit ihm beginnt in den Annalen offiziell die Geschichte der Dalai Lamas – oder des Dalai Lama, anerkennt man wie die Tibeter die Unwandelbarkeit seiner inneren Persönlichkeit, seines höheren Wesens und seiner geistlichen Realität. Allein sein physischer Körper verändert sich von Generation zu Generation; er wird als zeitliche – die Zeit eines Menschlebens dauernde – Verkörperung einer göttlichen Emanation wahrgenommen, und es ist immer das gleiche Wesen, das unablässig wiederkommt, um auf dem Thron der Götter zu sitzen und den Leidenden den Weg zur Erleuchtung zu weisen.

Parallel zum religiösen Geschehen vollzog sich auf dem Dach der Welt eine andere Entwicklung, jene der Menschen und der Macht, ihrer Intrigen und inneren Zwiste. Unter den verschiedenen buddhistischen Schulen, die in dem Maße, wie sie sich in inneren wie äußeren Angelegenheiten die Protektion der weltlichen Macht sichern konnten, nacheinander die Oberhand über die anderen zu gewinnen vermochten, kehrten schließlich stabile Verhältnisse ein. Grundsätzlich kam dies einer allmählichen Harmonisierung und Abgrenzung der Bereiche zwischen dem buddhistischen Klerus und dem weltlichen Adel gleich. Letztlich hat die Religion den Vorrang gewonnen, und zwar durch Aneignung der weltlichen Macht: trotz Höhen und Tiefen, Schwächen und unangenehmer Überraschungen im Verlauf der Jahrhunderte konzentriert der Dalai Lama in seinen Händen die Totalität der Macht. Ob er sie nun so oder so, vielleicht sogar mit einigen Vorbehalten ausübe, für die Tibeter bleibt er der

Inhaber der höchsten Macht. Wie könnte es für einen Gottkönig auch anders sein?

Die relative Isoliertheit Tibets hat dem Land im allgemeinen eine De-facto-Unabhängigkeit garantiert, ohne es jedoch gänzlich vor der Begehrlichkeit seiner Nachbarn zu schützen. Ausgenommen zur großen Zeit von Songtsen Gampo, als die Militärmacht von Lhasa selbst von den Söhnen des Himmels gefürchtet wurde, waren die Verbindungen nach außen oft konfliktträchtig; das gilt für China, aber auch für die Mongolei unter den erobernden Chan.

Im tibetischen Mittelalter ist der Buddhismus, nach der Verfolgung durch den Apostaten-König Lang Darma, um die Jahrtausendwende unter dem Einfluß des großen indischen Weisen Atisha aus seinen Trümmern auferstanden. Es war die Glanzzeit des Mongolenreiches, und die Rivalitäten zwischen tibetischen Klöstern wurden von den benachbarten Herrschern geschickt zum eigenen Vorteil genutzt. Im 13. Jahrhundert ernennt Godan, Sohn von Ögädäi und Nachkomme des berühmten Dschingis Chan, das Oberhaupt der Sakya zum Vizeregenten des Hochlandes: zum ersten Mal wird ein religiöser Hierarch höchster Würdenträger Tibets. Ein Jahrhundert später begann der Machtzerfall der Sakya, die sich der Vorherrschaft der Kagyüpa beugen mußten. Theoretisch jedoch unterstützte die Kirche auch weiterhin die zivile Gewalt, verkörpert im König, der ihr wichtigster Beschützer geworden war. Die Reform von Tsongkhapa bringt dieses unstabile Gleichgewicht durcheinander und führt zum unwiderstehlichen Aufstieg der neuen Schule der Gelbmützen.

Mit Sonam Gyatso geht das Experiment zu Ende und wird zur Institution. Einmal mehr handelt es sich um eine herausragende Persönlichkeit, in der sich die unbestreitbaren Qualitäten des Gelehrten mit einer außergewöhnlichen Überzeugungskraft aufs glücklichste vereinigen. Von Altan Chan, der zu jener Zeit im Land Amdo, unweit des Koko-Nor-Sees residierte, eingeladen, geht ihm, wenn er in der fürstlichen Hauptstadt, Khar Ngonpo, eintrifft, sein schmeichelhafter Ruf voraus. Um seine

Talente unter Beweis zu stellen, habe er nicht gezögert, auf dem langen Weg immer wieder seine übernatürlichen Kräfte zu benutzen, um so das mongolische Volk zu beeindrucken, das denn auch sogleich von Wundern sprach. Wenn man jedoch den historischen Berichten Glauben schenken will, dann waren es eher sein umfassendes Wissen, seine Bescheidenheit und seine überwältigende Frömmigkeit, die Altan Chan so sehr beeindruckten, daß er die Weltanschauung seines illustren Gastes übernahm. Sonam Gyatso stellte seine Ansichten über die Reinkarnation so meisterhaft dar, daß er den mongolischen Herrscher davon zu überzeugen vermochte, er sei früher der große Khubilai Chan in Person gewesen, während er selbst, ein einfacher buddhistischer Mönch, sein geistlicher Lehrer gewesen sei ...

Als herausragendes Zeichen seiner Verehrung und als unmißverständliche Dankesbezeugung beehrte Altan Chan den tibetischen Weisen mit dem Titel Tale-Lama – Tale (oder «Dalai») heißt Ozean und bedeutet grenzenlose Weisheit. Auch wurde ihm ein persönliches Siegel mit der Inschrift «Dorje Chang» oder «Träger des göttlichen Donnerkeils» überreicht. Zahlreiche Verwandte und Gefolgsleute folgten dem fürstlichen Beispiel, so daß der von Tsongkhapa reformierte Buddhismus dauerhaft in der Mongolei Fuß fassen konnte. Der gegenwärtige Dalai Lama konnte dies anläßlich seiner Besuche in den Jahren 1979 und 1982 persönlich feststellen, als die hohen Verantwortlichen der Kommunistischen Partei würdevoll um seinen Segen baten ... Gleichzeitig wurden die Verbindungen zwischen den beiden Ländern dadurch enger – mit allen Konsequenzen auf geistlicher wie politischer Ebene. Das war im Jahr 1578.

Mit seiner neuen Würde bekleidet und mit einem Titel versehen, der noch zu hohem Ansehen kommen sollte, reist Sonam Gyatso dann in den östlichen Tibet, wo er das Kloster Litang gründet und unermüdlich seinen Aktivitäten nachgeht. Auf die inständigen Bitten des Sohnes und Nachfolgers von Altan Chan kehrt er in die Mongolei zurück, um die Belehrung der Gläubigen fortzusetzen. Unterwegs, nicht weit vom Koko-Nor-See, ordnet er 1582 an der Stelle, wo Tsongkhapa das Licht der Welt erblickt hatte, die Errichtung des Klosters Kumbum an, was soviel heißt wie «Zehntausend Bilder». Ein wundertätiger Baum, der aus dem Haar des Reformers hervorgegangen ist und dessen Blätter heilige tibetische Schriftzeichen tragen, wird noch in unseren Tagen verehrt.

1588 machte sich Sonam Gyatso schließlich auf den Weg nach Tibet, wurde krank und verließ seine sterbliche Hülle in den Steppen Zentralasiens. Seine Asche wurde nach Drepung übergeführt. Um ein Versprechen zu erfüllen, das er sterbend abgelegt hatte, so berichten die Chroniken, wählte er eine mongolische Familie aus, um zu seinen neuen Anhängern zurückzukehren. Nicht irgendeine Familie zwar, sondern ganz einfach diejenige von Altan Chan, dessen Enkel Yonten Gyatso von den buddhistischen Würdenträgern als vierte Inkarnation Gedun Truppas anerkannt werden sollte und für kurze Zeit den Titel des vierten Dalai Lama trug, hatte doch Sonam Gyatso, um seine Vorgänger zu ehren, entschieden, ihnen nachträglich das ihn krönende Privileg zu verleihen.

Zwar herrschte Yonten Gyatso nur kurze Zeit – kaum fünfzehn Jahre liegen zwischen seiner im Alter von zwölf Jahren erfolgten Inthronisierung und seinem Tod im Jahr 1617 –, doch stellt seine Regierungszeit einen entscheidenden Wendepunkt dar. So verstärkte er insbesondere die Beziehungen zwischen Tibet und der Mongolei, was sich bereits in der nächsten Generation als äußerst wichtig erweisen sollte.

Eine Zeit der Wirren, voll Ungewißheit und Unbeständigkeit, schafft die für die Heraufkunft eines starken Mannes günstigen Umstände, eines Mannes, der Tibet einigen sollte. Sein Charakter, seine Persönlichkeit und sein prägender Einfluß auf sein Land sind so groß, daß er als der «Große Fünfte» – Dalai Lama selbstverständlich – in die Geschichte eingehen wird. Auf jeden Fall war er der erste, der sich zugleich als Meister der Weisheit mit unbestreitbaren Leistungen und als gewiegter Politiker, aber auch als kluger Verwalter und Erbauer der Zukunft durchsetzen konnte; viele seiner Reformen konnten sich denn auch, mit einigen Veränderungen und Anpassungen durch den dreizehnten Dalai Lama zu Beginn des 20. Jahrhunderts, bis zur chinesischen Eroberung von 1950 halten. Rauh waren die Zeiten und groß die Streitigkeiten zwischen den im Niedergang befindlichen Karmapas und den aufkommenden Gelugpas. Sporadisch spielten die Mongolen den Schiedsrichter, während die Rivalitäten zwischen dem Reich Tsang, im Gebiet von Shigatse, und dem Reich Ü, im Zentrum des Landes bei Lhasa gelegen, von den Mißverständnissen zwischen den Groß-Lamas und den von ihren jeweiligen Protektoren geknüpften Intrigen nur noch gesteigert wurden.

Von den höchsten Würdenträgern ordnungsgemäß anerkannt und verifiziert, war die Wiedergeburt des Dalai Lama, des fünften in der Kette der Dalai Lamas, 1617 in Chongyas erfolgt. Der Neugeborene hieß Ngawang Lobsang Gyatso. Aber wegen der Unsicherheiten, von denen das Schneeland bedroht war, wurde die Ankündigung seiner Entdeckung verzögert und das Kind sorgfältig versteckt, bevor es 1622 nach Drepung gebracht wurde, um dort in den Genuß einer seinem Rang und seiner Bestimmung entsprechenden Erziehung zu gelangen. 1625 stand der Panchen Lama seinem feierlichen Einzug in den *Sangha,* den Mönchsorden, vor.

Dem vierten Dalai Lama verdankt das Oberhaupt des Tashilhunpo seinen Titel Panchen Lama, was soviel wie «Großer Gelehrter» bedeutet, ein Titel, den auch seine späteren Reinkarnationen tragen werden. Yonten Gyatso, der in Drepung studiert hatte und dort Schüler von Losang Chosgyan, dem Groß-Lama des Klosters Shigatse, gewesen war, bedachte ihn mit diesem Ehrentitel als Zeichen des Dankes für die erhaltene wertvolle Ausbildung. Auch diese Initiative sollte sich für Tibet als folgenreich, wenn auch nicht immer segensreich erweisen.

In der Zeit, in der der junge Lobsang Gyatso in die Pflichten seines Amtes eingeweiht wurde und seine religiöse Ausbildung genoß, wüteten außerhalb der Klostermauern die Kämpfe zwischen Anhängern der Alten und der Neuerer. Das ging so weit, daß es einigen Ratgebern und hohen Beamten seines Gefolges, die um das Leben des Kostbaren Meisters bangten, ratsamer schien, die mongolischen Herrscher um Hilfe zu bitten. Dem blutigen Streit zwischen Karmapas und Gelugpas, der auf die

Herrscher von Tsang und Ü überging, bereiteten schließlich die Mongolen durch ihr Dazwischentreten ein Ende: der Führer der Khoschoten, Gushri Chan, unter dem Banner des Dalai Lama, forderte in loyalem Kampf den Führer von Chogthu heraus, dessen Sohn Arsalang dem Dalai Lama im ehrwürdigen Heiligtum von Ramotche Treue geschworen hatte, obwohl er dazu bestimmt war, die Sache der Karmapas zu verteidigen. Es war das Totengeläute für die weltliche Macht der Rotmützen, während der Stern der Gelbmützen unwiderstehlich im Aufgehen war.

Zwischen 1637 und 1642 lösten Waffengeplänkel und Kämpfe auf dem Schlachtfeld einander ab. Beinahe kam es zur Tragödie, als Gushri Chan sich entschloß, ein für allemal mit der Arroganz des Herrschers von Tsang Schluß zu machen, da letzterer seiner Meinung nach die Autorität von Lhasa beeinträchtigte. Gegen seinen Willen in Machenschaften verwickelt, die er innerlich mißbilligte, stellte sich der Dalai Lama als Vermittler zwischen die beiden Parteien, um ein weiteres Blutbad zu verhindern. Nachdem der Herrscher der Steppen den Feind besiegt hatte, ohne ihn gänzlich zu vernichten, beugte er sich dem Willen des geistlichen Oberhaupts, und in der großen Halle des nach harten Kämpfen eroberten Klosters Tashi-lhunpo erklärte der Chan der Monogolen nach den üblichen Opfergaben den Dalai Lama feierlich zur höchsten Autorität über ganz Tibet, von Tatsienlu im Osten bis an die Grenzen von Ladakh im Westen. Zum ersten Mal war der Dalai Lama offiziell geistliches und weltliches Oberhaupt im Schneeland. Parallel dazu erhielt sein Intendant und nächster Mitarbeiter, dem nun die politische Verwaltung des Landes oblag, den Titel *Desi,* Gouverneur. In letzter Instanz jedoch ist es der Dalai Lama, der die großen Entscheidungen fällt, und er ist es auch, der nach eigenem Gutdünken den Desi auswählt. Nach den Zeremonien von Shigatse wieder zurück in seiner Stadt, faßt der Dalai Lama den Entschluß, Lhasa zur Hauptstadt von ganz Tibet zu erklären und dort auf den Trümmern des im 7. Jahrhundert von Songtsen Gampo erbauten Palastes eine Residenz zu errichten; so geht der Potala von neuem aus den Ruinen hervor und wird mit den Jahren zu einem herausragenden Symbol der tibetischen Theokratie. Potala oder Sitz der Götter.

Dem fünften Dalai Lama wurde jedoch nichts geschenkt, und wenn er schließlich sein Ziel erreicht hat, dann hat er das vor allem seiner großen Entschlußkraft und seiner politischen Weitsicht zu verdanken. Immer wieder entzündeten sich an der Grenze zu Ladakh, zu Bhutan, aber auch zu Sikkim neue Unruheherde, die jedoch jeweils rasch erstickt wurden. Als der Dalai Lama eine Einladung des auf dem Thron des Reiches der Mitte residierenden Herrschers annahm, wurde er mit großem Prunk und nie dagewesener Ehre in Beijing empfangen, wo für ihn der Gelbe Palast in der Verbotenen Stadt errichtet worden war.

Der Mann, der Tibet geeint hatte, hatte es auch verstanden, sich mit kompetenten und treu ergebenen, speziell für ihre Aufgabe ausgebildeten Beamten und Verwaltern zu umgeben. Mit ihrer Hilfe unternahm er die erste je auf dem Dach der Welt vorgenommene Volkszählung. Er führte auch ein Steuersystem ein, mit dessen Hilfe die Steuern ausgewogen verteilt, sorgfältig eingezogen und in den weltlichen Registern vermerkt wurden. Von großer Höflichkeit seinen Gesprächspartnern und Untertanen gegenüber, wußte er ohne Fehl und Tadel Recht zu sprechen und zeigte sich im Falle von Rebellionen unnachgiebig. Alle diese Qualitäten trugen dazu bei, ihn zu einer der größten Gestalten in der tibetischen Geschichte zu machen.

Weitere Vorzüge haben jedoch zusätzlich zur Größe dieses außergewöhnlichen und aufgeklärten Monarchen beigetragen. Zutiefst zum Studium und zur philosophischen Forschung hingezogen, stellte Lobsang Gyatso zeit seines Lebens eine äußerst seltene geistige Offenheit und eine bemerkenswerte Toleranz gegenüber Andersdenkenden unter Beweis. Er interessierte sich stark für die Lehren der übrigen Schulen und zögerte nicht, gelehrte Lamas anderer Obedienz als Ratgeber beizuziehen. Während seiner Regierungszeit verstärkte sich insbesondere der kulturelle Austausch mit Indien: zahlreiche Studenten und Gelehrte reisten nach Lhasa, viele buddhistische Bücher wurden übersetzt.

Für seine profanen und kirchlichen Beamten gründete der

fünfte Dalai Lama zwei Akademien, wo neben den traditionell gelehrten administrativen und religiösen Disziplinen auch mongolische Sprache und Sanskrit, Astrologie und Dichtkunst, Bogenschießen und Reiten gelehrt wurde. Seine religiösen Aktivitäten waren nicht minder groß, und er verfaßte selbst mehrere Werke – vom geistlichen Kommentar bis hin zu weltlichen Vorschriften, ja selbst eine Abhandlung über die Dichtkunst. Es war der fünfte Dalai Lama, der offiziell bestätigte, er sei die Reinkarnation von Chenresi, Herr des Grenzenlosen Mitleids und Schirmherr Tibets, anderswo Avalokiteshvara genannt. Er fügte bei, auch seine Vorgänger in der Kette der Dalai Lamas seien Inkarnationen desselben Bodhisattva gewesen.

Nach dem Tod von zwei Regenten und dem Rücktritt eines dritten wählte der Dalai Lama sehr spät seinen eigenen geistlichen Schüler, einen jungen Mann von siebenundzwanzig Jahren, Sangye Gyatso, Neffe eines ihm nahestehenden Intendanten, zum Regenten und legte die weltlichen Geschäfte des Landes in dessen Hände. Zufall oder Ahnung – Tatsache ist, daß der untadelige und umsorgte junge Regent in den folgenden Jahren eine ganz besondere Rolle spielen wird. 1682 oder im Jahr 2226 nach dem Eingang des Buddha in das Nirwana oder, gemäß dem tibetischen Kalender, am fünfundzwanzigsten Tag des zweiten Monats im Wasser-Hund-Jahr verläßt der Große Fünfte seine körperliche Hülle, abgenützt von achtundsechzig Jahren einer an Ereignissen und unermüdlicher Arbeit reichen Existenz. Schweigen umhüllt den Potala: während fünfzehn Jahren (einige sprechen von dreizehn, andere nur von neun Jahren) gelingt es Sangye Gyatso, den Tod des Gottkönigs vor der Welt zu verbergen.

Dies ist ein in mancher Hinsicht überraschendes Faktum. Wird persönlicher Machthunger – der anscheinend auch tatsächlich nicht im Spiel war – von vornherein ausgeschlossen, so verbleiben doch mehrere Hypothesen als Erklärung für den überraschenden Entscheid des Regenten. Einmal ist da die Befürchtung, die vorhandene Instabilität könnte ausarten; dann die Angst vor einer in Zeiten des Interregnums immer möglichen Intervention von außen. Drittens der Wunsch, die vom fünften Dalai Lama so innig gewollte, wahrhaft gigantische Aufgabe des Wiederaufbaus des Potala zu Ende zu führen. Das ist übrigens auch das von Sangye Gyatso offiziell vorgebrachte Argument. Aber kann man sich eine Vorstellung von der unglaublichen Erfindungsgabe machen, die er brauchte, um die Täuschung standhaft aufrechtzuerhalten?

Gewiß, der Dalai Lama hat stets ein vor indiskreten Blicken geschütztes Leben geführt, umgeben von einem äußerst strikten Zeremoniell und Protokoll. Der Ankündigung, er habe sich entschieden, sich für noch unbestimmte Zeit ausschließlich der Meditation zu widmen, haftete nichts Außergewöhnliches an – tibetische Mönche und Asketen ziehen sich oft freiwillig während Monaten, ja Jahren aus der Welt zurück, um selbst die Erfahrung bestimmter Praktiken zu machen, die absolute Einsamkeit erheischen. An sich war dieser angebliche Rückzug des Dalai Lama also keineswegs außergewöhnlich. Aber es ist eine Sache, ein solches Unterfangen publik zu machen, eine andere jedoch, ein derartiges Geheimnis so lange zu bewahren, vor allem dann, wenn es sich um eine Persönlichkeit des öffentlichen Lebens handelt.

Um dieses aussichtslose Unterfangen durchzuführen, verausgabte sich Sangye Gyatso völlig, führte gleichzeitig die eigenen Verwaltungsarbeiten und die angeblich dem Dalai Lama zukommenden Aufgaben aus. Überall zugleich anwesend, sich in offiziellen Zeremonien geschickt in Szene setzend und sich unermüdlich für alle Aspekte des Alltags interessierend, gelang es ihm, die Menschen hinters Licht zu führen. Gewiß, manchmal zirkulierten Gerüchte in Lhasa, wenn mongolische Gesandte oder ausländische Abgesandte mit dem Herrscher sprechen wollten, wenn junge Lamas seinen Segen oder besondere Unterweisung erhalten sollten. Entsprechend verkleidet und für seine Rolle angemessen instruiert, profitierte der designierte Doppelgänger vom Halbdunkel der Audienzsäle, um sein Spiel besser spielen zu können, oder brach die Gespräche ganz einfach vorzeitig ab. Nur gerade drei Personen teilten das Geheimnis der Götter ...

Dieses Komplott verhinderte nicht, daß der Regent heimlich

nach der neuen Inkarnation des Verstorbenen suchen ließ. Unter Einhaltung aller üblichen Vorsichtsmaßnahmen fand er 1685 ein kaum dreijähriges Kind aus der Gegend von Monyul, das den Anforderungen einer so hohen Bestimmung entsprach. Sangye Gyatso zog es jedoch vor, sein Geheimnis zu wahren, und das Kind wurde 1688 heimlich nach Nankartse gebracht, wo seine Unterweisung unter dem wachsamen Auge des Desi begann.

Auch hier ist es nicht einfach, die tief in das schillernde Gewebe einer bewegten Realität eingewobenen Fäden der Legende zu entwirren. Auch heute noch ist Monyul eine der geheimnisvollsten Gegenden Indiens, ungenau abgegrenzt von Tibet und Bhutan, unzugänglich und der Neugier der Fremden verschlossen. Die Bewohner des Tawangtales jedoch, die Monpa, bewahren die kostbare Erinnerung an das rätselhafte Kind, das 1682 in eine Familie von Lamas der Kargyu-Schule hineingeboren wurde, deren Vorfahren so weit in die buddhistische Tradition zurückreichen, daß sie sich direkt mit dem berühmten «Entdecker von Schätzen», Pemalingapa, verbinden lassen.

Angeblich ist der Stammsitz der Familie noch vorhanden, er befindet sich in Urgelling, rund zwanzig Kilometer von Tawang, unweit eines Klosters, dessen herausragendes Merkmal ein mehrere Jahrhunderte alter Baum mit majestätischer Krone ist. Will man der lokalen Überlieferung Glauben schenken, so habe das heimlich als Reinkarnation des Großen Fünften anerkannte Kind den heimatlichen Weiler erst nach einigem Zögern verlassen. Kurz vor der Abreise, als die Karawane bereits am Aufbrechen war, sei der kleine Knabe vor ein kümmerliches Bäumchen gestanden und habe seltsame Worte gesprochen: «Wenn die drei Äste dieses Baumes gleich hoch sein werden, dann werde ich wiederkommen . . .»

Das Kind kehrte nicht in sein Dorf zurück, zumindest nicht in diesem Leben – das dichtende Wunderkind, der romantische Liebende, dessen einfühlsame Vierzeiler getragen sind von den Schwingungen eines mystischen Elans und dem Doppelsinn einer mehr sinnlichen Sehnsucht. Aber eigenartigerweise haben sich einige an diese Geschichte erinnert, die so alt ist, daß sie bereits vom Mantel des Vergessens umhüllt war: eines Tages im April 1959 waren die drei Äste des Baumes gleich hoch geworden, und der vierzehnte Dalai Lama, eskortiert von treu ergebenen Khampa-Kriegern, überschritt die Grenze in Chuthangmo, um schließlich ins Tawangtal, im Monyul, zu gelangen – der Anfang eines neuen indischen Exils ...

Wie dem auch sei; später, als der Potala errichtet war und der Tod des Großen Fünften öffentlich verkündet wurde, begab sich der Panchen Lama persönlich nach Nankartse, um die ersten Gelübde des Jugendlichen entgegenzunehmen. Er gab ihm den Namen Tsangyang Gyatso, und 1697 wurde der sechste Dalai Lama mit den üblichen Riten auf dem Thron seiner Vorgänger eingesetzt. Von diesem Moment an beginnen sich die Dinge zum Schlechten zu wenden und einen unvorhergesehenen Lauf zu nehmen.

Zur Überraschung seiner Untertanen und zum Mißfallen seines Gefolges legt der neue Herrscher auf dem Dach der Welt Manieren an den Tag, die mit seinem Status und seinen Pflichten kaum vereinbar scheinen: er zeigt offensichtlich wenig Interesse für die geistliche Suche, liebt hingegen Bogenschießen und nimmt gerne am Wettstreit der Bogenschützen teil, der bei den Tibetern noch immer hoch im Kurs steht. Schlimmer noch, er verläßt zu nächtlicher Stunde den roten Palast, um im benachbarten Weiler zu festen und die Mädchen zu bezirzen. Das Volk staunt noch mehr, als gerüchteweise verbreitet wird, er habe sich für seine galanten Abenteuer private, ebenso raffiniert wie profan ausgeschmückte Gemächer herrichten lassen. Die Tibeter, weder prüd noch puritanisch, mögen überrascht sein, aber ihr Glaube an ihn bleibt unerschüttert. Und übereinstimmend anerkennen alle seine dichterische Begabung und sein unvergleichliches Talent, wenn es darum geht, im Hochland noch immer berühmte Liebesgedichte zu schmieden.

Obwohl eine umstrittene und eher ungewöhnliche Persönlichkeit, bleibt der sechste Dalai Lama in den Augen der Tibeter gleichwohl die authentische Reinkarnation des Großen Fünften, allein berechtigt, den heiligen Thron zu besteigen. Auf jeden

Fall ist er auch ein Dickschädel: einmal entschlossen, das endgültige Mönchsgelübde nicht abzulegen und sogar die bereits abgegebenen Teilgelübde zurückzunehmen, ist er von seinem Entschluß nicht mehr abzubringen. Der Regent, der Meister des Tashi-lhunpo, die Oberhäupter der drei großen Klöster, die mongolischen Herrscher – sie alle versuchen ihn zur Vernunft zu bringen; nichts hilft, 1702 sucht Tsangyang Gyatso den Panchen Lama im Tashi-lhunpo auf, um seine Mönchsgewänder zurückzugeben und von seinen Gelübden entbunden zu werden. Als Laie gekleidet, kehrt er in den Potala zurück, und zur Verzweiflung von Sangye Gyatso vergnügt er sich auch weiterhin damit, Lieder zu singen, zu trinken und sich zusammen mit einem Offizier seiner Leibwache in galante Abenteuer zu stürzen.

Aber eine solche Situation kann nicht von Dauer sein, denn auf der anderen Seite der Grenze wacht China und sucht nach Mitteln und Wegen, um in Tibet Fuß zu fassen, während von seiten der Mongolen der Dsungarei eine neuerliche Bedrohung heranwächst. Die Ming-Dynastie hatte den aufstrebenden Ch'ing, mit anderen Worten den Manchu zu weichen, während sich in der Mongolei die Stammesstreitigkeiten verstärkten. Diese Rivalitäten und die in Lhasa endlich zugegebene Täuschung zum Vorwand nehmend, beeilte sich Kaiser K'ang-hsi, sich in die tibetischen Angelegenheiten einzumischen. Bereits 1703 hatte der Regent demissioniert, behielt aber hinter den Kulissen die Fäden der Verwaltung des Landes in den Händen. Bereits seit einiger Zeit hatten sich die Diskussionen zwischen Tibetern und Mongolen über das schlechte Verhalten des Dalai Lama verhärtet. Um 1705 mobilisiert Lhazang Chan seine Truppen, greift Lhasa an, übernimmt die Kontrolle über Stadt und Regierung, läßt Sangye Gyatso töten und entschließt sich, sich des Dalai Lama zu bemächtigen.

Durch Verrat gefangengenommen, wird Tsangyang Gyatso zum Mongolenlager eskortiert und vom Chan abgekanzelt, der ihm alle seine Unterlassungen vorhält und ihm, in völliger Übereinstimmung mit dem Manchu-Kaiser, seine Absetzung sowie seinen baldigen Aufbruch ins Exil ankündigt. Dem Dalai

Lama gelingt es gleichwohl, einer seiner Freundinnen eine Botschaft zukommen zu lassen, deren wahre Bedeutung erst etwas später offenkundig wird:

Weißer Reiher, schöner Vogel,
Leih mir deine Flügel.
Ich fliege nicht weit,
Ich kehre zurück von Litang.[3]

Die Tibeter sind empört, ist doch Tsangyang Gyatso trotz seines unbegreiflichen Verhaltens die rechtmäßige Inkarnation Chenresis, daran gibt es nichts zu rütteln. Nach einer vom Dalai Lama beschwichtigten rebellischen Anwandlung der Mönche von Sera und Drepung wird der abgesetzte Gottkönig gegen Osten geführt – nach China oder in die Mongolei, die verschiedenen Versionen dieser geschichtlichen Episode weichen voneinander ab, aber er kommt nirgendwo an: im Süden des Koko-Nor-Sees, beim kleinen See von Kunga Nor, stirbt der Dalai Lama. Zumindest wird es von der offiziellen Chronik so berichtet. Mord oder Krankheit, niemand weiß es. Falls er nicht verschwunden ist, hinweggenommen von einem Wirbelwind – einige behaupten, er hätte in der Folge mit großem Eifer während Jahren in den Steppen Zentralasiens meditiert. Andere wiederum behaupten, er selbst sei seinem Nachfolger, dem siebenten Dalai Lama, in der Mongolei begegnet, wo er zahlreiche Schüler gehabt habe. Da der Dalai Lama gemäß der Tradition ein Buddha ist, kann er nämlich je nach momentanen Erfordernissen so viele physische Gestalten annehmen, wie er will ... Seine sterbliche Hülle ist nie aufgefunden worden, was sein fehlendes Grab im Potala erklärt, während sich im Westflügel des Palastes die Kenotaphe seiner Vorgänger und Nachfolger befinden.

Nach Ansicht von Tenzin Gyatso, dem jetzigen Dalai Lama, steht außer Zweifel, daß der feinsinnige Gelehrte und Liebhaber schöner Frauen die authentische sechste Inkarnation des Beschützers Tibets gewesen ist. Die Staatsorakel waren in diesem Punkt eindeutig, und es gibt keinen Grund, die Gültigkeit ihrer Vorhersagen in Zweifel zu ziehen. Bei dieser Gelegenheit erinnert Seine Heiligkeit daran, daß die Art und Weise, ein spiritueller Lehrer zu sein, nicht nach einem gewöhnlichen Maßstab zu beurteilen ist und daß es ihm seine Möglichkeiten zweifellos erlaubten, ein derartiges Verhalten an den Tag zu legen. Und wenn er es getan hätte, um den Glauben seiner Anhänger zu erproben? Die tantrischen Asketen in Indien wie in Tibet sind dafür bekannt, daß sie Dinge tun, die anderswo als Wunder gelten, und die tibetische Volksüberlieferung geizt nicht mit solchen denkwürdigen Ereignissen, in denen sich glühendste Wundertat und krassester Realismus gegenseitig den Platz streitig machen. Warum also nicht auch der sechste Dalai Lama? Was seine Entscheidung, aus dem Mönchsorden auszutreten, betrifft, so herrschte in jener Zeit vielleicht die dunkle Ahnung, es brauche einen mächtigen Monarchen, um im Schneeland Einheit und Unabhängigkeit zu bewahren; vielleicht hatte Tsangyang Gyatso erwogen, sich zu verheiraten und eine eigentliche Erbmonarchie zu begründen. Umstände und Menschen haben dann anders entschieden.

Nach einem kurzen Zwischenspiel von zehn Jahren unter einem Usurpator, Yeshe Gyatso, der von Lhazang Chan zum siebenten Dalai Lama proklamiert wurde, bemächtigt sich ein anderer Mongolenführer Lhasas, tötet seinen Rivalen und setzt dessen Schützling ab. Dieser war im übrigen von den Tibetern nie akzeptiert worden, nennen sie doch ihren Herrscher «Tchamchad Khenpo», den Allwissenden, während Yeshe Gyatso nur gerade Anrecht auf den Titel «Kushab», Herr, hatte. Treuebruch gegenüber dem Lehnsherrn und Abrechnungen zwischen Mongolenstämmen dauern bis zum Jahre 1720 fort, begleitet von spektakulären Bündnisaufkündigungen und unerwarteten Kehrtwendungen. Von innen unterminiert, wird der mongolische Einfluß immer schwächer; an seine Stelle treten die Manchu, die zum ersten Mal einen *Amban,* einen Vertreter, nach Lhasa entsenden.

Bereits hatte sich die siebente Reinkarnation manifestiert: Kelsang Gyatso, ein junger, 1708 in der Nähe von Litang geborener Lama, hatte durch seine besonderen Qualitäten, die als ebenso viele unübersehbare Zeichen gewertet wurden, auf sich aufmerksam gemacht. Für alle Fälle und zur Sicherung der Zukunft wird er zuerst nach Derge, dann ins Kloster von Kumbum gebracht, wo er seine erste Unterweisung erhält. Bei der Ankündigung seiner Entdeckung stimmen die Tibeter darin überein, daß sich hiermit die rätselhafte Verheißung von Tsangyang Gyatso – «Ich kehre zurück von Litang» – verwirklicht hat.

In diesen bewegten Jahren treffen auch seltsame Pilger in der Götterstätte ein. Einige Kapuziner, angeführt von Giuseppe d'Ascoli und François de Tours, kommen an, beziehen Quartier und schaffen die Grundlagen für eine Missionstätigkeit, die 1745 aufhören wird, einmal wegen mangelnder Finanzen, vor allem aber wegen des immer stärkeren Widerstandes der Lamas. Ein berühmter Jesuit, Ippolito Desideri, von der Statur eines Matteo Ricci in China oder eines Roberto de Nobili in Indien, erreicht seinerseits nach langer Mühsal 1716 Lhasa. Er stürzt sich voll Eifer in das Studium von Sprache, Brauchtum und Sitten des Hochlandes, sieht sich aber nach fünf Jahren gezwungen, seinen Platz zu räumen, und zwar unter dem vereinten Druck der großen Klöster und der Kapuziner, die entschlossen sind, allein Herr der Glaubensverbreitung zu bleiben. Gleichwohl hatte er Zeit gehabt, in tibetischer Sprache einen Entwurf zu einer eingehenden Widerlegung der buddhistischen Doktrin niederzuschreiben. Sein kühner Versuch war mit wohlwollender Neugier aufgenommen worden, freilich ohne die Überzeugungen derjenigen, denen diese Widerlegung im Prinzip galt, auch nur um ein Jota zu verrücken ...

So als wolle er die gemischten Erinnerungen an den sechsten Dalai Lama vergessen machen, erweist sich der siebente Dalai Lama als ein unumstrittener Gelehrter, subtil und tiefsinnig zugleich, aber mit – vor allem zu Beginn seiner Herrschaft – begrenzter politischer Macht. 1720 inthronisiert, sieht er sich sieben Jahre später einem schweren Aufstand gegenüber, der insbesondere die Beziehungen zwischen Tibetern und Manchu vergiftet. Im Gefolge des Gottkönigs folgt eine Intrige auf die andere, ein Bürgerkrieg bricht aus, den der Sohn des Himmels selbstverständlich zum Vorwand nimmt, um im Herzen der

Berge seine eigene Ordnung wiederherzustellen. Wenig geneigt, den Zorn der Bevölkerung auf sich zu laden, lädt er jedoch den Dalai Lama nach Beijing ein und glaubt die nötige Bewegungsfreiheit für eine nach seinem Gutdünken geführte Politik zu besitzen. Da zu jener Zeit ein kaiserlicher Wunsch einem Befehl gleichkam, machte sich Kelsang Gyatso auf den Weg. Er wird schließlich nur bis Garthar, unweit von Litang, im Land Kham gelangen, wo er mit großem Zeremoniell sieben Jahre lang, gut bewacht, unter Hausarrest gehalten wird. Nach dieser Zeit erhält er die Erlaubnis, nach Lhasa zurückzukehren, allerdings unter der Bedingung, sich nicht in die Politik einzumischen.

Während die weltliche Macht des Dalai Lama aufgehoben ist, gehen die Streitigkeiten zwischen rivalisierenden Fürsten und Königen weiter, eine neue, alsbald in einem Blutbad ertränkte Revolte bricht aus, und die Zwistigkeiten zwischen Ministern des Kabinetts bringen das Pulverfaß zum Explodieren – diesmal regeln Manchu und Mongolen ihre eigenen Konflikte auf dem Buckel der Tibeter. Ein ehrgeiziger, aber fähiger Mann setzt sich nun auf dem politischen Parkett durch: Pholhanas, der seine Karriere als junger Regierungsbeamter damit begonnen hatte, daß er sich auf die Seite von Lhazang Chan geschlagen hatte. Aus Tsang stammend, erweist er sich als großer Befürworter einer Annäherung an die Manchu, zögert jedoch gelegentlich nicht, je nach Interessenlage das Bündnis zu wechseln und sich selbst, die Waffe in der Hand, in den Kampf zu stürzen, um das Schicksal zu seinen Gunsten zu wenden.

Sein geschicktes Taktieren und seine unerbittliche Entschlußkraft trugen ihm den Übernamen Miwang Pholha, Pholha der Mächtige, ein. Er widersetzte sich unablässig jeder neuerlichen Einflußnahme des Dalai Lama in der Politik und erwies sich als ebenso strenger wie ehrlicher und umsichtiger Verwalter der Angelegenheiten des Landes. Die Tibeter gestehen ihm diese Qualitäten zu, werfen ihm jedoch vor, treibende Kraft beim chinesischen Eindringen in das Dach der Welt gewesen zu sein. Gewiß, er hatte seinem Land eine siebzehnjährige Zeit der Ruhe gebracht, gekennzeichnet von Verbesserungen im gesellschaftlichen Leben – beschränkten sich doch die erbitterten Rivalitäten auf ein paar direkt an der Macht interessierte Adelsfamilien. Nach seinem Tod, im Jahr 1747, wird sein jüngerer Sohn sein Nachfolger, während der Dalai Lama, dank einer intelligenten, aber nicht allzu sichtbaren Präsenz einen geringen Teil seiner weltlichen Macht zurückgewinnen kann.

Der Gottkönig seinerseits wußte sehr wohl, daß Pholhanas nicht die geringste Beschneidung seiner persönlichen Macht hinnehmen würde; so widmete er denn seine Zeit im wesentlichen dem Studium und der Meditation und intervenierte einige Male als Vermittler zur Besänftigung des kriegerischen Eifers von politischen Gegnern. Er unterstützte die Einrichtung eines Ministerkabinetts, *Kashag*, anstelle des Desi – aus Angst vor einer allzu großen Machtkonzentration in den Händen eines einzigen Mannes. Er ließ in der Nähe der Thermalquellen, wo zum Herbstbeginn traditionell ein großes Bankett für alle staatlichen und kirchlichen Beamten stattfand, einen Sommerpalast errichten: so entsteht der Norbulingka oder Edelsteingarten, der zur Sommerresidenz des Herrschers im Land der Götter wird. Von ziemlich schwacher Konstitution, verläßt der gelehrte Dalai Lama diesmal die irdische Szene im März 1757, im Alter von fünfzig Jahren. Drei Monate später, fern von hier in den feuchten Ebenen Bengalens, wendet sich die Schlacht von Plassey zugunsten von Robert Clive, zum Nachteil der französischen Ambitionen, und sichert so für einige Jahrzehnte die britische Herrschaft über Indien. Aber zu jener Zeit brauchte sich Tibet darum nicht zu kümmern.

Mit Jampal Gyatso verblaßt die Vorherrschaft des Dalai Lama für beinahe ein Jahrhundert; überlagert wird sie von den erhöhten Kompetenzen des vom Kashag unterstützten Regenten, während der Panchen Lama seine Macht in dem Masse wachsen sieht, wie die Verbindungen zwischen Tashi-lhunpo und Beijing enger werden. Bereits zu jener Zeit haben sich die aufeinanderfolgenden Herren der Verbotenen Stadt, oft erfolgreich, darum bemüht, die beiden Groß-Lamas gegeneinander auszuspielen. Dabei bedienten sie sich, ganz unauffällig, der latenten Rivalitäten, die in den diesen beiden Persönlichkeiten nahestehenden Kreisen herrschten. Begünstigt wurden ihre Absichten auch durch die keineswegs vorhandene Harmonie zwischen den Reichen Tsang und Ü, zwei Lehnsgüter, deren Lehnsherren nicht zögerten, die Nachbarn um Verstärkung zu bitten, sobald sie sich bedroht fühlten.

Das war zu jener Zeit der Fall, als der achte Dalai Lama noch minderjährig war. Beim Tode des siebenten Dalai Lama wurde ein Groß-Lama von Drepung, Jampal Delek, zum Regenten ernannt. Er leitete sogleich die übliche Suche nach der neuen Inkarnation von Chenresi ein: Das Kind wurde im Reich Tsang, in Thopgyal, gefunden und 1762 im Alter von vier Jahren nach Lhasa gebracht. Palden Yeshe, zu jener Zeit der dritte Panchen Lama auf dem Thron des Tashi-lhunpo, gab ihm den Namen Jampal Gyatso. Es waren unruhige Zeiten für das Land, unter anderem wegen der sporadischen Auseinandersetzungen mit britischen Soldaten in Bhutan. Der über diese Lage besorgte Gouverneur von Bengalen, Warren Hastings, nutzte die Gelegenheit einer vom Panchen Lama angebotenen Vermittlung zur Kontaktnahme mit Shigatse. Zwei Gesandte Seiner Majestät wurden mit großer Höflichkeit im Tashi-lhunpo empfangen, aber die Unstimmigkeiten mit Lhasa zwangen sie nach einigen Wochen zur Rückkehr, ohne daß sie die Erlaubnis erhalten hätten, die Götterstätte zu betreten.

Beim Tode des Regenten im Jahre 1777 lehnt der achte Dalai Lama das Angebot des Kashag, die Regierungsverantwortung zu übernehmen, mit der Begründung ab, er habe seine Studien noch nicht beendet. Ein anderer Regent übernimmt die Regierungsverantwortung. Nach diesen Ereignissen lädt der Kaiser den Panchen Lama nach Beijing ein, wo seine Qualitäten auf höchste Wertschätzung stoßen. Im ersten Moment wollen der Dalai Lama und seine Ratgeber die Einladung ablehnen, ist doch der Meister des Tashi-lhunpo von dieser Reise nicht sehr angetan und sind doch die Nachrichten über eine Pockenepidemie in China bis zum Dach der Welt gedrungen. Schließlich gewinnen jedoch religiöse Überlegungen die Oberhand, der Panchen Lama bricht nach Beijing auf, wo er den Tod findet, ein Opfer der Pockenepidemie.

Ein undurchsichtiger Erbstreit zwischen seinen beiden jüngeren Brüdern, der jüngste residiert in Nepal, gerät zum Drama. Während unter den nichtigsten Vorwänden immer neue Scharmützel ausbrechen, während Lappalien geschäftliche Streitigkeiten anheizen und alte Zwiste von neuem aufbrechen, während hier und dort Feudalherren gegen die Autorität von Lhasa rebellieren und die Macht der Manchu in China allmählich schwächer wird, finden die kriegerischen Abrechnungen mit Nepal kein Ende: die Gurkha dringen in Tibet ein. Um die vom Eroberer unterworfenen Provinzen zurückzuerhalten, ist Tibet gezwungen, seinem zu jener Zeit allmächtig gewordenen Nachbarn Tribut zu zahlen.

Um diese gegensätzlichen Strömungen wenn nicht zu besänftigen, so doch zu bändigen, willigt der Dalai Lama 1781 ein, die Zügel der weltlichen Macht zu übernehmen. Das verhindert jedoch keineswegs, daß sich die Lage in dieser Weltgegend weiter verschlechtert: Chinesen und Briten verfolgen aufmerksam die Vorgänge, scheuen jedoch vor einer Intervention noch zurück. In diesem Wirbel von Ereignissen, die ihn nur mäßig interessieren, stirbt der achte Dalai Lama 1804 – er hatte sich kaum mit den Angelegenheiten der Welt befaßt, sondern offensichtlich eine im Schatten der schützenden Mauern des Potala geführte kontemplative Existenz vorgezogen.

In den folgenden Jahren werden die Regierungsgeschäfte weiterhin von einem Regenten wahrgenommen; der vierte Panchen Lama ist gefunden, hohe Beamte und kleine Könige streiten sich um Einflußbereiche; zwischen zwei Familien – eine aus Kham, eine aus Amdo – entbrennt ein heftiger Streit um die Anerkennung des neuen Dalai Lama. 1806 geboren, trägt das Kind aus Kham den Sieg davon, lebt aber nur bis 1815: eine während der Neujahrsfeierlichkeiten zugezogene Erkältung erweist sich für seine zarte Konstitution als fatal. Angesichts der zahlreichen Spannungsherde und der Bedrohungen von außen beginnt sich Tibet den ausländischen Reisenden zu verschließen, darin unterstützt von den chinesischen Ambans, die aus durchaus eigennützigen Beweggründen die Isolation des Hochlandes fördern.

Der zehnte Dalai Lama wird aus drei Kandidaten ausgewählt,

die alle aus Kham stammen. Um die Entscheidung zwischen den drei Anwärtern herbeizuführen, drängen die Ambans darauf, daß die buddhistischen Würdenträger eine eigens zu diesem Zwecke vom kaiserlichen Hof gesandte goldene Urne benutzen; aber die Lamas haben ihren Entscheid bereits gefällt und begnügen sich mit einer Scheinwahl, um die chinesischen Gesandten nicht offen zu verärgern. Tsultrim Gyatso wird jedoch nicht älter als zwanzig Jahre. Obwohl nicht von blendender Gesundheit, scheint er über das Leben seiner Untertanen ganz auf dem laufenden gewesen zu sein: will man gewissen tibetischen Quellen Glauben schenken, so besteht ein Zusammenhang zwischen den Beschwerden, die er schonungslos an jene richtete, die in seinem Namen regierten, und seinem allzu frühen Tod. Nicht mehr Glück haben der elfte, Khedrup Gyatso, 1838 geboren, und der zwölfte Dalai Lama, Trinley Gyasto, 1856 geboren. Haben Hofintrigen und Machenschaften der Klöster in Tibet selbst, aber auch die nie endenden Grenzkonflikte dazu geführt, daß dem Dalai Lama nahestehende, einflußreiche Persönlichkeiten um jeden Preis verhindern wollten, daß er sich auf der politischen Szene durchsetze? Zahlreiche Historiker nehmen es an, verweisen als Indizien auf kaum verhüllte Machtansprüche oder geschicktes Taktieren von weltlichen oder religiösen Würdenträgern, die es mehr zur Politik als zur Suche nach dem Absoluten drängt.

Die Tibeter ihrerseits können sich nur schlecht damit abfinden, daß ihr geistliches Oberhaupt unter doch einigermaßen ungewöhnlichen Umständen Verstecken spielt, während sich Regenten und Offiziere um die Macht streiten. Eine Legende besagt, gewisse Lamas seien ausgesprochen begabt, wenn es um Verfluchungen gehe, einige sehr geschickt im Zusammenbrauen von Giften, andere wiederum seien möglicherweise den weltlichen Versuchungen nach raschem Reichtum erlegen. Aber es gibt noch einen anderen Volksglauben; er geht davon aus, eine dieser vier Reinkarnationen mit verhängnisvollem Schicksal habe unglücklicherweise Palden Lhamo, die im heiligen See von Lhamo Latso wohnende, ausschließlich über die Dalai Lamas wachende Schutzgöttin, beleidigt. Wie ließen sich sonst diese so raschen Hinschiede vor der Zeit eines Wesens erklären, das so hoch über den gemeinen Sterblichen steht?

Diese für das Land verhängnisvolle Zeit der Ungewissheit, der Notlösungen, Verschwörungen, Rivalitäten und Kriege hatte nur allzu lange gedauert: die Stunde schien gekommen, das Chaos hinter sich zu lassen und eine dringend benötigte Einheit herzustellen, um Tibet zumindest einen Teil seines früheren Glanzes zurückzugeben. Aber wer könnte einer derartigen Herausforderung gewachsen sein, wenn nicht ein mächtiger und charaktervoller Dalai Lama, der dem bösen Schicksal entgehen konnte, das auf der Kette der Dalai Lamas zu lasten schien? Das Schicksal sollte sich wenden und der dreizehnten Reinkarnation des Herrn des Grenzenlosen Mitleids ihre Chance geben.

In Chokhorgyal, etwa einhundertundfünfzig Kilometer südöstlich von Lhasa, gibt es einen See, der heiliger ist als alle anderen Seen im Schneeland – der Lhamo Latso. Wahrscheinlich müßte man weit in die Vergangenheit zurückkehren, um zu den Anfängen der ihm entgegengebrachten Verehrung zu finden; es wird gesagt, der See sei bereit, auf dem Spiegel seines durchsichtigen Wassers die Zukunft zu enthüllen, wenn er von vorschriftsgemäß vorbereiteten Gesandten nach den Regeln der Kunst befragt werde. Wie dem auch sei, wenn wichtige Entscheide anstanden, dann verfehlten es buddhistische Hierarchen und hohe Regierungsbeamte nie, ihn zu konsultieren. So ließ denn nach dem Tod des zwölften Dalai Lama ein Mitglied der Expedition, die auf die Suche nach der neuen Inkarnation aufgebrochen war, wissen, man solle sich gegen den Südosten des Landes, gegen einen Thakpo Langdun genannten Ort wenden. Tatsächlich sollten Kundschafter dort ein im Mai 1876 geborenes Kind finden. Das kaum sechs Monate alte Kind konnte jedoch aus offenkundigen Gründen nicht sofort den üblichen Tests unterzogen werden.

Ein Jahr später an den Ort zurückgekehrt, zögerten die Würdenträger nicht, sich eine endgültige Meinung zu bilden: ohne sich zu irren, hatte das Kind persönliche Gegenstände gewählt, die es in seinem früheren Leben besessen hatte. Sein Körper trug an bestimmten Stellen verschiedene, als entscheidend beurteilte Male, und die ersten Indizien wurden von einigen Anhaltspunkten strikt religiöser Natur bestätigt. Ohne weiter abzuwarten, wird die Rückkehr des Dalai Lama angekündigt und das Kind in die Nähe von Lhasa gebracht. 1888 verleiht ihm der Panchen Lama den Namen Thubten Gyatso. Ein Jahr später wird der neue Herrscher Tibets feierlich auf seinem Thron im Potala eingesetzt.

Bis zur Mündigkeit sollten die Zügel der Regierung in den Händen des Regenten bleiben – Demo Trinley Rabgyas, unterstützt von den Ministern des Kashag und dem Rat einiger Lamas. Während all dieser Jahre blieb dem Kindkönig genügend Zeit, sein Gedächtnis aufzufrischen, seine Erziehung zu vervollkommnen und seine religiösen Studien zu vertiefen. Dafür sorgten seine Lehrer, selbst wenn sie manchmal über Wissen und Reife des Kindes staunten.

Wichtige Ereignisse, die in Asien wie in Europa zu tiefgreifenden Umwälzungen führen sollten, bahnten sich gegen Ende des Jahrhunderts an. Aber da sich die Anzeichen an den Rändern der großen Reiche, hinter den Kulissen von Kanzleien oder gepflegten Salons ankündigten, wurden sie nur von wenigen Beobachtern vor Ort wahrgenommen, und erst viel später – aus der zeitlichen Distanz oftmals zu spät – konnten die eigentlich Betroffenen das wahre Ausmaß dieser Ereignisse erfassen. Das wissen die Tibeter heute, sie, die sich gewissermaßen ohne es zu wissen und ohne es zu wollen am geopolitischen Schnittpunkt zweier territorialer Machtgelüste befanden: jener der britischen Krone und jener des Zarenreiches.

Methodisch konsolidierte Großbritannien seine Präsenz im indischen Subkontinent durch Allianzen, Verträge und Abkommen mit Radschas, Maharadschas und anderen lokalen Größen und sicherte sich so zu billigem Preis Verbündete, die zwar nicht immer von exemplarischer Treue, aber oftmals nützlich waren. Nach und nach, bald durch Drohung, bald durch Schmeichelei, aber auch durch Handstreiche, wenn andere Methoden versagten, gelangten die guten und loyalen Diener Ihrer Majestät schließlich an den Fuß des Himalaja.

Mit vollendetem Geschick und beachtlichem Pragmatismus nahm man vom einen, um den anderen zu befriedigen, auf die Gefahr hin, einem dritten zu mißfallen, um den ersten oder einen vierten zu besänftigen. So wurden die kleinen Gebirgsstaaten von Tehri, an den Grenzen zu Ladakh, britische Protektorate, während die prachtvollen Täler von Spiti und Lahul Kangra einverbleibt und alles zusammen einem auf Gulab Singh zugeschnittenen Kaschmir angeboten wurde. Der Darjeeling-Distrikt – samt seinen künftigen Teeplantagen – gerät unter die Obhut von Britisch-Indien, wie etwas später auch derjenige von Kalimpong – nach «Übereinkünften» mit Sikkim und Bhutan. Auch auf der Seite der noch unzugänglicheren Assam-Provinz konsolidieren die Briten ihr Hinterland durch Abkommen mit den Führern der Bergstämme. Tibet seinerseits beharrt auf seiner Abgeschlossenheit, trotz wachsenden Interesses von Missionaren, Geschäftsleuten und zuweilen als Pilger oder wohlgesinnte Gesandte verkleideten Beamten.

Rußland seinerseits trieb in aller Stille sein Vordringen auf dem asiatischen Kontinent weiter. Dieser Druck verstärkte sich Mitte des 19. Jahrhunderts merklich: erster Afghanistankrieg, fortschreitende Besetzung der Gebiete vom Kaspischen Meer über Taschkent, Samarkand, Buchara, Chiva, Turkmenistan bis nach Turkestan und Pamir. Der Zar aller Reußen, von den Mongolen manchmal Tsagan Chan – «Führer der Weißen Horde» – genannt, schiebt so seine Figuren bis an die Ufer des Amur vor, wo dann allerdings die chinesischen Manchu auch weiterhin auf der Hut sind.

Durch diese wandernden, Assimilationsversuchen unzugänglichen Völker gelingt es den Russen, sporadische, mehr oder weniger lockere Beziehungen mit dem Schneeland zu unterhalten, wohin sich kalmückische und burjatische Händler von Zeit zu Zeit mit gewisser Regelmäßigkeit begeben. Während britische Gesandte größte Mühe bekunden, die zur Überquerung der Pässe und zur Entdeckung der Hochebene nötige Bewilligung zu erhalten, führt Aguang Dorji bereits 1880 seine erste Pilgerfahrt nach Lhasa durch. Einige Jahre später wird dieser burjatische Lama, von den Tibetern Ngawang Losang oder Tsenyi Khenpo genannt, unter dem verwestlichten Namen Dorjiew eine erstrangige Rolle spielen ...

In dieser Zeit wird der Einfluß der Ambans in der heiligen Stadt des Lamaismus immer geringer, parallel zum Machtniedergang der Manchu in Beijing. Dazu trägt auch der chinesisch-japanische Krieg von 1894–1895 bei, der der Arroganz der Söhne des Himmels einen noch nie dagewesenen moralischen Schlag versetzt. Zwischen Tibetern und Briten verschlechtert sich das Klima nach Zwischenfällen in Sikkim. Das gegenseitige Verständnis nimmt in dem Maße ab, wie sich die Mißverständnisse häufen: Unkenntnis auf beiden Seiten führt zu Interpretationsfehlern, die sich in Fehlurteile verwandeln, um so mehr, als beide Seiten mit der ihnen eigenen Zurückhaltung auf Prinzipien pochen, die dem Gesprächspartner im wesentlichen unbekannt sind ...

Als Lord Curzon 1899 Vizekönig von Indien wird, ist der dreizehnte Dalai Lama bereits seit vier Jahren inthronisiert. Thubten Gaytso ist zum Zeitpunkt, wo ihm alle geistliche und weltliche Macht über sein Land übertragen wird, noch keine neunzehn Jahre. Aber dieser brillante junge Mönch mit einem überschäumenden Temperament – das er allerdings zu zügeln weiß –, mit äußerst wachem Geist und unvergleichlicher politischer Intuition besitzt auch unter den Seinen nicht nur Freunde.

Während in seiner Umgebung die Zeichen auf Intrige, ja auf Komplott stehen, warnt das Orakel von Netchung zweimal, das Leben des göttlichen Reinkarnierten sei in Gefahr. In Lhasa aber wurden die Weissagungen des Orakels von Netchung gewöhnlich ernst genommen, war es doch der Sprecher von Dorje Drakden, dem Schutzgeist des Hochlandes, dessen schreckliche Macht von allen gefürchtet war. Zum Potala gerufen, enthüllt das Medium in Trance, der frühere Regent habe aus Verstimmung über den Verlust seiner Privilegien mit Hilfe eines Lama mit Namen Sodgyal den Dalai Lama verflucht. Dazu aufgefordert, sich zu erklären, gibt dieser sofort zu, er habe von Demo Trinley Rabgyas ein Paar Schuhe erhalten. Diese werden von einem Diener unverzüglich herbeigeschafft. Dem Anschein nach handelt es sich um ein ganz gewöhnliches Paar Schuhe, aber nach eingehender Prüfung entdeckt ein Diener schließlich, in einem Absatz gut versteckt, einen magischen Zauber, der den Namen des Dalai Lama sowie sein Geburtsdatum trägt. Der Lama berichtete dann, zweimal habe er seine neuen Schnürstiefel anziehen wollen, habe sie aber jedesmal rasch wieder ausziehen müssen, da er beide Male unverzüglich aus der Nase zu bluten begonnen habe. Der herbeizitierte Exregent gab den Verrat zu und bezahlte seine Kühnheit mit lebenslangem Gefängnis. In den tibetischen Annalen trägt diese Verschwörung den hübschen Namen «die Affäre der verhexten Schuhe».

Sehr rasch jedoch sieht sich der junge Dalai Lama mit unvergleichlich alarmierenderen Einflüßen und unvergleichlich stärkerem Druck konfrontiert: auf dem politischen Schachbrett zu Beginn dieses Jahrhunderts bekämpfen sich britischer, russischer und chinesischer Expansionismus immer offener. Tibet aber liegt am Schnittpunkt dieser Ambitionen. Die gegenseitigen Verdächtigungen verstärken das Mißtrauen gerade deshalb, weil London, Sankt Petersburg und Beijing im gleichen Revier jagen.

Ob der immer begehrlicheren Blicke der britischen Untertanen nach dem Hochland verärgert und in dieser Initiative von Dorjiew vehement unterstützt, entsendet der Dalai Lama 1901 eine erste offizielle Mission an den russischen Hof. Der burjatische Lama, zu einem der religiösen Lehrer des Herrschers auf dem Dach der Welt bestimmt, hatte bereits drei Jahre zuvor eine Reise nach Rußland unternommen, um Gelder für das Kloster Drepung, dem er unterstellt war, zu sammeln, ohne jedoch offiziell mit einer irgendwie gearteten Mission betraut gewesen zu sein. Es versteht sich von selbst, daß die ausführlich kommentierte Reise von 1901 in Britisch-Indien als Alarmsignal verstanden wird.

Hartnäckige Gerüchte über einen Geheimvertrag zwischen Rußland und Tibet beginnen zu zirkulieren. Zwar dachte niemand, vom Schneeland könne eine reale Bedrohung ausgehen, aber britische Beobachter befürchteten, eine mögliche Annäherung zwischen Sankt Petersburg und Lhasa könnte auf die Dauer zu Reibereien an der himalajischen Grenze führen. Um den Unabhängigkeitsanwandlungen, die er wahrzunehmen glaubt, einen Riegel zu schieben, entsendet Lord Curzon, der die Manchu, deren Niedergang er näherrücken fühlt, nicht herausfordern will, Oberst Francis Younghusband vor Ort, um das Ausmaß der Gefahr genau zu ermessen.

Während das Vorrücken der britischen Soldaten zur Strafexpedition gedeiht und diese im August 1904 bis Lhasa vordringen, erachten es die tibetischen Verantwortlichen als sicherer, ihren Kostbaren Meister in Sicherheit zu bringen: mit einem beeindruckenden Gefolge von mehreren hundert Personen sucht der Dalai Lama vorläufig Schutz in Urga, der Hauptstadt der Mongolei, wo er mit offenen Armen und einem seinem Rang entsprechenden Gepränge empfangen wird. Er genießt eine noch nie dagewesene Verehrung der Bevölkerung, die ohne Unterlaß Reichtümer und Geschenke zu Füßen seines Throns anhäuft. Das geht so weit, daß Jetsun Damba Hutuktu, Oberhaupt der Lamas in der Mongolei, sich schließlich von der Gegenwart des Gottkönigs in seiner Eitelkeit verletzt fühlt – von dem fünf Jahre Jüngeren, dem die eigenen Anhänger unablässig schöne Augen machen. Um eine direkte Auseinandersetzung zwischen diesen beiden außergewöhnlichen Persönlichkeiten zu vermeiden, zieht es der regierende Fürst Khanda Dorji vorsichtigerweise vor, den Dalai Lama zu bitten, etwas außerhalb der Stadt, in seiner eigenen offiziellen Residenz, Quartier zu beziehen.

Nach einem Jahr gedenkt der illustre Gast aufzubrechen. Er begibt sich insbesondere nach Kumbum, besucht mehrere weitere Klöster, worauf er dann die Einladung erhält, sich an den kaiserlichen Hof in Beijing zu begeben. Er nimmt an, geht bis nach Beijing, weigert sich aber, an einer Audienz des Kaisers teilzunehmen, denn – so wird ihm gesagt – das Protokoll verlangt, daß er sich vor dem Sohn des Himmels verbeugt. Selbstverständlich wird das vom inkarnierten Gott abgelehnt. Zustande kommt jedoch ein Treffen mit der Kaiserinwitwe. Auf dem Weg nach Beijing wird der Dalai Lama von William Rockwill, dem Vertreter Amerikas in China, aufgesucht; er ist wahrscheinlich der erste Bürger der Vereinigten Staaten, der einem so hohen Würdenträger vom Dach der Welt begegnet. Nachdem er an den Begräbnisfeierlichkeiten für den Kaiser und seine Mutter und anschließend an der Inthronisation des letzten Manchu-Herrschers im Jahr 1908 teilgenommen hat, befindet sich der Dalai Lama auf dem Weg zu den hohen Gefilden seines Himalaja.

Vor Ort, in Lhasa, hat sich das britische Expeditionskorps sofort nach der Unterzeichnung eines britisch-tibetischen Abkommens im Jahr 1904 zurückgezogen. Oberst Younghusband hatte in dieser Angelegenheit genaue Instruktionen erhalten und das Wesentliche erreicht: ein Abkommen über die Grenze von Sikkim; die Eröffnung eines Handelskontors in Gyantse, Gartok und Yatung; Zusicherungen über die Erneuerung von Handelskonzessionen; eine Entschädigung in der Höhe von rund einer halben Million Pfund Sterling; vor allem aber eine Klausel, die jede andere ausländische Einflußnahme in die tibetische Politik ausschloß. Das Bemerkenswerteste an diesem Abkommen ist allerdings, daß es ohne jede Teilnahme oder Einflußnahme irgendeines chinesischen Vertreters ausgehandelt, geschlossen und unterzeichnet wurde.

Tatsächlich ist zu jener Zeit die Manchu-Präsenz in Lhasa nur mehr Fiktion, sind doch die Ambans zu einer Statistenrolle verurteilt, während in Beijing selbst der Zerfall ein Reich in voller Auflösung von innen her zerfrißt. Es versteht sich von selbst, daß die Briten ihr eigenes Spiel spielen, das nicht frei von pragmatischer Doppeldeutigkeit ist, erwecken doch die 1906 mit China und 1907 mit Rußland getroffenen Abmachungen den Anschein, als würde die britische Krone *nolens volens* eine implizite chinesische Lehnsherrschaft über das Dach der Welt akzeptieren. Eine Auffassung, die von den Tibetern immer radikal abgelehnt wurde. Aber weder 1906 noch 1907 hatten es die Briten für nötig erachtet, letztere zu konsultieren oder auch nur über ihre Verhandlungen mit Beijing und Sankt Petersburg zu informieren. Äußerst ungehalten über die vom Vizekönig herausgenommenen Freiheiten, entsendet die kaiserliche Regierung in einem letzten Anfall von verletzter Würde ihre Soldaten, um in einem Gebiet, das sie noch immer starrköpfig als eine entfernte Lehnsprovinz betrachtet, Ordnung zu schaffen. Der

Dalai Lama appelliert vergeblich «an Großbritannien und an die übrigen fremden Mächte», die chinesische Armee führt sich wie in einem eroberten Gebiet auf, fällt mitten in den Feierlichkeiten zum Neuen Jahr in Lhasa ein und schafft sich einen Ruf, der sich unauslöschlich ins Herz der Tibeter eingräbt.

Mit zweitausend alten Haudegen bricht General Chung Ying in die Hauptstadt ein, reißt die Macht an sich, ohne sich jedoch des Dalai Lama zu bemächtigen, der gerade noch Zeit hat, sich erst nach Kalimpong, dann nach Darjeeling zurückzuziehen, wo er während zwei Jahren erneut im Exil leben wird – diesmal unter dem Schutz von Britisch-Indien. Während dieser Zeit knüpft er Kontakt zu Charles Bell, zu jener Zeit als politischer Resident in Sikkim auf Posten. Für die Kenntnisse über Tibet und, in geringerem Maße, für dessen politische Entwicklung ist die zu jener Zeit entstehende Freundschaft zwischen den beiden Männern unersetzlich.

Die kaiserliche Regierung proklamiert offiziell die Absetzung des dreizehnten Dalai Lama und befiehlt, in aller Unschuld, als Ersatz die Wahl einer neuen Inkarnation. Der Vizekönig legt, ohne weitere Konsequenzen, formalen Protest ein, sind doch die mit Beijing getroffenen Abmachungen formell noch immer gültig. In Tibet jedoch will niemand mit der Besatzungsmacht zusammenarbeiten, passiver Widerstand macht sich breit: dazu gedrängt, provisorisch die Verwaltung des Landes zu übernehmen, weigert sich der Panchen Lama, dieses Spiel mitzuspielen, und zum ersten Mal realisieren die Chinesen, daß das Schneeland ohne Dalai Lama unregierbar ist.

Am kaiserlichen Hof überstürzen sich die Ereignisse, die Macht der Manchu ist nur mehr ein Schatten ihrer selbst, 1911 bricht die Revolution aus, kurz darauf erfolgt die Ausrufung der Republik. Während der ganzen Zeit werden die chinesischen Soldaten von Kommandos tibetischer Freischärler bedrängt, ein Teil von ihnen meutert schließlich, der Dalai Lama kehrt ins Land zurück, begibt sich aber erst 1913 in die Hauptstadt, nach Abzug des letzten Han-Soldaten. In der Zwischenzeit ist in Urga ein Vertrag unterzeichnet worden, der die völlige Souveränität der beiden Länder China gegenüber bekräftigt. Zudem proklamiert der Dalai Lama offiziell die Unabhängigkeit seines Landes in einer am achten Tag des ersten Monats im Wasser-Büffel-Jahr (1913) in Lhasa feierlich redigierten und unterzeichneten Erklärung.

Unter diesen Umständen erstaunt es denn auch keineswegs, daß der dreizehnte Dalai Lama sich erst einmal im rein weltlichen Bereich der Politik bewähren mußte. Da ihn sein aufgezwungener Aufenthalt in Indien in direktere Berührung mit der modernen Welt brachte, konnte er auch deren Zynismus ermessen und die mit den in einer theokratischen Gesellschaft offiziell gültigen Regeln sicherlich wenig konformen Regierungsmethoden beobachten. Er erfuhr auch einiges über die Nichtigkeit von Versprechungen und die Vergänglichkeit von Unterschriften unter Vertragswerke. Seine persönliche Weitsicht wurde dadurch nur bestärkt, und der Blick, mit dem er das Funktionieren der Gesellschaft beobachtete, war von einem Verständnis erfüllt, das die Herrscher des Hochlandes bisher kaum ausgezeichnet hatte. Die Teilnehmer der Konferenz von Simla, 1913–1914, haben von der Scharfsichtigkeit seiner Direktiven und der Hartnäckigkeit seiner Ansichten zu berichten gewußt.

Für eine gewisse Zeit scheint im Herzen des asiatischen Hochlandes Ruhe einzukehren, dies um so mehr, als jene Auseinandersetzungen und Kriege, die bald ganz Europa in Flammen setzen werden, bereits im Anzug sind. Tatsache ist, daß zahlreiche Zwischenfälle diese Jahre geprägt haben, daß sich die Verbindungen nach außen, dank der Mission von Charles Bell im Jahr 1920 insbesondere mit Großbritannien, verstärkt haben, während sie mit Beijing lockerer geworden sind. Unter der Leitung des Dalai Lama wird im Hochland eine vorsichtige Modernisierung in Gang gebracht: Banknoten tauchen auf, eine bescheidene Armee wird aufgebaut und zwischen der Hauptstadt und Gyantse eine Telegraphenleitung angelegt, eine geologische Studie über natürliche Ressourcen wird zu Ende geführt und in Lhasa ein kleines Wasserkraftwerk gebaut, ein Offizier aus Sikkim organisiert die Polizei, und 1924 wird in Gyantse eine kleine englische Schule eröffnet.

Eine weitere Quelle von künftigen Schwierigkeiten tut sich

als Folge eines Mißverständnisses mit dem Panchen Lama auf, der sich auf den Weg ins Exil nach China macht, wo er fürstlich empfangen wird – Folge einer Meinungsverschiedenheit über die Unterhaltskosten für die noch junge tibetische Armee. Der Dalai Lama seinerseits muß in seinen Anwandlungen zur Modernisierung auch dem konservativen Reflex des mächtigen buddhistischen Klerus Rechnung tragen. Die Mönche der großen Klöster, insbesondere im Tal von Lhasa, haben seit jeher ihren Einfluß auf die tibetische Gesellschaft geltend gemacht, und da sich der dreizehnte Dalai Lama in Sachen Einhaltung der monastischen Regeln unnachgiebig gezeigt hat, ist der dem Gottkönig gezollte unbedingte Respekt unterschwellig manchmal von nachhaltigem Groll begleitet. Für zahlreiche Lamas müßte sich die Politik darauf beschränken, die Religion – also ihre Privilegien – zu garantieren, und für einige von ihnen war die Beschäftigung mit anderen sozialen Problemen völlig undenkbar. Gleichwohl scheint sich Thubten Gyatso über den Lauf der Welt keine Illusionen gemacht zu haben, und er war sich auch durchaus bewußt, daß Tibet nicht auf alle Zeiten eine mehr oder weniger friedliche, nach außen völlig abgeschottete Existenz führen konnte und daß einige grundlegende Veränderungen dringend geboten waren.

Auf jeden Fall lassen einige seiner Schriften und insbesondere das, was als sein Testament zu bezeichnen ist, keinen Zweifel darüber offen, daß dieser Mönch mit dem durchdringenden Blick weit, vielleicht sogar sehr weit in die Zukunft sah. Bis ans Ende seines Lebens im Jahr 1933 hat er die Zügel seines Landes fest in den Händen gehalten, er war dabei bemüht, ein möglichst stabiles Gleichgewicht zwischen Großbritannien und China zu bewahren. Von den anderen verlangte er, was er von sich selbst verlangte, zögerte aber nicht, jene Lamas zur Ordnung zu rufen, die manchmal versucht waren, in Streitigkeiten mit dem Volk um Grundbesitz die eigene Stellung zu mißbrauchen. Unter seinem Einfluß haben sich die Pforten Tibets, nicht ohne Vorsichtsmaßnahmen, den ausländischen Reisenden wieder geöffnet, trotz der oft starken Widerstände der Mönche und der Intrigen der verschiedenen, um ihre Vorrechte besorgten Adelsfamilien. Was heute vielleicht am stärksten auffällt, das ist die gewissermaßen prophetische Seite einiger seiner Analysen.

Ein Jahr bevor er die Schwelle zum großen Weggang überschritt, schrieb der dreizehnte Dalai Lama: «Was mich betrifft, so würde ich in meinem Alter besser auf die kirchliche und weltliche Macht verzichten und die kurze, mir in diesem Leben noch bemessene Zeit der religiösen Andacht widmen. Zahlreich sind meine künftigen Leben, und ich möchte mich gänzlich den geistlichen Angelegenheiten zuwenden können. Aber aufgrund der mir innewohnenden Schutzgottheiten und wegen meines Wurzel-Lama* kommen Menschen auf mich zu, bitten mich um Unterweisung oder Schlichtung ihrer Zwiste und hoffen zutiefst, ich möge nicht auf die weltliche Verwaltung verzichten. Bisher habe ich meine Aufgabe nach besten Kräften erfüllt, aber ich werde bald achtundfünfzig Jahre alt sein, und es wird mir schwerer fallen, gleichzeitig meinen religiösen und meinen weltlichen Aktivitäten nachzugehen. Wer verstünde das nicht?

Die Regierung Indiens steht uns nahe und verfügt über eine große Armee. Auch die Regierung Chinas besitzt eine große Armee. Folglich müssen wir die Freundschaft mit diesen beiden Ländern unter allen Umständen erhalten, sind es doch zwei mächtige Länder ...

Zudem läßt sich in der heutigen Zeit in allen Ländern eine Reihe von Zerfallserscheinungen feststellen. Am schlimmsten ist die Handlungsweise der Roten. Sie lassen es nicht einmal zu, daß die zur Entdeckung der neuen Inkarnation des Groß-Lama von Urga notwendige Suche eingeleitet wird. Sie haben sämtliche sakralen Gegenstände der Klöster beschlagnahmt. Sie haben die Mönche gezwungen, Soldaten zu werden. Sie haben die Religion, ja selbst ihren Namen ausgelöscht. Habt Ihr von all den Dingen gehört, die sich in Urga zugetragen haben? Und es ist kein Ende abzusehen. Es kann der Tag kommen, an dem im Herzen Tibets Religion und weltliche Verwaltung von innen und von außen zugleich angegriffen werden. Wenn wir nicht

---

* Wurzel-Lama: Meister, dem der Schüler durch ein besonderes Band verpflichtet ist, in diesem Fall dem Herrn des Grenzenlosen Mitleids.

selbst unser Land retten, dann wird es geschehen, daß die Dalai Lamas und die Panchen Lamas, Vater und Sohn, die Statthalter des Glaubens, die ruhmreichen Reinkarnationen zu Boden geworfen und ihre Namen dem Vergessen anheimgestellt werden. Die Mönchsgemeinschaften und der Klerus werden die Zerstörung ihrer Besitzungen erleben. Die hergebrachten administrativen Rechte der drei großen religiösen Könige werden beschnitten werden. Die religiösen und weltlichen Beamten werden erleben, wie ihre Besitzungen eingezogen und ihre übrigen Besitztümer konfisziert werden. Sie selbst werden vom Feind in Knechtschaft gehalten werden oder gezwungen sein, wie Vagabunden umherzuirren. Alle Lebewesen werden in Armut und Schrecken versinken, und nach und nach wird sich die Nacht über das Leiden der Welt herabsenken.

Werdet weder zum Verräter am Glauben noch am Staat, indem Ihr einem anderen als Eurem eigenen Lande dient. Heute ist Tibet glücklich und lebt in einem gewissen Wohlstand. Alles andere liegt in Euren Händen. Alles muß in Kenntnis der Sachlage organisiert werden. Es arbeite einer mit dem anderen harmonisch zusammen, gebt nicht vor zu tun, was Ihr nicht zu tun vermögt. Überlegt, was es zu tun gilt und was nicht, und erfüllt Eure Aufgabe, ohne Zweifeln anheimzufallen, nach dem Willen des Allwissenden Meisters, so als spielte sich alles unter seinen Augen ab. Handelt in diesem Geist, und alles wird gut werden ... Wer sich von Gesetz und Tradition abwenden und einen schlechten Weg einschlagen wird, wer sich nur um seine eigenen Interessen kümmert und nur jenen hilft, die ihm sympathisch sind, wer sich heute des Vertrauens unwürdig erweist und nicht um das Gute bemüht, der wird seine Ziele nicht erreichen und von den Beschützern bestraft werden ... Erwägt sorgfältig, was ich Euch geschrieben habe, entsagt unwiderruflich dem Bösen und haltet Euch an das Gute.»[4]

Während einiger Monate noch war der Große Dreizehnte bemüht, das unternommene Werk zu festigen. Am Abend des dreizehnten Tages des zehnten Monats im Wasser-Vogel-Jahr, das heißt am 17. Dezember 1933, kam das Ende dieser Inkarnation. In die Geschichte eingegangen ist sein politisches Format und sein Geschick, das Land vor den Eroberungsgelüsten Chinas dadurch zu bewahren, daß er es als souverän und unabhängig erklärte. Diejenigen, die ihm begegnet sind, heben jedoch vor allem seine Offenheit, seine Intelligenz und seine Freundschaft hervor, während er anderen als begnadeter religiöser Hierarch in Erinnerung geblieben ist. Auf mehr weltlicher Ebene wird sein Gerechtigkeitssinn einmütig anerkannt. Er hob, außer für Eidesbruch, die Todesstrafe wie auch entwürdigende Bestrafungen auf. In seinen Reformbestrebungen ging er behutsam vor, wollte nichts überstürzen, gleichwohl sind sie Ausdruck eines echten Willens zur Modernisierung.

Sein Tod ereignete sich in einer besonders heiklen Phase in einem ohnehin explosiven internationalen Kontext und öffnete die Schleusen für Abrechnungen innerhalb von politischen Familien und Clans, die sich in seiner Gegenwart noch zurückgehalten hatten. Seine klugen Warnungen werden in den Wind geschlagen, und die Tibeter werden erst nach Jahren ermessen, was es mit dem, was einige ohne Zögern als prophetische Vision benennen, wirklich auf sich hat.

1912 aus dem Lande verjagt, hat seither kein offizieller Vertreter mehr Lhasa betreten. Beijing nimmt den Hinschied des dreizehnten Dalai Lama zum Vorwand, um die Bewilligung für die Entsendung einer Kondolenzdelegation zu erlangen. Eine Bitte, die schwerlich abzuschlagen ist und der denn auch entsprochen wird; im April 1934 trifft eine von General Huang Mu-sung angeführte Delegation in Lhasa ein. Es bietet sich die Gelegenheit zur Erneuerung der Kontakte, aber die Tibeter bleiben hart und lehnen jede Konzession in der Frage ihrer Unabhängigkeit ab, bekräftigen diese ganz im Gegenteil klar und entschieden. In China, wo der «Lange Marsch» bereits begonnen hat, intensiviert sich der Kampf um die Macht zwischen Kommunisten und Nationalisten. Rund hunderttausend zerlumpte und schlecht ausgerüstete Soldaten Maos, von Tschiang Kai-scheks Truppen bedrängt, durchqueren die tibetischen Regionen von Horkhog, Litang, Nyarong und Derge, werden von der tibetischen Armee jedoch unverzüglich auf Han-Territorium zurückgedrängt.

Trotz sporadischer Scharmützel, lokaler Zusammenstöße oder kurzer Gefechte wird das Dach der Welt bis 1950 auch weiterhin mehr oder weniger am Rande des Weltgeschehens leben, nicht aber ohne eigene Umwälzungen und oft heftige innere Zwistigkeiten. Da die Rivalität zwischen Tashi-lhunpo und Potala immer heftiger wird, wird das Zerwürfnis zwischen Panchen Lama und Dalai Lama von den Agenten fremder Mächte geschickt ausgenützt, um die beiden großen Meister in den Augen der Gläubigen herabzuwürdigen und in der Folge zu manipulieren.

Für den Augenblick jedoch haben im Halbdunkel der Kultstätten und in den Seiten der geheimen Zauberbücher die traditionellen Vorbereitungen auf ein für das Schneeland grundlegendes Ereignis begonnen – die sorgfältige Suche nach der vierzehnten Inkarnation, die neue Erscheinung des Chenresi auf der Bühne der Götter und der Menschen.

ZWEITER TEIL

DER DALAI LAMA –
EIN TIBETISCHER MÖNCH

I

Ein Leben – Viele Leben

*Menschliche Freiheit kann niemals darin bestehen,
sich Schwierigkeiten zu ersparen, sie besteht
vielmehr darin, diese zum eigenen Wohle zu meistern
und so aus ihnen ein Element der Freude zu machen.*

Rabindranath Tagore

Kaum ist der Vorhang der Geschichte über den Großen Dreizehnten gefallen, hebt er sich bereits wieder; es ist, als sollten mögliche Ungewißheiten beseite geräumt, als sollte klar angezeigt werden, in welche Richtung die Suche nach der nächsten Reinkarnation zu gehen habe. So zumindest werden einige ungewohnte Zeichen interpretiert, die in diesem Dezembermonat des Jahres 1933 in seltener Häufigkeit auftreten.

Da sind erst einmal diese seltsamen, Elefanten oder Drachen ähnlichen Wolkengebilde, die, vom Regenbogen wie von einem Glorienschein umhüllt, hartnäckig über dem nordöstlichen Teil der Stadt Lhasa schweben – so seltsam, daß Mönche und Laien, gewohnt, die Zeichen des Himmels zu lesen, sich unweigerlich Fragen stellen müssen.

Ein weiteres, ebenso ungewöhnliches Vorkommnis: in der Totenkapelle, wo die sterbliche Hülle des Verstorbenen aufgebahrt ist, bildet sich an einem aus totem Holz gezimmerten Tragpfeiler im Laufe einer einzigen Nacht ganz deutlich eine Art Riesenschwamm. Verblüffend ist vor allem, daß das Gebilde einem Stern zum Verwechseln ähnlich sieht und daß es sich – aber ist es wirklich Zufall? – am nordöstlichen Pfeiler des Raumes festgesetzt hat.

Um nicht hintanzustehen, erlaubt sich auch der verstorbene Dalai Lama eine höchst bedeutungsvolle Laune. Wie es der Brauch will, wartet er, sitzend und in seine Gewänder gehüllt, im Norbulingka auf seine Grabstätte, das Gesicht dem Süden, der traditionell glückbringenden Himmelsrichtung, zugewandt, während die Gläubigen herbeiströmen, ihm die letzte Ehre zu erweisen. Welche Überraschung für die Mönche, Diener und Würdenträger, die eines schönen Morgens entdecken, daß sich der Kopf in einer unmerklichen Bewegung gedreht hat und das Gesicht nun eindeutig gegen Nordosten zeigt!

Für einen nüchternen Geist mochten diese Zeichen verwirrend sein, für die Tibeter jedoch, die den Kostbaren Meister dringend wiederfinden und vor allem heil in die Götterstätte überführen wollten, waren es ermutigende Anzeichen. Die Grenzen des Hochlandes waren bedroht, und wenn auch der Regent seine Aufgabe bestens erfüllte, so mußte der Löwenthron, Symbol der höchsten geistlichen und weltlichen Macht, doch unverzüglich von seinem legitimen Inhaber besetzt werden. In der Zeit des Interregnums knüpfen die Chinesen Intrigen, während sich erneut eine von Sir Basil Gould angeführte britische Mission nach Lhasa begibt, wo sich die Auseinandersetzung einmal mehr um das Verhalten des Panchen Lama dreht. Nicht seine religiöse Rolle wird in Frage gestellt, aber sein politischer Umgang erweckt bei den Tibetern einmal mehr ein gewisses Mißtrauen.

Von den rein politisch bedingten Ungewißheiten weniger direkt betroffen ist die Kette des Panchen Lama, des zweithöchsten tibetischen Würdenträgers; sie ist auch weniger profiliert als jene des Dalai Lama: Seit der Schaffung des Titels ist er bis heute die siebente, 1938 wiedergekommene Inkarnation, die zumindest theoretisch auf dem Thron von Tashi-lhunpo sitzt. De facto jedoch residiert Choekyi Gyaltsen Tinley Lhundup, von den Chinesen Pechen Erdeni genannt, die meiste Zeit in Beijing, wo er – streng bewacht – angeblich mit den buddhistischen Angelegenheiten der Republik insgesamt befaßt ist.

Bevor jedoch auf die jetzige Situation eingegangen wird, sei daran erinnert, daß die Beziehungen zwischen den beiden Groß-Lamas unter den widrigen äußeren Umständen gelitten haben. Bereits 1728 wollten die Manchu sie gegeneinander ausspielen und hatten dem Panchen Lama die Souveränität über das gesamte tibetische Territorium angeboten, ein Angebot, das er ablehnte. Die Geschichte – so heißt es – wiederhole sich nicht, gleichwohl stottert sie auch weiterhin, ja karikiert sich in den folgenden Generationen gewissermaßen selbst, wird doch dem fünften Panchen Lama, Thupten Choegyi Nyima, 1910 ein analoges Angebot unterbreitet; und auch heute treiben die Chinesen in etwa das gleiche Spiel mit dem siebenten Panchen Lama ... Tatsache ist, daß auch der unmittelbare Vorgänger des jetzigen Panchen Lama in ein Räderwerk geriet, dem er nicht gewachsen war, und daß er 1923 mehr oder weniger freiwillig nach China ins Exil ging – Folge eines Streits mit dem Großen Dreizehnten, der zweifellos von den Machenschaften ihres jeweiligen Gefolges geschürt wurde. Nach Thubten Gyatsos Tod näherte er sich dann dem Hochland, aber auf tibetischer Seite war man weder über die in seinem – vorausgeschickten – Gepäck entdeckten Granaten noch über die chinesische Militäreskorte erfreut, die ihn angeblich bis zu seinem Kloster begleiten sollte.

Zuweilen wird dem Panchen Lama ein angeblicher geistlicher Vorrang zugewiesen, verlangt doch die Tradition, daß er ein Meister von Format und ein feinsinniger Gelehrter ist. Die Erklärung dafür ist, daß der Weise von Tashi-lhunpo als eine Reinkarnation des Dhyanibuddha Amitabha, des ursprünglichen Buddha der Meditationssphäre, gilt, dessen Projektion in der Welt der Formen niemand anders als Bodhisattva Avalokiteshvara ist, der sich – muß eigens daran erinnert werden? – in der Person des Dalai Lama inkarniert. Während sich die Meister von Shigatse oftmals durch ihre ausgeprägte Neigung zu Studium und Religion hervorgetan haben, haben sie trotz wiederholter chinesischer Machenschaften in der Politik nie eine herausragende Rolle gespielt. Ebensowenig wurde die geistliche und weltliche Vorherrschaft des Dalai Lama über ganz Tibet und alle Tibeter je in Frage gestellt, was auch immer die Wechselfälle seiner aufeinanderfolgenden Regierungszeiten gewesen sein mochten. Wie in der Vergangenheit kommt es für die Bewohner des Landes Bod auch heute nicht in Frage, ihre Sitten und Bräuche nach dem Willen der in Beijing herrschenden Führung zu verändern.

Der Gang der Jahrhunderte und die geschichtlichen Wechselfälle haben es mit sich gebracht, daß die beiden tibetischen Groß-Lamas in ihrer Sukzession immer wieder einer in des anderen Fußstapfen getreten sind, ist doch der eine dem anderen je Meister und Schüler gewesen. Vor seinem Abgang von der Bühne der Welt wurde der sechste Panchen Lama bei der Suche nach dem vierzehnten Dalai Lama konsultiert. Seine Qualitäten und geistlichen Einsichten waren durchaus vonnöten, wenn es darum ging, den weltlichen und religiösen Hierarchen zu helfen, diese äußerst schwierige Aufgabe zu einem guten Ende zu führen und die richtige Wahl zu treffen: auf keinen Fall durfte ein Irrtum unterlaufen und das Mißtrauen des unbequemen chinesischen Nachbarn geweckt werden, der stets auf dem Sprung war, sich unter dem geringsten Vorwand in die tibetischen Angelegenheiten einzumischen. Zur Zeit der Suche residierte der Panchen Lama in Jyekundo, an der tibetischen Grenze, und Ma Pu-feng, ein muslimischer General, war chinesischer Provinzgouverneur.

Einem ungeübten Auge mögen die Umstände der Entdekkung fremd erscheinen. Gleichwohl knüpfen sich die seltsam anmutenden Einzelheiten zu einem Geschehen, ausgestattet mit dem Glanz einer wundersamen Geschichte, die gerade deshalb so bewegend ist, weil sie wahrhaftig und Teil der Realität oder Magie des Alltags im Schneeland ist. In Übereinstimmung mit der Tradition und seinen Kompetenzen gibt Reting Rinpoche, der Regent, die für die Suche nötigen Anweisungen. Während im ganzen Land Zeremonien und Gebete für die baldige Rückkehr des Großen Beschützers stattfinden, werden insbesondere in Netchung, Gadong und Samye die wichtigsten Orakel befragt und ihre Vorhersagen unter dem Siegel der Verschwiegenheit sorgsam bewahrt. Unter Ausschluß der Öffentlichkeit werden wegweisende Träume und Vorhersagen ordnungsgemäß geprüft und besondere Anzeichen interpretiert; der Regent selbst bricht zu Beginn des Jahres 1935 in Begleitung einiger Groß-Lamas und Mitglieder des Kashag auf, um den heiligen See von Lhamo Latso zu befragen. Der kleine Suchtrupp macht im nahe gelegenen, vom zweiten Dalai Lama gegründeten Kloster von Chokhorgyal halt, bezieht dort vorläufig Quartier, um sich zu reinigen, in der Stille zu meditieren und sich auf die Begegnung mit den höheren Mächten vorzubereiten.

Will man dem tibetischen Historiker W. D. Shakabpa Glauben schenken, der bei dieser Sondermission als Sekretär wirkte, so konnte er selbst trotz aller Bemühungen auf dem bläulichen Spiegel des Sees nichts entdecken. Der Regent hingegen hat eine Vision von äußerster Klarheit, aus der sich drei Buchstaben des tibetischen Alphabets – *A*, *Ka* und *Ma* – herausschälen, während die übrigen Würdenträger ganz eindeutig die goldenen und jadegrünen Dächer eines Klosters, einen kleinen in einem entfernten Tal gelegenen Weiler und einen bescheidenen Bauernhof mit türkisblauen Ziegeln hervortreten sehen. Im Hof tollt ein weiß-braun gefleckter Hund umher.

Alle diese Angaben werden peinlich genau notiert und ihrerseits versiegelt, bevor sie einige Tage später den zuständigen Persönlichkeiten mitgeteilt werden. Reting Rinpoche träumt abermals vom Bauernhof mit dem türkisblauen Dach. Aber noch konnte das Schicksal seinen Lauf nicht nehmen. Nach einer abermaligen Befragung der Orakel unter höchster Geheimhaltung werden drei Missionen in drei Himmelsrichtungen entsandt: Purchok Rinpoche bricht in Richtung Dagpo und Kongpo nach Südosten auf. Khangser Rinpoche wird beauftragt, im Kham und Jang im Osten zu forschen, während Ke-Tsang Rinpoche den längsten Weg hat und sich gegen Amdo und Arig im Nordosten begibt. Im nachhinein erweisen sich einige Einzelheiten bedeutsamer als ursprünglich angenommen; so erteilt das Orakel von Netchung den Befehl, der dritten Mission einen bestimmten Spiegel, Symbol der Weisheit oder der Allwissenheit, zu überreichen. Den eher ungewöhnlichen Pilgern werden Geschenke und offizielle Empfehlungsschreiben an die Adresse jener Würdenträger anvertraut, die die Suche unterstützen könnten – insbesondere der chinesische Gouverneur von Sining, das Oberhaupt von Kumbum und der Panchen Lama.

Vorzeitig und unerwartet schneit es, als der Suchtrupp von Ke-Tsang Rinpoche im September 1936 von Lhasa aufbrechen will: im Augenblick der Abreise tut sich jedoch der Himmel auf, und die Sonne läßt die Götterstätte in vollem Lichterglanz erstrahlen. Ein gutes Omen. Wenn die Karawane dann drei Monate später in Sichtweite des Klosters von Kumbum kommt, findet die Vision vom heiligen See ihre Bestätigung – die goldenen und jadegrünen Dächer waren tatsächlich jene des berühmten Klosters im Osten. So als wolle er sie in ihren Intuitionen bestätigen, entfaltet ein mächtiger Regenbogen als Zeichen des Empfangs sein wundervolles Gepränge über dem Kloster.

Gleichwohl ist weiterhin höchste Vorsicht geboten; die Gesandten bemühen sich um Bestätigungen, hören auf die Ratschläge der Äbte und des Panchen Lama, nehmen neue Indizien zur Kenntnis. Aus den Beratschlagungen über die Vorhersagen ergibt sich ansatzweise bald der einzuschlagende Weg, der in die Gegend des Koko Nor in der Provinz Amdo führt. Die zu diesem Anlaß als Händler verkleideten Beauftragten werden von Mönchen dorthin geleitet; wichtig ist, daß sie sich ohne jede Beeinflussung ihre eigene Meinung bilden können. Da er nicht mit offenen Karten spielen will, nimmt Ke-Tsang Rinpoche den Platz eines Dieners ein, während die anderen Mitglieder der Mission sich als Karawanenführer ausgeben.

Wie in Tibet üblich, werden die Reisenden zuvorkommend empfangen, und sie dürfen in der Küche ihren Tee zubereiten. Während sich die Hausbewohner mit den Gästen unterhalten, nimmt sich der Lama Zeit, in aller Ruhe die Umgebung unter die Lupe zu nehmen; er nimmt einige Einzelheiten wahr, die ihn innerlich aufs höchste befriedigen, wovon er sich aber nichts anmerken läßt. Darnach geht er auf die Küche zu, während sich ein etwa zweijähriger Knabe an seine Fersen heftet. Kaum hat sich Ke-Tsang Rinpoche hingesetzt, klettert der Kleine ohne weiteres auf seine Knie und interessiert sich sogleich für eine Gebetsschnur, die der Mönch um den Hals trägt. Sie hatte dem Großen Dreizehnten gehört. «Ich schenke sie dir, wenn du mir sagst, wer ich bin», meint der Lama. Unverzüglich kommt die Antwort: «Ihr seid ein Lama aus Sera», sagt das Kind und fügt im gleichen Atemzug auch den Namen der beiden anderen Mitglieder der Mission bei. Noch erstaunlicher ist, daß sich Lhamo Dondup – so heißt der Knabe – im eleganten, in der Provinz Amdo kaum gesprochenen Dialekt von Lhasa ausdrückt.

Die Würdenträger, die diesen ersten Kontakt wenn nicht als entscheidend, so doch zumindest als äußerst interessant erachten, hüllen sich in Schweigen und beschliessen, am frühen Morgen aufzubrechen, um der Regierung die vorläufigen Ergebnisse ihrer Suche mitzuteilen. Staunend stellen sie fest, daß der Knabe sie bereits erwartet und anfleht, sie möchten ihn doch nach Lhasa mitnehmen. Es ist gar nicht so einfach, ihm begreiflich zu machen, daß die Zeit noch nicht gekommen ist, und nur das Versprechen, bald zurückzukehren, kann die kindliche Ungeduld besänftigen.

Einige Monate später kehren die Kundschafter zurück. An der Wegkreuzung im Dorf bedeutet ihnen ein junger Chinese eifrig, sie möchten doch den unteren, etwas längeren Weg einschlagen. Sie kommen seiner Aufforderung nach und bemerken bald, daß der Weg direkt zum Haupteingang des Bauernhofes mit den türkisblauen Ziegeln führt, der andere, kürzere Weg hingegen zum versteckten Hintereingang. Auch dies ein Wink der Vorsehung: besser den Haupteingang als den Dienstboteneingang benutzen ...

In der Zwischenzeit waren die Ergebnisse der drei Missionen sorgfältig verglichen worden, zur Wahl standen noch zwei Kandidaten, wovon der eine, der erstaunliche Knabe aus Taktser, zweifellos eine bessere Ausgangsposition hatte. Der nochmalige Besuch gibt den Ausschlag: der Kleine wird einer Reihe von Tests unterzogen, die er mit Bravour besteht. Mühelos bewältigt er die Überprüfung seiner Erinnerungen an früher, insbesondere indem er aus einer Reihe von teilweise viel schöneren und gekonnt nachgeahmten Gegenständen die richtigen auswählt, und wenn er zögert – was selten vorkommt –, dann ist auch dies eher ein positives Zeichen. So schwankt er zwischen zwei Wanderstäben, entscheidet sich – zur Überraschung der Experten – für den einen, um sich nach kurzem Zögern dann doch für den anderen zu entscheiden. Er herrscht Erleichterung, aber auch dieser Beinahe-Mißgriff findet alsogleich eine Erklärung: der zweite Wanderstab hatte dem dreizehnten Dalai Lama bis zu seinem Lebensende gehört, während der erste einige Zeit in seinem Besitz gewesen war, bevor er ihn dann einem ehrwürdigen Lama geschenkt hatte. Anschließend greift der Knabe nach einer *damaru,* einer kleinen Kulttrommel, und trifft zur Verblüffung der Suchkommission Rhythmus und Ton ganz genau. Die Untersuchung des Körpers ergibt, daß die acht wichtigsten Unterscheidungsmerkmale, die unbedingt zur Inkarnation von Chenresi gehören, beim Knaben vorhanden sind. Nachdem die innere Überzeugung der Gesandten von Lhasa bestätigt ist und die letzten Zweifel ausgeräumt sind, beginnen Schwierigkeiten ganz anderer Art.

Trotz aller Vorsichtsmaßnahmen war nämlich ruchbar geworden, mehrere Suchkommissionen forschten nach dem künftigen Herrscher Tibets und es werde geprüft, welcher der Kandidaten sich schließlich durchsetzen werde. Religiöse und weltliche Verantwortliche waren übereingekommen, ihre Wahl nicht voreilig bekanntzugeben, um das Kind ohne Schwierigkeiten nach Lhasa bringen zu können. Im Falle des Knaben von Taktser war das gar nicht so einfach: zwar gehörte die Provinz Amdo zu Tibet, aber die chinesische Verwaltung hatte sich ein Aufsichtsrecht ausbedungen, und Gouverneur Ma Pu-feng hatte bereits seine Absicht geäußert, bei der Wahl der Hierarchen mitzureden.

Die Vertreter von Kumbum und Ma Pu-feng fordern Beweise, daß der Knabe aus Taktser tatsächlich der inkarnierte Gott ist. Es wird ihnen entgegnet, allein die in Lhasa durchzuführenden abschließenden Prüfungen könnten auch die letzten Zweifel ausräumen. Erstere zeigen sich über die Antwort befriedigt, und das Kind – noch nicht vier Jahre alt – tritt in die Mönchsgemeinschaft von Kumbum ein: dort findet es seine ersten Lehrer und beginnt sich mit der harten Disziplin vertraut zu machen.

Der Gouverneur hingegen läßt sich mit dieser Antwort nicht abspeisen und verlangt eine «Ausreiseabgabe» in der Höhe von 100 000 chinesischen Dollars in damaliger Währung. Kaum ist das Lösegeld bezahlt, fordert er einen dreimal höheren Betrag ... Das Auftreiben einer so hohen Summe – umgerechnet 92 000 US-Dollar – kommt einem Zauberkunststück gleich; aber die Angelegenheit findet eine Regelung: Eine Karawane von muslimischen Händlern auf dem Weg nach Mekka willigt ein, die Summe bis Lhasa, wo ihnen der Betrag sogleich bar ausbezahlt wird, vorzustrecken. Die Lamas atmen auf und machen sich, ununterbrochen über das Kind wachend, von dem sie innerlich überzeugt sind, daß es der vierzehnte Dalai Lama sein wird, auf den Weg zurück zur Götterstätte. Im Juli 1939 tritt die Nationalversammlung zusammen und wird über die Einzelheiten der Untersuchung und die Resultate der Prüfungen informiert; gleichzeitig bestätigen mehrere führende Lamas und das Orakel von Netchung, der Vertreter Chenresis sei zu den Tibetern zurückgekehrt. Von diesem Zeitpunkt an werden die für die Inthronisation üblichen Vorbereitungen in Angriff genommen. Boten werden an die britische Regierung in Indien, nach Beijing, an den König von Nepal sowie an die Radschas von Sikkim und Bhutan entsandt, um die große Neuigkeit anzukündigen und sie zu den Feierlichkeiten einzuladen.

Von jener Zeit sagt Tenzin Gyatso heute mit einem Lächeln auf den Lippen, er erinnere sich nicht an alle Einzelheiten der Prüfungen, die dazu dienten, die Brücke zu seinem früheren Leben zu schlagen. Denn, so erklärt er, «die mit diesem Körper verbundenen neuen Erinnerungen sind stärker. Die Ereignisse der Vergangenheit sind unwichtiger und diffuser geworden. Ich weiß nicht mehr, ob ich als kleines Kind zu solchen Erinnerungen fähig war. Die günstigste Zeit, derartige Dinge, diese Erinnerungen an das frühere Leben zu aktivieren, liegt zwischen drei und vier Jahren, wenn man zu sprechen beginnt; es ist der günstigste Zeitpunkt für die Erinnerung an die Vergangenheit.

Nachher schwächt sich diese Fähigkeit in dem Maße ab, wie sich die körperliche Struktur konsolidiert. Es hängt von der Geistesschärfe und der inneren Entwicklung des einzelnen ab – einige erinnern sich an ein, an zwei, an drei, an hundert oder sogar an unendlich viele frühere Leben.»[5]

Der vierzehnte Dalai Lama räumt jedoch ein, daß er seit jeher den Willen bekundet hatte, nach Lhasa zu gehen, und daß er darauf gewartet hatte, daß man ihn holen komme. Auf einem Ast sitzend, sah er sich den langen staubigen Weg entlangreiten und sagte unablässig zu seiner Mutter, er müße aufbrechen. So war er denn keineswegs überrascht, als Seras Gesandte im väterlichen Hof eintrafen: das lag in der Logik der Dinge. Er erinnerte sich auch daran, daß sich ein Rabenpärchen regelmäßig auf einem Dachvorsprung des Hauses niederließ. In Tibet jedoch gilt allgemein, daß zwischen dem Dalai Lama und den Raben eine besondere Beziehung besteht – so will es die Tradition; es war ein Rabe, der Gedun Truppa vor dem nächtlichen Eindringen der Räuber in das Zelt, wo er kurz zuvor auf die Welt gekommen war, geschützt hatte; später sollten es ihm seine geistlichen Praktiken erlauben, in direkten Kontakt mit der gefährlichen Gottheit Mahakala (dem «Schwarzen Herr der transzendenten Weisheit», aber auch der Zeit) zu treten. Der Gott hatte ihm eine Bestätigung seines bevorzugten Schutzes gegeben, und in der Folge begleiteten denn auch Anekdoten dieser Art das Leben des siebenten, achten und zwölften Dalai Lama. Keineswegs überraschend also, daß der Rabe auch beim vierzehnten Dalai Lama wieder auftaucht. Das hindert letzteren jedoch nicht, im Vertrauen zuzugeben, er liebe diesen Vogel nicht allzu sehr, «weil er den kleineren gegenüber zu grausam ist».

Andere haben präzisere Erinnerungen an jene Zeiten bewahrt. Die 1981 verstorbene Mutter Tenzin Gyatsos erinnert sich an eine schwierige Schwangerschaft. Ihr Gatte, der starb, als der Kindgott zwölf Jahre alt war, hatte das Bett hüten müssen, und niemand konnte herausfinden, woran er erkrankt war. Aber unmittelbar nach der Geburt erhob er sich gesund und wohlauf, kaum geschwächt und bereit, unverzüglich den vielfältigen Pflichten eines bescheidenen Bauern nachzukommen. Am Vorabend der Geburt hatte sie einen seltsamen Traum gehabt: zwei blaue Drachen waren gekommen, sie höchst zeremoniell zu begrüßen.

Einige im Dorf hatten nicht vergessen, daß der Große Dreizehnte auf dem Rückweg von einer Pilgerfahrt zu einer kleinen Einsiedelei in der Umgebung in einer nahe gelegenen Wiese haltgemacht hatte. Er hatte sogar ein Paar gebrauchte Stiefel zurückgelassen, was – will man der Volksweisheit der Hochebene Glauben schenken – ganz einfach bedeutete, daß er zurückkehren werde. Gewiß, die Dorfbewohner fühlten sich geschmeichelt, daß die Inkarnation von Chenresi für ihre Rückkehr ihren Weiler ausgesucht hatte, aber sie wußten nun auch, weshalb sie in den letzten Jahren so viele Schicksalsschläge hatten hinnehmen müssen: Ohne ersichtlichen meteorologischen Grund und trotz Sühnezeremonien hatten Hagel und Trockenheit mehrere Ernten vernichtet. Und geht die Tradition nicht davon aus, daß derartige Ereignisse zweifelsohne die Ankunft außergewöhnlicher Wesen ankündigen?

Es ist – obwohl weniger als ein halbes Jahrhundert zurückliegend – kaum vorstellbar, welcher Empfang dem nun sehr strengen Lebensregeln und einer strikten Disziplin unterworfenen jungen Herrscher bereitet wurde. Regierungsmitglieder kommen ihm mit großem Prunk auf seinem Weg entgegen, bald gefolgt von den Hierarchen der großen Klöster und sogar den wenigen in Lhasa residierenden ausländischen Vertretern. Dank ihrer Berichte ist es möglich, sich ein ungefähres Bild von der Pracht und Großartigkeit der Zeremonien zu machen. Nach Zwischenhalten in Nagchukha, dem Kloster von Reting und der Einsiedelei von Rekya durchquert die Prozession Lhasa am fünfundzwanzigsten Tag des achten Monats im Erde-Hase-Jahr (8. Oktober 1939). Bevor sie den Norbulingka, die Sommerresidenz, erreicht, macht sie für eine Zeremonie im Jokhang, dem höchsten Heiligtum des tibetischen Buddhismus, halt.

Alle Teilnehmer und Beobachter – das heben sämtliche Berichte übereinstimmend hervor – sind verblüfft ob der erstaunlichen Gewandtheit des Kindes, seiner kontrollierten Vitalität und seiner angeborenen Kenntnis des Benehmens und der Rituale. Bereits jetzt überrascht der tiefe, mit Schalk durchmischte Blick, mit dem er die Welt betrachtet, während sich die Hinwendung zum Mitmenschen in einer wohlwollenden, allen Bitten offenen Neugier kundtut. Trotz eines äußerst strikten Protokolls entzückt und bezaubert das Mönchlein und legt gleichzeitig eine unendliche Geduld an den Tag: ein ausgewogener Charakter, den die schicksalhaften Jahre noch festigen und dessen Kanten sie zugleich abschleifen werden. Noch ungezähmt ist die Entschlossenheit bereits im Keim vorhanden, sie wird im Laufe der Zeit kultiviert und schließlich exemplarisch werden.

Einige Wochen später führt der Regent, Reting Rinpoche, persönlich vor der Buddha-Statue im Jokhang die rituelle Zeremonie der Rasur des Haupthaares am Knaben durch. Dieser wird fortab den Namen Tenzin Gyatso tragen. Aufgrund der Befragung von Orakel und Astrologen wird die Inthronisation auf den vierzehnten Tag des ersten Monats im Eisen-Drache-Jahr festgelegt, das heißt auf den 22. Februar 1940. Die Magie des Orients entfaltet all ihre unerschöpflichen Möglichkeiten einer feierlichen Einsetzung, deren Pracht auf ewig im Gedächtnis der Teilnehmer eingegraben bleibt. Auch diesmal fallen der natürliche Adel und das tadellose Benehmen des Kindgottes während der langen Feierlichkeiten auf.

Die folgenden Jahre sind dem Studium gewidmet, sicherlich streng für einen von Energie strotzenden Knaben, der gezwungen ist, in mühseliger Arbeit die Pflichten seiner Aufgabe zu erlernen. «Nie habe ich mich in meiner Rolle unwohl gefühlt», sagt der vierzehnte Dalai Lama heute dazu lediglich. Über diese Zeit äußert er sich zurückhaltend, geht er doch als guter buddhistischer Mönch davon aus, es gebe darüber nichts Besonderes zu erzählen: die Regel verlangt, daß man sich über seine Kenntnisse oder seine persönlichen Leistungen nicht ausläßt. Lebensstil und zwischenmenschliche Beziehungen zeugen davon, wie weit er auf dem Weg bereits vorangeschritten ist. Der echte Weise muß sich nicht zur Schau stellen; *er ist* ganz einfach, und die Religion, so wie sie von den wahren Meistern verstanden wird, ist ein sehr privater, beinahe verborgener Bereich, über den man sich nicht in Erklärungen zu ergehen hat.

Wenn der Dalai Lama zuweilen einwilligt, über seine Erfahrungen zu sprechen, dann tut er es in sehr allgemeinen Begriffen, vor allem aber, um einen Gedanken zu klären, den er dem Gesprächspartner in seinem Kern näherbringen will: «Ich habe den Buddhismus in meiner eigenen Sprache studiert und bin jung, sehr jung, Mönch geworden. Das will heißen, daß ich in einer stimulierenden Umgebung aufwuchs. Was die persönliche Entwicklung betrifft, so ist in mir als Fünfzehn-, Sechzehnjährigem echte Begeisterung für diese Lebensform aufgekommen. Ich habe nie mit ihr gebrochen, und inzwischen bin ich mehr als fünfzig Jahre alt ... Die innere Entwicklung verläuft Schritt für Schritt. Aus diesem Grund ist der Wille, die Lebensform beizubehalten, ohne in der Anstrengung nachzulassen, sehr wichtig. Der Fortschritt ergibt sich aus der Beständigkeit des täglichen Bemühens.»

Der vierzehnte Dalai Lama, später in den Prüfungen seines Lebens gestärkt, ist auch von seinen verschiedenen Lehrern und insbesondere seinen beiden geistlichen Betreuern geformt worden – zwei außergewöhnliche Persönlichkeiten, deren – vorläufiges – Dahinscheiden die ganze tibetische Gemeinschaft betroffen machte. Aus dem Kloster Gaden kommend, stand der zweite geistliche Betreuer, Kyabje Yongdsin Trijang Rinpoche, im Ruf, der bedeutendste Lama der Gelugpa-Schule seiner Zeit zu sein. 1900 geboren, war er ein Mönch der reinsten Gelehrtentradition, dessen persönliche Leistungen in hohem Ansehen standen. Er ist 1981 weggegangen, und seine neue Inkarnation ist bei den tibetischen Flüchtlingen in Indien erschienen.

Ursprünglich zu Drepung gehörig, hatte Kyabje Yongdsin Ling Rinpoche, der erste geistliche Betreuer Seiner Heiligkeit, seit 1965 die Funktion des Gaden Tripa, also des Abts von Gaden inne. In dieser Eigenschaft war er der siebenundneunzigste Nachfolger des Reformers Tsongkhapa und galt als führender Kopf der Gelugpa-Tradition. Als bedeutender Meister, mit den monastischen Disziplinen und den Riten vertraut, hat er sämtliche Initiationen, über die er verfügte, dem vierzehnten Dalai Lama überliefert, dem er seit 1937 treu gedient hat – erst als Hilfsbetreuer, dann als zweiter und seit 1949 als erster geistlicher Betreuer. Er hat 1954 Tenzin Gyatso die Gelübde abgenommen und ihn anläßlich der Jahresfeierlichkeiten zum Großen Gebet – Monlam Chenmo – zum vollwertigen Mönch geweiht.

Kyabje Trijang Rinpoche und Kyabje Ling Rinpoche waren verläßliche Führer, Freunde und Beschützer des Herrschers des Schneelandes zugleich; wenn letzterer zu dem geworden ist, der er ist, dann verdankt er es – wie er selbst sagt – großenteils dem Bemühen dieser beiden Meister von außergewöhnlichem Format. Die Tibeter sagen denn auch, daß die beiden bereits seit mehreren Leben den gleichen Weg gegangen sind und in ihren früheren Leben lange gemeinsam für die Überlieferung der buddhistischen Lehren gewirkt hatten. Der direkte Vorgänger von Ling Rinpoche seinerseits war geistlicher Betreuer des dreizehnten Dalai Lama gewesen. Augenzeugen berichten, daß Ling Rinpoche im Augenblick, wo er diese Welt verließ, am 23. Dezember 1983 in Dharamsala, seinen untröstlichen Schülern ein friedliches Lächeln zuwarf, bevor er in das «Klare Licht», das heißt in tiefe Meditation an der Schwelle zur anderen Welt versank; in diesem Zustand verharrte er bis zum 7. Januar. Während jener Zeitspanne, in der der Körper des Meisters keine der üblichen Zerfallserscheinungen erlitt, hat es vor aller Augen einige bedeutungsvolle Zeichen gegeben.

Einmal unter der Obhut seiner geistlichen Betreuer, stürzt sich der vierzehnte Dalai Lama ins Studium und ins Auswendiglernen von ebenso zahlreichen wie schwierigen Texten. Wie alle Mönche beginnt er mit den einfachsten Übungen – Alphabet und Kalligraphie, Lesen und Rezitieren der gängigsten heiligen Texte. Anfänglich beeindruckt ihn die Strenge seines ersten Lehrers Ling Rinpoche: ein bloßer Verweis aus seinem Munde erscheint ihm als höchste Bestrafung. Aber es ist dieser unvergleichliche Gelehrte, der auch ein guter Kenner des Laufs der Welt ist, der bis 1983 einer seiner engsten Ratgeber und Gefährten bleiben wird.

Um die zahlreichen Stufen dieser langen, ja ein ganzes Leben dauernden Studien zu erklimmen, lernt Tenzin Gyatso Dutzende von Abhandlungen der fünf Hauptzweige des buddhistischen Wissens auswendig – Sanskrit, Dialektik, Logik, Religionsphilosophie und Metaphysik, die zur Erlangung des Titels *Geshe Lhampara,* das heißt Doktor des buddhistischen Gesetzes, unerläßlich sind. Es sind im wesentlichen Werke indischer Weiser, denen tibetische Meister und Gelehrte im Verlauf der Jahrhunderte unzählige Seiten an Kommentaren, Erklärungen und Abhandlungen beigefügt haben. Die fünf Nebenzweige sind Theater, Tanz und Musik, Astrologie, Dichtkunst und Komposition. Es versteht sich von selbst, daß alle künstlerischen Aktivitäten eng mit geistlicher Erkenntnis verbunden sind.

Das ist jedoch nur ein Anfang: die Religionsphilosophie etwa verzweigt sich in Transzendente Weisheit (Prajnaparamita), Mittleren Weg (Madhyamika), Kanon der monastischen Regel (Vinaya), Metaphysik (Abidharma) sowie Logik und Dialektik (Pramana). Große Aufmerksamkeit schenken die tibetischen Weisen, im Unterschied zu den alten Meistern Indiens, Logik und Dialektik, deren Grundlagen in der Argumentation solide verankert sind; Ausdruck dafür sind mehrstündige hitzige Debatten zwischen Lehrern und Schülern im stillen Kämmerlein, gelegentlich aber auch in Gegenwart von Hunderten von Mönchen, wenn unter dem wachsamen Auge der Lehrer Rededuelle zwischen mehr oder weniger gleich starken Partnern stattfinden. Das Gedächtnis gewinnt an Tiefe und Schärfe, während Beweglichkeit und Lebhaftigkeit des Denkens unablässig das Ihre beitragen.

Diese täglichen Übungen, unterbrochen von Stunden intensivster Meditation, die für Textverständnis und -aneignung unerläßlich sind, lassen gleichwohl Raum für Muße. Das strikte Protokoll, dem der Dalai Lama unterworfen ist, erlaubt es nicht, daß er nach eigenem Gutdünken mit gleichaltrigen Kindern spielt, allein seine Brüder und Schwestern dürfen das – vor allem Lobsang Samten, sein zwei Jahre älterer Bruder. Obwohl er diesen faktischen Ausschluß aus der Welt der Menschen und der Dinge manchmal empfunden hat, erinnert sich der Dalai Lama doch auch an schöne, mit alten Lamas verbrachte Augenblicke, die etwas von ihrer Kindlichkeit zurückgewannen, um an den Einfällen des bedeutenden Knaben teilzuhaben.

Aus diesen von Sittenstrenge geprägten Jahren taucht manchmal ein Stück Kindheit auf, eine heute mit einem Lächeln, mit einer gewissen Nostalgie verklärte glückliche Erinnerung. So erweckt das Heldenepos von Gesar von Ling, diese im Volksbewußtsein eingegrabene Chronik von heldenhaften und legendären Großtaten, im Dalai Lama die Erinnerung an einen alten Bänkelsänger, der während Stunden die großartigen Episoden des Mythos vor dem Kindkönig hatte aufleben lassen:

«Könnte Gesar eines Tages wiederkehren, wie dies von einigen behauptet, von anderen geglaubt wird? Tatsache ist, daß er es versprochen hat; einige denken und sagen, er könnte im tibetischen Leben eine bedeutende Rolle spielen. Alexandra David-Neel ist nicht die einzige, die von dieser seit langem auf den Hochebenen zirkulierenden Version berichtet. Sagt man nicht auch, Gesar sei eine Inkarnation von Avalokiteshvara, dem Buddha des Grenzenlosen Mitleids? Er ist also auch ein Meister, und die Meister haben viel Macht ... Ich weiß es nicht genau, denn ich habe die Geschichte des Königs von Ling nicht ernsthaft studiert und weiß darüber nicht mehr als jeder andere Tibeter auch.

Alles, was ich Ihnen sagen kann, ist, daß damals manchmal ein wunderbarer Märchenerzähler in den Potala kam, der mir diese Geschichten erzählte. Ich hörte ihm gerne zu. Ich war von ihm sehr beeindruckt – und wissen Sie warum? Nicht nur kannte er unzählige Einzelheiten und Varianten, vielleicht dichtete er selbst auch noch einiges hinzu, sondern er hatte auch eine riesige Teeschale. Ununterbrochen goß er gewaltige Mengen des Gebräus nach und trank sie mit erstaunlicher Leichtigkeit. Es war sein Lohn und sicherlich auch sein Vergnügen: Tee aus den Küchen des Dalai Lama zu trinken! Mehr weiß ich nicht darüber, obwohl ...» Und der angebrochene Satz verliert sich einmal mehr, voller Andeutungen, in der spitzbübischen Klangfülle eines Lachens.

Zur großen Verzweiflung der drei für die Verwaltung zuständigen Mönche – der Zimpon Khenpo für die Gewänder, der Supon Khenpo für das Essen und der Choepon Khenpo für die Ritualgegenstände –, die dem Knaben wie ihrem eigenen Schatten folgten, war dieser wie Quecksilber. Seine überschäumende Energie verleitete ihn dazu, tausend Streiche zu spielen und seine erlauchte Nase in die hintersten Winkel des Winter- oder Sommerpalastes zu stecken. So pflegte er mit seinem Bruder ein kleines Pony, das ihnen für ihre Spiele zur Verfügung stand, auf das Dach des Norbulingka zu bringen, nur um das umliegende Tal betrachten zu können. Zusammen stiegen sie auch gerne in eine kleine Barke, um sich auf dem inneren Teich des Edelsteingartens treiben zu lassen – während die guten Mönche und Diener mangels Platz im schwachen Schiffchen am Ufer bleiben mußten und den Himmel und die Götter anflehten, es möge ihren jungen Herren nichts zustoßen.

Ein anderer Charakterzug des jungen Herrschers: seine wahre Leidenschaft für die Mechanik. Alles, was ihm in die Hände fiel und auseinandergenommen werden konnte, wurde auch sogleich demontiert, sei es eine alte Kuckucksuhr oder eine kostbare Musikdose, ein in der Schatzkammer aufbewahrtes Geschenk des Zaren an seinen Vorgänger, ja selbst eines der drei respektablen Automobile, die in Teile zerlegt auf dem Rücken von Maultieren zum ausschließlichen Gebrauch des Großen Dreizehnten nach Lhasa gebracht worden waren. Manchmal setzte er die Gegenstände geschickt wieder zusammen, so als hätte er sein ganzes Leben nichts anderes getan.

Es ereigneten sich aber auch Mißgeschicke: Als sich der Jugendliche zum ersten Mal, selbstverständlich in Abwesenheit des mit der Aufsicht betrauten Lehrers, ans Steuer eines von ihm selbst zusammengebastelten Vehikels setzte, zog er sich ganz gut aus der Affäre ... nur ging bei einem unvorhergesehenen Zusammenstoß das Rauchglas eines vorderen Scheinwerfers in Brüche. Ohne die Fassung zu verlieren, bastelte der Gottkönig mit eigenen Händen ein Glas, das er mit Hilfe einer Bürste und eines Zahnstochers mit Rohrzuckersirup beschmierte. Die unschuldige Täuschung, so scheint es, wirkte ganz echt. Noch heute bekundet der vierzehnte Dalai Lama ein lebhaftes Interesse an technischen Spitzenleistungen; zwar können ihn Lokomotive und Flugzeug nicht mehr in Staunen versetzen, vielmehr gilt seine nie erlahmende Neugier heute Maschinen wie dem Scanner oder dem Zyklotron.

Der junge Dalai Lama nutzte die Anwesenheit Heinrich Harrers, eines Europäers mit zwielichtiger Vergangenheit, in der tibetischen Hauptstadt, um seinen Wissensdurst zu stillen. Einem britischen Internierungslager in Dehra Dun entflohen, war es diesem Österreicher, der sich als einfacher Liebhaber der Bergwelt ausgab, gelungen, sich beim zurückgezogen lebenden Gefolge des Herrschers Eingang zu verschaffen und letzterem spannende Einzelheiten über die von ihm bereisten Länder zu berichten. Die unbekannten Namen ließen Tenzin Gyatso beim Durchblättern vergilbter Atlanten, die er irgendwo in den Bücherregalen einer alten Bibliothek im Potala entdeckt hatte, von fernen Ländern träumen. Von diesem Österreicher lernte er die ersten Brocken Englisch und erwarb seine ersten Kenntnisse über das, was sich jenseits des Himalaja ereignete. An Photographie und Film in höchstem Maße interessiert, erlaubte der Gottkönig dem Besucher, den Einwänden von Beamten und Mönchen zum Trotz, Filme zu drehen, die inzwischen zu unschätzbaren Zeugen des Lebens in Lhasa vor der chinesischen Invasion geworden sind.

Aber während der junge Mönch sich gewissenhaft auf die Pflichten seines Amtes vorbereitete, veränderten jenseits der Mauern von Potala und Norbulingka Ereignisse, deren Tragweite in der Götterstätte nicht immer erkannt wurde, die Landkarte der Welt und bereiteten spätere Umwälzungen vor. Es brauchte einiges, bis diese Meister im Zeichenlesen und im Umgang mit magischen Kräften die in den tiefer gelegenen Ländern herrschenden barbarischen Sitten zu verstehen vermochten, vor allem aber realisierten sie erst spät, daß sich dort unten durchaus reale Gefahren anbahnten, deren Widerhall freilich nur abgeschwächt bis auf das Dach der Welt drang. Nicht daß es an Signalen gefehlt hätte – diese waren im übrigen in den großen Registern der lokalen Verwaltung auch ordnungsgemäß verzeichnet worden.

Während des Zweiten Weltkrieges und der Minderjährigkeit des Dalai Lama gelingt es Tibet relativ leicht, sich aus den Wirren herauszuhalten: seine natürliche und traditionelle Abgeschiedenheit bewahrt das Land vor den in Gang befindlichen Kämpfen, aber beinahe unwissentlich wird es längerfristig zum Zankapfel der kriegführenden Mächte. In diesem Zusammenhang sei nicht verschwiegen, daß es auch außerhalb der Landesgrenzen nur wenige gibt, die sich der durchaus realen strategischen Bedeutung des Daches der Welt bewußt sind, die erst mit dem Einsatz von Flugzeugen und später dann von Spionage- und anderen Satelliten offenkundig wird. Von dort oben beherrscht man nicht nur die Ebenen Chinas oder Indiens, sondern auch die östlichen Sowjetrepubliken und den möglichen Zugang nach Afghanistan. In diesem gewaltigen Wasserschloß entspringen zudem die größten Ströme Asiens.

Zur Stunde ziehen Briten und Chinesen hinter den Kulissen ihre Fäden, während der kleine geschlossene Kreis der Lokalpolitiker die Auseinandersetzungen beobachtet – die Augen halb geschlossen. Das zeitweilige Eindringen der zerlumpten Partisanentruppen Maos hatte die Tibeter zwar beunruhigt, aber diese wähnten sich von den Abrechnungen zwischen chinesischen Nationalisten und Kommunisten nicht betroffen: sollten sich die Han doch gegenseitig umbringen, für die Menschen von Bod konnte das nur Frieden bedeuten! Auch der chinesisch-japanische Krieg hatte einige Befürchtungen geweckt, glaubte man in Lhasa doch eher an eine Bedrohung von seiten Japans, aber auch diese Aufregung legte sich bald. Die Demission des Regenten im Jahre 1941 – die Orakel hatten vorhergesagt, er habe nicht mehr lange zu leben, wenn er sich inskünftig nicht der Meditation und der geistlichen Vervollkommnung widme – wurde in Beijing mit größtem Mißfallen aufgenommen, glaubte man doch in ihm ein wohlwollendes Ohr gefunden zu haben. Einige behaupteten sogar, kleinere Geschenke hätten diesem Wohlwollen etwas nachgeholfen. An seine Stelle trat der als konservativ geltende Taktra Rinpoche. Seine Urteilsfähigkeit und politische Begabung sollten bald auf die Probe gestellt werden.

Gegen Ende 1941 schränkten die Weltpolitik und der Kampf um Einflußsphären den Spielraum Tibets immer stärker ein. Erst wurde Lhasa von der veränderten Bündnislage zwischen Großbritannien und China, eine Folge von Japans Kriegseintritt, überrascht. Mißtrauisch und von der Bühne des Geschehens zu weit entfernt, um zu erkennen, was auf dem Spiel stand, nahm die tibetische Regierung eine abwartende Haltung ein, im Gegensatz zum Großen Dreizehnten, der während des Ersten Weltkrieges den Alliierten seine Sympathien bezeugt hatte.

Bereits seit einigen Monaten hielt das Kashag den Druckversuchen Tschiang Kai-scheks stand, der – von den am Fuße des

Gebirgsmassivs sich ausbreitenden Ungewißheiten bedroht – zur Sicherung des Nachschubs auf dem Landweg auf der Hochebene neue Straßen bauen wollte; durch die vorrückenden japanischen Truppen vom Weg nach Birma abgeschnitten, war er unbedingt auf neue Zubringerrouten angewiesen. Unter dem Druck von Versprechungen und Drohungen, von Kompromissen und Überfällen, von Provokationen und Erpressungen willigte Tibet schließlich in den Gütertransit zwischen Indien und China auf seinem Boden ein, militärischer Güternachschub allerdings ausgenommen.

Inzwischen war eine offizielle Delegation der Vereinigten Staaten in Lhasa eingetroffen. Die Mitglieder dieser Delegation, Hauptmann Ilia Tolstoi und Oberstleutnant Brooke Dolan, überbrachten eine persönliche Botschaft Franklin Roosevelts an den Dalai Lama und wollten sich zugleich ein Bild über den Zustand der für den Nachschub an Nationalchina benötigten Straßen verschaffen. Die beiden amerikanischen Offiziere wurden mit allen Ehren und mit großem Pomp empfangen und von tibetischen Soldaten bis nach Sining, an der chinesischen Grenze, eskortiert. Nach einem Gespräch mit dem jungen Herrscher reisten sie nach einem Monat in der Überzeugung ab, Tibet sei ein unabhängiges, durchaus lebensfähiges und sehr gut verwaltetes Land und darauf auch sehr stolz.

In ihrem Gepäck trugen die amerikanischen Gesandten kostbare Geschenke für ihren Präsidenten mit sowie ein Antwortschreiben des Dalai Lama, gerichtet an den «Ehrenwerten Franklin D. Roosevelt, Präsident der Vereinigten Staaten von Amerika – im Weißen Haus, Washington D.C. – USA». Nach den üblichen Dankes- und Ehrenbezeugungen fährt der Text fort: «Wir sind glücklich, zu erfahren, daß Sie selbst und das Volk der Vereinigten Staaten von Amerika sich für unser Land interessieren. Es ist äußerst bedeutsam, daß das amerikanische Volk, zusammen mit siebenundzwanzig anderen Ländern, zurzeit an einem Krieg zur Bewahrung der Freiheit teilnimmt; ein Krieg, der ihm von Nationen aufgezwungen worden ist, deren Eroberungswille von der Absicht beherrscht ist, überall die Denk-, Religions- und Handlungsfreiheit zu zerstören.

Auch Tibet schätzt die ihm seit Menschengedenken zuteil gewordene Freiheit und Unabhängigkeit in höchstem Maße; im Zentrum der buddhistischen Religion stehend, bemühe ich mich trotz meines jungen Alters, unsere religiösen Vorschriften zu unterstützen und zu fördern und so die fromme Arbeit meiner Vorgänger weiterzuführen. Ich hoffe auf ein rasches Ende der Feindseligkeiten und bete dafür, daß allen Nationen dieser Welt bald ein dauerhafter und gerechter Frieden beschieden sein möge, gegründet auf Freiheit und gutem Willen ...

Gegeben am neunzehnten Tag des ersten tibetischen Monats im Wasser-Ziege-Jahr, das heißt am 24. Februar 1943. Siegel des Dalai Lama von Tibet.»

Vielleicht stammt diese sehr offizielle Botschaft nicht gänzlich aus der Feder eines achtjährigen Knaben; gleichwohl zeigt sie auf das schönste, daß ihr Unterzeichner seine Rolle bereits sehr ernst nahm und daß die vierzehnte Inkarnation von Chenresi im Leben des Schneelandes, ja vielleicht sogar darüber hinaus, einen eigenständigen Platz einnehmen würde.

Ein anderer Amerikaner, Oberstleutnant R. E. Crozier, trifft im folgenden Jahr auf dem Dach der Welt ein, nur war es bei ihm nicht Absicht – er war buchstäblich vom Himmel gefallen, denn sein Transportflugzeug war auf dem Weg von Indien nach China von der Route abgekommen und infolge Treibstoffmangels in der Nähe des Großklosters von Samye abgestürzt. Der Pilot und die Besatzung wurden gefunden, gestärkt, gehätschelt und mit großem Pomp an die indische Grenze zurückgeführt. Daraufhin verpflichteten sich die USA, den tibetischen Luftraum zu respektieren.

Die unerwartete Konsequenz aus diesen Zwischenfällen ist, daß der tibetischen Regierung bewußt wird, daß sie gut daran täte, sich um die Zukunft zu kümmern, worauf sie in Lhasa unverzüglich eine englische Schule eröffnet, die ausgewählten, im Dienste der Behörden stehenden Schülern vorbehalten ist. Wegen heftiger Proteste von seiten der Mönche muß sie nach einigen Monaten geschlossen werden, worauf dann tibetische Stipendiaten nach Indien geschickt werden, um die englische Sprache zu lernen und sich mit der Welt vertraut zu machen.

Die 1923 eröffnete Schule von Gyantse hatte sich drei Jahre halten können, bevor ihr aus denselben Gründen das gleiche Los zuteil geworden war; die Lamas befürchteten, der fremde Einfluß würde die religiösen Überzeugungen beeinträchtigen. Vielleicht hatten sie nicht ganz unrecht, aber dieser konservative Reflex sollte sich letztlich für das Schneeland als verhängnisvoll erweisen.

Nach der weltweiten Einstellung der Feindseligkeiten gerät Tibet zudem in ein Räderwerk, dessen Dimensionen das Land übersteigen und über das es keine Macht hat. Äußerst vorsichtig, aber nachdrücklich versucht das Land sich in den Augen der Welt zu behaupten. Aber eine freundschaftlich gemeinte Geste wird sich letzten Endes gegen das Land selbst wenden, nämlich die Entsendung einer offiziellen Mission nach Indien und China mit einer Glückwunschbotschaft und guten Wünschen an die Sieger des Zweiten Weltkrieges. Zu ehrlich oder zu unschuldig, aber auch zu vertrauensselig und mit den Gepflogenheiten der hohen internationalen Politik zu wenig vertraut, geraten Lhasas Gesandte schließlich in die chinesische Falle.

Derartige Anflüge zur Selbstbehauptung sind selbstverständlich überhaupt nicht nach dem Geschmack von Beijing. Nationalisten und Kommunisten sind sich darin einig, nichts zu akzeptieren, was auch nur entfernt einer Anerkennung der Unabhängigkeit des Landes Bod gleichkäme. In Indien hingegen verläuft die tibetische Mission sehr erfolgreich, und Lhasas Vertreter werden vom Vizekönig, Lord Wavell, empfangen. Zwar versuchen chinesische Beamte, sie zu beaufsichtigen und ihnen überall zu folgen, werden aber unmißverständlich zurechtgewiesen.

In China selbst nehmen die Dinge eine Wende zum Schlechten. Während sich Hughes Richardson, zu jener Zeit britischer Resident in Lhasa, bemüht hatte, das Kashag vor einer möglichen Teilnahme an der chinesischen Nationalversammlung zu warnen, werden die tibetischen Gesandten in Beijing zurückgehalten, um an ihr teilzunehmen. Zwar wird kein Dokument von ihnen unterzeichnet oder paraphiert, aber das Unglück ist geschehen: obwohl die tibetische Seite ihre lautere Absicht beteuert, erklären die Chinesen in der Folge aller Welt, die Tibeter seien Chinesen ... Zwar sind die Behörden in Lhasa über diese Erklärungen etwas beunruhigt und äußerst ungehalten, machen sich aber weiter keine Sorgen: in ihrer Unschuld gehen sie davon aus, daß niemand diesen Erklärungen Glauben schenken und sie ernst nehmen würde, waren sie doch nichts als Lügen.

1947 entsendet der freie und souveräne Staat Tibet seine Delegierten an die von der Kongresspartei in Indien organisierte Asiatische Konferenz. Es werden Gespräche mit Mahatma Gandhi und Jawaharlal Nehru geführt. Aber was bedeutet die Zukunft Tibets diesen beiden Politikern, in einer Zeit, da Wirren das Auseinanderbrechen des indischen Imperiums, die Teilung und die Bildung der Indischen Union ankündigen?

Auch in Lhasa gärt es, ein Staatsstreich oder zumindest ein Putsch bahnt sich an. Auslöser für die Unzufriedenheit der Mönche ist eine Auseinandersetzung um ausstehende Zinsen und Steuerschulden gegenüber zwei Klosterschulen von Sera; diese entartet in eine Prügelei und endigt in der Suspendierung der Äbte, die von Amtes wegen durch die Zivilgewalt ersetzt werden. Einige Monate später beginnen Gerüchte zu zirkulieren, der Regent wolle bald zurücktreten und sein Amt seinem Vorgänger, Reting Rinpoche, überlassen. Letzterer hatte jedoch einen zwiespältigen Eindruck hinterlassen.

Unterschwellige Rivalitäten zwischen den beiden Männern treten von neuem an die Oberfläche, mysteriöse Hinterhalte werden gelegt, Sprengstoffpakete zugestellt, Begegnungen im letzten Augenblick annulliert, verdächtige Telegramme ausgetauscht – kurz, in der Götterstätte spielt sich eine Intrige mit immer neuen Entwicklungen und Enthüllungen ab, während der verdeckte Kampf um die politische Macht immer härter wird. Reting Rinpoche wird verhaftet, seine Komplizen legen ein Geständnis ab, das Komplott wird publik. Das ist nicht im Sinne der Mönche in den beiden Klosterschulen von Sera, und sie rebellieren offen gegen die Regierung. Sie kämpfen sogar gegen die Soldaten, bevor sie dann, da ihre Sache verloren ist, wieder in ihre Zellen zurückkehren, um Buße zu tun und zu beten. Nach diesen Ereignissen tritt der frühere Regent plötzlich von der Bühne ab, verabschiedet sich von diesem Dasein. Die akute Krise geht nach drei Wochen zu Ende – um den Potala wird kein Bürgerkrieg entbrennen.

Im Vergleich zu den künftigen Wirren sind dies jedoch unbedeutende Zwischenfälle. Allmählich erfaßt die tibetische Regierung den Ernst der Lage und ergreift die dringlichsten Gegenmaßnahmen; so entsendet sie beispielsweise im Oktober 1947, kurz nach der indischen Unabhängigkeit, eine Handelsdelegation nach Indien und Großbritannien, in die Vereinigten Staaten und nach China. Die vier Mitglieder der Delegation reisen mit tibetischem Paß und werden in Neu-Delhi als Diplomaten eines souveränen Landes empfangen. Anläßlich ihrer Durchreise in Beijing treffen die Vertreter Lhasas auch mit Tschiang Kaischek zusammen und lehnen ein neuerliches Angebot, an den Sessionen der Nationalversammlung teilzunehmen, ab. Allmählich wächst der kommunistische Druck auf die nationalistische Regierung, deren Zusammenbruch sich bereits abzeichnet.

Als wären seltsame Kräfte am Werk und wollten wieder und wieder Alarm schlagen, häufen sich ungefähr zur gleichen Zeit, im Jahr 1948, in Lhasa düstere Vorzeichen oder zumindest in diesem Sinne interpretierte ungewöhnliche Vorkommnisse, die die latente Beunruhigung noch verstärken. Mitten in der Trokkenzeit, wenn auch nicht der geringste Regentropfen aus dem einheitlichen Blau des Himmels hervorquellen will, tropft es unablässig und irritierend aus einem vergoldeten Wasserspeier am Dach des Jokhang, des höchsten Heiligtums der Götterstätte. Während mehrerer Wochen leuchtet eine Art Komet am Himmel. Die alten Bewohner Lhasas erinnern sich voller Schrecken daran, daß bereits 1910, kurz vor dem chinesischen Einmarsch, ein ähnliches Phänomen festgestellt worden war. Die Geburt von Monstren wird verzeichnet, und – unerklärliches Phänomen – eines Nachts stürzt das Kapitell einer antiken Steinsäule aus dem Jahr 763 vor dem Potala zu Boden. Zur Beschwörung des Schicksals werden sogleich außerordentliche Zeremonien und alte Hauptriten vollzogen.

Im Juli 1949 fordert die immer mißtrauischer werdende tibetische Regierung die chinesische Mission in Lhasa auf, ihre Tore zu schließen und abzureisen, ist sie doch der Überzeugung, daß die Machenschaften dieser Beamten die lokalen Streitigkeiten nur noch schüren: Beweis dafür ist die rechtzeitig aufgedeckte Verschwörung von Reting Rinpoche, dessen prochinesische Sympathien noch unvergessen sind. Diese Geste ist aber auch Ausdruck einer anderen Sorge – der kaum verhüllten Beunruhigung über Beijings Haltung dem Panchen Lama gegenüber.

Seit 1942 waren etwa zehn potentielle Kandidaten für die Nachfolge des verstorbenen Hierarchen ausgemacht worden. Der letzte Entscheid, der dem Dalai Lama oder notfalls dem Regenten und der Nationalversammlung zusteht, war noch nicht gefallen, da die üblichen Prüfungen und Tests noch nicht hatten abgeschlossen werden können. Das hinderte die chinesischen Nationalisten keineswegs daran, ganz nachdrücklich einen in der Provinz Tsinghai, im tibetischen Grenzland, geborenen Knaben zu umsorgen und ihn durch ein Mitglied aus dem Gefolge seines verstorbenen Vorgängers zur neuen Reinkarnation des Meisters von Tashi-lhunpo erklären zu lassen.

Die Tibeter schätzen diese Einmischung um so weniger, als dieser Mann, Gefährte des sechsten Panchen Lama in seinem Exil, Mitglied des Exekutivausschusses des chinesischen Zentralkomitees ist und ein derartiges Vorgehen offenkundig nichts mit der Tradition zu tun hat. So weigern sie sich denn 1947, kurz bevor die Affäre des Regenten platzt, den von einer chinesischen Eskorte begleiteten Knaben zu empfangen. Die Nationalisten scheinen sich daran nicht zu stoßen und warten bis 1949 mit der Anerkennung ihres Panchen-Lama-Kandidaten zu. Die Machtübernahme durch Mao und seine Getreuen steht kurz bevor, und in den Augen Beijings ist Choekyi Gyaltsen Tinley Lhundup, siebenter in der Kette der Inkarnationen, das geeignete Instrument, um die eigenen Ansprüche auf das Dach der Welt durchzusetzen. Obwohl er den Erwartungen seiner Protektoren nicht immer entsprochen hat und seine gegenwärtige Existenz mehr die einer Geisel oder sogar einer Marionette als die eines unabhängigen, in seinen Handlungen freien Mannes ist, symbolisiert der zweithöchste Würdenträger des tibetischen

Buddhismus doch auf seine Weise das Schicksal Tibets, das gezwungen ist, eine ihm von fremden Herren aufgezwungene Rolle zu spielen.

Sobald die Kommunisten über ganz Kontinentalchina die Kontrolle haben, erklärt Radio Beijing im Oktober 1949, Tibet gehöre zu China und die Volksbefreiungsarmee habe den Befehl, «Tibet vom ausländischen Imperialismus zu befreien». Trotz der unverzüglichen, unmißverständlich ablehnenden Reaktion aus Lhasa will niemand etwas davon hören oder wissen. Im Januar 1950 anerkennt Indien die kommunistische Han-Regierung; im nachhinein rechtfertigt es sich damit, es habe Chinas Haltung dem Dach der Welt gegenüber zu beeinflussen gehofft.

Wie dem auch sei, was die «ausländischen Imperialisten» betrifft, so befinden sich zu jener Zeit – entgegen den Behauptungen einer ebenso lauten wie lügnerischen Propaganda, die das Nichtzurechtfertigende rechtfertigen soll – eine Handvoll britischer Staatsbürger in Lhasa: Hughes Richardson an der Spitze einer indischen Mission, zwei mit dem Fernmeldewesen betraute Angestellte der tibetischen Regierung und ein Besucher auf der Durchreise, der die Pläne für ein eventuelles Wasserkraftwerk prüft. Auch drei Amerikaner haben sich in der Götterstätte aufgehalten – ein Journalist, Lowell Thomas, und sein Sohn sowie ein in Sinkiang domizilierter Sprachstudent, der vor dem kommunistischen Ansturm geflohen war.

Einige Wochen später sind die tibetischen Illusionen verflogen, während sich die Befürchtungen verstärken, flieht doch der kriegerische Ma Pu-feng, jener Generalgouverneur, der vor einigen Jahren für die Abreise des mutmaßlich neuen Dalai Lama ein Lösegeld verlangt hatte, vor der roten Gefahr und ersucht sogar um Durchzugserlaubnis für seine in Auflösung begriffene Truppe. In Lhasa werden alte Waffen – Musketen und Vorderlader – an Beamte, ja sogar an Mönche verteilt, die Soldaten proben den Ernstfall, die Regierung schickt Gesandte mit der Bitte um Hilfe nach Indien und Nepal, nach Großbritannien und in die Vereinigten Staaten; eine Mission bricht in der Hoffnung auf eine einvernehmliche Regelung nach China auf.

Banks, Russell
Der Gejagte
Roman
Aus d. Amerik. v. K. Tschumper, 1990. 420 S. Gb. DM 42,-/Fr. 39.80
„Das überzeugende Porträt eines Mannes – packend und beunruhigend zugleich.“
New York Times

- Gegenströmung
Roman
Aus d. Amerik. v. G. Ohnemus, 1987. 480 S. Gb. DM 39,80/Fr. 36.80
„Das ist das Brot, aus dem die Literatur gebacken ist, die Literatur, die alle, die das Lesen verlernt haben, wieder lesen lehren kann.“ *Die Weltwoche*

- Was Noni H. der Polizei über Jesus nicht erzählte
Erzählungen
Aus d. Amerik. v. M. Müller, 1988. 304 S. Gb. DM 34,80/Fr. 32.-
„Schnörkellos erzählt der Autor die bizarren und merkwürdigen Geschichten aus dem Trailerpark.“
Tagblatt der Stadt Zürich

Malouf, David
Verspieltes Land
Roman
Aus d. Engl. v. E. Schüttpelz, 1989. 384 S. Gb. DM 39,80/Fr. 36.80
Ein Roman von großer Farbigkeit: das Porträt eines Künstlers und zugleich ein Panorama Australiens in diesem Jahrhundert.

Ya Ding
Die Erben der Sieben Reiche
Roman
Aus d. Franz. v. S. Müller/G. Ried, 1990. 268 S. Gb. DM 36,80/Fr. 34.-
„Ein Beitrag zum Verständnis zwischen den Völkern verschiedenster Tradition und Kultur.“ *Der Bund*

- Rote Hirse
Roman
Aus d. Franz. v. S. Müller/G. Ried, 1988. 298 S. Gb. DM 36,80/Fr. 34.-
Eine romanhafte und distanzierte Sicht der chinesischen Kulturrevolution.

Lee, Stan
Der Flug der Taube
Roman
Aus d. Amerik. v. W. Müller, 1990. 430 S. Gb. DM 42,-/Fr. 39.80
Vor dem Hintergrund von zwielichtigen Machtspielen auf höchster Ebene kombiniert dieser Roman Spannung und Abenteuer mit einer amüsanten Satire auf die amerikanische Politik.

Wie um die wachsende Furcht noch zu steigern, forderte ein heftiges Erdbeben am 15. August 1950 zahlreiche Opfer und verursachte in Osttibet, an der Grenze zu China, große Schäden. Wenig später machte die Nachricht die Runde, Hunderte von Weilern seien vom Erdboden verschwunden, Täler und Berge hätten sich verschoben und selbst der Brahmaputra habe seinen Lauf verändert. Während Stunden war der Himmel in Flammen gestanden – blutrot in schwere Schwefelschwaden getaucht. Robert Ford, ein im Auftrag der tibetischen Regierung in Chamdo stationierter britischer Funktechniker, notierte: «Es war kein gewöhnliches Erdbeben. Eher der Weltuntergang.» Die Druckwelle wurde auch in Lhasa verspürt. Es muß nicht eigens betont werden, daß das Erdbeben als äußerst schlechtes Omen gewertet wurde.

Von den Tibetern gedrängt, legt Indien bei Beijing formalen Protest ein gegen die kriegerischen Erklärungen der neuen Herren in China, zeigt sich aber beruhigt, als Ende August versichert wird, Gewaltanwendung stehe außer Frage. In Neu-Delhi sind noch Gespräche zwischen dem kommunistischen Botschafter Chinas und den Vertretern der tibetischen Regierung im Gange, während am 7. Oktober 1950 Maos Truppen zum Angriff auf das Dach der Welt übergehen.

Ganz Tibet wendet sich jetzt jener Persönlichkeit zu, die das Land inkarniert, dem Kostbaren Beschützer – dem Dalai Lama. Nach dem Ratschlag der Orakel und mit Unterstützung der Groß-Lamas tritt das Kashag an den Meister des Lotus mit der Bitte heran, trotz seiner Minderjährigkeit die Geschicke des Landes in die Hand zu nehmen. Der dem Studium zugewandte Jugendliche, der in Stunden der Muße manchmal in einer Ecke des Potala mit dem Fernrohr das Treiben der ihm verbotenen profanen Welt verfolgte, sollte plötzlich ins Zentrum einer ihm unbekannten Wirklichkeit katapultiert werden.

«Mich überkam Angst», gibt er selbst zu. «Ich war doch erst sechzehn Jahre alt. Meine religiöse Ausbildung war noch bei weitem nicht abgeschlossen, ich wußte nichts von der Welt und hatte keinerlei Erfahrung in politischen Dingen. Aber ich war bereits alt genug, um zu erkennen, wie unwissend ich war und wieviel ich noch zu lernen hatte ... Ich als Dalai Lama war der einzige Mensch, dem das ganze Land einhellig Gefolgschaft leisten würde.

Noch zögerte ich. Als sich aber auch die Nationalversammlung dem Drängen des Kabinetts anschloß, sah ich ein, daß ich mich in einem so ernsten Augenblick der Verantwortung nicht entziehen durfte. Ich mußte sie auf mich nehmen, mußte meine Jugend vergessen und mich unverzüglich darauf vorbereiten, meinem Land nach bestem Vermögen in seiner Auseinandersetzung mit der gewaltigen Macht Rotchinas ein Führer zu sein. Mit Zittern und Zagen gab ich meine Einwilligung. Man übertrug mir in einem traditionellen Festakt sämtliche Vollmachten.»

Aber selbst in der Götterstätte ist es manchmal schwierig, Wunder zu vollbringen. Gleichwohl waren an diesem elften Tag des zehnten Monats im Eisen-Tiger-Jahr (17. November 1950) die Feierlichkeiten außergewöhnlich und die Zeremonien prunkvoll. So als sollte dieses Datum für immer in die Herzen eingegraben werden, mit aller Symbolik, die es für ein Volk in sich birgt, dessen innerstes Wesen sich nun in einem jungen Herrscher, geistlicher und weltlicher Führer zugleich, personifiziert sieht. Eine Generalamnestie wird erlassen, während einiger Tage tritt die anhebende Bedrohung in den Hintergrund, der inkarnierte Gott ist zu den Seinen zurückgekehrt. Die Welt der Menschen jedoch wird von anderen Gesetzen beherrscht, eine bittere Erfahrung, die die Tibeter, die dem Himmel so nahe – zu nahe – sind, alsbald machen sollten.

In offiziellen Schreiben werden Anfang November die Vereinten Nationen und mehrere Regierungen auf die chinesische Aggression aufmerksam gemacht. Vergeblich. In den betroffenen Gebieten von Amdo und Kham beginnt sich, ansatzweise und sporadisch, der Widerstand zu regen. Aber Tibet, zu lange isoliert, ja isolationistisch, wird allein gelassen. In der Hoffnung, Verhandlungen mit Beijing könnten die Lage eventuell noch retten, und um das Leben des neuen Staatschefs zu schützen, wird er auf Beschluß der Zivilbehörden nach Yatung, ins Chumbi-Tal gesandt, einen Steinwurf von der indischen Grenze entfernt. Der Dalai Lama selbst weiß jedoch bereits, was der chinesische Expansionismus bedeutet: sein älterer Bruder, reinkarnierter Lama in Kumbum, Thubten Jigme Norbu, war von den chinesischen Provinzmachthabern gezwungen worden, ihm persönlich eine Botschaft zu überbringen, worin er aufgefordert wurde, die Annexion Tibets durch Beijing zu akzeptieren. Thubten Norbu hatte selbst feststellen müssen, wie groß der Machtmißbrauch und wie brutal die Willkürherrschaft der Eroberer war, die außerdem die Stirn gehabt hatten, ihm für den Fall, daß er seinen Bruder zu überzeugen vermöchte, eine schöne Belohnung zu versprechen . . .

Bevor der Dalai Lama Lhasa verläßt, ernennt er zwei Premierminister, einen Mönch und einen Laien, wie es die Tradition vorsieht; ihnen werden sämtliche Vollmachten für Verhandlungen mit China übertragen. Eine lange Karawane setzt sich in Bewegung – Hunderte von Lasttieren, die den Herrscher und sein Gefolge an einen vorläufigen, aber sicheren Zufluchtsort bringen. Eskortiert wird er von rund vierzig jungen Edelleuten sowie von seiner Leibwache, einer Truppe von zweihundert Soldaten, deren Tapferkeit außer Zweifel steht, deren Bewaffnung jedoch gänzlich uneinheitlich ist. Nicht zu Unrecht für die Zukunft das Schlimmste befürchtend, nimmt Tenzin Gyatso diesen halb als Flucht zu bezeichnenden Aufbruch wahr, um einen kleinen Teil der im Laufe der Jahrhunderte im Potala angehäuften Schätze an einen sicheren Ort, in Sikkim, zu bringen, geleitet vom Gedanken, dieser Goldstaub und diese Edelsteine könnten vielleicht eines Tages der Sache Tibets dienen. Die künftigen Ereignisse sollten die Richtigkeit dieser Annahme erweisen.

Zur Stunde denkt der Jugendliche nach, er betet und faßt verschiedene mögliche Szenarien für die Zukunft ins Auge. Seiner Natur nach ist er geneigt, für eine gewaltlose Lösung bis zum Äußersten zu gehen: als überzeugter Buddhist kann er nicht mit gutem Gewissen Gewalt predigen, selbst wenn er sie manchmal versteht und auch, nicht ohne Widerstand, zuläßt, wenn alle anderen Mittel erschöpft sind.

«Solange der zu beschreitende Weg leicht ist, geht alles gut», räumt er später ein. «Aber am Tag, an dem Sie mit irgendwelchen Problemen konfrontiert sind, fühlen Sie sich deprimiert. Obschon es die Schwierigkeiten sind, aus denen man am meisten lernt. Die Erfahrung läßt einen innere Kraft, Mut, Entschiedenheit gewinnen. Der Feind bietet Gelegenheit dazu. Das bedeutet keineswegs, daß Sie ihm gehorchen oder sich vor ihm erniedrigen sollen. Es kann sogar vorkommen, daß Sie je nach seiner Haltung zu gewalttätigen Handlungen gezwungen sind. Das kann nötig sein, aber in Ihrem Innersten verlieren Sie weder Ruhe noch Mitgefühl.»[6]

Eine Wahl, die richtige Wahl zu treffen ist unter diesen Umständen nicht einfach. Dazu gedrängt, die Grenze zu überschreiten und sich für eine gewisse Zeit ins Exil zu begeben, die Zeit – so sagen einige –, um zu einem einvernehmlichen Abkommen mit China zu gelangen, lehnt der Dalai Lama ab und zieht es vor, vor Ort zu bleiben: zumindest hat er alles zur Beschwichtigung der Gemüter getan, und in seiner Einsamkeit – der Einsamkeit des Machtträgers wie des Mönchs – befindet er sich mit seinem Gewissen und mit seiner Weltanschauung im Einklang. Auch hier läßt er bereits den wahren Meister erahnen.

Die tibetische Delegation, faktisch die Geisel der Regierung Rotchinas, kann nichts anderes tun, als gegen ihren Willen im Mai 1951 das berühmte «Siebzehn-Punkte-Abkommen» zu unterzeichnen. Mehrere Zeugen behaupten noch heute, die anläßlich der Unterzeichnung verwendeten Siegel seien in Beijing selbst gefälscht worden. In Yatung verfolgt der Dalai Lama die Entwicklung der Lage mit größter Aufmerksamkeit und nimmt die Unterstützungsbotschaften des Panchen Lama an die einfallenden Armeen zur Kenntnis. Bereits hatte Beijing verbreitet, die chinesischen Truppen hätten Lhasa erreicht – die heute besser bekannten historischen Fakten jedoch verlegen diesen «triumphalen» Einmarsch in die tibetische Hauptstadt in das folgende Jahr. Aber außer den platonischen Protesten und beleidigten Beschwerden Indiens, gefolgt von einigen gewundenen Erklärungen Großbritanniens, sieht die ganze Welt teilnahmslos zu, wie das Schneeland unter chinesische Gewaltherrschaft fällt.

Man mußte Dalai Lama sein, um wider alle Vernunft hartnäkkig die Hoffnung zu bewahren, den Lauf der Geschichte aufhalten zu können – selbst wenn er aus zeitlicher Distanz manchmal mit träumerischer Stimme sagt, das sei das kollektive Karma seines Volkes. Das hindert ihn nicht daran, Zentimeter für Zentimeter gegen die wiederholten systematischen Übergriffe auf seine Macht und deren Aushöhlung zu kämpfen. Auf Bitte der neuen chinesischen Regierung in Tibet, das zur «autonomen Region» erklärt und in den chinesischen Staatsverband eingegliedert worden ist – General Chang Chin-wu ist zu diesem Zweck eigens nach Yatung gereist –, verläßt der Dalai Lama am 24. Juli 1951 seinen Zufluchtsort und trifft am 17. August in Lhasa ein. Drei Wochen später beziehen rund 25 000 chinesische Soldaten in der kaum 50 000 Einwohner zählenden tibetischen Hauptstadt Quartier. Mit diesem massiven Einmarsch nimmt die Geschichte eine härtere Wende, das labile Gleichgewicht der tibetischen Gesellschaft zerbricht, was mittelfristig unweigerlich zur Explosion führen wird.

Schon bald verschärfen sich die Gegensätze. Wie jede Besatzungsmacht verlangen die Chinesen, daß sie auf Kosten der Bewohner ernährt und untergebracht werden. Die wirtschaftlichen Auswirkungen machen sich sofort bemerkbar, um so mehr als die Kargheit des Hochlandes einen solchen Zustrom an hungrigen Mündern nicht ohne Schaden verkraften kann. Zum ersten Mal in der tibetischen Geschichte herrscht Hunger und bedroht die Bevölkerung. Die beiden Premierminister, Lokhangwa und Losang Tashi, leisten Widerstand, prangern die chinesische Annexion an und widersetzen sich Willkürentscheiden; sie werden zur Demission gezwungen, der Dalai Lama willigt lieber in ihren Abgang ein, als daß er sie in chinesische Hände fallen ließe.

In ihrem atavistischen Bemühen, «das Gesicht zu wahren», versuchen die Han-Verantwortlichen sehr wohl, den Schein und ein Minimum an Anstand zu wahren. So bemühen sie sich in der ersten Zeit, die Fassade der traditionellen Verwaltungsstrukturen zu erhalten, wobei sie jedoch den tibetischen Beamten Leute ihres Vertrauens beistellen. Es versteht sich von selbst, daß die Entscheidungen von letzteren getroffen und auch durchgesetzt werden.

Um dem ausschlaggebenden und unbestrittenen Einfluß des Dalai Lama entgegenzuwirken, spielen sie denjenigen des Panchen Lama hoch, dessen Anerkennung sie bei der Unterzeichnung des «Siebzehn-Punkte-Abkommens» in Beijing durchgesetzt haben. Symbolisch – aber war die Wirkung gewollt? – kehrt der Panchen Lama nach der Suspendierung der beiden Premierminister des Kashag nach Tibet zurück, eskortiert von einer beeindruckenden Anzahl von chinesischen Landsern, durchquert im Eiltempo Lhasa – wobei er sich nur gerade die Zeit für die Entsendung einer kurzen Botschaft an den Potala nimmt – und begibt sich unverzüglich in seine Hochburg von Tashi-lhunpo. Um eine zuverlässige Kollaboration zu sichern, werden großzügige Stipendien verteilt, und zu Hunderten werden sorgfältig ausgesuchte junge Leute für zwei bis drei Jahre zu Studienzwecken in die berühmt-berüchtigten «Schulen der Nationalitäten» gesandt.

Mehr schlecht als recht bahnt sich ein labiles Nebeneinander an, jede Gemeinschaft lebt für sich – mit einem bedrohlichen numerischen Nachteil für die Tibeter. Um die Verwirklichung seiner Absichten zu beschleunigen, entsendet Beijing Tausende, wenn nicht Millionen von zur Zwangsarbeit verurteilten Gefangenen in das Hochland, in der Absicht, die zur angemessenen Verbindung zwischen dem Land Bod und der Kontinentalebene nötigen Straßen, Flughäfen und Kommunikationswege zu errichten. In Ergänzung werden die Tibeter von Amtes wegen eingezogen. Die neuen Straßen – eine von Szechwan über die Provinz Kham, eine von Lanchow über Sining – werden sogleich von den Militärs benutzt. Unnötig zu sagen, wie wenig die Tibeter diese Einmischung schätzen, die dem Ausland, im Dienste der Sache, als Befreiung dargestellt wird . . .

Was die lauthals angekündigten Reformen betrifft – sie dienten als Vorwand für die Aggression –, so werden die Chinesen überrumpelt. Einmal vom Dalai Lama selbst, der seit langem über die Frage nachgedacht hat und bereits bei seiner Rückkehr von Yatung konkrete Vorschläge unterbreitet. In offenkundiger

Verlegenheit zieren sich die Chinesen, bevor sie sie mit hoheitsvoller Geste beiseite schieben. Paradoxerweise eilen ihnen die tibetischen Grundbesitzer, über die «revolutionären» Optionen ihres Gottkönigs wenig erfreut, zu Hilfe. Was diesen nicht davon abhält, seinen eigenen Sozialdienst auf die Beine zu stellen. Er hebt unter anderem den Frondienst des Gratistransports der Beamten auf, annulliert die Schulden der Bauern, dreht das Rad der Modernisierung, indem er die Verbreitung der westlichen Medizin und die Öffnung von mehreren Schulen unterstützt. Er begrüßt auch die Fortschritte in der Landwirtschaft und erklärt seinen Landsleuten die Notwendigkeit einer zwar den örtlichen Umständen angepaßten, aber dringlichen Entwicklung, wenn man mit der Zeit Schritt halten will. Kurz, in aller Offenheit spielt er zur Vermeidung eines brutalen Bruchs das Spiel mit bemerkenswerter Anpassungsfähigkeit mit, ohne jedoch im wesentlichen Zugeständnisse zu machen. Außerdem lassen sich die von Natur aus eher mißtrauischen Bauern durch die schönen offiziellen Reden der Han nichts vormachen und leihen ihr Ohr lieber dem Dalai Lama und den von ihm vorgeschlagenen Reformen.

Der Graben vertieft sich, und die Tibeter lassen sich je länger, je weniger hinters Licht führen; sobald die Chinesen beginnen, den Klöstern zuzusetzen und sich mit den Mönchen anzulegen, läuft die Sache schief, und zwar sehr rasch. Die Menschen im Lande Bod sind von Natur aus neugierig und jeder Neuerung gegenüber offen, sie wollen durchgeführte Experimente gerne aufgrund der erzielten Resultate beurteilen, vor allem aber wollen sie selbst entscheiden, ohne daß ihnen jemand ihr Verhalten diktiert. Und für sie bedeutet der Eingriff in die althergebrachten Institutionen, daß sie Gesetzen unterworfen werden, die nicht die ihren sind.

Die Chinesen schöpfen ohne jede Scham aus den Nahrungsvorräten und bedienen sich, unter dem Vorwand von Anleihen, ohne jede Zurückhaltung aus den Gold- und Silberreserven und bringen so die Tibeter gegen sich auf. Zudem erkennen die Mönche bald, daß zwischen den in einem Verfassungsentwurf zugesicherten Garantien und der konkreten Realität ein Graben klafft, der bald unüberbrückbar wird. Ist es unter diesen Umständen erstaunlich, daß es im Volke gärt, daß das Testament des Großen Dreizehnten unter der Hand überall zirkuliert und daß die Tibeter ohne Aufhebens eine Art passiven Widerstand leisten, indem sie die den politischen Verantwortungsträgern Chinas so sehr am Herzen liegenden Indoktrinierungsversammlungen und -treffen ganz ostentativ meiden?

Einmal in Gang gebracht, ist das Räderwerk kaum zu bremsen. Das wird 1954 klar, wenn Dalai Lama und Panchen Lama nach Beijing eingeladen werden, um sich an der parlamentarischen Arbeit der Nationalversammlung der Volksrepublik China zu beteiligen. In Lhasa ist man alarmiert, und selbst wenn es niemand offen auszusprechen wagt, so befürchtet doch jeder, die Chinesen könnten die Rückkehr des Herrschers ins Hochland verhindern. Mit anderen Worten, das Vertrauen ist gering, und am 11. Juli, dem Tag der Abreise, strömt die ganze Stadt zusammen, um ihm den Schutz der Götter und eine baldige Rückkehr zu wünschen.

Mit allen Ehren empfangen, erlebt der Dalai Lama, wie Mao höchstpersönlich an einem Empfang zum tibetischen Neuen Jahr teilnimmt und sich für die Probleme im Schneeland zu interessieren vorgibt. Auf einem Empfang zum chinesischen Nationalfeiertag trifft der Dalai Lama kurz mit Tschou Te und Tschou En-lai, Nikita Chruschtschow und Nikolai Bulganin, aber auch mit Jawarhalal Nehru zusammen. Unerklärlicherweise herrscht ein gewisses Unbehagen anläßlich der Begegnung zwischen dem Gottkönig und dem Premierminister des unabhängigen indischen Staats; es ist, als fänden der geistliche Führer und der verwestlichte Leader einer jahrtausendealten Kultur bereits nicht mehr zueinander. Vielleicht fragte sich Nehru innerlich auch, welchen Wert die im April 1954 von Beijing im sogenannten Abkommen von Panch Sila (über die fünf Grundsätze der friedlichen Koexistenz der beiden asiatischen Großmächte) eingegangenen Verpflichtungen noch haben mochten.

In Lhasa jedenfalls wächst mit der Länge der Abwesenheit auch die Angst, dies um so mehr, als das junge religiöse Oberhaupt in rein chinesische Regionen geführt wird, bevor es sich in seine Heimatprovinz begibt, wo es wegen angeblichen Zeitmangels allerdings nicht dorthin reisen kann, wo es will – insbesondere nicht in Klöster wie Litang oder Chating in der Provinz Kham, Derge usw. im Distrikt Nyarong, wo der Dalai Lama zwar erwartet wird, sich aber durch hochrangige Lamas vertreten lassen muß. Gleichwohl halten sich die Tibeter still, aus Angst, ein Ausbruch von Unzufriedenheit könnte den Chinesen als Vorwand dienen, den Dalai Lama als Geisel zurückzubehalten. Dafür ist der Briefverkehr um so reger, und in Beijing treffen Tausende von Bittschreiben ein, der Herrscher möge doch so rasch wie möglich in seine Heimat zurückkehren. Als er im März 1955 nach beinahe einjährigem Aufenthalt von Beijing aufbrechen will, wird er darüber informiert, die chinesische Regierung schlage die Bildung eines «Vorbereitenden Komitees für die Autonome Region Tibet» vor.

In Lhasa trägt die Rückkehr des Dalai Lama zur Entspannung der Atmosphäre und zur Beruhigung der Gemüter bei. Die Atempause ist jedoch von kurzer Dauer, kommen doch immer beunruhigendere Nachrichten aus Osttibet, wo sich die Chinesen in der ersten Zeit geschickt die traditionelle Animosität der Bevölkerung von Kham und Amdo gegenüber der Hauptstadt zunutze machten. Damit ist es allerdings bald vorbei, beginnen doch die Han ganz offen die Religion zu kritisieren. Diese Kritik mag noch hingenommen werden, nicht hingenommen werden hingegen körperliche Angriffe und öffentliche Demütigungen, schließlich sogar Hinrichtungen ohne Gerichtsverfahren von hochverehrten Lamas. Ebensowenig wie die Vergewaltigung von Frauen oder Diebstahl. Auch nicht die Einziehung der Waffen, das gilt insbesondere für die Khampa, die für ihre Tapferkeit und ihren Stolz als Gentleman-Räuber bekannt sind; sie verwandeln sich sogleich in Freischärler und Partisanen und machen dem Besatzer das Leben schwer.

Als Vergeltung werden die Klöster von Chating, Litang und Batang, von den Chinesen als Widerstandsnester eingestuft, mit Raketengeschossen oder von Flugzeugen aus bombardiert. Die Dorfbewohner werden brutal aus ihren Weilern vertrieben und durch chinesische Kolonisten ersetzt – kurz, die Han benehmen sich so, wie es Eroberer immer tun. Mit dem Unterschied, daß sie dank umfassender Nachrichten- und Pressekontrolle ihren Machtmißbrauch verdecken und unter dem Deckmantel der «Befreiung der Leibeigenen» handeln. Einige naive Gemüter fallen darauf herein . . .

Trotz seiner vielfältigen Beschäftigungen und der Zeit, die er dazu verwendet, die Wogen zu glätten, um gewalttätigere Zusammenstöße wenn nicht zu verhindern, so doch hinauszuzögern, setzt der Dalai Lama seine religiösen Studien und seine persönliche Ausbildung fort: er bereitet die philosophischen Debatten vor, die er mit den größten Gelehrten aus allen Klöstern, Lehrern der buddhistischen Lehre, bedeutenden Lamas und Experten in Metaphysik wird führen müssen. Seine Lehrer und Meister heben übereinstimmend seine außergewöhnliche Intelligenz, sein Denkvermögen und seinen Fleiß hervor.

Unterdessen erhält der Dalai Lama Ende 1955 die Einladung, in Indien an den Feierlichkeiten zum zweitausendfünfhundertsten Jahrestag der Geburt des Buddha teilzunehmen. Beijing lehnt kategorisch ab. Im folgenden Frühjahr fährt der Maharadscha von Sikkim persönlich nach Lhasa, um die Einladung zu wiederholen und dem Dalai Lama eine persönliche Botschaft der Mahabodhi Society zu überbringen, die diese Feierlichkeiten organisiert. Der Dalai Lama nimmt an, aber Beijing gibt zu verstehen, er solle besser in Tibet bleiben. War dies das Eingeständnis, daß im Hochland nicht alles so ruhig war, wie die chinesischen Verantwortlichen vorgaben, oder hofften sie Indien und der Welt so bedeuten zu können, der Fall Tibet sei inzwischen klassiert? Wie dem auch sei, Tatsache ist, daß im Juli 1956 eine vom Dalai Lama eigens beauftragte Delegation, bestehend aus einem von China anerkannten Minister und einem aus Kham stammenden Groß-Lama, die in Osttibet herrschenden Unruhen zu beruhigen sucht. Vergeblich: die Rebellion im Grenzland zu China schwelt weiter.

Beijing beharrt auf seinem Standpunkt und will das geistliche Oberhaupt der Tibeter nicht ziehen lassen. Diese geraten in Zorn und verbergen es auch nicht: in den Großklöstern und in der Umgebung von Lhasa gärt es, sind doch alle der Meinung, es gehöre sich für den Dalai Lama, an diesen außergewöhnlichen Feierlichkeiten teilzunehmen. Selbst Nehru stimmt in die «Bitten» des Auslandes ein; daraufhin merken die chinesischen Behörden, daß ihnen der Wind ins Gesicht bläst, und sie krebsen widerwillig zurück. Aber ihr Schützling, der Panchen Lama, wird ebenfalls an der Reise teilnehmen, genauso wie die beiden geistlichen Betreuer des Gottkönigs und drei Minister. Dem Dalai Lama werden genaue Instruktionen darüber erteilt, was er zu sagen und nicht zu sagen hat; die Naivität geht so weit, daß ihm Redemanuskripte in die Hand gedrückt werden, die er dann ablesen soll. Ein scheppernder Wagen bis zur Grenze, ein Tagesritt zur Überquerung des Nathu-la-Passes, ein Wagen bis nach Siliguri, dann ein Sonderflugzeug von Bagdogra bis nach Neu-Delhi: Am 25. November 1956 landet der Dalai Lama schließlich in der indischen Hauptstadt. Diese Reise kommt genau zum richtigen Zeitpunkt, habe er sich doch, so räumt er später ein, angesichts der steigenden Spannungen unerbittlich in die Enge getrieben gefühlt.

«Das Amt des Dalai Lama, das sich für Tibet seit Jahrhunderten als segensreich erwiesen hatte, wurde beinahe unerträglich. In meiner Doppelrolle als geistliches und weltliches Oberhaupt mußte ich mich jeder Gewaltanwendung von seiten der Bevölkerung widersetzen. Ich wußte, die Chinesen würden meine politische Position zu schwächen suchen. Während ich also den Gewaltreflex unserer Leute ablehnte, half ich zugleich den Chinesen, das vom Volk in mich gesetzte Vertrauen zu untergraben. Aber selbst wenn sie nicht mehr an ihr politisches Oberhaupt glauben sollten, so durften sie nicht den Glauben an ihr geistliches Oberhaupt verlieren, das war viel wichtiger. Ich konnte meine politische Macht delegieren, ja sogar abdanken. Niemals aber könnte der Dalai Lama seine geistliche Autorität abgeben; daran habe ich auch nie gedacht. Ich gelangte allmählich zur Überzeugung, es läge im Interesse meines Landes, wenn ich mich aus der Politik zurückzöge, um meine religiöse Autorität vollumfänglich zu bewahren. Aber solange ich in Tibet residierte, konnte ich der Politik nicht entgehen. Um mich zurückziehen zu können, mußte ich mein Land verlassen, so grausam und verzweifelt mir dieser Gedanke auch schien. Genau in diesem Augenblick erreichte mich die Einladung aus Indien.»

Der religiöse Charakter dieser Reise ist für den Dalai Lama, der die heiligsten Stätten des Buddhismus besucht, vorrangig. Die Erinnerung daran wird ihn in den kommenden Prüfungen stärken. Aber die Politik – einmal mehr! – hindert ihn daran, sich auf die seit der einsamen Kindheit im Potala erträumte Pilgerfahrt zu beschränken; das vertraut er Nehru an. Er begegnet auch mehrere Male Tschou En-lai und teilt ihm in aller Offenheit die Klagen seines Volkes und seine – insgesamt vier – Forderungen mit: Abzug der chinesischen Besatzungstruppen; Wiederherstellung des beim Tode des Großen Dreizehnten gültigen Status Tibets; Rehabilitierung der auf chinesischen Befehl entlassenen Premierminister und Aufgabe des kommunistischen Reformprogramms.

Im Grundsatz läßt sich Tschou En-lai auf nichts ein, wiederholt jedoch feierlich die Garantien zur strikten Einhaltung des «Siebzehn-Punkte-Abkommens» und versichert insbesondere, es werde keine Gewaltanwendung geben ... Mit diesen Zusicherungen und den vielleicht nicht sehr klugen Ratschlägen Nehrus versehen, entschließt sich der Dalai Lama zur Rückkehr nach Tibet, trotz der gegenteiligen Ansicht mehrerer Persönlichkeiten, die es lieber gesehen hätten, wenn er sich für einige Zeit in Indien niedergelassen hätte. Aber während seiner Abwesenheit verschlimmert sich die Lage immer mehr, und die Chinesen drängen auf eine rasche Rückkehr nach Lhasa. Er beschließt, über Kalimpong zurückzukehren, wo ihn die zu seinem Empfang angereisten tibetischen Beamten über die ungewisse, wenn nicht bedrohliche Entwicklung im Hochland unterrichten.

«Ich hatte beschlossen, den Chinesen eine zusätzliche Chance einzuräumen, die Versprechungen ihrer Regierung zu halten und eine weitere Geste zu tun, in der Hoffnung, unsere Freiheit durch friedliche Mittel zurückzuerlangen.

Auf jeden Fall war ich der Politik müde. Alle diese Zusammenkünfte und Diskussionen hatten den größten Teil meiner Zeit in Delhi beansprucht, und ich hatte meine Pilgerfahrt verkürzen müssen. Ich begann dieses Gerede zu verabscheuen. Das ging so weit, daß ich meinen Rückzug aus allen öffentlichen Ämtern ins Auge gefaßt hätte, wäre da nicht meine Pflicht dem tibetischen Volk gegenüber gewesen. Mit großer Befriedigung stellte ich fest, daß mir wenigstens in Kalimpong und in Gangtok genügend Zeit blieb, zu meditieren und jene Leute zu unterweisen, die gekommen waren, mich zu hören.»

Alles Weitere spielt sich im Zeitraum von kaum zwei Jahren ab. Im Februar 1957 gibt Mao selbst öffentlich zu, Tibet sei nicht bereit, die chinesischen Reformen zu akzeptieren, und verfügt eine Gnadenfrist von sechs Jahren. «Politische Kaderleute» werden vom Hochland abberufen, und in ihrem Gefolge verlassen Truppen die Hauptstadt. Es sieht so aus, als würde den Wünschen der Tibeter entsprochen. Aber die Bewohner im Osten lassen sich nicht täuschen, bekommen sie doch ihrerseits die Han-Unterdrückung voll zu spüren: Widerstandskämpfer, Flüchtlinge und Mönche aus den Provinzen Kham und Amdo strömen nach Lhasa, und ihre von Schrecken und Gewalt zeugenden Berichte schaffen eine bedrückende Atmosphäre. Als Folge des Zustroms werden die örtlichen Versorgungsschwierigkeiten größer; die Abneigung des Volkes gegen die Besatzungsmacht wird immer deutlicher. Handstreiche der Partisanenkämpfer irritieren zusehends die Chinesen, die eine härtere Gangart einschlagen. Kurz, die Katastrophe bahnt sich an, und der Dalai Lama versucht, einmal mehr, den Lauf der Dinge wenn nicht aufzuhalten, so doch in andere Bahnen zu leiten. Zu jener Zeit hätte sich Nehru eigentlich nach Lhasa begeben sollen, aber Beijing beurteilt die Lage als derart explosiv, daß es die Reise nicht zuläßt. Die Han ändern die Taktik und wollen die tibetische Regierung dazu zwingen, Maßnahmen zur Unterdrückung der da und dort aufflackernden Aufstände zu ergreifen. Das wird abgelehnt; bereits die zur Versöhnung entsandten Missionen waren nicht zurückgekehrt, hatten sich doch die zu Friedensverhandlungen entsandten Mitglieder den Widerstandskämpfern angeschlossen.

Das Jahr 1958 ist gänzlich von Gewaltausbrüchen und unmittelbar anschließenden Repressionen geprägt, was nichts Gutes verheißt. Die Kommunikation mit Lhasa wird noch schwieriger, und zwar wegen der wiederholten Angriffe der den Straßen entlang operierenden Freischärler, die kaum behelligt werden von den chinesischen Soldaten, die sich hüten, sie bis in ihre Schlupfwinkel im Gebirge zu verfolgen. An der Ostgrenze Tibets wird auf chinesischer Seite dank massiver Truppenverstärkung und Waffenzufuhr eine Art Sperrgürtel errichtet. Auf dem Hochland steigt die Spannung, Zorn und Unzufriedenheit machen sich breit. Mit dem wachsenden Druck auf den Dalai Lama und die tibetische Verwaltung wird auch die Sorge um die Sicherheit des jungen Herrschers größer. Eine Einladung, sich Anfang 1959 für eine panchinesische Konferenz nach Beijing zu begeben, verstärkt noch die Befürchtungen; da aber der Gottkönig im Januar einige religiöse Prüfungen abzulegen hat, wird das Angebot unter einem plausiblen Vorwand abgelehnt.

Unmittelbar nach Abschluß dieser ersten Prüfungen doppelt Beijing jedoch nach und besteht nachdrücklich auf der Dringlichkeit der Reise; dieses Drängen irritiert die Tibeter noch mehr. Sie hegen den Verdacht, die Chinesen wollten sich nun, da sie allmählich zu verstehen beginnen, daß der Dalai Lama das Fundament der Einzigartigkeit des Hochlandes ist, seiner bemächtigen und ihn als Geisel nehmen. Trotz der wiederholten Warnungen einiger in Lhasa, Gyantse oder in den grenznahen Städten Darjeeling oder Kalimpong stationierter Ausländer weigert sich Neu-Delhi, den von Winden und seltenen Boten über den Himalaja getragenen beunruhigenden Gerüchten Gehör zu schenken. Anfang März ist es dann soweit, und der Vorhang geht über dem nächsten Akt des Dramas hoch. Dieser wird sich in wenigen Tagen – in genau achtzehn Tagen – abspielen und mit dem Aufbruch ins Exil in dunkler Nacht enden.

An diesem ersten Tag im März 1959 ertönen im Jokhang, dem höchsten Heiligtum, die gedämpften Schritte von Tausenden von Mönchen und Pilgern: diesmal wird nicht nur die alljährliche Monlam-Chenmo-Feier begangen, das Große Gebet für das Wohlergehen aller Wesen, das die Neujahrsfeierlichkeiten beendet, sondern es kommt auch der entscheidende Moment für den Dalai Lama. Vor dem großen Auditorium von Lamas und Mönchen muß er eine lange dialektische Debatte mit erstrangigen Gesprächspartnern führen, um den höchsten im Mahayana-Buddhismus verliehenen Titel, den eines Lehrers der Metaphysik, zu erlangen – einen Titel, den die begabtesten und gelehrtesten Lamas nach zwanzigjährigem unablässigem Studium erringen. Seine ganze Aufmerksamkeit, seine Kräfte und sein Denken konzentrieren sich auf dieses nicht nur für ihn selbst, sondern auch für die Zukunft des Hochlandes so wichtige Ziel: auf dem Spiel steht seine Auszeichnung als unbestrittener geistlicher Führer. Und mitten in diese Vorbereitungen hinein platzen, gänzlich unangebracht, zwei subalterne chinesische Offiziere, die unverzüglich den Dalai Lama sprechen wollen! Mit ausgesuchter Höflichkeit hört er ihr Begehren an – sofortige Festlegung eines genauen Datums zur Teilnahme an einer vom Garnisonsgeneral im chinesischen Lager organisierten Theatervorstellung – und gibt ihnen freundlich zu verstehen, er habe für den Augenblick wirklich andere Sorgen, er werde in den nächsten zehn Tagen, nach Abschluß der Feierlichkeiten, einen Termin mitteilen. Unzufrieden, aber ohnmächtig ziehen sich die beiden Offiziere zurück und erstatten ihrem Vorgesetzten Rapport.

Das an Provokation grenzende seltsame Vorgehen macht die tibetischen Beamten hellhörig und erweckt ihr Mißtrauen. Am 5. März, anläßlich der traditionellen Prozession vom Potala zum Norbulingka, also vom Winterpalast zur Sommerresidenz, glänzen die Chinesen durch Abwesenheit, während es ihnen in den vergangenen Jahren immer ein Anliegen gewesen war, an dieser ebenso feierlichen wie farbenprächtigen und fröhlichen Prozession teilzunehmen.

Zwei Tage später erfolgt ein Anruf des chinesischen Dolmetschers an den Abt, der den Dalai Lama im Kashag vertritt und auch für seine Auftritte in der Öffentlichkeit zuständig ist; bei dieser Gelegenheit wird das Datum dieser Einladung, die dem Gefolge des Herrschers immer suspekter vorkommt, auf den 10. März festgelegt. Aber keiner sagt etwas ... Normalerweise ist bei solchen Anlässen mehr Protokoll üblich. Der Argwohn verstärkt sich noch, als der Kommandeur der Leibwache des Dalai Lama vom Garnisonsgeneral zitiert wird, der ihm zu verstehen gibt, Seine Heiligkeit müsse sich allein und ohne die übliche Eskorte zur Einladung des chinesischen Generals begeben. Toleriert würden, unter der ausdrücklichen Bedingung, daß sie unbewaffnet seien, höchstens zwei oder drei Leibwächter.

Es ist keineswegs erstaunlich, daß diese Forderungen bei niemandem auf Zustimmung stoßen; daß der Besuch des Dalai Lama im Prinzip geheim bleiben soll, verstärkt die Beunruhigung nur noch. In Ermangelung einer besseren Lösung und in der immer trügerischeren Hoffnung auf ein Einvernehmen beschließt der Gottkönig, sich zur Vermeidung eines Skandals der Herausforderung zu stellen. Das heißt aber, die Rechnung ohne die Tibeter zu machen: die unzähligen zu den Neujahrsfeierlichkeiten angereisten Pilger sind noch nicht aufgebrochen, und die Flüchtlinge aus den Ostprovinzen können nicht in ihre Heimat zurückkehren. So beherbergt denn Lhasa zu jener Zeit etwa 100 000 Menschen, eine für die Götterstätte nie dagewesene Zahl.

Um keine unnützen Befürchtungen zu wecken, läßt die tibetische Polizei wissen, am 10. März gälten jenseits der Steinbrücke, der stillschweigend akzeptierten Grenze zwischen tibetischen Vierteln und chinesischem Lager, gewisse Verkehrsbeschränkungen. Das genügt, um die Gerüchteküche anzuheizen und die Spannung noch anzuheben; jedermann weiß, daß in Beijing die Volksversammlung zusammentreten soll und daß die chinesische Führung den Dalai Lama zur Teilnahme drängt. Bis zum Gedanken, die Besatzungsmacht wolle den Gottkönig entführen, ist es nur noch ein kleiner Schritt. Am 9. März sind die Straßen bereits in der Morgendämmerung erfüllt vom Stimmengewirr eines ganzen Volkes, das kurz vor dem Explodieren steht, seinen Ärger hinunterschluckt und entschlossen ist, jenen zu verteidigen, den es als sein höchstes Gut betrachtet. Anders gesagt, das Volk ist entschlossen, den Dalai Lama um jeden Preis daran zu hindern, sich ins chinesische Lager zu begeben.

Um die Mißstimmung noch zu erhöhen, überbringen zwei Militärs erst sehr spät, nämlich in der Nacht vom 9. auf den

10. März, einige offizielle Einladungen an mehrere hohe tibetische Beamte in den Norbulingka, verlangen jedoch, diese dürften sich nur je von einem einzigen Diener begleiten lassen. Alle diese Forderungen stehen im Widerspruch zu den von den Chinesen bisher mehr oder weniger eingehaltenen Gepflogenheiten. Noch nie zuvor war der Dalai Lama ohne die seinem Rang zustehende elementare Ehrerbietung behandelt worden und hatte er sich ohne sein Gefolge irgendwohin begeben. Beratschlagungen und Vorschläge ziehen sich bis spät in die Nacht, bis in die Morgendämmerung des 10. März hinein, den Tag, an dem der Dalai Lama gehalten ist, sich – allein – um 12 Uhr in das chinesische Lager zu begeben.

«Als ich an jenem Morgen erwachte, hatte ich nicht die geringste Ahnung, was dieser Tag mir bringen würde», schreibt er später. «Über all diesen Sorgen hatte ich schlecht geschlafen. Um 5 Uhr stand ich auf und ging wie üblich in meinen Gebetsraum. Alles war vollkommen harmonisch, vollkommen friedlich und vertraut: vor dem Altar brannten die Butterlampen, die kleinen goldenen und silbernen Schalen waren, flüssigem Gold gleich, mit safranparfümiertem Wasser gefüllt worden, Weihrauch erfüllte die Luft. Ich brachte meine Gebete dar und meditierte, stieg dann die Treppe hinunter und begab mich in den Garten, wo ich in den ersten Mogenstunden gerne spazieren ging. Erst mit meinen Sorgen beschäftigt, vergaß ich diese angesichts der Schönheit dieses frühlingshaften Morgens bald. Der Himmel war makellos. Nur gerade die Bergspitzen jenseits des fernen Klosters von Drepung leuchteten in der Sonne, bald würden die Sonnenstrahlen auch den Palast und die Kapellen im Edelsteingarten ins Licht tauchen. Der Frühling brachte Frische und Freude: Büschel von neuem Gras, zarte Knospen auf den Pappeln und Weiden. Im See drängten die Lotusblätter an die Oberfläche, um sich in der Sonne zu entfalten ...

Unversehens wurde der letzte Augenblick des Friedens, den ich kennen sollte, unterbrochen: plötzlich ertönten Schreie von der anderen Seite der Parkmauer ... Meine Mitarbeiter teilten mir mit, die Bewohner von Lhasa würden anscheinend die Stadt verlassen und auf den Norbulingka marschieren; dazu schrien sie, sie kämen, um mich zu beschützen und um zu verhindern, daß mich die Chinesen in ihr Lager brächten.»

Hin und Her, Zwischenfälle, Austausch von Schreiben und Botschaften, Gespräche zwischen chinesischer Garnison und Sommerresidenz – der Vormittag wird explosiv. Gegen Mittag läßt der Dalai Lama unter dem wachsenden Druck der Straße verlauten, er werde der chinesischen Einladung nicht Folge leisten:

«An diesem Morgen erreichte die Spannung der Gemüter einen Grad, den ich in der kurzen Zeit, in der ich die Geschicke Tibets leitete, nie gekannt hatte. Ich hatte das Gefühl, mich zwischen zwei Vulkanen zu befinden, die jederzeit ausbrechen konnten. Auf der einen Seite mein Volk, das ganz eindeutig und heftig gegen das chinesische Regime protestierte. Auf der anderen Seite die Armee einer mächtigen und aggressiven Besatzungsmacht. Das Resultat eines möglichen Aufeinandertreffens war von vornherein gewiß: die Einwohner von Lhasa zu Tausenden hingemetzelt, ein über das ganze Land verhängtes, allgemeines Kriegsrecht, samt Verfolgung und Tyrannei.

Auslöser für diese explosive Lage war die Frage, ob ich mich in das Lager der Chinesen begeben sollte oder nicht. Zugleich aber war ich der einzig mögliche Vermittler, und ich wußte, daß ich zum Wohle meines Volkes um jeden Preis versuchen mußte, den Volkszorn zu beschwichtigen und die Chinesen, deren Stimmung zweifellos unter den Nullpunkt gesunken war, zu besänftigen.»

Am Nachmittag finden weitere Verhandlungen statt, während die Unruhe in den Straßen Lhasas erst in Agitation, dann in offene Revolte umschlägt. Ungeschicklichkeit oder willentlicher Entscheid – in den folgenden Tagen vergiftet die chinesische Seite mit ihren immer unverhüllteren Drohbotschaften die Atmosphäre noch mehr. Das bereits einige Monate dauernde Doppelspiel von Ngawang Jigme Ngabo, einem praktisch zu den Chinesen übergelaufenen tibetischen Adeligen, läßt keinen Zweifel mehr zu, wenn er am 16. März dem Dalai Lama schreibt: «Wenn Euer Heiligkeit mit ein paar zuverlässigen Offizieren der Leibwache innerhalb der inneren Mauer bleiben und sich dort halten können, und wenn Sie dann dem General genau mitteilen, welches Gebäude Sie besetzt haben, werden die Chinesen sicherlich darauf achten, daß dieses Gebäude nicht beschädigt wird.» Implizit ist damit gesagt, daß die Besatzungsmacht tatsächlich entschlossen ist, den beginnenden Aufstand im Blut zu ertränken.

In der Tat erreicht denn auch bedeutende chinesische Verstärkung die Stadt Lhasa: Gebirgsgeschütze, schwere Maschinengewehre, Dutzende von Militärfahrzeugen voller Soldaten und Waffen. Ganz offenkundig sind Vorbereitungen im Gange, und wie zur Einschüchterung wird klargemacht, daß das erste anvisierte Ziel nur der Norbulingka sein kann, der umgeben ist von der Menge der Tibeter, die zwar schlecht bewaffnet, aber entschlossen sind, den Feind nicht passieren zu lassen. Ein eiliger Briefwechsel zwischen dem Sommerpalast und dem chinesischen Lager findet unter immer mißlicheren Umständen, durch den lavierenden Ngabo vermittelt, statt. Am Nachmittag des 17. März schlagen Granaten innerhalb der Mauer, nahe beim nördlichen Tor des Norbulingka, in einen Teich ein. Es kann keinen Zweifel mehr geben, die Warnung ist klar, und für den Dalai Lama naht die Stunde der Wahrheit.

«Innerhalb des Norbulingka fühlte jeder, daß das Ende da war. Es mußte sofort, ohne weiteres Zögern, etwas geschehen, aber niemand war in der Lage, einen Entschluß zu fassen. Es war an mir, eine Antwort zu finden, einen Entschluß zu fassen. Doch angesichts meiner Unerfahrenheit in weltlichen Dingen war das nicht leicht.

Ich kenne keine Furcht vor dem Tod. Ich hatte auch keine Angst, ein Opfer des chinesischen Angriffs zu werden. Ich glaube ehrlich daran, daß meine strenge religiöse Erziehung mir genug Stärke verliehen hat, furchtlos dem Augenblick entgegenzusehen, in dem ich meinen jetzigen Körper verlassen muß. Ich war mir tief bewußt, und ich bin es noch immer, daß ich nur ein sterbliches Wesen bin, ein Werkzeug des unsterblichen Geistes meines Meisters, und daß das Ende einer sterblichen Hülle nicht viel zu bedeuten hat. Aber ich wußte auch, daß mein Volk und meine Beamten diese meine Auffassung nicht zu teilen vermochten. Für sie war die Person des Dalai Lama ihr höchstes Gut. Im Dalai Lama waren für sie Tibet und die tibetische Lebensweise verkörpert – alles, was ihnen lieb und teuer ist. Wenn mein sterblicher Leib umkam durch die Hand der Chinesen, so bedeutete das für mein Volk, daß es auch mit dem Leben Tibets zu Ende sein würde ...

Alles war ungewiß. Nur eines nicht: die zwingende Sorge meines ganzes Volkes, mich in Sicherheit zu bringen, ehe die Orgie chinesischer Zerstörungswut, ehe das Massaker begann. Diese Sorge war der einzige positive weltliche Grund, der mich bei meiner Entscheidung leitete: Wenn ich mich zum Bleiben entschloß, würde dies nur die Not meines Volkes und meiner engsten Freunde vermehren. Und so war ich bereit, zu gehen. Ich brauche kaum zu sagen, daß ich um Erleuchtung betete und sie erhielt.»

In wenigen Stunden wird ein Fluchtplan entworfen, im geheimen vorbereitet und meisterhaft durchgeführt. Der Aufbruch wird für 22 Uhr vorgesehen.

«Als alles zum Aufbruch bereit war, begab ich mich in die Mahakala-Kapelle. Stets war ich dorthin gegangen, wenn ich vor einer langen Reise Abschied nahm. Noch befanden sich Mönche in der Kapelle, die beständig hier beteten. Sie wußten nicht, was beabsichtigt war. Auf dem Altar legte ich als Symbol des Abschieds eine Glücksschleife nieder ... Für mich waren Soldatenkleidung und eine Pelzmütze bereitgelegt worden; um halb zehn Uhr zog ich mein Mönchsgewand aus und die Uniform an. Dann ging ich in dieser mir ungewohnten Kleidung zum letzten Mal in meinen Gebetsraum. Ich setzte mich auf meinen Thronsessel, öffnete das Buch mit den Lehren Buddhas, das vor mir lag, und las darin, bis ich zu einer Stelle kam, an der Buddha einem Schüler riet, guten Mutes zu sein. Dann schloß ich das Buch, segnete den Raum und löschte die Lichter. Als ich hinausging, war mein Geist völlig ruhig; ich hörte nur meinen eigenen harten Tritt auf dem gestampften Lehmboden und das Ticken der Uhr in dem Schweigen, das mich umgab. An der inneren Tür meines Hauses stand ein einzelner Soldat, der mich erwartete, ein weiterer an der äußeren Tür. Ich ließ mir von einem das Gewehr geben und hängte es über die Schulter, um meine Verkleidung zu vervollständigen ... Nur ein einziges Mal in meinem Leben, vor neun Jahren, als ich nach Yatung gebracht wurde, war ich ohne feierliche Prozession außerhalb der Tore des Norbulingka gewesen. Als wir zum Tor kamen, sah ich undeutlich in der Dunkelheit Gruppen von Tibetern, die es noch bewachten. Aber niemand achtete auf den einfachen Soldaten. Unangefochten ging ich hinaus auf die dunkle Straße.»

Unter der wachsamen Eskorte von Khampa-Widerstandskämpfern beginnt dann, häufig während der Nacht und unter äußerst beschwerlichen Umständen, ein aufreibender Gewaltmarsch. Trotz der Angst vor möglicher Verfolgung und der mit einem kleinen Radioempfänger abgehörten und schließlich von einem Boten bestätigten schlechten Nachrichten über die Bombardierung von Lhasa und das Massaker an der Bevölkerung, trotz einiger Alarmsignale und der unwirtlichen Strenge des Klimas erreichte die Karawane am 30. März über Chuthangmo, an der Grenze zu Assam, indischen Boden. Wenig später beginnt der Exodus von Tausenden von Tibetern.

Seit jenem Augenblick leben zwei Tibet im Raum und kommunizieren in einem subtilen, teilweise den Blicken entzogenen Austauschsystem. Das physische Tibet, in seinem grandiosen geographischen Rahmen von hinreißender Schönheit, schließt sich in sich selbst und seine tiefen Wunden ein, in ein Warten, das an der Unendlichkeit der Zeit Maß nimmt. Das andere Tibet, das Tibet der Flüchtlinge und der Exilierten, klein und tragisch mittellos, kämpft erst um sein Überleben, dann um sein Wiederaufleben. Es schart sich um seinen nicht zu entwurzelnden Glauben, klammert sich an seine Meister, paßt sich an eine harte Existenz unter oft mißlichen Umständen an und findet sich wieder im Spiegel des buddhistischen Mönchs Tenzin Gyatso, dem höchsten Garanten für den Fortbestand des Landes Bod. Als er mitten in der Nacht und – Gipfel der Ironie – als Soldat verkleidet, den Norbulingka verließ, war der Kostbare Meister in seiner neuen Inkarnation erst vierundzwanzig Jahre alt.

II

Nächstes Jahr in Lhasa

Das schönste Gefühl der Welt
ist der Sinn für das Geheimnisvolle.
Wer diese Emotion nie gekannt hat,
dessen Augen sind verschlossen.
Einstein

Auf dem Weg nach Lhasa. Der Sheg-la-Paß läßt einmal mehr den Zauber seiner blauen Berge spielen, deren Gipfel, so weit das Auge reicht, im Glanz des ewigen Schnees erstrahlen. Die steinigen Felder sind mit Einfriedungen und Ställen übersät, Zelte zeugen von der unsichtbaren Gegenwart der Nomaden, ruhig weiden die Herden. Stille und Schönheit. Ein Gefühl von sanfter Leichtigkeit, von Einvernehmen mit einer wiedergefundenen vertrauten Welt. Wenn die Naturstraße plötzlich aufhört und der Asphalt beginnt, dann sind es weniger als hundert Kilometer bis Lhasa. Wiedersehen mit Lhasa. Die Gefühle überstürzen sich, die Eindrücke überschneiden sich – warum diese Rückkehr zur Götterstätte?

Die Antwort hat mir Bodh Gaya gegeben: ein anderer Ort, ein anderer Spiegel, eine andere Begegnung. Zu Tausenden sind sie vom Hochland gekommen, um sich den neuntausend tibetischen Mönchen anzuschließen, die aus allen in Nepal und Indien verstreuten Klöstern zusammenströmen, die je nach den Umständen eines langen, nicht enden wollenden Exils behelfsmäßig rekonstruiert worden sind. Von den Hochtälern von Himachal Pradesh mit den vielsagenden Namen – Spiti, Kulu, Manali –, von Zanskar und Mustang, von Manang und dem nepalesischen Dolpo, aber auch von den – dem Fremden noch immer verschlossenen – entlegenen Hängen von Arunachal Pradesh, von den bewaldeten Abhängen von Bhutan sind Lastwagen voller Menschen gekommen. Dharamsala, das kleine Bergstädtchen, wo das geistliche Oberhaupt der Tibeter normalerweise lebt, hatte sich vollzählig in die trockene und heilige Ebene begeben – Männer, Frauen und Kinder, Junge und Alte, Lamas und Laien, Händler und Bettler.

Am ergreifendsten waren zweifellos jene mit schmutzigen Schaffellen bekleideten Kerle in staubigen Stiefeln, mit schweißbedecktem Gesicht und zerzaustem dichtem Haar – sie waren von den weiten, stürmischen und rauhen Ebenen jenseits des Himalaja gekommen, getragen von der Hoffnung, den Segen des Dalai Lama zu erhalten. Erstaunt über diesen unbekannten Mönch, den sie entdeckten, trauten sie ihren Augen kaum und lachten aus vollem Hals, als wollten sie, greifbar, ihr Glück darüber ausdrücken, daß sie hier waren, daß sie alle Hindernisse überwunden hatten, um ihre verrückte Wette zu gewinnen. Und unter den Tausenden von Pilgern der kurz zuvor in Lhasa besuchte Freund, der tibetische Freund, der trotz der vielen Hindernisse am besagten Tag in der vielfältigen Menge zur Stelle ist: so als knüpfte sich von neuem ein magisches Band, so als müßte einmal mehr die erstaunliche Begegnung bestätigt werden, gewissermaßen der materielle Beweis für das Wiedersehen vor dem geduckten, auf seine Kraft konzentrierten Gebäude des kleinen Klosters von Netchung am Rande des heiligen Tales.

Lhasa, einmal mehr. Unerwartete Rückkehr in das Schneeland über den Karawanenweg, Aufbruch von Kathmandu, dann über legendäre Pässe, vor allem aber über die bisher hermetisch geschlossene Grenze von Kodari nach Khasa, zu beiden Seiten der Bhotekosi, der verbotenen Demarkationslinie gelegen. Jene Grenze, die sich Jahre zuvor unserem unmöglichen Wunsch, tibetischen Boden zu betreten, verschlossen hatte. An jenem Tag betrachteten drei Lamas, in Gedanken versunken, diese ebenso ungehörige wie unüberwindbare Grenze, und ihre stille, schwere Sehnsucht lähmte unsere Schritte.

Vor langer Zeit bereits hatte die Stunde der langen Karawanen geschlagen, die einstmals im bemessenen Schritt der Ponys, der Jaks und der Halbesel die traditionellen Routen bereist hatten, aber noch immer ist es irgendwie abenteuerlich, will man die heilige Stadt von der nepalesischen Hauptstadt aus erreichen. Denn die gewaltige Bergfestung überwinden, um die unbezähmbare Einsamkeit der tibetischen Hochebene zu erreichen, kommt noch immer dem uneingestandenen, vielleicht nicht zu verwirklichenden Traum gleich, über den Horizont hinauszugehen. Diese Kehrseite der Kulisse, der nördliche Abhang des Everest, ist von Faszination wie von einem Hauch Irrealität umgeben: den Himalaja auf der Straße zu überqueren kommt in gewissen Momenten der Durchquerung des Spiegels gleich. Und wären es nur der Aufstieg auf den Thong-la und die Paßüberquerung auf einer Höhe von 5500 Metern. Der Wind bläst und läßt Bündel von Gebetsfahnen tanzen, die den heiligen Grabhügel verbergen, die Luft ist schneidend und blau, die Runde der Berggipfel entfaltet sich wie eine Herausforderung an Raum und Blau des Himmels, die tiefe Stille hallt; ein Dutzend Jaks, die im Gänsemarsch im Schnee stapfen, die Karawanenführer, die uns ebenso überrascht mustern wie wir sie. Das physische, unwiderlegbare und berauschende Gefühl, auf dem Dach der Welt angelangt, wahrhaftig dort zu sein.

Begegnungen sind in dieser farbenprächtigen mineralischen Wüste gerade deshalb so überraschend, weil sie so selten sind. Von Zeit zu Zeit taucht ein einsamer Reiter aus dem Nichts auf, um sich einem unsichtbaren Anderswo zuzuwenden. Zwei dunkelrote Gestalten wandeln und graben sich beim Näherkommen in unser Gesichtsfeld ein: zwei Mönche, ein alter und ein junger, auf der Rückkehr von einer frommen Pilgerreise auf den Berg Kailasa und den heiligen See von Manasarowar. Monatelang sind sie so unterwegs, erst bis Shigatse mit Halt im Tashilhunpo, dann bis Lhasa und seinen Großklöstern, bevor sie den langen Weg zu ihrem eigenen Kloster in der weit entfernten Provinz Amdo antreten. Die in ihre bis zum Boden reichenden Houppelanden gehüllten Hirten führen große Herden von Schafen und wilden Ziegen in Einfriedungen, die sich in windgeschützten Vertiefungen befinden, während kleine Jak-Karawanen unsichtbare Dörfer untereinander verbinden. Manchmal wirbelt Staub hoch, läßt Schatten auf dem kahlen Felsen tanzen – will man der Legende glauben, so liefern sich Geister und Gottheiten noch immer Kämpfe um Seelen, um Menschen, um die Welt... Visionen tanzen in den Windstößen. In diesen scheinbar endlosen Weiten mit ihrer in den Anfängen wurzelnden Stille hat der Geist genügend Raum, abzuheben und seiner Unendlichkeit zuzustreben.

Diese Straße des Traums, der Stille und des Abenteuers, von der wir so oft geträumt, der wir in Gedanken so oft entlanggegangen waren, auf der Suche nach den kleinen weißen Kieselsteinen, die jene wenigen Auserwählten ausgestreut hatten, die nach Lhasa gelangten, die nicht ruhten, bis sie dorthin gelangten – diese Straße entfaltete sich gelassen vor uns, dem Auge und dem Geist vertraut und überraschend zugleich. Vor allem das Licht, diese strahlende Transparenz, die Berge und Gletscher derart intensiv in den unendlichen Himmel hineinragen läßt. Höchstes Entzücken. Nahe der Sonne, die in Millionen von gebrochenen Strahlen auf dem nackten Felsen glitzert, scheint sich die Stärke der Welt zu versammeln und wie in einem gigantischen und reinigenden Kräftestrom zu konzentrieren.

Hier, in diesen für Mensch und Tier unwirtlichen, verlassenen Höhen, setzt sich der asketische Lebenswandel als Evidenz durch: man muß Größe haben, aus Stein oder aus Diamant geschliffen, um dieser Herausforderung gewachsen zu sein. Unablässig weitergehen oder versteinert anhalten, sich auf diese oder jene Weise in Frage stellen, sich befragen oder sich auflösen. Vorankommen – denn Winter, Schnee und Wind holen den Weggänger schließlich ein. Zahlreich sind die Geschichten vom unseligen Händler und seinen Jaks, die sich, vom Sturm ereilt, in Eisstatuen verwandeln, bevor ihre Knochen in alle Winde zerstreut werden. Aber auf unserem sonnigen Weg berühren uns diese Schreckensgeschichten nicht. Nur ein Rotfuchs setzt plötzlich über die Böschung, und die Glöckchen einer fröhlichen Herde langhaariger Ziegen kündigen die Nähe eines Weilers an.

Es ist kalt in Shegar, auf einer Höhe von mehr als 4000 Metern, trotz der Sonne, die so erfinderisch eine Vielzahl von schimmernden Farben entfaltet, daß selbst ein Pfau sich scheute, das Rad zu schlagen. Die Unterkunft ist primitiv, primitiver noch das Essen, und allein die amüsierte Neugier der Tibeter läßt die kaltschnäuzige Griesgrämigkeit der Chinesen, Gastgeber und Zerberus zugleich, vergessen. Rhythmischer Gesang steigt aus dem kleinen Hof auf, wo in harter Arbeit die Ernte gebündelt wird, Gebetsfahnen wehen von den Dächern, eingemummte Knaben, die Brust entblößt, drängen sich lachend um uns, heften sich an unsere Fersen und wollen uns bis zu der im Wiederaufbau befindlichen *Gompa* führen. Auf dem höchsten Hügel mit steilem und felsigem Abhang lassen sich die Umrisse einer alten Klosterfestung erahnen. Zusammengefallene Wege führen den Überresten von Zellen entlang, zerschlagene Felsen markieren verwüstete, entheiligte Orte. Gaden taucht aus der letztjährigen Erinnerung auf – Gaden, die verstümmelte Vision eines versunkenen Gemäldes. Auch hier hat der Eroberer nichts respektiert, und der alte Lama, der uns in seiner peinlich genau wiederaufgebauten winzigen Kultstätte empfängt, lächelt mit jener seit Menschengedenken bestehenden, beruhigenden Unzerstörbarkeit, die den Fortbestand des Buddhismus besiegelt. Sein Blick ist listig, und er kann sich sehr wohl verständlich machen: «Gyalwa Rinpoche» wiederholt er in diesem keinen Widerspruch duldenden Ton, den alle Tibeter haben, wenn sie vom vorüberziehenden Fremden eine Photographie des im Hochland allgegenwärtigen Exiltibeters, des Dalai Lama, verlangen.

Diese sanfte, aber nachdrückliche Forderung finde ich auch in den Blicken wieder, die mich Ende Dezember 1985 in Bodh Gaya mustern, wo für mich – in mir? – Bilder und Empfindungen aufeinanderprallen. Dieser alte Mann mit dem unsicheren Schritt, der voller Andacht die rituelle Umgehung des großen Stupa vollzieht und dabei seine Gebetsschnur durch die Finger gleiten läßt, habe ich ihn schon einmal gesehen, damals, dort oben? Die staubige Trockenheit des indischen Dorfes erhöht noch meine Sehnsucht nach der Erinnerung an die blaue Durchsichtigkeit der Hochebene, auf der Suche nach jener angehaltenen Zeit, die mich mit Licht durchströmt. Die so ungleichen Landschaften überlagern sich, verknüpfen sich und verschmelzen im Tanz der Farben, und es ist wie ein Lachen, das widerhallt oder aufsteigt, wie wenn ich plötzlich mit Gewißheit wüßte, daß es möglich ist, zugleich hier unten und dort oben zu sein. Zauber der Worte oder Unendlichkeit der Suche ...

Morgen ist, wie immer, ein ganz anderer Tag. Eine steinige Straße, die sich verzweigt und in ein sich ausweitendes Tal schlängelt, bevor sie auf die weinrote und perlgraue, weiß und schwarz eingefaßte wuchtige Silhouette des befremdlich anmutenden Klosters von Sakya trifft. Befremdlich, weil vor dem Dorf wiederaufgebaut, während Ruinen und Steinhaufen, das blendende Weiß eines wiederaufgebauten *Chöten* und ein langes Bruchstück einer zinnenbewehrten Mauer die am Fuße des nahen Berges ausgebreiteten Zeugen seiner einst mächtigen Präsenz sind. Befremdlich auch wegen des ungewöhnlichen Kommens und Gehens an diesem Morgen; Hunderte von Pilgern sind – wie konnten sie es erfahren? – gekommen, um den kurzen Besuch eines Jugendlichen zu begrüßen, Reinkarnation eines großen verstorbenen Meisters, der normalerweise in einer Klosterschule in Sikkim auf der anderen Seite der indischen Grenze studiert. Verblüffend diese fiebrige und zugleich schweigende Menge, die sich um den von seinem Lama ordnungsgemäß behüteten jungen Mönch drängt, ihn berühren und seinen Segen erhalten will. Hatte uns nicht der verehrte Meister dieses Orts, Sakya Trizin Rinpoche, ebenfalls in Indien im Exil lebend und zur Einweihung eines neuen Klosters auf der Durchreise in Bodnath, am Vorabend unseres Aufbruchs von Kathmandu seinen Segen erteilt?

Zurück auf die große Straße, die lässig ihre staubige Spur nach Shigatse zieht. Die goldenen Dächer von Tashi-lhunpo dienen als Erkennungszeichen, und bereits von weitem leuchten sie wie Goldklumpen auf dem Berg. Seit dem letzten Jahr hat sich der kleine Ort nicht verändert, heute jedoch ist er von Pilgern überflutet, und die in Weihrauch getauchten Kultstätten sind voll von bescheidenen Opfergaben. Auch hier strecken sich Hände, begleitet vom ewiggleichen Gemurmel: «Gyalwa Rinpoche», dieses Sesam-öffne-Dich, das die Herzen höher schlagen läßt und Lächeln auf die unbekannten und plötzlich freundschaftlich zugeneigten Gesichter zaubert. In der Stadt sind Dutzende, Hunderte von rauhen Zelten aufgeschlagen. Am Rande dieser improvisierten Lager steht manchmal ein Lastwagen neben dem anderen; in der Morgendämmerung glühen die Kohlenbecken, und der Duft von *Tsampa* – gerösteter Gerste, dem Hauptnahrungsmittel der meisten Tibeter – verbreitet sich über den Ort. Groß ist die Erregung im Kloster, wo Wellen von Besuchern – ganzen Familien und ganzen Dörfern – aufeinander folgen. Geführt werden sie von Lamas und Mönchen, die sie aus den entlegenen Gefilden eines weiten Landes begleitet haben, von dem man nichts recht weiß, ob es wieder zur Legende geworden oder Realität geblieben ist.

Aber unvermittelt kehrt der Alltag zurück. Insbesondere im Sommerpalast des Panchen Lama, des zweithöchsten Würdenträgers des tibetischen Buddhismus, dessen gegenwärtiges Dasein gleichsam die schmerzliche Zusammenfassung aller Wechselfälle seines Volkes ist. Erst Bauer, dann Trojanisches Pferd der Chinesen, hat er deren Erwartungen nicht erfüllt und folglich jene Schmähungen erleiden müssen, die die Führung in Beijing jenen vorbehält, die sie als Renegaten oder Verräter einstuft. Ein langer Aufenthalt in einem «Umerziehungslager» hat ihn gebrochen, ohne daß er sich unterworfen hätte. Zu dem ihnen genehmen Zeitpunkt haben ihn die Herren der Verbotenen Stadt ins Rampenlicht gezerrt – als Geisel zwar, aber vielleicht nicht ohne das Spiel zu durchschauen. In Beijing unter Hausarrest stehend, kann er sich in seinem eigenen Land nicht frei bewegen, ja er wird sogar gezwungen, als ein Delegationsmitglied unter anderen die Australienreise einer chinesischen Vertretung mitzumachen. In Abwesenheit des Dalai Lama bleibt seine Popularität auf der Hochebene gleichwohl beträchtlich. Der Zufall wollte es, daß er sich in dieser spätherbstlichen Zeit für mehrere Tage in seiner Stadt aufhielt, während wir uns dort umsahen, begierig, wieder an unsere letzte Reise anzuknüpfen.

Groß war die Menge im Palasthof – jung und alt, Frauen und Männer, mit *Khatas,* den traditionellen Glücksschleifen, ausgestattet, in kleinen Gruppen geduldig wartend, während die endlose Warteschlange vor der Audienzhalle immer länger wurde. Offensichtlich konnte nicht jedermann eintreten. Plötzlich ein

Tumult. Es werden Befehle erteilt, die Menge wird zerstreut, ein großer Jeep bremst in einer Staubwolke vor einem Nebeneingang, setzt sich dann brüsk wieder in Bewegung – zwischen zwei Stößen bleibt gerade Zeit, das kahlrasierte Haupt des dunkelrot gekleideten Panchen Lama zu erblicken, links und rechts, vorne und hinten von einem halben Dutzend kleiner grüner Männer mit sternbesetzter Mütze bewacht. Im verschleierten Glanz der untergehenden Sonne durchläuft eine Welle schweigender Enttäuschung die Menge, ein Schauer läßt mich erstarren.

Von Shigatse nach Lhasa lassen mich bekannte Orte die Verzauberung der ersten Reise wiederfinden. Keine Entdeckung mehr, sondern der Beweis, daß ich nicht geträumt hatte. Klar umrissen stehen die Berge im Glanz des Lichts, die Fähre auf dem Tsang-po ist da, beschäftigt mit ihrem kurzatmigen Hin und Her. Aber diesmal steht kein einziger Militärlastwagen am anderen Ufer – nur Jaks und noch mehr Jaks, ausschließlich Herden oder Karawanen von Jaks, die von weitem einem Schwarm großer schwarzer Insekten auf der staubigen Landstraße gleichen. Beim Durchqueren nehmen sie die Gestalt eines sich bewegenden Wollteppichs an, am Wegrand liegen unzählige Häufchen, einige mutigere Tiere wagen sich, um ihren Durst zu stillen, bis zum Wasser vor, und in der Nähe der Uferböschung lassen sich allmählich die Gesichter der Hirten erkennen. Kinder tauchen hinter den wogenden Bündeln auf – und verschwinden bei unserem Anblick mit einem nicht zu unterdrückenden Auflachen. Ein wenig oberhalb dieses emsigen Treibens von Menschen und Tieren löst sich eine Gestalt vom steinigen Hintergrund ab: mit seiner dicken, oberhalb der Taille geschnürten Jacke, einem aus dem Halsausschnitt hervorstehenden rotblauen Schal, herrlichen Filzstiefeln und einer flammenden Rotfuchsmütze trägt der Mann den Säbel prahlerisch im Gürtel, während sein Auge auf den Horizont gerichtet ist. Weder bewegt er sich, noch blinzelt er. Er wartet. Er scheint aus einem vergangenen Land zu kommen, dem Land der Gentleman-Räuber ...

Innerhalb eines Jahres hat sich Lhasa verändert – besser

gesagt, «sie» haben Lhasa verändert. Zur Vorbereitung des zwanzigsten Jahrestags der offiziellen Ausrufung der sogenannt Autonomen Region Tibet haben die chinesischen Behörden alles getan, um die Stadt zu «sanieren» und ihr ein «präsentables» Aussehen zu verpassen. Mit einem Wort, um sie so stark wie möglich zu sinisieren und ihr authentisches Gesicht auszuradieren, das wahre, von den Tibetern allein anerkannte Gesicht. Bereits in den Außenbezirken wird die Sicht auf den Potala durch die unpassende Spitze einer Fernsehantenne durchschnitten, errichtet auf dem Hügel von Chokpuri, wo sich einst die berühmte Medizinschule befand. Eine auf den ersten Blick willkürliche, aber äußerst aussagekräftige Frechheit . . .

Eine breite Straße ist vor dem Jokhang, dem höchsten Heiligtum der heiligen Stadt, angelegt worden, umgeben von einem weiten Platz, der von «Läden der Freundschaft» gesäumt ist und mit zwei großen länglichen, weißgekalkten Öfen geschmückt ist, wo unablässig Weihrauch verbrannt wird. Pilger, Käufer und Händler begegnen sich, ruhen sich aus und plaudern friedlich miteinander. Letztes Jahr war hier noch eine riesige Baustelle, und heute, hinter diesen illusionistischen neuen Kulissen, schlägt in den winkligen, eingebrochenen Sträßchen und den schiefen Innenhöfen noch immer das Herz des alten Lhasa. Und das Herz der Tibeter schlägt im Jokhang mit hartem, dunklem Schlag.

Mehr noch als beim ersten Mal drängt sich die bunte, endlose und andächtige Menge; die Warteschlange bewegt sich in geschlossenen Kreisen vom äußeren Vorhof bis zur Schwelle, eingehüllt in den sauren Geruch von Jaksbutter, die vor den Statuen als Opfergabe niedergelegt wird. Eine Überraschung: ein neues Bild des elfköpfigen und tausendarmigen Chenresi, des Beschützers Tibets, steht an ihrem Platz zwischen Padma dem Magier und Sakyamuni, dem zum historischen Buddha gewordenen Königssohn. Vor einem Jahr noch war der Platz leer – das mehrere Jahrhunderte alte Original war der Raserei der Rotgardisten zum Opfer gefallen. Ohne Unterlaß schreiten die Pilger im gedämpften Gemurmel der wiedergefundenen traditionellen Litanei vorüber und verneigen sich tief vor den klein-

und großformatigen Bildern des geistlichen Oberhaupts im Exil. Seine lächende Allgegenwart ist noch sichtbarer, noch souveräner und beschützender als im vergangenen Jahr. Sobald man, auf welchen indirekten oder direkten Wegen auch immer – in die Nähe Tibets gerät, schleicht sich die Gestalt dieses Mönchs aller Mönche unvermittelt in die Entdeckungsreise ein, vervielfacht sich dann und wird schließlich zum unzertrennlichen Begleiter.

Eine weitere Etappe in diesem seltsamen Gänsespiel in der Götterstätte, die mich von einem mit leise klirrenden Schmuckstücken und flauschigen Stoffen überfüllten Kramladen zu einer steilen, blumengeschmückten Treppe führt: Anzi-Gompa, das einzige noch offene Frauenkloster in Lhasa. Die Nonne, runzelig wie ein lange auf einem Kellergestell vergessener Apfel, in ein graues Gewand gehüllt und mit grobem Schuhwerk bekleidet, kann es nicht fassen, daß wir in ihrem kleinen Hof auftauchen. Sie entläßt ihren Schwarm junger Novizinnen – ein Dutzend hat seit einigen Monaten die Erlaubnis, das harte Nonnenleben zu versuchen – in der Nähe des Herdes, wo der Kochtopf brodelt, und öffnet den wurmstichigen Türflügel ihres Heiligtums. Seiner einstigen Reichtümer beraubt, wird es bescheiden erhellt von den Butterlampen, die am Fuße des Altars stehen, wo ein in Meditation versunkener Buddha thront. In seinen Händen eine vergilbte, an den Rändern beschädigte und offensichtlich umhegte Photographie des Abwesenden: er, immer wieder er!

Er ist es auch, immer wieder er in Palalhunpo-Gompa. Seit vorigem Jahr hat er sich auf dem Hauptaltar, auf den behauenen Mauern, im vollen Licht und im Dunkel der felsigen Stützmauern aufs schönste vervielfacht. Er hat gesiegt, weil er unter den Augen der Besucher, und seien es Chinesen, das «V» des Sieges macht. Er ist auch in Netchung und wacht mit ironischem Auge über dem Reliquienschrein, der das Bild des Orakels im Prunkgewand des Wahrsagens enthält. Aber der designierte Vermittler hat inzwischen seine vorläufige sterbliche Hülle verlassen, und vielleicht ist die Verbindung nur schwer wiederherzustellen, so weit weg, jenseits des Himalaja ... Gleichwohl schwebt er, einer wachsamen Gegenwart gleich, in der zerstörten und nackten Meditationszelle, und der Mönch an meiner Seite schielt mit perplexem Blick in eine dunkle Ecke. Ein Glöckchen läßt drei Töne erklingen.

Ein wenig höher, an den mächtigen und zerfurchten Felsen gelehnt, ertönt Drepung dunkel von den Schritten der kompakten Pilgermassen, der Gaben, die fröhlich in die Gabenschalen fallen, der von den Reihen von Gläubigen psalmodierten Litanei, vom Bellen eines in seiner Siesta aufgeschreckten Hundes, von dem für den Tee der Mönche kochenden Wasser. Unermüdlich schreiten die Tibeter mit ansteckender Andächtigkeit die wiedergefundenen Wege althergebrachter Frömmigkeit ab. Überall in der Stadt haben sie ihre Zelte aufgeschlagen, ihre Jaks und Ponys neben abgedeckten Lastwagen, die Kohlenbecken immer glühend für die Mußestunde und die Fortsetzung der Diskussion.

Sie bewegen sich fort, als wollten sie an eine vergessene Gewohnheit anknüpfen – auf der Suche nach einer Erinnerung, die man ihnen entreißen wollte, darauf bedacht, die Wunden des Steins und die Narben der Fresken zu pflegen, befreit von den Schmierereien der entschieden revolutionären Graffitis, die sie während einiger Zeit entstellt hatten. In den als Altäre hergerichteten Kapellen und Höhlen verschwinden die Statuen beinahe unter dem bauschigen Haufen der Glücksschleifen, die mit Opfergaben überfüllten Butterschalen überlaufen, in schweren Tropfen verbreiten die Kerzen einen bitteren und zugleich durchdringenden Geruch, während Hunderte von kleinen Flammen flackern und beharrlich leuchten. Brav, geduldig, langsamen Schrittes und mit unendlicher Bestimmtheit kommen die Pilger voran. Köpfe von Kindern tauchen aus der Innentasche der schafpelzgefütterten Mäntel auf, und bereits murmeln ihre Lippen die für alle Zeiten bestehende schmerzliche Litanei, die Litanei von gestern, von heute, von morgen ... Ewiger Wiederbeginn!

In diesem Versteckspiel bleibt Tenzin Gyatso auf der ganzen Linie Sieger. Er bewohnt Tibet, wie dies vielleicht keinem Dalai Lama zuvor gelungen ist. Sagt er im übrigen nicht selbst, die Chinesen hätten ihn mir ihrer erbarmungslosen Unterdrückung der Tibeter zum beliebtesten Dalai Lama gemacht? In den langen Jahren der Abwesenheit von seiner Erde, in der Fortdauer seines 1959 begonnenen Exils ist er eine undefinierbare Präsenz geworden, überall und nirgendwo zugleich, verborgenes Zeichen der Dankbarkeit und Garant des Sieges zugleich, Losung und Siegel des Fortbestands: hier oben, auf der raumtrunkenen transhimalajischen Hochebene, am schwindelerregenden Abgrund der Unermeßlichkeit schreitet er die Weite ab und sucht mit seinem klaren Lachen Weiler und Kultstätten heim. Auf das, was einige Erinnerung oder Wunsch nennen, ist die angemessene Antwort manchmal vielleicht einfach Treue.

«Endlich kam ich eines Abends in Gyantse an», notierte lakonisch Alexandra David-Neel nach ihrem Aufenthalt in Lhasa und ihren waghalsigen Reisen kreuz und quer durch das Hochland. Würde die Reisende früherer Zeiten die «auf dem Weg von Indien nach Lhasa gelegene drittgrößte Stadt Tibets» wiedererkennen? Gar nicht so sicher, sosehr scheint die geschäftige Stadt nur noch ein Schatten ihrer eigenen Erinnerung zu sein. Auf sich selbst zurückgeworfen, von der übrigen Welt wie isoliert oder vergessen, erinnert sie an ein Schloß im Dornröschenschlaf, das insgeheim und unbewußt darauf wartet, von seinem Fluch erlöst zu werden.

Von den Klostergebäuden, die einst die Hauptachse der lokalen Existenz bildeten, sind nur noch zwei Tempel neben dem beeindruckenden und mächtigen stufenförmigen Stupa am Fuße des Hügels geblieben. Einige Pilger, kaum dem alten Lastwagen entstiegen, beginnen sogleich, die Gebetsschnur durch die Hände gleiten lassend, mit der Umgehung, während sich ein Lama bemüht, die verblichenen Farben eines Freskos aufzufrischen. Die kärgliche Flamme der Butterschalen wirft ein verschwommenes Licht, so daß sich im Halbdunkel der Heiligtümer gerade noch die einst für ihre bewundernswerte Meisterschaft berühmten religiösen Malereien erkennen lassen.

Es täte gut, zu bleiben, die Lesenotizen mit der gegenwärtigen Realität zu vergleichen, eine Entdeckungsreise in die dunklen Winkel des alten Klosters zu unternehmen, über die Ruinen zu steigen und die Ebene zu betrachten, die sich erstreckt, so weit das Auge reicht; aber unverzüglich ist die gebieterisch vorgezeichnete Route weiterzuverfolgen, erst in Shigatse ist ein Halt vorgesehen. Ist dies ein Weg, das Auflösen der Widersprüche zu lernen und das Zusammentreffen der Gegensätze zu bewerkstelligen? Auf der Schwelle zu einer Zelle hält eine Katze undurchdringlich ihre Augen über einem inneren Traum geschlossen.

Flucht von Zeit und Raum, die sich auf diesem Dach der Welt kreuzen und entflechten – Ort des Zusammentreffens so vieler Bestrebungen und so vieler Hoffnungen, daß sie eines Tages schließlich Gestalt annehmen, sich materialisieren und anderswo, unter einem anderen Himmel, dort wo die tausendundein Wege der Suche hinführen, Wirklichkeit werden: in Bodh Gaya zur Stunde des Kala-Chakra, der tantrischen Initiation in das Rad der Zeit. Von Amdo, von Kham, von den unbekannten Stufen der tibetischen Welt, der geheimnisvollen Täler, der großen Grassteppe, vom Koko Nor bis zum Manasarowar, von den heiligen Seen bis zu den verehrten Bergspitzen haben sich seit Menschengedenken unsichtbare Wege in das unablässig erneuerte Verlangen der Menschen eingegraben. So verfolgen sie, beinahe instinktmäßig, am stets sich wandelnden Zusammenfluß einer alten Weisheit und einer neuen Erkenntnis einen in den Farben der Ewigkeit gewobenen Traum.

Schneeland, Land der Götter – in diesen Höhen haben Weise am Rande des Unsichtbaren Abkürzungen vorgezeichnet, an den Grenzen zwischen den Reichen der Gottheiten und der Menschen. Einige haben die gefährliche Grenze überschritten – und sind zurückgekehrt, um ihresgleichen zu beweisen, daß es machbar ist. In Studium und persönlicher Disziplin, in Suche, Zucht und Erkenntnis führen sie die ununterbrochenen Ketten der Weisheitslehrer weiter. Besitzer der Schlüssel zum Wissen, machen sie, ohne es herauszustreichen, kein Hehl daraus und bieten jenen, die ihnen Gehör schenken wollen, das Losungswort zum Aufbruch auf die Reise an. Aber es ist dann am einzelnen voranzukommen. Es gibt kein Geheimnis – die Quelle ist nicht versiegt für jene, die sie zu sehen, zu erahnen und auf die Suche nach ihr aufzubrechen vermögen, selbst wenn es, um dorthin zu gelangen, zahlreiche Hindernisse zu überwinden gilt. Von Zeit zu Zeit stehen Wachen an diesem Weg, auf dem jeder Reisende allein ist.

Wohnstätte der Götter, Zuflucht der Sehenden – vielleicht ist das Schneeland letztlich nur eine Facette dieser Myriade von Unendlichkeiten, von Welten und Träumen, die jeder in sich birgt: wer die Pforten der Legende durchschreitet, wer geradewegs jenseits des Spiegels vordringt, für den nimmt der flüchtig erblickte Horizont zuweilen den undefinierbaren Klang einer Rückkehr zu sich selbst an – nach einer langen, sehr langen Abwesenheit, im Lachen einer wiedergefundenen Freiheit. Es ist auch die Begegnung mit einer einzigartigen Persönlichkeit, buddhistischer Mönch oder Gottkönig. Mit ihm, um ihn, durch ihn führen alle Wege nach Lhasa.

III

Ein Tag im Leben des Dalai Lama

Denken ist einfach, Handeln ist schwierig,
aber seinem Denken gemäß handeln
ist das Schwierigste der Welt.
Leonardo da Vinci

Ein Tag im Leben des Dalai Lama? Nichts Einfacheres und nichts Banaleres, will man Tenzin Gyatso Glauben schenken: ein Tag im Leben eines Mönchs, vergleichbar mit einem Tag im Leben aller anderen Mönche, ähnlich jenen, die vor ihm waren, identisch mit all jenen, die auf ihn folgen werden. Eine täglich wiederkehrende Disziplin, die, weil freiwillig gewählt, niemals zur Routine wird – Grundlage einer Daseinsform.

Normalerweise steht der Dalai Lama früh auf – um 4.30 Uhr. Oft steht er vor dem Tag auf, der im Winter, wenn Stille und Kälte die Berge des Himalaja umfangen, nur zögernd heraufdämmert. Ab und zu wacht Dharamsala im Schneenebel oder aber im strahlenden Glanz der kalten Herbstsonne auf. Dort oben jedoch, auf jenem Gebirgsvorsprung, auf dem der angesehene Weise lebt, hat der Tag bereits begonnen.

Im Laufe der Zeit ist Dharamsala zum eigentlichen Sammelpunkt von Auslandtibetern, aber auch von waghalsigen Abenteurern geworden. Und das Land Tibet ist da, ganz nahe, auf der anderen Seite des Berges – der andere Abhang, zugleich auch bereits eine andere Welt. Es hat seinen guten Grund, wenn die neue Statue Chenresis, des Allmächtigen Beschützers, ihren Blick in diese Richtung wendet. Seit der Dalai Lama dort seinen Wohnsitz genommen hat, ist dem bescheidenen Ort, der langsam vor sich hinstarb und dessen kühle Frische die Beamten von Britisch-Indien in Zeiten glühender Hitze in den sonnentrunkenen Ebenen einst geschätzt hatten, ein unerwarteter Aufschwung beschieden. Einige Zeit sich selbst überlassen, lebt er heute wieder auf; bereits seit 1960 teilweise den Flüchtlingen aus dem Hochland zur Verfügung stehend, hat er sich im Laufe eines Vierteljahrhunderts verändert und gibt sich nun ein liebenswürdig tibetisches Aussehen. Nach einem zu Beginn der Exilzeit in Mussoorie verbrachten Jahr hatten der Dalai Lama und seine engsten Mitarbeiter nach einem größeren Ort Ausschau gehalten, wo die Niederlassung sowohl für die einheimische Bevölkerung wie auch für die Neuankömmlinge mit weniger Unannehmlichkeiten verbunden wäre; unnötige Reibereien waren um jeden Preis zu vermeiden, um so mehr, als alles andere vor den unvergleichlich dringlicheren Überlebensproblemen in den Hintergrund zu treten hatte.

Im äußersten Norden des Staates Pandschab gelegen, war Dharamsala gegen Mitte des vergangenen Jahrhunderts ins Blickfeld gerückt, als die Briten dort das Sommerlager einer Division der indischen Armee aufschlugen. Dank eines gewissen Snobismus und der typisch britischen Fähigkeit zu subtilen Dosierungen hatte die Garnisonstadt um die Jahrhundertwende eine bunte Mikrogesellschaft angezogen. Um Mun Peak herum, eigentliches Zentrum dieses Daseins, hatte sich die kleine Stadt McLeod Ganj in aller Ruhe über die umliegenden Abhänge ausbreiten können.

Zeitgenössischen Beschreibungen läßt sich entnehmen, daß die halbwilde Gegend nicht ohne Zauber gewesen sein mußte: die Wälder waren mit Leoparden, Panthern, Schakalen, mit Füchsen, Stachelschweinen und Affen bevölkert, und zuweilen verschmähten es auch Braun- oder Schwarzbären, von der großen Kälte im Himalaja getrieben, nicht, sich dort unten blicken zu lassen. Zudem verwandelte der Reigen der Jahreszeiten, darin unterstützt vom sommerlichen Monsun, die Landschaft in eine wahre Farbpalette, leuchteten doch die vielfältigsten Wildblumen in aller Pracht. 1905 jedoch setzt ein Erdbeben allem ein Ende: Von Panik erfaßt, weichen die würdigen Beamten von Delhi oder Lahore Hals über Kopf in den tiefer gelegenen Teil von Dharamsala aus, um schließlich nach und nach den Ort der Sommerfrische zu verlassen und in Simla Quartier zu beziehen.

Die Unabhängigkeit Indiens hätte das Schicksal des inmitten seiner rauschenden Wälder zu einem Phantom gewordenen Weilers beinahe besiegelt – zur großen Verzweiflung der Nowrojee, einer seit mehreren Generationen ansässigen Parsi-

Familie, die ziemlich erfolglos den Ort zu beleben versuchte. Nachdem er von der Suche der Regierung nach einer Zufluchtsstätte für die tibetischen Flüchtlinge Wind bekommen hatte, sandte der hinter seinem Ladentisch festsitzende wackere Parsi ein Schreiben nach Neu-Delhi, sah dann zu seiner Überraschung eine Untersuchungskommission auftauchen und erfuhr zu seiner noch größeren Überraschung, daß sein Angebot angenommen war. Es war zwar kein Schloß, aber gleichwohl mußte Dornröschen irgendwo in der Gegend vor sich hinschlafen.

Nach sorgfältiger Überprüfung der Möglichkeiten akzeptierten die Tibeter Nehrus Angebot, obwohl die Entfernung von der Hauptstadt und die Isoliertheit des Ortes Bedenken weckten. Vielleicht erinnerte sich der Dalai Lama, als er diesem Zufluchtsort zustrebte, eines chinesischen Sprichwortes, von dem er selbst sagte, ein naher Mitarbeiter Tschou En-lais hätte es auf ihn gemünzt: «Solange der Schneeleopard in seinen Bergen bleibt, bewahrt er seine Würde, aber sobald er in die Ebene hinuntersteigt, wird er wie ein Hund behandelt.»

Wie dem auch sei, Tatsache ist, daß zur Zeit der Niederlassung im April 1960 trotz des rührenden und zuvorkommenden Empfangs der Bewohner wie auch der Lokalbehörden keine sehr freudige Stimmung herrschte. Die tibetischen Flüchtlinge hatten ihr Bestes getan, aber was konnten sie, die bereits so mittellos waren, noch zusätzlich tun? Vor allem litten sie darunter, daß ihr Herrscher, für den zuvor nichts zu schön gewesen war, des einstigen Gepränges beraubt war. Er hingegen konnte sich, so scheint es, sehr wohl damit abfinden und ließ keine Gelegenheit aus, sein Volk zu trösten.

Un trotzdem ... Die Wahl von Dharamsala weckt eigenartige Echos, ja Erinnerungen an manchmal überraschende Zufälle. Gilt das Kangra-Tal nicht in Himachal Pradesh und in ganz Indien als Tal der Götter? Seit Menschengedenken überschneiden sich dort Legenden und Mythen und durchdringen sich gegenseitig, bis sie ein duftiges und zugleich starkes Gewebe bilden, das wie ein nachlässig hingeworfener Schleier über den Erscheinungen des täglichen Lebens liegt.

In unmittelbarer Nähe von Thekchen Choeling, wo der vierzehnte Dalai Lama heute residiert, gibt es zahlreiche Höhlen mit einer Vergangenheit voller Schwingungen: bedeutende Yogis wie Tilopa und Naropa haben sich lange dort aufgehalten, in tiefe Meditationen versunken, bevor ihre Weisheitspraktiken dann aufgenommen und in den Hochebenen des Schneelands getreulich von einem Schüler zum anderen weitergegeben wurden. Noch heute wohnen dort monatelang Anhänger, die in die Geheimnisse des Weges initiiert sind und unmittelbar neben der profanen Welt unentwegt die höchsten Ziele weiterverfolgen. In Dharamsala stehen diese meditierenden Mönche in höchster Wertschätzung, und zahlreich sind die Pilger, die schweigend im Hochwald und auf den schattigen Wegen umhergehen in der Hoffnung, einen Blick auf sie zu erhaschen. Denn von diesen Weisen wird gesagt, sie seien mit besonderen Kräften begabt; der Mensch wiederum ist empfänglich für das Außergewöhnliche – oder auch nur neugierig darauf. Tatsache ist, daß die wohltuende Ruhe dieser bewaldeten Orte zu intensiven Träumereien einlädt und der Reflexion anscheinend entschieden zuträglich ist.

Etwa einhundertvierzig Kilometer von Dharamsala entfernt, aber nur nach mehr als achtstündiger Fahrt auf einer kurvenreichen und holprigen Straße erreichbar, liegt in Rewalsar ein schöner See, von den Tibetern Lotus-See – Tso Pema – genannt, den sie als heilig betrachten und der auch von den Hindus und Sikhs verehrt wird. Von den Buddhisten wird er verehrt, weil er gemäß der Tradition mit dem Kostbaren Meister, Padmasambhava, verbunden ist, der einst dazu beigetragen hatte, die buddhistische Lehre im Hochland zu festigen.

Will man der Legende glauben, so schätzte es zu jener Zeit der König von Mandi, der nahe gelegenen Stadt, keineswegs, daß seine Tochter den Lehren des Weisen aufmerksam Gehör schenkte. So befahl er denn auch, den Asketen zu ergreifen und ihn lebendigen Leibes zu verbrennen. Als dann der Scheiterhaufen entzündet wurde, schlugen nicht die Flammen empor, sondern ein See tauchte auf, in dessen Mitte lächelnd der Kostbare Meister saß, bequem auf einer Lotusblüte sitzend. Kaum verwunderlich also, daß der Ort zu einem Wallfahrtsziel geworden ist. In der Umgebung haben sich kleine buddhistische Klöster eingenistet. Im Hof einer dieser Kultstätten trägt ein mit zarten Blüten geschmückter Baum stolz eine Gedenktafel mit folgender Inschrift: «Am 5. Januar 1957 vom Dalai Lama auf die Bitte von Radscha Bajrang-Bhadur Singh Bhadri, Vizegouverneur von Himachal Pradesh, gepflanzt, als Erinnerung an seinen Besuch in Rewalsar.» Es war anläßlich der Feierlichkeiten zur zweitausendfünfhundertsten Wiederkehr der Geburt des Buddha gewesen. Wußte der junge Herrscher vom Schneeland damals bereits, daß er einige Jahre später in die Gegend zurückkehren würde, um sich in ein lange dauerndes Exil zu begeben?

Wie dem auch sei, 1960 war der verloren in einem praktisch unberührten Wald stehende und pompös auf den Namen «Swarg Ashram», das heißt «Himmlische Zuflucht», getaufte ehemalige Bungalow des Distriktkommissars eher schlecht als recht behelfsmäßig hergerichtet worden, um den Dalai Lama und seine engsten Vertrauten aufnehmen zu können. Hier hat alles von neuem begonnen, von den Zufällen diktiert, getragen von der nie nachlassenden Anstrengung und der wilden Entschlossenheit, sich vom widrigen Geschick nicht besiegen zu lassen. Für den im Exil lebenden Herrscher gab es keinen anderen Ausweg, als zu überleben, von neuem zu leben und den gnadenlosen Kampf um den Fortbestand des Landes Bod zu gewinnen.

Wer das damals miterlebt hat, der erinnert sich noch heute an das Gefühl grenzenloser Trauer und Ohnmacht, in das sich jene kalte, die Kehle zuschnürende Wut mischt, die dann aufsteigt, wenn keine andere Lösung bleibt, als zähneknirschend die Faust zu ballen. Damals wie heute war Dharamsala weit weg vom Schneeland, aber auch weit weg von Neu-Delhi, von den Entscheidungs- und Kommunikationszentren und den relativen Annehmlichkeiten der modernen Welt – sogar in einem Indien, das nach jahrhundertelanger Fremdherrschaft die Souveränität zurückerlangt hatte. Aber diese ungewissen und oft kaum erträglichen Umstände haben auch bewirkt, daß die exilierte Familie neu zusammenfand, daß die durch Protokoll und Etikette gelockerten Bindungen sich festigten und die Grundlagen einer engen, für die Zukunft unerläßlichen Zusammenarbeit gelegt wurden.

In diesen schwierigen Jahren spielte sich auch ein für die Zukunft Tibets und seiner Bewohner lebenswichtiger, harter Kampf ab – und der Dalai Lama war lediglich ein politischer Flüchtling, jung und in Staatsgeschäften kaum erfahren, während jene, die ihm gefolgt waren, selbst im Entwicklungsland Indien billige Arbeitskräfte darstellten. Sie wurden eingesetzt, wenn es galt, im Hochgebirge Wege anzulegen, Straßen in die entlegenen Täler zu bauen, Zugangswege zu verlorenen und halbvergessenen Weilern zu errichten – kurz, all das zu tun, was die anderen zu tun sich weigerten. Sie starben zu Tausenden, von unbekannten Krankheiten dahingerafft; die Tuberkulose wütete und wütet noch heute unter den aus dem Hochland Geflohenen, die allein vom Willen beseelt sind, ihre Freiheit und ihr geistliches Oberhaupt wiederzufinden.

Als Unterkunft stellte man ihnen in aller Eile hergerichtete Lager zur Verfügung – wie immer auf Zeit gedacht und schließlich endlos weiterbestehend. Stacheldraht umgab die Residenz des exilierten geistlichen Oberhaupts, und man mußte sich gebührend ausweisen, eine ordnungsgemäß erteilte offizielle Ermächtigung vorweisen können, wollte man die vielen Hindernisse überwinden und sich ihm nähern. Aber wer kümmerte sich damals wirklich um den an Kulturschätzen so reichen und jeglicher realen, konkreten und verbindlichen Unterstützung so armen jungen Mönch?

Die Bescheidenheit der Lebensbedingungen in der «Himmlischen Zuflucht» grenzte in der Tat an Entbehrung; die äußerste Nüchternheit der Räumlichkeiten hing sowohl mit dem mangelnden Einkommen der Neuankömmlinge wie mit dem ausdrücklichen Willen Jawarhalal Nehrus zusammen, keine Geste zu tolerieren, die als Vorwand für einen chinesisch-indischen Zwischenfall hätte dienen können. Es war die Zeit, da Nehru noch an den guten Willen Volkschinas glaubte – oder zumindest so tat –, und da er den Dalai Lama davon zu überzeugen versuchte, es sei möglich, auf dem Verhandlungsweg zu einer einvernehmlichen Lösung mit Beijing zu gelangen. So galt es denn, sich um jeden Preis ruhig zu verhalten.

Der Grenzkonflikt und der 1962 folgende kurze Krieg zwischen den beiden asiatischen Großmächten sollte dem indischen Premierminister die Augen öffnen, aber in seinem Stolz verletzt, gab der Politiker mit der Rose seine Ungeschicklichkeit nie offen zu. Einige seiner politischen Freunde geißelten denn auch öffentlich seine Zaghaftigkeit und warfen ihm seine Unentschlossenheit vor. Die Lage war um so peinlicher, als sie nicht nur die Beziehungen zu China vergiftete, sondern in der indischen Öffentlichkeit auf ein unerwartetes Echo stieß: War der Dalai Lama nicht auch in seinen Augen ein Avatara, die Inkarnation eines Gottes aus dem Himalaja, jenem bevorzugten Aufenthaltsort der Gottheiten der indischen Mythologie? Selbst Nehru konnte es sich nicht erlauben, das zu ignorieren und dieses Argument mit einer einfachen Handbewegung unter den Tisch zu wischen.

Alles in allem war Indien gleichwohl praktisch das einzige Land, das gegenüber diesen Flüchtlingen ohne Herd und Heimat wirkliche Großzügigkeit an den Tag legte, und in Anbetracht der eigenen Schwierigkeiten konnte es auch gar nicht mehr tun; das anerkennen die Tibeter, allen voran der Dalai Lama, sehr wohl, und sie sind Indien dafür auch dankbar. Nur war Eile geboten, galt es doch sich aufzufangen, sich aufzurichten und in einer unbekannten, zuweilen feindlich gesinnten Umgebung von neuem bei null anzufangen – getragen vom Willen, Erfolg zu haben, davonzukommen und im diamantenen Glanz der eigenen Andersheit zu verharren und fortzubestehen.

Heute gilt Dharamsala als das «Klein-Lhasa» Indiens. Gewiß, nichts der Götterstätte wirklich Vergleichbares. Aber, ein Lächeln auf den Lippen, wiederholen die Tibeter unfehlbar allen, die es hören wollen, der Potala sei dort, wo der Dalai Lama residiere ... In dieser neu gebauten, aber nicht nachgebauten Szenerie liegen die Gebäulichkeiten, in denen das geistliche Oberhaupt und seine nächsten Vertrauten wohnen, auf dem Gipfel des Berges. Dort ist die Luft klar, und wenn auch der Glanz des Potala nur noch eine Erinnerung ist, so herrscht dort doch eine gutmütige und warmherzige, für den durchreisenden Fremden einladende Stimmung.

Hoch über der indischen Ebene lassen sich in der Ferne, unten im Tal, die terrassierten Reisfelder erblicken, und wenn sich der morgendliche Dunst auflöst, dann gemahnen kräftige Farbtupfer an tropische Üppigkeit. In Dharamsala aber, auf beinahe zweitausend Metern Höhe, ist der nahe Bergkamm am frühen Morgen schneebedeckt, die Blumen entfalten sich in Pastelltönen, und das Zwitschern der Vögel verstummt in der kristallklaren Luft, wenn der dumpfe Ruf der Gonge ertönt und die Waldwege sich mit der Prozession der purpurnen Mönchsgestalten bevölkern, die die Morgenlitanei psalmodieren.

Heiter und gelassen hat das traditionelle Tibet in McLeod Ganj wieder Wurzel gefaßt. Der Stupa von Namgyalma im Herzen der Agglomeration, nach den Regeln gebaut und geweiht, stellt das Bindeglied zwischen Vergangenheit und Gegenwart dar, in Erinnerung an die während des Widerstandskampfes gegen den Eroberer Gefallenen und, zeitlich weiter zurück, im Gedächtnis an Ashoka, den großen aufgeklärten König Indiens, der so viel für die Verbreitung der buddhistischen Lehre getan hat.

Gegenüber der Residenz des Dalai Lama gelegen, nimmt sich der Tsuglag-Khang-Tempel, verglichen mit der Großartigkeit Lhasas, recht bescheiden aus. Aber wie in der Götterstätte birgt er drei Statuen – den Buddha Sakyamuni, Padmasambhava und Avalokiteshvara. Das neue Bild des Herrn des Grenzenlosen Mitleids umfaßt zwei zornige Gesichter und ein friedliches Antlitz der von wütenden Rotgardisten zerstörten Originalstatue, die von Gläubigen heimlich in einer Straße von Lhasa zusammengelesen und von der Hochebene über Nepal bis nach Dharamsala geschmuggelt wurde.

Etwas weiter unten, in Ganchen Kyishong, umrahmen die Verwaltungsgebäude der Exilregierung und die Bibliothek der Tibetischen Archive einen kleinen Platz, wo normalerweise öffentliche Versammlungen und Feierlichkeiten stattfinden. Das bemerkenswerte Bibliotheksgebäude bezeugt die stolze Eleganz der traditionellen Architektur, und die dort stattfindende Forschungs-, Übersetzungs- und Publikationsarbeit ist lebenswichtig für die Bewahrung des intellektuellen Erbes des Hochlandes. Das medizinische Institut seinerseits dient als Klinik, Atelier für das Zerstampfen und Trocknen von Pflanzen und Mineralien, als Offizin für die Herstellung der traditionellen Medikamente, als Ort der praktischen Ausbildung und als Vorlesungssaal für die Studenten zugleich. Ergänzt wird es durch ein Astrologiekabinett, denn für die tibetischen Ärzte ist der Kranke nicht von seiner irdischen Umgebung und dem Einfluß der Sterne zu trennen.

Die tibetische Gastfreundschaft ihrerseits scheint die Verpflanzung vom einen Abhang der Gebirgsfestung auf den anderen ohne größeren Schaden überstanden zu haben. Das geht bis hin zur Umgebung, die die Präsenz dieser von einem felsenfesten Glauben getragenen und trotz ihres Unglücks hart arbeitenden Gemeinschaft zu spüren scheint. Einmal mehr ist der Dalai Lama Mittelpunkt dieser im Verlauf der Jahre gefestigten und von neuem bekräftigten Existenz.

An wichtigen Festtagen steigen Dutzende, Hunderte, ja Tausende von Pilgern und Besuchern die teilweise steilen Abhänge empor und beleben mit ihrem bunten Treiben den friedlichen Ort. Der Lingkor, der lange heilige Pilgerweg, der einst Lhasa umgeben hatte, ist hier neu angelegt worden und wird von den Gläubigen wieder und wieder in inniger Andacht begangen, in der Hand die Gebetsmühle oder sogar, wie früher in Lhasa üblich, indem sie sich immer und immer wieder auf den Boden werfen. Mönche und Laien bieten das Bild eines ruhigen Lebens nach den schweren Opfern der ersten Jahre, als Krankheit und Tod die Flüchtlinge in großer Zahl dahinrafften. Ein von der in sich ruhenden Gewißheit Tenzin Gyatsos erleuchtetes Leben. Hier vielleicht mehr als anderswo ist seine Präsenz unbestritten und tröstlich, allen förderlich und völlig souverän in ihrer Zurückhaltung und Einfachheit.

Ein gewöhnlicher Tag in Dharamsala beginnt mit dem Gebet – aber es gibt auch aus dem Alltag herausragende Tage mit großen Feierlichkeiten oder Festen, mit Aufbrüchen, mit Besuchen aus nah und fern, mit persönlichen Begegnungen oder auch mit ausgedehnter religiöser Zurückgezogenheit. Von protokollarischen Vorschriften entlastet, aber unveränderlich, wird der Ritus peinlich genau befolgt, denn im Augenblick, wo der neue Tag beginnt, gilt es ihn zu empfangen oder sich ihm zu stellen. Wie jeder buddhistische Mönch widmet der Dalai Lama den größten Teil dieser frühmorgendlichen Zeit dem den Gottheiten dargebrachten Gebet oder der Meditation – eine analytische oder auf einen einzigen Punkt konzentrierte Meditation, wenn es nicht ein Nachdenken über die Leerheit ist, was in einem gewissen Sinne bedeutet, in sich selbst eine Leere zu schaffen und auf das zu hören, was aus ihr hervorgeht. Andere Themen – etwa der Tod – sind aber ebenso wichtig.

Aus diesen ersten Augenblicken des Tages, so sagt Tenzin Gyatso selbst, schöpft er seine Kraft, hier festigt er seine Gedanken und bahnen sich Lösungen für die ihn bedrängenden Probleme an. Es sind auch, daran ist nicht zu zweifeln, die seltenen und kostbaren Momente wirklicher Ruhe, unerläßlich für die Überprüfung des eigenen Handelns und für das Studium der im Entstehen befindlichen Projekte. Mit dieser Übung vertraut, ist dem Dalai Lama daran gelegen, nichts davon zu verderben und immer, jeden Tag, den größtmöglichen Nutzen daraus zu ziehen.

Dann folgt ein sehr wichtiger Zeitpunkt im Ablauf des Morgens – das Frühstück, das normalerweise eine oder eineinhalb Stunden nach dem Aufstehen eingenommen wird. Seine Essgewohnheiten sind frugal – er selbst meint, in Anspielung auf eine früher in Tibet sehr verbreitete Sitte, das Ideal sei selbstverständlich, sich von den Opfergaben der Gläubigen zu ernähren. Dieser Brauch wird übrigens von Südostasien bis Korea von den Mönchen noch immer befolgt; dort verlassen sie am frühen Morgen allein oder in langen Reihen die Klöster, eine Schale in der Hand, um ihre Nahrung zu erbetteln. So wie dies der Buddha stets getan und empfohlen hatte. Aber lachend meint der Dalai Lama, angesichts seiner Lage sei dies nur schwierig zu befolgen ...

Das will heißen, daß sich der Herrscher mit wenig begnügt:

Schwarztee, nach tibetischer Art mit Spänen von kompakten Teeziegeln aufgebrüht, mit Gebäck, Toast oder *Tsampa* – das Grundnahrungsmittel der Tibeter aus Gerstenmehl, das manchmal mit einer Flüssigkeit vermischt wird. Es sind, sei es Morgen, Mittag oder Abend, immer leichte Mahlzeiten. Gemäß der Tradition, vom Dalai Lama im Rahmen seiner Möglichkeiten peinlich genau respektiert, sollen die Mönche nach der Mittagsstunde außer Tee oder Brühe nichts mehr zu sich nehmen. Wie alle Tibeter war der Dalai Lama kein Vegetarier – wie könnte man es auch sein, wenn auf dem himalajischen Hochland Gemüse und Früchte nur während einer ganz kurzen Zeit spärlich sprießen? Zu Beginn der sechziger Jahre ist er es aus persönlicher Überzeugung dann geworden, sah sich aber in seinen Eßgewohnheiten eingeschränkt, da er weder Milch noch Milchprodukte vertrug; Nahrungsmittel, die von den Indern bei Fleischverzicht zur besseren Ausgewogenheit der Mahlzeiten reichlich genossen werden. Es brauchte eine heftige Hepatitiserkrankung, die Intervention des Leibarztes, die drängenden Bitten seiner beiden geistlichen Betreuer und die wiederholten Ratschläge seiner Freunde, um den Dalai Lama dazu zu bringen, seine Mahlzeiten stärker zu variieren, war er doch fest davon überzeugt, dank des Verzichts auf Fleischprodukte besser im Einklang mit sich selbst zu sein.

Das Frühstück ist auch der bevorzugte Augenblick, um mit der Außenwelt in Verbindung zu treten: es ist demnach die Stunde der Nachrichten, die Tag für Tag gehört werden, erst Radio BBC, dann ergänzt durch Meldungen von All India Radio und der Stimme Amerikas. Für das weltliche Oberhaupt der Tibeter ist der Rundfunk eine praktische und geschätzte Erfindung, dank welcher er sich über die weltpolitische Lage auf dem laufenden halten kann. Kann der Dalai Lama zufällig einmal keine Nachrichten hören, dann vermißt er das. Warum die BBC? «Wegen der Kompaktheit und Qualität der Information. Eine ziemlich gehaltvolle tägliche Übersicht, die Denkanstöße liefert und über die großen Ereignisse auf dem laufenden hält. Das ist äußerst wichtig, wenn es darum geht, politische Angelegenheiten zu prüfen oder Pro und Kontra einer Entscheidung abzuwägen. Und dann habe ich nämlich trotz meines guten Willens keine Zeit, die Zeitungen sorgfältig zu lesen – es gibt so viele! Deshalb begnüge ich mich mit den Schlagzeilen und einigen Kommentaren in der internationalen Presse; weiter weisen mich meine Mitarbeiter auf Analysen in Zeitschriften hin, für die ich mir dann manchmal Zeit nehme. Aber wie Sie wissen, habe ich noch anderes zu tun, und ich bemühe mich, mich über das Wesentliche auf dem laufenden zu halten.»

Eines ist inzwischen gewiß: für einen Mann, der in relativer Isoliertheit lebt, den die Nichtigkeit der endlosen, in der Praxis oft zu nichts führenden Palaver zugegebenermaßen manchmal ärgert, könnte er es in Sachen politisches Wissen mit manchem aufnehmen. Er beherrscht die Kunst, auf einen Blick die im Spiel befindlichen Kräfte einzuschätzen, deren unmittelbare Beziehung präzis zu erfassen, deren mögliche Entwicklungen abzuschätzen und unter der blumigen Verpackung der Rhetorik die wahre Bedeutung der Wörter zu entschlüsseln. Auf die Frage einer Journalistin, auf welche Art seiner Meinung nach Wahlen am besten zu gewinnen seien, antwortete er trocken: «Einen guten Slogan ausdenken, viele Versprechungen abgeben; einmal an die Macht gekommen, finden sich dann zur eigenen Rechtfertigung immer Entschuldigungen ...»

Dank dieser Scharfsichtigkeit kann er auch gelassen behaupten: «Ab und zu wird Politik von oben herab beurteilt und als schmutziges Geschäft bezeichnet. Bei genauerem Hinsehen ist aber nicht die Politik an sich schlecht. Sie ist ein Instrument im Dienste der menschlichen Gesellschaft. Sind Aufrichtigkeit und Ehrlichkeit ihr Motor, so wird sie zu einem Werkzeug im Dienste der Menschheit. Sind jedoch Egoismus und Haß, Neid und Eifersucht ihr Motor, dann wird sie schmutzig. Das gilt im übrigen auch für die Religion ... Alles hängt von unserer persönlichen Motivation ab. Geld oder Macht genügen nicht zur Lösung aller Probleme. Als erstes müssen jene Probleme gelöst werden, die im Menschen selbst liegen, die übrigen, vom Menschen geschaffenen, werden in der Folge von selbst eine Lösung finden.»

Der Vormittag ist im wesentlichen den tibetischen Angelegenheiten vorbehalten. Der Dalai Lama sucht stets soviel Zeit wie möglich für seine eigenen Studien, seine persönliche Vervollkommnung, für die religiöse Unterweisung bei anderen Meistern freizuhalten. Aber er weiß um die Bedeutung seiner Stellung als politischer Führer und verfolgt aufmerksam den weltlichen Alltag seiner Landsleute.

Die Sozialstrukturen in der tibetischen Gemeinschaft sind so gestaltet, daß der Dalai Lama trotz aller Schwierigkeiten und trotz der durch das Exil und die erzwungene Anpassung an die moderne Welt hervorgerufenen Umwälzungen Hauptbezugspunkt und letzte Instanz bleibt. Er bleibt, im präzisen und noblen Sinn des Wortes, der Beschützer schlechthin und auch der Allwissende. Das erklärt zumindest teilweise die erstaunliche Interdependenz, das tiefe, auf keine Worte und Modeerscheinungen mehr angewiesene Einvernehmen zwischen den Tibetern und ihrem Herrscher.

Für einen Menschen, der mit Paradoxen lebt – wird den echten geistlichen Meistern nicht nachgesagt, sie würden die von den übrigen Sterblichen nur mühsam überwundenen Antagonismen einfach transzendieren? –, ist es ganz selbstverständlich, daß er selbst Reformen zur Modernisierung der tibetischen Gesellschaft eingebracht und auch durchgesetzt hat. Nicht nur hatte er bereits damals, als er noch im Potala residierte, die zwingende Notwendigkeit solcher Maßnahmen eingesehen und praktische Vorschläge gemacht, die der chinesischen Besatzungsmacht den Wind aus den Segeln nahmen, sondern eines seiner ersten Unterfangen im Exil war die Ausarbeitung einer bereits 1963 angenommenen, neuen tibetischen Verfassung gewesen. Komisch und zugleich sehr aufschlußreich war gewesen, daß er selbst seine Mitarbeiter hatte davon überzeugen müssen, es sei notwendig, die Vorrechte des Dalai Lama zu beschneiden und den demokratisch gewählten Vertretern der Tibeter mehr Wahl- und Entscheidungsfreiheit einzuräumen. So ist es denn seinem Einfluß zu verdanken, daß das Stimmrechtsalter auf achtzehn und die Wählbarkeit auf fünfundzwanzig Jahre festgelegt wurde, während die Legislative seit dem 2. September 1960 zweimal jährlich tagt. Zusammengesetzt aus gewählten Mitgliedern, Vertretern der drei großen Provinzen Tibets, der vier großen Schulen des tibetischen Buddhismus sowie der autochthonen Bon-Religion*, überwacht und führt sie die Departemente, die eine Art Exilregierung bilden. Ein Vertreter des Dalai Lama nimmt an den Verhandlungen teil.

Aus den gleichen Erwägungen amtet zwischen den Sessionen ein Nationaler Ausschuß als Verbindungsorgan zwischen Abgeordneten, Mitgliedern des Kashag – das heißt des Kabinetts –, Ministern, *Kalons* genannt, und den Departementssekretären. Der Dalai Lama, der letzte Instanz bleibt, ernennt die Kalons. Dieser Ausschuß ist auch mit dem Verwaltungsbudget betraut; die Verwaltung ist in mehrere Bereiche gegliedert: Rat der Religiösen und Kulturellen Angelegenheiten; Erziehungsrat; Informationsbüro; Sicherheitsbüro und Büro für Wirtschaftsfragen; Gesundheits-, Finanzkontroll- und Personaldepartement. Ein Sonderberater ist für die Ansiedelung und Eingliederung der Flüchtlinge in Indien und in den umliegenden Ländern zuständig. Außerdem dienen einige Büros im Ausland – Nepal, USA, Schweiz, Großbritannien und Japan – als Vertretung des Dalai Lama und wichtigstes Band zwischen den in der Ferne errichteten Gemeinschaften und dem lebenswichtigen Zentrum in Dharamsala.

Um den Fortbestand dieser bescheidenen, für die Gemeinschaft unerläßlichen Verwaltung zu sichern, bezahlt jeder in Indien lebende Tibeter eine monatliche Steuer von einer Rupie. Dank der – höchst willkommenen – freiwilligen Beiträge erweitert sich der Handlungsspielraum der Beamten. Ein Verbindungsoffizier des indischen Außenministeriums residiert permanent in Dharamsala – in unmittelbarer Nähe von Thekchen Choeling, wo der berühmteste tibetische Flüchtling lebt – und sorgt unmittelbar für eine effiziente Kommunikation zwischen Neu-Delhi und dem hochgelegenen Ort in Himachal Pradesh.

---

* Die Bon-Religion, die dem Schamanismus nahesteht und älter als der Buddhismus ist, hat allmählich viele Merkmale der buddhistischen Lehre integriert und bis zur chinesischen Invasion im tibetischen Hochland problemlos eine Parallelexistenz geführt.

Diese Reformen, die unter dem Druck der Umstände und gemäß seinem eigenen Willen durchgesetzt wurden, sind in den Augen des Dalai Lama von äußerster Wichtigkeit. So bemerkt er denn auch selbst: «Wir können nicht mehr zum alten Tibet zurückkehren, und selbst wenn wir es könnten, wollen wir nicht, gab es doch in unserer Gesellschaft einiges, das nicht zu verantworten war. Es mußte sich etwas verändern. Am Tag, an dem Tibet wieder frei sein wird, wird es dank dieser erneuerten Strukturen einfacher sein, auf neuen Grundlagen von neuem zu beginnen.» Konsequenterweise hat der Dalai Lama zudem die Bildung von Parteien, auch Oppositionsparteien, sehr unterstützt, soll doch jeder Tibeter in aller Freiheit seine Meinung äußern können. Ansatzweise kam es sogar zur Bildung einer kommunistischen Partei, aber das Ergebnis war wenig überzeugend: zu viele und zu unterschiedliche Tendenzen und zu wenige Aktivisten. Will man einem engen Vertrauten des weltlichen Oberhaupts Glauben schenken, dann «hörten die Mitglieder der kommunistischen Partei nicht auf, sich gegenseitig der Abweichung anzuklagen, sich gegenseitig zu exkommunizieren und einer den anderen zu säubern» . . .

Diese schwierige und langfristige Arbeit hat dazu beigetragen, daß sich im Exil eine ihrer Traditionen bewußte, auf ihr Erbe und ihre Andersheit stolze Gemeinschaft herausgebildet hat, entschieden, sich selbst zu bleiben und ihr Land besser bekannt zu machen. Treibende Kraft dieser Gemeinschaft ist, einmal mehr, der Dalai Lama. Sein ständiges Bemühen um die Ausbildung der jungen Generationen – es war bereits damals in Lhasa vorhanden, als er sich zur Erlernung der englischen Sprache entschloß – hat dazu geführt, daß er Krippen, Kinderheimen, religiösen und weltlichen Schulen und Forschungsinstituten, aber auch dem Wiederaufbau der großen Klosteruniversitäten eindeutig Priorität einräumt. Seine kritische Aufmerksamkeit galt – und gilt noch immer – nicht nur der Errichtung der Gebäude und der Vorbereitung der Schüler auf das Alltagsleben, sondern vor allem der Qualität der Ausbildung und der peinlich genauen Vermittlung der Tradition. Auch das ist Teil der täglichen Beschäftigungen des Leiters der *res publica.*

Für einen Mönch, «einen einfachen buddhistischen Mönch», wie sich der Dalai Lama selbst gerne bezeichnet, behalten diese materiellen Dinge ihre Bedeutung. Und das ist kein Widerspruch. Denn, so sagt er, «der Welt entsagen bedeutet, auf seine Anhänglichkeit an die Welt zu verzichten. Es will nicht heißen, sich aus ihr zurückzuziehen. Endzweck des Buddhismus ist es, den anderen zu dienen. Um den anderen dienen zu können, muß man in der Gesellschaft bleiben, sich nicht von ihr abschotten.» Wahrscheinlich verleiht ihm diese eigenständige Lebensauffassung jenen Blick voll heiterer Gelassenheit, mit dem er seine Mitmenschen und die Welt betrachtet. Zuweilen räumt er ein: «Letztlich lebt jeder Mensch mitten im Leid. Folglich ist es gänzlich überflüssig, den anderen zu beleidigen oder zu quälen.»

Macht dies – zumindest teilweise – jenen geheimen Zauber aus, ist es Auslöser der Neugier, Anziehungskraft, Ergebenheit, Hochachtung, ja Faszination von seiten des Gesprächspartners? Schwierig, ja vielleicht unmöglich, jemanden zu finden, der ihm begegnet wäre, ohne von seinem lächelnden Wohlwollen, seiner aufrichtigen Herzlichkeit und seiner zurückhaltenden Schlichtheit beeindruckt zu sein. In Dharamsala wie anderswo auch galt es den Strom der Besucher, die ihm begegnen wollten, zu kanalisieren. Nicht daß er den Kontakt vermeiden wollte, ganz im Gegenteil; zwar setzt das Protokoll einige Grenzen, der wahre Grund jedoch ist, daß ihm sein befrachteter Kalender andere Aufgaben aufbürdet.

Gleichwohl sind die Nachmittage in Dharamsala zumindest teilweise meist öffentlichen oder privaten Audienzen reserviert. Häufig ein bewegender Anblick, ist die Teilnahme immer ein Privileg. Zweifellos wird niemand darüber erstaunt sein, daß es überrascht, sich einer Persönlichkeit von dieser Statur gegenüberzusehen, die zugleich eine Idee, eine Spiritualität, einen Glauben, ein Land und ein Volk, die Leiden des Exils und die Flamme der Hoffnung inkarniert. Viel für einen einzigen Menschen, und sei er ein einfacher Mönch oder König eines zauberhaften Landes.

Der spitzbübisch aufblitzende Blick sieht alles, die Aufmerksamkeit ist so konzentriert, daß sie greifbar wird, und die Stimme von gefährlicher Sanftheit moduliert sich schmelzend in einer Klangfülle, die zuweilen – etwa während Initiationsfeiern – in schwindelerregende Abgründe führt. Im Gespräch kommt es vor, daß eine Handbewegung die nuancierte Aussage unterstreicht. Aus der Harmonie von Geste und Wort taucht unter der gutmütigen und beruhigenden Oberfläche plötzlich flüchtig der Eindruck von fest verankerter Kraft und ehernem Willen auf. Dieser Mann hat, man erahnt es, etwas von einer Raubkatze auf dem Sprung, einem von Freiheit und Einsamkeit durchdrungenen Schneeleoparden, den kein Käfig zurückzuhalten vermöchte.

«Das Gespräch mit den Besuchern ist äußerst lehrreich. Ich habe, wie Sie wissen, viele Menschen gesehen – Durchreisende und Pilger, Neugierige und Wissenschaftler, Freiheitskämpfer und Untergrundkämpfer, Gläubige und falsche Buddhisten, Wahrsager und authentisch nach dem Absoluten Suchende, arme Teufel, die leiden oder jede Hoffnung verloren haben. Man muß für die Menschen da sein, und wenn ich ihnen helfen kann oder wenn sie glauben, ich könne ihnen helfen, dann tue ich es gerne.»

Diese öffentlichen Audienzen gleichen denn auch irgendwie dem den Indern vertrauten *darshan:* eine Art individueller Segen, praktisch allen, die ihn wünschen, offen. Preis des Ansehens und der Anerkennung der vollkommenen Spiritualität zugleich. Einem Meister der Weisheit begegnen oder seinen Segen erhalten, das heißt, vielleicht nur für einen flüchtigen Augenblick direkt an seiner Welt teilzuhaben, in der sich Zwänge auflösen und in einen Fluß reinigender Energie verwandeln, das heißt, sich jenen äußerst wohltätigen Einflüssen auszusetzen, die seine unvergleichliche Präsenz verströmt. Den großen indischen Weisen – bekannten und unbekannten – ist diese Art von Zeremonie vertraut, in der sich naivste Verehrung mit dem mächtigen, instinktiven Drang nach einer Fülle vermischt, die sich durchsetzt, als sei sie ganz selbstverständlich.

Als in den Monaten nach der Niederlassung in Dharamsala der Darshan beim jungen Exiltibeter allmählich zur Gewohnheit wurde, zeigten sich indische Behörden und tibetische Beamte gleichermaßen beunruhigt: für erstere war es eine Art verdeckter Publizität, die die Führung in Neu-Delhi um jeden Preis vermeiden wollte, um Beijing nicht zu verärgern; für letztere war es der teilweise Verzicht auf das Geheimnis, das seit jeher den Herrscher des Schneelandes umgeben hatte und das wesensmäßig zu seinen göttlichen Attributen gehörte.

Die Menschen glauben, daß sich die Gottheit nicht nach Belieben mit irgend jemandem irgendwie und irgendwo einlassen kann. Die Götter, die sich vielleicht als Geschöpfe der Menschen verstehen, kümmert das nicht, und sie scheinen, vor allem in Indien, eine besondere Vorliebe für die Welt der Menschen zu haben.

Mit dem Buddha wiederum, um einen in der ganzen buddhistischen Welt berühmten Vergleich zu wiederholen, verhält es sich wie mit den Spiegelungen des Mondes: unter günstigen Bedingungen spiegeln Seen, Meere und Flüsse das Bild des Gestirns, das gleichwohl am Himmel bleibt. Und wie sich der Mond zugleich an vielen Orten widerspiegeln kann, so kann sich ein – *per definitionem* vollkommener – Buddha an vielen Orten zugleich aufhalten . . .

Es mag schwierig sein, all diese Anforderungen unter einen Hut zu bringen, dem Dalai Lama gelingt es jedoch dank des für ihn so typischen Fingerspitzengefühls. Er, der mit großem Bedauern daran erinnert, daß er in seinem großen rot-weißen Palast durch die unerbittliche Strenge der Etikette vom Alltag ausgeschlossen war, nutzt die Gelegenheit, um das Protokoll zu vereinfachen und einige um seine Person errichtete Schranken zu umgehen, Resultat einer von ihm inzwischen als überholt oder veraltet erachteten Interessenlage. Es ist dieser enge, bevorzugte Kontakt mit den aus dem Hochland Exilierten, der ihn ermächtigt, in ihrem Namen zu sprechen, sich unermüdlich gegen jene Schleier des Vergessens oder des Verkennens zu wehren, die das Dach der Welt ständig zu umhüllen drohen.

«Es war sehr nützlich für mich, ein Flüchtling zu sein», stellt er fest. «Man ist der Wirklichkeit viel näher. Als ich noch in Tibet war, versuchte ich sehr wohl realistisch zu sein, aber ich glaube, daß ich, aufgrund meiner Lage, irgendwie der Realität fern war. Ich wurde ein Flüchtling. Das war sehr positiv. Es bot sich die Möglichkeit, Erfahrungen zu sammeln, Entschlußkraft, innere Stärke zu entwickeln.

Ein Flüchtling befindet sich wahrlich in einer hoffnungslosen und gefährlichen Lage. In einem solchen Moment kommt man auf die Welt. Man kann nicht mehr mit der Vorstellung leben, alles sei schön, das ist bereits ein Plus. Man fühlt sich als Bestandteil des Realen. In Friedenszeiten ist alles selbstverständlich, und selbst wenn es Probleme gibt, dann tut man so, als stehe alles zum besten. In ruhigen oder zumindest ruhigeren Zeiten ist es möglich, so zu reagieren. In Zeiten der Gefahr, wenn dramatische Umwälzungen im Gange sind, dann kann man sich nicht mehr in Illusionen wiegen. Man muß akzeptieren, daß das, was schlecht ist, wirklich schlecht ist.»

Und er fährt beschwörend fort: «Wer von einem Giftpfeil getroffen wird, muß ihn sofort herausziehen; es ist nicht der Moment, sich zu fragen, woher er kommt, wer ihn geschossen hat, um welches Gift es sich handelt. Zuerst muß man das unmittelbare Problem lösen, später kann man es dann in all seinen Aspekten untersuchen.»

Diese Daseinsform, gegründet in der Gewißheit, daß wir alle im gleichen Boot sitzen und alle sterblich sind, macht der Dalai Lama zum Eckstein seiner Öffnung dem Mitmenschen gegenüber und seiner unerschütterlichen Toleranz, die sich in einer nie nachlassenden Geduld zeigt. Sie schließt weder Freimütigkeit noch Einfühlsamkeit aus. Diese Art und Weise, an die Welt heranzugehen, wird in seinen Händen zu einer wirksamen Waffe gegen Gleichgültigkeit und Fatalität.

«Selbst wenn wir gewiße Probleme nicht lösen können, so müssen wir das keineswegs beklagen. Wir Menschenkinder müssen uns mit Tod, Alter und Krankheit, aber auch mit Naturkatastrophen und Wirbelstürmen, über die wir keine Kontrolle haben, auseinandersetzen. Wir müssen uns ihnen stellen, wir können sie nicht vermeiden. Dieses Leiden genügt uns bereits – weshalb schaffen wir uns noch andere, mit einer Ideologie, mit einer anderen Denkweise verbundene Probleme? Das ist völlig unnötig. Und traurig. Darunter leiden Tausende und Abertausende von Menschen. Eine solche Situation ist wahrhaft töricht, zudem können wir sie vermeiden, indem wir uns anders verhalten und jene fundamentale Humanität beherzigen, der die Ideologien angeblich dienen sollen.»

Selbstverständlich gilt seine besondere Aufmerksamkeit den Tibetern, die von überall her kommen, um ihn in persönlichen Dingen, aber auch in Angelegenheiten der Gemeinschaft um Rat zu fragen. Man muß diese Gestalten aus einer anderen Zeit gesehen haben, die Pässe, Unbilden der Witterung, Ungewissheiten und Unannehmlichkeiten einer langen Reise auf sich nehmen, um den Himalaja zu überqueren und die Wachsamkeit der chinesischen Grenzwächter zu überlisten, mit dem einzigen Ziel, ihm zu begegnen!

Wie viele alte, von Krankheit und der Brutalität der erlittenen Umwälzungen verzehrte Menschen haben dieses Dasein in Frieden verlassen, allein durch seinen Anblick zur Ruhe gekommen. Zahlreicher sind jedoch jene, die wissen und auch sagen, daß sie ihr Überleben dem unermüdlichen Schutz dieses Mönchs verdanken, der sie allein durch seine Gegenwart dazu drängt, über sich hinauszuwachsen, das Beste von sich selbst zu geben und unablässig voranzuschreiten. Um welchen Preis auch immer.

Dieser Glaube ist so umfassend, so tief in der tibetischen Seele verankert, daß Eltern, die durch die Maschen der Wachsamkeit der Grenzpolizei geschlüpft sind und in Dharamsala oder anderswo ankommen, um an religiösen Feierlichkeiten teilzunehmen, denen das geistliche Oberhaupt vorsteht, keinen Augenblick zögern, ihm ihr Kind anzuvertrauen. Sie sind der festen Überzeugung, daß es so der Tradition gemäß aufgezogen und erzogen wird, daß es ein Glied mehr in jener Kette sein wird, die unbedingt ungebrochen bleiben muß. Was die Lebenskosten dieser Kinder betrifft, die es zu ernähren, unterzubringen, zu kleiden und zu umsorgen gilt, so vertrauen sie ihrem Herrscher blindlings: jeder weiß, daß alles getan wird, um das freie Tibet von morgen zu bewahren, zu hegen und zu pflegen – und gelte es an alle Menschen guten Willens zu appellieren, die

Trommel zu rühren, um die Herzen zu öffnen und ins Horn zu blasen, um echte Solidarität zu wecken . . .

Diese oftmals sicherlich belastenden Beschäftigungen machen jedoch nicht das ganze Tagewerk aus. Vielmehr, der Dalai Lama läßt sich davon nicht überschwemmen und spart sich einige Zeit für sich selbst auf, vor allem für die Lektüre. Er steht im Ruf, ein wißbegieriger und unermüdlicher Leser zu sein, und sein Wissen über das tibetische Schrifttum wird von all jenen, die um ihn sind, ohne Zögern als enzyklopädisch, ja phänomenal bezeichnet. Doch damit nicht genug. Seine Wißbegierde erstreckt sich auch auf so unterschiedliche Gebiete wie Astronomie, Hochenergiephysik, Neurologie, Hirnforschung, moderne westliche Psychologie.

Sein Auge blitzt vor Neugier, während er erklärt: «Gerne vergleiche ich die buddhistischen Lehren mit den wissenschaftlichen Entdeckungen der heutigen Forschung. Solche Vergleiche sind sehr instruktiv. Ebenso faszinierend wie das vertiefte Studium der Naturgesetze, die Beobachtung der durch den Wechsel der Jahreszeiten bewirkten Verhaltensweisen und Reaktionen. Es gilt so viele Dinge zu lernen, sich ständig zu vervollkommnen . . . Leider ist mein Vokabular beschränkt, und ich bin von Natur aus faul. Wenn ich dann zum Wörterbuch greifen muß, um die Bedeutung eines Wortes zu suchen, dann fehlt mir manchmal der Mut . . .»

In Dharamsala findet der Exilierte aus dem Potala nicht nur die Zeit, zuweilen den Einladungen seiner in der Umgebung lebenden Landsleute Folge zu leisten und an einem Schulfest teilzunehmen, in einem entlegenen Tal eine Initiation zu erteilen oder die Fortschritte eines Kinderdorfes zu verfolgen, sondern er beschäftigt sich auch gerne mit Bastel- und Gartenarbeit. Er hat sich in seiner Residenz sogar eine kleine Werkstatt für Elektronik einrichten lassen. Seine Leidenschaft für die Mechanik geht auf seine jüngste Kindheit zurück, und er gibt zu, daß es ihn auch heute noch außerordentlich befriedigt, wenn er etwas mit eigenen Händen reparieren kann.

«Ich habe sehr früh damit begonnen, Gegenstände zu zerlegen, denn ich wollte wissen, wie gewisse Maschinen funktionieren. Ich wollte wissen, wie der Motor hergestellt worden war; heute jedoch beschränke ich mich darauf, zu reparieren, was kaputtgeht. Gartenarbeit in Dharamsala ist eine allerdings beinahe hoffnungslose Angelegenheit. Wie groß der Einsatz auch immer gewesen sein mag, der Monsun kommt und macht alles zunichte.» Das hindert ihn nicht daran, an diesem kurzlebigen Zeitvertreib festzuhalten und jedesmal mit dem gleichen Eifer von neuem zu beginnen. Wahrscheinlich auch ein Moment der Entspannung, der Reflexion: Sagt der Dalai Lama nicht, ein einfaches Leben führe zur Befriedigung und Einfachheit sei beim Streben nach Glück äußerst wichtig?

Würde er auf sich selbst hören, würde der Dalai Lama ein beschauliches, der Meditation gewidmetes Leben führen. Seine Vorliebe geht ganz eindeutig in Richtung Philosophie und Reflexion: «Diese Tätigkeiten haben mich verwandelt, aus mir einen neuen Menschen gemacht. Noch mache ich Fortschritte, zumindest versuche ich es. Das gibt Festigkeit und inneren Mut, mit deren Hilfe gewisse Situationen leichter anzupacken sind.»

Sobald ihm seine Aktivitäten etwas Zeit lassen, kehrt er zu seinen Studien zurück und verharrt, wenn immer möglich, nach den nachmittäglichen Audienzen oder Begegnungen lange Zeit im Gebet oder in Meditation: der Buddhismus ist für ihn ein experimenteller und intellektueller Weg, kein Dogma. Das bedeutet, daß es immer etwas zu erforschen, etwas zu entdecken oder unter einem anderen Blickwinkel zu erfassen gilt. Diese tägliche Übung ist auch Disziplin, aber sie verhilft ihm zu einer in dieser Vollkommenheit in der abendländischen Gesellschaft kaum je erreichten Ausgeglichenheit und inneren Festigkeit.

Geistlicher Führer, das ist der Dalai Lama unablässig in jeder seiner verschiedenen Rollen, die er im Laufe eines Tages oder eines Lebens zu übernehmen hat. Seine Unterweisung, möge sie nun im Rahmen einer Initiationsfeier oder eines ganz bestimmten Anlasses stattfinden, wird sowohl von den Tibetern wie auch von einer wachsenden Zahl von buddhistischen und nicht buddhistischen Abendländern mit äußerster Aufmerksamkeit verfolgt. Unbestritten zeigt er sich darin in der ganzen Fülle eines vollkommenen Meisters, und seine Kommentare von äußerster Klarheit zu den schwierigsten Texten können es mit den brillantesten Theorien der Philosophen anderer Kulturen durchaus aufnehmen. Diese Klarheit zeichnet ihn nicht nur bei der Erläuterung traditioneller Texte aus, sondern ist auch in viel prosaischeren Aussagen stets vorhanden, so etwa wenn der Dalai Lama in Dharamsala oder anderswo mit der Presse oder einem Pressevertreter zu tun hat.

Mit den Kommunikationsmitteln der modernen Gesellschaft vertraut, gibt der Herrscher im Exil bereitwillig Interviews und spielt freundlich auch im ausgefallensten Frage- und Antwortspiel mit. Er denkt sich jedoch seinen Teil dazu. Aber die Wahrheit über das Schneeland zu verbreiten, bekannt zu machen, was im Kampf um Einflußnahme auf dem Dach der Welt auf dem Spiel steht, die von seinem Volk gelebte Prüfung in einen zunehmend weiten und interdependenten Kontext einzuordnen – dies betrachtet er als Pflichten, denen er sich keinesfalls entziehen kann. Er fällt nicht auf jene Moden herein, die plötzlich eines Tages die Medien dazu bringen, sich kurz für Ereignisse zu interessieren, deren Entstehungszusammenhänge für die Öffentlichkeit jedoch größtenteils im dunkeln bleiben, aber er versteht es, sie zu seinen Gunsten zu nutzen; wenn von ihm gesprochen wird, wenn er über Gott und die Welt befragt wird, dann wird von Tibet gesprochen. So ist er denn auch gewissermaßen der Reisebotschafter einer Sache, die als verloren zu betrachten er sich weigert.

Und da er alles, was er tut, gut zu tun bemüht ist, ist der Dalai Lama ein tadelloser Botschafter. Um die Wahrheit zu sagen, er versteht es meisterhaft, für das Land Bod zu plädieren, ganz einfach, indem er sich selbst ist. Ein weiteres charakteristisches Merkmal ist, daß er nicht seinesgleichen hat, wenn es darum geht, einem schüchternen oder verängstigten Gesprächspartner die Befangenheit zu nehmen. Wie durch Zauber lösen sich in seiner Gegenwart die Spannungen auf, und er hat die Gabe, Hindernisse aus dem Weg zu räumen: es ist, als würde sich allein durch seine Präsenz die widersprüchliche Komplexität der sichtbaren Welt plötzlich in Harmonie auflösen und mit einer Fülle verschmelzen, in einem Spiegel, der alle Wunder und alle Schrecken dieser Welt spiegelt, ohne je trüb oder beschmutzt zu werden. Will man einem hohen Beamten der indischen Diplomatie glauben, der während zwanzig Jahren im Kontakt mit dem Herrscher im Exil und seiner nächsten Umgebung stand, so hat er ihn nie «aufgeregt gesehen, selbst nicht in Situationen, die den heitersten und diszipliniertesten Menschen zu beunruhigen vermocht hätten»[7].

Es kommt vor, daß sich der Dalai Lama zur Stunde der in Indien plötzlich heranbrechenden Abenddämmerung etwas ausruht und eine Fernsehsendung verfolgt – seine Vorliebe gilt Dokumentarfilmen über Naturgeschichte oder Kriegsepisoden – oder im nahen Wald spaziert. Dabei füttert er die Vögel und horcht, nachdem er den Menschen zugehört hat, auf die Natur. Wie bereits in der Zeit seiner Kindheit zieht sich der Dalai Lama früh zurück: um 22 Uhr – Gewohnheit des Berglers, Sitte des Mönchs. Der Tag geht so zu Ende, wie er begonnen hat, mit einem kurzen Gebet oder einer kurzen Meditation. So geschlossen, entfaltet sich der Kreis in der folgenden Morgendämmerung von neuem, im Rhythmus der unweigerlich auftauchenden unvorhergesehenen Ereignisse, geprägt von Wegmarken, die den Launen der Zeit unterworfen sind.

Während der Reisen, in Indien oder in fernen Ländern, in der Begegnung mit den Tibetern im Süden des Subkontinents, deren geglückte Ansiedelung einem eigentlichen Kraftakt gleichkommt, oder mit Menschen anderswo, läßt sich dieser Lebensrhythmus von wahrhaft mönchischer Einfachheit nicht leicht durchhalten. Der Fahrplan des Dalai Lama ist dann gedrängter, braucht doch die Vorbereitung der religiösen Zeremonien häufig Stunden. Audienzen und Gespräche werden dann zusammengelegt, um möglichst vielen Menschen die Begegnung mit dem tibetischen Oberhaupt zu ermöglichen: das ist in etwa das Los aller politischen Führer der Welt, und auch der Herrscher im Exil entgeht ihm nicht. Er selbst legt die Betonung auf den spirituellen Aspekt derartiger Reisen und schenkt der Unterweisung, der Initiation und der Verbreitung der buddhistischen Lehre seine besondere Aufmerksamkeit.

Gleichzeitig jedoch fasziniert seine Persönlichkeit, und sein

Charisma versetzt ihn in eine stärker, wenn nicht direkt politische, zumindest aber eng mit dem aktuellen Zeitgeschehen verbundene Perspektive.

Das notwendige Gleichgewicht bewahren kommt zuweilen einer Herausforderung gleich. Man muß den lokalen Verhältnissen, den manchmal ermüdenden Reisen, den einengenden Sicherheitsmaßnahmen, der Aufnahmefähigkeit einer stets neuen Zuhörerschaft Rechnung tragen, die zwar neugierig ist, aber nicht unbedingt die gleiche Wellenlänge besitzt. Die Gemütsverfassung ist nicht gleich, je nachdem ob es sich um eine private Reise in den Westen oder eine Pilgerfahrt in das jahrtausendealte Indien handelt. So wie auch der Empfang nicht auf beiden Seiten des Planeten gleich ist; überall aber geht es darum, einer Erwartung, einem nur ungenau gefaßten Gefühl einer stets von neuem beginnenden menschlichen Suche zu entsprechen.

Vor wechselnder Kulisse, Spiegel der Vielfalt der Welt, ist Tenzin Gyatso in erster Linie sich selbst: ein buddhistischer Mönch von so intensiver Präsenz, daß er die verschobenen Perspektiven zurechtrückt und den Dingen ihr wahres Gewicht, ihren wahren Wert verleiht. Ein Tag im Leben des Dalai Lama ist vor allem anderen dieses: eine harmonische Ausgewogenheit von vielfältigen religiösen und weltlichen Pflichten eines einzigartigen Menschen unter einer Vielzahl von Menschen, der sich vorbehaltlos und unermüdlich der anstrengenden Aufgabe widmet, das Leiden aller zu lindern. Sein einziges Druckmittel: ein Lächeln – ein Fanal im Herzen des Sturmes.

IV

Das Lachen eines Mönchs

Wir gehen mit Zeichen um, die dazu dienen,
uns zu belehren, aber wir sind blind.
Rabbi Menachem Mendel von Kozk

Mein liebster Zeitvertreib? Lachen . . .!» Und schon bricht der Meister des Lotus, der Kostbare Siegreiche, Seine Präsenz, in das für ihn so typische Lachen aus. Ein Lachen voller Freundschaft und Schalk, voller Einvernehmen und Ermutigung, das so viele Dinge auf einmal ausdrückt, das so viele Nuancen durchläuft, daß es Ausdruck einer Geisteshaltung und eines Charakters, Daseinsform und Geschenk zugleich ist.

Im obersten Stock des tibetischen Klosters von Bodh Gaya erhellt es plötzlich den in die Schatten der Abenddämmerung getauchten nüchternen Audienzraum. Ein langer Tag, und er ist noch keinesweg zu Ende. Begonnen hat er bereits vor der Morgendämmerung, erster Höhepunkt war jener Morgenritus, in dessen Verlauf schrittweise das Mandala aus Sand erarbeitet wird, das für die bevorstehende Initiation in das Rad der Zeit erforderlich ist. Es folgten Begegnungen, dann eine Unterweisung, wieder Diskussionen, Zeremonien, eine kurze Liturgie und weitere Begegnungen. Die Atmosphäre ist erfüllt von der Wärme der Sonne und der Warmherzigkeit der Menschen, von spannungsvoller Erwartung, von subtilen Schwingungen, deren Wellen unablässig kommen und gehen, sich entfernen und wiederkommen, so als wollten sie sich noch intensiver auf ein weites Herz einstimmen, das bis in alle Zeiten schlagen wird. Eine Myriade von Eindrücken und Gefühlen, die in diesem Auflachen verschmelzen. Sein Echo verweht im Raum, und der schelmische Blick heftet sich auf den Gesprächspartner: höflich, freundlich und entspannt wird das Gespräch wiederaufgenommen und fließt dahin. Über andere Beschäftigungen in den seltenen Stunden der Muße: Lesen, Gärtnern, Scherzen.

Das Lachen eines Mönchs: ein trefflicher Gegenstand des

Nachdenkens oder der Meditation. Vor allem in einer Welt, in der man grinst, weil man nicht mehr zu lachen versteht. Nachdenken über die Nützlichkeit des Lachens in den zwischenmenschlichen Beziehungen. Über das Lachen als Mittel der Entspannung oder der Kommunikation. Über das Lächeln als Waffe – jeder weiß, daß sie unerbittlich sein kann. Das Lachen des Meisters und das Lächeln des Weisen – ein sanftes Lachen und ein Lächeln als Quelle der Kraft. Verstehendes und besänftigendes, aber auch heiteres Lächeln, Spiegel eines ganz besonderen Sinns für Humor, wunderlich, geschliffen wie ein von den Jahren oder den Jahrhunderten geglätteter Kiesel, unstet und abenteuerlich von vielen Leben umgetrieben. Ein überschäumendes und schwindelerregendes Lächeln. Ein Lachen wie eine scharfe Klinge: es durchschneidet die Bande. Des Unwissens oder der Heuchelei. Ein Lachen, ernst und schön zugleich – Widerhall einer Fülle.

Dieses Lachen, in erster Linie Offenheit dem anderen gegenüber, erleichtert auf jeden Fall die mitmenschlichen Beziehungen. Es ist, so scheint es, eine in der Familie des Dalai Lama fest verankerte Konstante, wie seine nächsten Mitarbeiter bezeugen. Aber zweifellos ist es zugleich ein unterscheidendes Merkmal des Volks aus dem Hochland: für den Dalai Lama liegt das Wesentliche eine Kultur nicht in der Malerei und dem vielfältigen Ausdruck künstlerischen Schaffens, sondern in der Geisteshaltung. «Ist es vom Alltag der Menschen getragen», erklärt er, «dann läßt sich dessen Bedeutung erfaßen. Die Tibeter etwa sind aufgrund ihrer Kultur aufs Ganze gesehen ein gutherziges Volk. Wir selbst waren uns dessen gar nicht bewußt, aber zahlreiche ausländische Besucher in Indien haben es bemerkt und uns nach unserem ‹Geheimnis› gefragt. Allmählich bin ich zur Überzeugung gekommen, es sei unserer buddhistischen Kultur zuzuschreiben, hebt sie doch das Mitleidsideal des Bodhisattva auf immer neue Weise hervor. Analphabeten oder Gelehrte – wir alle hören und sagen immer wieder, alle empfindsamen Wesen seien uns Väter und Mütter. Selbst wer in unseren Augen als der schlimmste Räuber gilt, wird immer den Satz «Alle empfindsamen Wesen stehen mir nahe» auf den Lippen führen. Ich vermute, daß dieses Ideal die Ursache unseres Glücks ist. Als besonders nützlich erweist es sich im Alltag, wenn ernsthafte Probleme anstehen.»

Zweifellos erinnert der Kostbare Beschützer nicht zu Unrecht an diese schlichte Selbstverständlichkeit, die so selbstverständlich ist, daß sie schon gar nicht mehr wahrgenommen wird. Selbst er nimmt sie nicht mehr wahr; er setzt sie in die Praxis um, sie wird gewissermaßen zu seiner zweiten Natur. Bereits auf den ersten Blick fällt dieses Lächeln, diese Herzlichkeit dem Mitmenschen gegenüber auf, erst bei näherem Zusehen hingegen taucht, gewissermaßen als Ergänzung, eine weitere, nachhaltig wirkende Besonderheit auf. Er entwickelt eine verblüffende Aufmerksamkeit, die so weit geht, daß sie sich aufs perfekteste aufteilt: ohne ersichtliche Anstrengung und vor allem völlig übergangslos gelingt es dem Dalai Lama ganz selbstverständlich, zwei Dinge auf einmal zu tun, im gleichen Augenblick und in überraschender Gleichzeitigkeit. Ohne seine äußerste Konzentration auf die augenblickliche Hauptbeschäftigung – ein Zitat, ein Ritual oder eine wohlüberlegte Antwort – zu verlieren, nimmt er die geringste Veränderung wahr: vielleicht eine unvermutete Präsenz, die Ihre, und schon signalisiert er unverzüglich, daß er sie wahrgenommen hat. Als Zeichen des Grußes ein Lächeln, der Kontakt ist wiederhergestellt, ohne daß der normale Ablauf der in Gang befindlichen Handlung auch nur im geringsten gestört würde – ein unmittelbares Aufeinandereingehen.

Wer dann diese Leichtigkeit mit irgendeinem «Geheimnis» erklären will, der achte auf die vom Betroffenen selbst vorgebrachten Mutmaßungen. Bis zur Stunde hat mich keine andere Erklärung, so es sie gibt, zu überzeugen vermocht. Im übrigen handelt es sich auch gar nicht um Erklärungen – muß wirklich immer alles erklärt werden? –, vielleicht um Winke oder Anhaltspunkte, wie kleine Andenken, subtile Wegleitung auf dem Pfad einer jede Erinnerung übersteigenden Erinnerung. Eine Art Wette auf den Menschen, kein Kampf gegen den Dämon, sondern Kampf mit sich selbst, der Versuch, die an sich selbst gerichtete Herausforderung anzunehmen und auf der Höhe der eigenen Erwartungen zu sein.

Diese tiefe Herzensweisheit vereinfacht den Kontakt ganz außerordentlich und ist vor allem ein äußerst wirksames Gegengift gegen Spannungen. Man muß bei einigen seiner Begegnungen mit den unterschiedlichsten Gesprächspartnern zugegen gewesen sein, um ermessen zu können, aus welch unendlichem Vorrat an Geduld der Dalai Lama unermüdlich schöpft, um auf ungereimte, wenn nicht dümmliche Fragen zu antworten, aber auch um erfassen zu können, welch außergewöhnliche Fähigkeiten er besitzt, Unstimmigkeiten aufzulösen und Aggressivität zu entschärfen. Und oft kommt, unvermittelt, das Lachen zu Hilfe, so als sollten die Perspektiven zurechtgerückt werden – im exakten und konkreten Sinn des Wortes. Keinerlei Spott in dieser Haltung, nur eine von weither kommende Erinnerung, eine Art wortloses Zu-bedenken-Geben, daß Wohlwollen allein den Zugang zum anderen eröffnet.

Und die Methode scheint sich zu bewähren. Zumindest wenn sie der Dalai Lama auf die Tibeter anwendet, gibt sie greifbare Resultate. Unter dem Schutz dieses Lächelns, allein mit ihrem Mut, ihrer Durchhaltekraft und ihrem Glauben versehen, nahmen bereits 1960 die ersten Flüchtlinge von jenem Boden Besitz, den ihnen die indische Regierung im Staat Karnataka im Süden des Landes zur Verfügung gestellt hatte. Kaum möglich, sich etwas Gegensätzlicheres vorzustellen als diesen absoluten Kontrast zwischen ihrem Heimatland Tibet mit seinen Bergen, seiner transparenten Luft, seiner wüstenhaften Unendlichkeit und diesem wuchernden tropischen Dschungel mit wilden Tieren, den es zu roden galt – und sei es nur, um Platz zu machen für die ersten Zelte, als Grundstein für die Kolonie von Bylakuppe und als Schutz vor wilden Elefanten, Tigern und Wildschweinen. Der Dalai Lama erinnert sich an seinen ersten Besuch:

«Für mich war ein spezielles Zelt errichtet worden, mit Mauern aus Bambus und einem Stoffdach. Aber nichts konnte den Staub, eine Folge der Rodung, aufhalten, was auch die schlechte Stimmung unter den Tibetern erklärte.

Ich habe, wie immer, versprochen, wir würden Erfolg haben. Ich habe mein Bestes getan, und allmählich hat sich das Blatt gewendet. Ich begann die Leute wegen ihrer Mienen zu hänseln, die, einst traurig und schmal, nun wieder freudig und gesund waren. Ich habe ihnen gestanden, daß ich ihnen leere Versprechungen gemacht hatte, weil auch ich ihnen nichts zu bieten hatte. Aber die Tibeter taten immer, wie ich sie geheißen hatte, ohne je zu zögern. Und schließlich haben wir Erfolg gehabt. Es war wie das Begießen einer alten, halbverwelkten Blüte. Begießt man sie hoffnungsvoll, dann erholt sie sich und lebt wieder auf . . .»[8]

Gewiß, es ist leicht einzuwenden, die Natur der bevorzugten Beziehung zwischen dem geistlichen Herrscher und seinem Volk sei dergestalt, daß der Glaube alles erkläre. Mag sein. Und doch, wenn andere Menschen – skeptische Abendländer und Morgenländer unterschiedlichster Konfession – offen zugeben, sie spürten diesen stimulierenden Einfluß, dann bleibt nur die Feststellung, hinter diesem Lächeln müsse etwas anderes stekken.

In diesem Zusammenhang kommt mir folgende Bemerkung des Kostbaren Meisters in den Sinn: «Es ist so leicht, mit Worten zu verletzen, selbst dann glaubhaft zu wirken, wenn man nicht die Wahrheit sagt . . .» Müßte man demnach lediglich den allgemein gültigen Blickwinkel etwas verschieben, um zu dieser Sicht der Welt zu gelangen? Für den Dalai Lama lautet die Antwort zweifellos ja. Aber wie einer seiner engsten Vertrauten zuweilen bemerkt: «Ihm fällt alles leicht, Er hat alle Widersprüche gelöst, ist Er doch ein Bodhisattva. Für uns hingegen ist das etwas ganz anderes!»

Tatsächlich ist es für den gewöhnlichen Sterblichen etwas ganz anderes . . . Tatsache ist, daß der Herrscher im Exil auch in gänzlich ungewohnter Umgebung mit stupender Leichtigkeit und verblüffender Unmittelbarkeit augenblicklich präsent wird, und schon wendet sich die gesamte Aufmerksamkeit seiner Person zu. Wie im Spiel des Kaleidoskops ordnet er die Elemente und ihre Umgebung in einem Bündel an, dessen Brennpunkt er bleibt. Nicht daß er die Aufmerksamkeit oder den Auftritt suchte – er *ist* so, so vollkommen an seinem Platz, daß sich seine Präsenz von selbst durchsetzt.

Ein schwer in Worte zu fassendes Gefühl, in Worte, die durch den Gebrauch oder den in Vergessenheit geratenen tieferen Wortsinn entwertet sind; man ist beinahe geneigt zu sagen – im Sinne der indischen Nuance und allem, was in ihr mitschwingt –, dieser so nahe, beinahe familiäre Mönch sei ohne den Hauch eines Zweifels eine «erhabene Seele», ein Mahatma. Er hat die seltene Gabe, allein durch seine Präsenz Zugänge von neuem zu eröffnen. Es kann in einem Hörsaal, in einem für den Anlaß zum Audienzraum umfunktionierten Hotelzimmer, in einem nicht seinem eigenen Glauben geweihten Heiligtum sein – im Einvernehmen einer heftigen Diskussion, in der Lebhaftigkeit einer Pressekonferenz, in der Sammlung einer religiösen Zeremonie, in einem zum buddhistischen Zentrum gewordenen englischen Landhaus, in einem Schloß in der Normandie, vor einer Handvoll Getreuer, einem ausgewählten Publikum oder einer großen Zahl von Neugierigen. Sofort herrscht Harmonie, ist die Stimmung friedlich und hellwach zugleich, aufmerksam. Keinerlei Pose in diesem Verhalten, das selbst auf die Widerspenstigsten einzuwirken scheint. Wurde anläßlich seiner ersten Reise in die Vereinigten Staaten im Jahr 1979 nicht eigens hervorgehoben, daß Journalisten und Reporter, normalerweise kaum um Etikette bemüht, sich für einmal manierlich und respektvoll zeigten, zur großen Überraschung der Organisatoren der Begegnungen und Diskussionen, die kaum ihren Augen trauten?

Bei bestimmten Gelegenheiten, in einem ihm ganz fremden Milieu, wenn das Gefälle zwischen dem Gottkönig und der Mikrogesellschaft, in deren Mitte er sich für den Augenblick befindet, unübersehbar geworden ist, dann taucht flüchtig die Frage auf: Wird diese Verzerrung sein Verhalten, vielleicht nur unmerklich, verändern? Nein, nicht im geringsten, und das Phänomen ist gerade deshalb so verwirrlich, weil das Gefälle tatsächlich, wenn auch zu seinem Vorteil, bestehen bleibt. Und ohne das er etwas anderes täte, als sich selbst zu sein. In gewisser Weise kippt das Geschehen plötzlich – wie unter dem szenischen Effekt nach Art des *Diskreten Charmes der Bourgeoisie,* des *Phantoms der Freiheit* oder *Marienbads* –, ohne daß man genau wüßte, ob es letztes Jahr war oder die Gegenwart noch aussteht. Die Präsenz aber bleibt.

Dieser Respekt drängt sich wie von selbst auf, wird von seiten des Dalai Lama nicht aufgedrängt: sein Wohlwollen, das er jeden Moment unter Beweis stellt, genügt. Ein weiteres Paradox: er erweckt nicht den Anschein, sich selbst ernst zu nehmen. Das tut offenkundig der Ernsthaftigkeit, mit der er all seinen Tätigkeiten nachgeht, keinerlei Abbruch. Heute ist seine Energie im wesentlichen auf das Überleben der tibetischen Tradition ausgerichtet, früher jedoch, als er, zumindest für Augenblicke, noch ein unbekümmerter Knabe im Potala war, verachtete er auch spielerische Kämpfe mit seinem Bruder keineswegs. Und Lobsang Samten, mit ebenso listigem Blick wie sein illustrer jüngerer Bruder, bemerkte zuweilen, er trage noch immer die Spuren einer unvergeßlichen Ohrfeige, die er nie erwidert habe. Hätte er auch anständigerweise je die Hand gegen den Dalai Lama erheben können?

Diese Spitzbübigkeit ist im Laufe der Jahre nicht verlorengegangen, und einige Augenzeugen erinnern sich, als wäre es gestern, an einige Episoden bei Spaziergängen im Wald, kurz nach der Ankunft in Dharamsala. Wie es Protokoll und Sicherheit verlangen, ist der Dalai Lama selten ganz allein. Von der relativen Ruhe eines Waldspazierganges profitierend, setzte er sich plötzlich von seinen Begleitern ab, schlug – wie es sich gehört – eine steile und unwegsame Abkürzung ein, um weiter oben, weiter weg, ein Lächeln auf den Lippen, auf seine Gefährten zu warten, im Abenteuer stets einen Schritt voraus.

Beim Versuch, diesen Schein hinter sich zu lassen, diese von ebenso realer wie kompakter Kraft getragene Gutmütigkeit zu überwinden, das zu erfassen, was einige als «Geheimnis» qualifizieren, wendet sich das Gespräch schnell einem dem Dalai Lama am Herzen liegenden Thema zu:

«Wenn wir einander begegnen, vergegenwärtige ich mir immer, daß wir gleich sind, insofern wir alle Menschen sind. Betonen wir äußere Unterschiede, so bin ich ein Mensch aus dem Osten, und noch spezifischer ein Tibeter, der aus einer Gegend hinter dem Himalaja stammt, ein Mensch aus einer anderen Umgebung und Kultur. Blicken wir jedoch tiefer, so habe ich ein tatsächlich nicht zu bestreitendes Ich-Gefühl. Und mit dieser Empfindung wünsche ich Glück und nicht Leid. Jeder Mensch, ganz gleich woher er kommt, hat dieses auf der gewöhnlichen Bewußtseinsebene wirkliche Ich-Gefühl, und in diesem Sinne sind wir alle gleich.

Aufgrund dieser Einstellung habe ich keine Vorurteile, es fällt kein Vorhang, wenn ich neuen Menschen an neuen Orten begegne. Ich kann zu Ihnen sprechen, als würde ich mit alten Freunden reden, selbst wenn wir einander zum ersten Mal begegnen. Für mich sind Sie als Menschen meine Brüder und Schwestern, denn im Wesen gibt es zwischen uns keinen Unterschied. So kann ich ohne Zögern ausdrücken, was auch immer ich empfinde, wie zu einem alten Freund. Unter dieser Voraussetzung können wir ohne jede Schwierigkeit miteinander umgehen, und zwar von Herz zu Herz, nicht bloß mit ein paar netten Worten, sondern tatsächlich auf der Herzensebene. Auf der Basis derart echter menschlicher Beziehung können wir gegenseitiges Vertrauen und Achtung entwickeln.»

Diese Sichtweise hat zumindest den Vorteil, die Brücken nicht sofort abzubrechen und sich dem anderen zu verschließen – unter dem Vorwand von abertausend Unterschieden, die sich dann oft in Vorurteile, wenn nicht in Verachtung oder Haß verwandeln. So gräbt sich denn das Lächeln ganz selbstverständlich in den Lauf der Tage und der Ereignisse ein, wird zu einer Art «Sesam-öffne-Dich», einem Unterpfand für Verständnis und Offenheit. Aber auch zu einem ersten Schritt auf dem Weg zur Einübung von Toleranz und Gleichmut; wer sich selbst beherrscht, dem gelingt es vielleicht – eines Tages oder in einem anderen Leben –, die harte Schale des Egoismus zu durchbrechen und sich auf einen umfassenderen Schlüssel einzustimmen.

Der Dalai Lama ist sehr wohl legitimiert, von Toleranz zu sprechen. Zudem drückt sein Lachen manchmal ebensoviel aus wie die Wörter, obwohl er sie, wenn er sich erklärt, mit der Präzision eines Skalpells einsetzt. Etwa wenn er über sein Gefühl China gegenüber befragt wird: «Wahre Toleranz und Geduld lernt man von einem Feind, während beim eigenen religiösen

Meister oder bei engen Vertrauten die Toleranz nicht auf die Probe gestellt wird. So betrachtet, lehrt selbst der Feind innere Kraft, Mut und Entschlossenheit. Einen Feind zu haben, das läßt einen näher an die Wirklichkeit herankommen, das löst den Dünkel auf.

Die Chinesen ... Eine alte, sehr alte Kultur, höchst zivilisiert, höchst kultiviert ... und, so scheint es mir, zuweilen auch eine höchst befremdliche Nation. Mit ‹zivilisiert› meine ich, daß manchmal der Eindruck von sehr zuvorkommenden, äußerst höflichen Menschen von höchster Freundlichkeit und großen Qualitäten entsteht. Und trotzdem geschehen in eben diesem Land zur selben Zeit gräßliche Dinge. Wir haben sehr darunter gelitten, was uns aber nicht daran hindert, mit den für diese Taten Verantwortlichen Mitleid zu haben. Es ist traurig, Tausende und Abertausende von Menschenseelen leiden zu sehen. Denkt man an den Menschen an sich, so ist man von dem, was dort geschieht, direkt betroffen.

Wichtig ist der Mut. Ein Sprichwort sagt, wo ein Wille sei, sei auch ein Weg – und das stimmt. Wenn unsere Willensstärke oder unser Mut in einer schwierigen Lage sinken, wenn man sich Faulheit und Minderwertigkeitsgefühlen hingibt, indem man vielleicht denkt, man sei unfähig, eine so schwierige Aufgabe zu erfüllen, dann schützt uns diese Herabsetzung keineswegs vor Leiden. Es ist also wichtig, einen dem Ausmaß der Schwierigkeiten entsprechenden Mut zu entwickeln. Die tiefe Wurzel des Scheiterns in unserem Leben liegt im Gedanken: ‹Oh, wie unnütz und ohnmächtig bin ich doch!› Es ist äußerst wichtig, mit aller Macht und Kraft zu denken: ‹Ich kann es tun›, ohne Überheblichkeit und ohne Selbstzweifel.

Heute jedoch befinden wir uns ohne Frage in größter gegenseitiger Abhängigkeit. Nehmen wir etwa die Tausende, ja Millionen von Autos, die in den großen Metropolen des Westens und anderswo zirkulieren. Obwohl gegenwärtig die Menschen von Autos getragen werden, werden die Menschen diese großen Autos zu tragen haben, wenn das Erdöl verbraucht ist... Wir können nicht mehr in völliger Isolation existieren. Da wir nun miteinander leben müssen, warum nicht mit einer positiven Einstellung dazu? Warum empfinden wir statt dessen Haß gegeneinander und bringen mehr Unruhe in die Welt?

Zweifellos glauben Sie, daß ich von einem nicht praktizierbaren Traum spreche. Wir Menschen haben jedoch ein entwickeltes Gehirn und somit unendliche Potentiale. Wenn sogar wilde Tiere allmählich und mit Geduld gezähmt werden können, dann kann das menschliche Bewußtsein erst recht Schritt für Schritt trainiert werden. Wenn Sie meine Argumente geduldig überprüfen, können Sie diese Erkenntnis durch eigene Erfahrungen nachvollziehen.»

«Ja, aber ...», ist man manchmal zu sagen geneigt, wenn man dem Dalai Lama zuhört. Ärgerlich ist nur, daß er den Widerstand zu bemerken scheint und auf ihn antwortet, bevor er formuliert ist.

«Theorien sind nicht sehr nützlich, wenn sie nicht im Alltag in die Praxis umgesetzt werden. Der Buddha lehrt, daß Sie Ihr eigener Meister sind, daß alles von Ihnen abhängt. Zahlreiche Probleme ergeben sich aus unseren eigenen mentalen Unzulänglichkeiten. Wir leiden, weil uns innerlich etwas fehlt. Ich bezeichne diese Probleme als nicht notwendig, denn wenn wir uns richtig verhalten, dann stellen sich diese vom Menschen geschaffenen Probleme gar nicht.

Um für sich selbst verantwortlich zu sein, geht es nicht darum, zu glauben oder nicht zu glauben; das Wohlwollen dem anderen gegenüber ist nicht Ursache, sondern Ausdruck einer Religion. Im Verlauf der Jahrhunderte hat es zahlreiche Meister gegeben, die verschiedene Wege zur Verwirklichung der Wahrheit vorgezeichnet haben. Der Buddha ist einer von ihnen, und mein Studium des Buddhismus hat mich zur Überzeugung geführt, daß die Religionen, obwohl sie unterschiedliche Namen und Formen verwenden, alle der gleichen Letzten Wahrheit entgegenstreben.

Wenn sich bei dieser Suche die Letzte Wahrheit nicht in uns manifestiert, dann heißt das, daß wir sie nicht gefunden haben. Die Letzte Wahrheit existiert. Wenn wir tief und sorgfältig nachdenken, dann werden wir erkennen, daß wir selbst in der Letzten Wahrheit existieren. Im allgemeinen haben wir den Eindruck, die ausgesprochenen Wörter hätten einen Klang: wenn ich aber in der Letzten Wahrheit mich selbst suche, dann werde ich mich nicht finden; und wenn Sie sich selbst suchen, dann werden auch Sie sich nicht finden. Man findet weder denjenigen, der spricht, noch denjenigen, der zuhört, aber auch keine Wörter und keine Töne. Sie sind alle leer, leer wie der Raum.

Dies einmal vorweggenommen, entbehren sie doch nicht jeder Wirklichkeit. Sie müssen existieren, können wir sie doch wahrnehmen. Sie hörten, was ich sage, und denken schließlich darüber nach. Meine Rede hat also eine gewisse Wirkung; wenn wir uns aber auf die Suche nach ihr begeben, dann finden wir nichts. Das Geheimnis hängt mit der Doppelnatur der Wahrheit zusammen.»

Und dies alles sagt er mit einem Lächeln, einem aufbrechenden Lachen ...

Ein letzter Aspekt – nicht als Schlußfolgerung, sondern als Schlaglicht auf eine weitere Facette der Persönlichkeit gedacht –, eine typisch tibetische Geschichte, die der vierzehnte Dalai Lama gerne der Nachdenklichkeit seiner Besucher überläßt. Sie ist gewissermaßen Teil des Erbes des Hochlands, der seit Menschengedenken bestehenden Erinnerung seines Volkes.

«Es war einmal, vor langer, sehr langer Zeit ein hochangesehener Lama namens Drom. Eines Tages beobachtete er einen Mann bei der rituellen Umgehung eines Stupa. ‹Es ist gut, den Stupa zu umgehen›, sagte er, ‹aber wäre es nicht besser, die Religion zu praktizieren?›

‹Zweifellos täte ich besser daran, ein heiliges Buch zu lesen›, antwortete der Mann. Und mit großem Fleiß stürzte er sich in die Lektüre.

Einige Tage später begegnete ihm Drom von neuem. ‹Ein heiliges Buch zu lesen ist offensichtlich eine gute Sache›, bemerkte er. ‹Aber wäre es nicht besser, die Religion zu praktizieren?›

Daraufhin überlegte sich der Mann: ‹Es scheint, daß selbst Rezitieren nicht genügt. Und wenn ich meditieren würde?›

Kurz darauf sah ihn Drom einmal mehr, in Meditation versunken. ‹Ich gebe zu, daß Meditieren sehr gut ist. Aber wäre es nicht wahrhaft besser, du würdest die Religion praktizieren?›

Der Mann war ratlos. ‹Was versteht Ihr darunter, die Religion zu praktizieren?› fragte er. ‹Sagt mir, was ich tun soll.›

‹Wende deinen Geist vom Schein des irdischen Lebens ab›, antwortete Drom. ‹Und wende dich der Religion zu.›»

Ein Augenzwinkern, ein warmer Händedruck, ein leichtes Neigen des Kopfes, die Hände auf der Höhe der Brust, der Höhe des Herzens gefaltet. Ein Lächeln, das alle Wunden der Welt lindert, ein Lachen, das Mut für jeden neuen Tag gibt.

V

Die große Einsamkeit

Wir können mehr, als wir wissen.
Nicht alles ist erlaubt,
aber alles ist möglich.
Roger Bacon

Einst bot sich dem gewöhnlichen Sterblichen kaum Gelegenheit, sich dem Dalai Lama zu nähern. Zu allen Zeiten und an allen Orten hat die Gottheit Furcht erregt, stets ist die unvorbereitete und ungeschützte Begegnung mit ihr vermieden worden. Als Reinkarnation, nicht aber als Sohn eines höchsten Prinzips, hat der Herrscher des Schneelandes ganz selbstverständlich am göttlichen Wesen teil, erhebt sich über die begrenzte Sphäre der anderen Menschen empor oder wird über sie hinausgehoben.

Hinzu kommen die von den Menschen errichteten Verbote, erlassen zum Schutz der Gottheit und zum Schutz der Menschen vor ihrer Macht; so führen denn Hindernisse und Tabus dazu, daß der vergöttlichte Mensch normalerweise ein Leben abseits, wenn nicht jenseits der Zufälligkeiten und Erfordernisse des Alltags führt. Der Dalai Lama war darin keine Ausnahme, ganz im Gegenteil, und sein Auftreten geriet jedesmal zum Ereignis. Das höfische Protokoll hatte die Distanz zwischen ihm und seinen Getreuen noch verstärkt; so wollte es beispielsweise die Etikette, daß der Besucher Seiner Illustren Präsenz nie den Rücken zukehrte: er mußte das Zimmer rückwärts schreitend verlassen. Während öffentlicher Prozessionen durfte sich niemand das Recht herausnehmen, auch nur einen Augenblick lang höher als die Sänfte des Herrschers zu stehen; folglich durfte niemand den Umzug von einem Balkon aus verfolgen.

Von vornherein versetzen Gebete und Zeremonien, Nachforschungen, Verifizierungen und Riten, deren strikte Befolgung die Authentizität der Entdeckung garantiert, das Kind außerhalb der üblichen Normen. Gewiß, auch andere Lamas werden nach einem ähnlichen Verfahren eruiert, aber keine Suche unterliegt so strengen Regeln wie jene nach dem Kostbaren Siegreichen – Verantwortung verpflichtet. Eine weitere Besonderheit des Systems liegt im Bemühen, die Kette der Meister nicht abreißen zu lassen und zugleich zu vermeiden, daß das Amt zum Erbprivileg wird – mit den entsprechenden Folgen: Machtkonzentration in einem gegebenen Milieu, in einem Clan oder sogar in einer Familie, mangelnde Eignung des Amtsanwärters oder weltliche Rivalitäten um Einflußnahme auf die Ernennung. Heute kommt es sogar vor, daß eine durchaus ordnungsgemäß anerkannte Reinkarnation irgendeines Groß-Lama sich außerstande sieht, die ihr zugedachte Rolle zu übernehmen und eine Nachfolge anzutreten, die in einer sich wandelnden Welt zusehends belastender wird. Die Anpassung an die veränderten Umstände erheischt ein Maß an Energie, Willensstärke und Einfühlungsvermögen, das selbst die Kräfte eines mehrmals geborenen Sterblichen übersteigen könnte ...

Derartiges hat sich auch in der Familie des Dalai Lama selbst zugetragen, haben sich doch drei seiner Brüder unter dem wachsenden Druck der Umstände vom monastischen Leben losgesagt. Der älteste, Thubten Jigme Norbu, war der erste Reinkarnierte in der Familie. Als Abt im Kloster von Taksar in der Provinz Amdo sah er sich beim Einmarsch der Chinesen gezwungen, sich vom Mönchsleben abzuwenden; in der Folge ging er ins Exil und ließ sich in den Vereinigten Staaten nieder. In seinen Augen war dies der einzige Weg, um die Kette der Weisheit nicht abreißen zu lassen, deren Träger er ja aufgrund der Transmissionsgesetze von Meister zu Schüler war. Nach Widerrufung seiner Gelübde – in den Augen der tibetischen Gesellschaft keineswegs ein «schuldhaftes Vergehen», ist es doch unvergleichlich schwerwiegender, sie zu übertreten oder sie zu brechen – mußte er sich gewissermaßen auf die Grundsätze eines neuen, laizistischen und profanen Lebens einstimmen. Seit Jahren lehrt er an der Universität von Indiana, an der Abteilung für uralaltaische Studien, und setzt sich auch weiterhin unermüdlich für die Sache Tibets ein. Mit einer Tibeterin verheiratet, bewahrt er im Herzen eine große Sehnsucht nach dem Hochland. Mit dem westlichen Lebensstil konfrontiert,

Der XIII. Dalai Lama

Vor der Abreise nach Lhasa, mit lokalen Würdenträgern (1939)

Inthronisation des Dalai Lama in Lhasa

Anläßlich einer tantrischen Initiation

Der Dalai Lama und der Panchen Lama in Peking (1954)

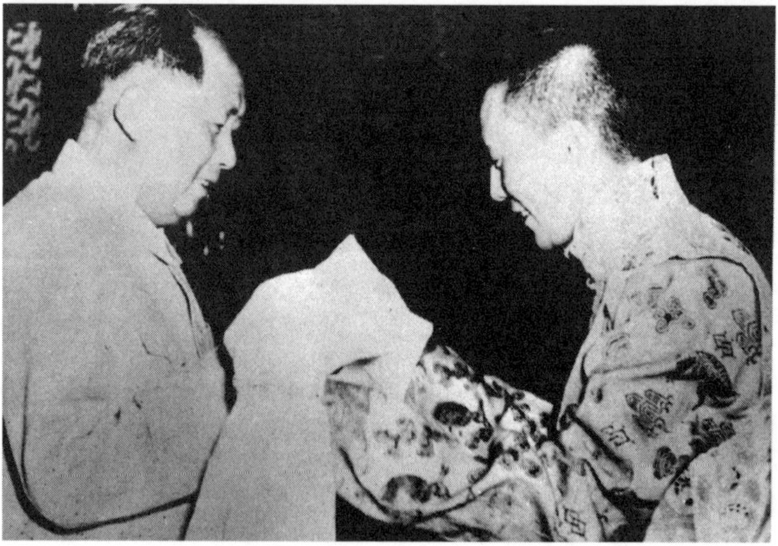

Treffen mit Mao Tse-tung in Peking (1954)

Der Dalai Lama bei einer öffentlichen theologischen Sitzung in Lhasa

Der Dalai Lama auf dem Weg ins Exil (März 1959)

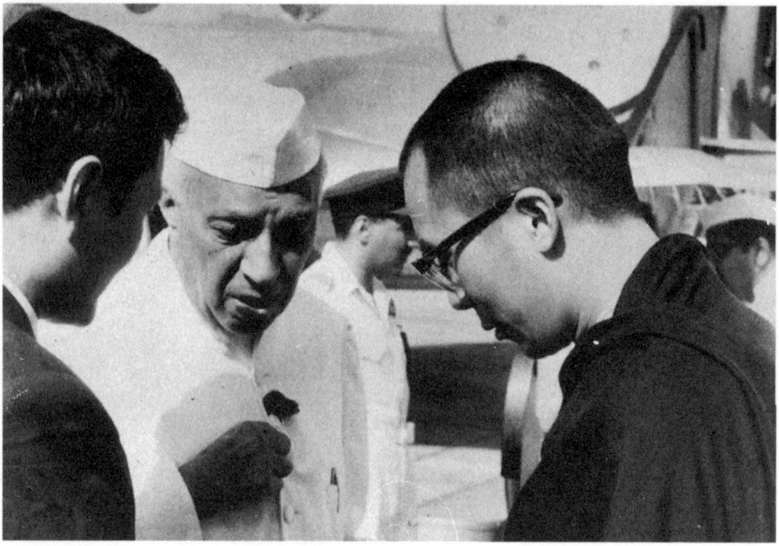

Treffen mit Nehru (1959)

Treffen mit Indira Gandhi

1985 in Bodh Gaya

1985 in Genf

1988 in Genf

stellt er fest: «Mir fehlt der unendliche Friede, den ich dort empfand, und die Reinheit der Düfte von Kiefer, Wacholder und wilder Rose ...»[9]

Thubten Jigme Norbu verfolgt die Ereignisse in seinem Land mit großer Aufmerksamkeit und hat sich erst kürzlich gegen eine seit einiger Zeit international um sich greifende hinterhältige Sprachregelung zur Wehr gesetzt, nämlich gegen die Gleichsetzung des Begriffs «tibetisch» mit «chinesisch». Ein einfacher, relativ bekannter Mechanismus: die offizielle, in diesem Fall chinesische Propaganda sorgt dafür, daß ein Wort allmählich eine andere Bedeutung gewinnt, die sich schließlich dank zahlloser Wiederholungen durchsetzt, ohne daß sich die Öffentlichkeit der Manipulation bewußt wäre. In der zeitgenössischen Geschichte mangelt es, insbesondere in totalitären Staaten, nicht an Beispielen für ein derartiges Vorgehen. Erinnert sei bloß an einige Uminterpretationen revolutionärer Fakten in Rußland und anderswo oder an berüchtigte Euphemismen wie «Endlösung» oder «Umerziehung durch Arbeit».

Im Falle von Tibet – semantische Subtilität oder raffinierte Perversion – ist heute in Beijing oft von chinesischer «Geschichte» und tibetischer «Legende» die Rede. Und zweifellos erklärt die offizielle Theorie nicht ohne Hintergedanken, alle Völker, welchen Ursprungs auch immer, die innerhalb der gegenwärtigen Grenzen der Volksrepublik lebten, seien chinesisch. Eine nicht unerhebliche Nuance: weder Uiguren noch Mongolen noch Tibeter wurden je um ihre Meinung gefragt, ganz zu schweigen von den anderen Minderheiten, die von dieser willkürlichen Bezeichnung betroffen sind. Was wiederum die Chinesen betrifft, die unzweifelhaft chinesischen Ursprungs sind, so werden sie inzwischen allein mit dem Wort «Han» bezeichnet. Noch bis vor kurzem fanden jedoch unterschiedslos beide Begriffe Verwendung, wenn es galt, diesen vom strikt ethnischen Standpunkt aus zutreffenden Sachverhalt abzudecken.

So wird denn, ohne daß Ungehörigkeit und erwünschte Ungenauigkeit des Verfahrens auffallen würden, ein ethnischer Begriff zur Abdeckung und Ablösung eines rein politischen Sachverhalts verwendet, dessen Absicht sich bei genauerem

Hinsehen in seiner ganzen grausamen Wahrheit enthüllt: durch scheinbar harmlose semantische Verschiebungen reale Unterschiede einzuebnen, sie allmählich zu tilgen und so die Verwischung und schließlich Vernichtung einer jahrtausendealten Andersheit zu erreichen. «Ironie des Schicksals», so bemerkte Thubten Jigme Norbu erst kürzlich, «daß die Tibeter plötzlich vor der Aussicht stehen, daß ihre Identität mit jener der Chinesen gleichgesetzt wird. Ironie auch deshalb, weil China von all denen, die je über Tibet geherrscht haben, am wenigsten lang geherrscht hat. Mongolen und Manchu hatten selbst auf dem Höhepunkt ihrer Macht nie diesen Anspruch erhoben... Diese Sprachverfälschung ist eine weitere List zur Verleugnung unserer fest verankerten Identität, und es ist mehr als beklagenswert, daß sie sich in den Zeitungen durchzusetzen beginnt. Die von den Chinesen bisher zur Verfälschung des allgemeinen Geschichtsbewußtseins verwendeten sprachlichen Strategien dienen nun dazu, die Illusion zu wecken, Tibet sei seit Jahrhunderten ‹chinesisch›...»

In der Familie des Dalai Lama scheinen die Rollen bereits zum voraus verteilt gewesen zu sein. Ein weiterer älterer Bruder, Gyalo Thondup, ist eher der geborene Politiker. Philosophie und Religion scheinen ihm nur wenig zu bedeuten. Seine Studien an der Universität von Nanking machten ihn sehr früh mit den Chinesen vertraut, und seine Frau stammt aus Taiwan. Trotzdem hat er die Verbindungen mit den Seinen nie abgebrochen. In Hongkong lebend, scheint er, zumindest hinter den Kulissen, eine nicht unwichtige Rolle gespielt zu haben, als sich zu Beginn der achtziger Jahre, mit dem nach Maos Tod sich abzeichnenden Wandel, erste informelle Kontakte zwischen dem Herrscher im Exil und der Führung in Beijing anbahnten.

Lobsang Samten, der dritte Bruder, war zwei Jahre älter als Tenzin Gyatso. Er stand ihm sicherlich am nächsten, hatten sie doch lange zusammen im Potala gelebt und dort, vor dem Exil, Ferien und Mußestunden geteilt, zuweilen auch theologische Diskussionen geführt. Später legte auch er das Mönchsgewand ab, heiratete und lebte in den Vereinigten Staaten, bevor er dann bis zu seinem Tod im Jahre 1984 das Zentrum für Tibetische

Medizin in Dharamsala leitete. Der jüngere Bruder des Dalai Lama, Reinkarnation eines bedeutenden Meisters, hat auf seinen Titel und sein Amt als Ngari Rinpoche verzichtet und trägt heute den Namen Tenzin Choegyal. Nach seinem Studium in Indien, wo er auch seinen Militärdienst in der Elitetruppe der Fallschirmjäger absolvierte, ist er heute im Privatsekretariat des exilierten Herrschers tätig und arbeitet dort eng mit ihm zusammen.

Die beiden Schwestern des Dalai Lama haben sich nach ihrem Wegzug aus dem Hochland um Waisen und Kinder von Flüchtlingen gekümmert. Tsering Dolma, die ältere Schwester, war Gründerin und treibende Kraft der Kinderheime, in denen Tausende von jungen Tibetern – vom Schicksal an die Nahtstelle zwischen zwei Welten verschlagen – gepflegt, ernährt, untergebracht und erzogen worden sind. Zwei Welten – die eigene, in einer jahrhundertealten Tradition verwurzelt, die es unter allen Umständen zu bewahren galt, und die moderne Welt in indischer Sicht, wobei Indien zuweilen als Puffer zwischen der alten Zeit und dem modernen Lebensstil diente.

Nach dem Tode von Tsering Dolma vor mehr als fünfzehn Jahren führte die jüngere Schwester des Dalai Lama, Jetson Pema, mit rarer Selbstlosigkeit das Werk weiter, und noch heute, als verheiratete Frau, scheut Jetson Gyalpo keine Anstrengung, um den in mehreren, als Ersatz für die verlorene Heimat dienenden SOS-Dörfern lebenden tibetischen Kindern ein Minimum an Geborgenheit zu sichern. Siebenundzwanzig Jahre nach dem ersten großen Flüchtlingsstrom, der nach dem Weggang des Dalai Lama einsetzte, sind zwar die damaligen Waisen groß geworden und haben sich in Indien oder anderswo einen Platz an der Sonne erobert, aber noch ist der Flüchtlingsstrom über den Himalaja nicht abgerissen.

Die von den Hochebenen herabsteigenden Gläubigen wissen aus eigener bitterer Erfahrung, daß ihre Kultur im Hochland systematisch zerstört wird; sie ziehen es deshalb vor, ihre Kinder dem Dalai Lama anzuvertrauen in der festen Überzeugung, allein diese herzzerreißende Entscheidung sichere das Überleben ihrer Kultur. Jetson Gyalpo und ihren höchst effizienten

Helfern obliegt es dann, für Unterhalt und Aufenthalt dieser Kinder aufzukommen. So war denn die Kinderkrippe nach der großen Initiation in das Rad der Zeit in Bodh Gaya im Dezember 1985 um einige Hundert kleine Pensionäre reicher ... Hatte der Große Dreizehnte nicht verlauten lassen, in seiner nächsten Reinkarnation würden ihn mehrere Brüder und Schwestern in seiner Aufgabe unterstützen? Dem aufmerksamen Beobachter fällt auf, daß in diesen Kinderdörfern trotz unzähliger Schwierigkeiten Dynamik und Freude den Alltag einer Gemeinschaft prägen, die das Schicksal zusammengeschweißt hat und deren höchster Wunsch das eigene Fortbestehen ist.

Zuweilen amtet Jetson Gyalpo auch als Botschafterin ihres Bruders. So stand sie etwa an der Spitze der dritten Delegation, die vom Dalai Lama nach Tibet entsandt worden war, um – selbstverständlich unter Aufsicht der Führung von Beijing – das Ausmaß des Wandels festzustellen. Während dreier Monate bereiste sie Wege und Täler des Hochlandes, und ihre Freimütigkeit trug ihr einige denkwürdige Auftritte mit den ob ihres Wissens und ihrer Scharfsicht äußerst betretenen Gastgebern ein. Sie nahm kein Blatt vor den Mund und äußerte frei ihre Meinung, was zu einer merklichen Abkühlung führte. Aber sagt man nicht in Tibet – wie übrigens anderswo auch –, daß die Wahrheit zuweilen schmerzt? So war sie ganz und gar nicht erfreut über das, was sie in Taktser zu sehen bekam: im Geburtsort des Dalai Lama in der Provinz Amdo, heute teils zwangsweise in die chinesische Provinz Tsinghai eingegliedert, steht das Vaterhaus nicht mehr, also jenes Haus mit den berühmten türkisfarbenen Ziegeln, das auf dem Wasserspiegel des heiligen Sees erschienen war, als nach der Reinkarnation des Großen Dreizehnten gesucht wurde. Es ist abgerissen worden, ausgenommen eine graue Mauer, die heute Teil einer neu errichteten Schule ist. Und das Dorf, in dem seit jeher Tibeter gelebt haben, zählt heute fünfzig Familien, von denen nur etwa ein Dutzend tibetischer Herkunft ist; die übrigen sind chinesische Kolonisten, eher widerwillig als freiwillig hier angesiedelt ...

Am stärksten verbunden war Tenzin Gyatso zweifellos mit seiner Mutter. Da sein Vater starb, als er zwölf Jahre alt war,

war der Einfluß von seiten der Mutter prägender, obwohl er im Moment der Anerkennung von seiner Familie getrennt und unter die strikte Mönchsregel gestellt wurde. Noch heute erinnert sich Pema, die jüngere Schwester, daran, daß sich damals in Lhasa Brüder und Schwestern einmal im Monat im Norbulingka, im Edelsteingarten trafen, um mit dem Kindgott zu spielen. Das peinlich genau einzuhaltende Protokoll erlaubte keinen zusätzlichen Kontakt. Zu jener Zeit war der Dalai Lama ganz versessen auf eine bestimmte Brotsorte, die die Mutter eigens seinetwegen buk. Die Mönche im Gefolge zeigten sich den Kindern gegenüber, deren turbulente Lebhaftigkeit mit der strengen Umgebung kontrastierte, sehr nachsichtig. Mit Lachen und Fangspiel vergingen die Stunden im Flug, und schon nahm das Leben wieder seinen alltäglichen Lauf mit Riten und Ritualen, Studium und Unterweisung. Während dieser Jahre lebte jedes der Kinder sein eigenes Leben, ging seinen eigenen Weg und bereitete sich auf eine Zukunft vor, von der zweifellos niemand wußte, was sie bringen würde. Selten waren die Gelegenheiten, bei denen sie für einige Tage zusammen waren, bevor sich ihre Wege dann wieder trennten – bis zum Tag, wo ...

Im Exil sind dann die Familienbande enger geworden. In der ersten Zeit haben die Enge der Räumlichkeiten und die Bescheidenheit der vorhandenen Mittel dazu geführt, daß sich Sitten und Etikette drastisch veränderten, was Kontakte und gegenseitiges Verständnis förderte. Zuweilen mochte es unterschiedliche Ansichten geben, aber weder damals noch heute versucht der Dalai Lama seinen Standpunkt durchzusetzen; für seine nächsten Verwandten wie für seine Mitarbeiter gilt, daß jeder für die eigenen Handlungen zuständig und verantwortlich ist und jeder aufgrund des eigenen Urteils zu entscheiden hat.

Besonders intensiv war hingegen die Beziehung zwischen dem Dalai Lama und seiner Mutter. Mit dem Jahrhundert geboren, hat sie bis 1981 gelebt, und alle, die ihr begegnet sind, heben ihre positiven Eigenschaften hervor. Bis zuletzt aktiv, war sie unbestreitbar von großer Herzensbildung und wußte jene tröstenden Worte zu finden, deren der Mensch oftmals bedarf. Unter dem Namen Gyayum Chenmo, das heißt «Große Mutter», bekannt, stand sie bei den Tibetern in größtem Ansehen und genoß höchste Wertschätzung. Sie hatte Lhasa in der gleichen Nacht wie ihr berühmter Sohn verlassen, sich seiner Karawane angeschlossen, die vielfältigen Zwischenfälle der Flucht geteilt und sich völlig in den Dienst der tibetischen Exilgemeinschaft gestellt; sie teilte ihre Zeit zwischen Dharamsala und Darjeeling, zwischen dem künftigen Weisen und ihren übrigen Kindern auf. Von ihr sagt der Dalai Lama zurückhaltend: «Meine Mutter ist eine liebenswürdige und gütige Frau. Sie sorgt sich um alle und jeden. Sie hätte ihre Mahlzeit freudig einem Hungernden überlassen und selbst verzichtet. Ihre tiefe Menschlichkeit hinderte sie aber nicht daran, über die Familie zu herrschen. Sie war sehr anpassungsfähig und weitsichtig; nach meiner Inthronisation, als sich neue Möglichkeiten abzeichneten, sorgte sie dafür, daß die anderen Kinder in den Genuß einer sorgfältigen Erziehung kamen.»

Auf sein Erbe verzichten, eine Rolle als geistlicher Führer aufgeben, das hat der Dalai Lama, obwohl er flüchtig daran dachte, nie ernsthaft erwogen. «Möge ich bleiben, solange der Raum besteht und solange es Wanderer im Kreislauf des Daseins gibt, um ihnen ihre Leiden zu nehmen» – dieser Wunsch Shantidevas, eines im Buddhismus hochverehrten Weisen, den der Dalai Lama gerne zitiert, trifft den Sachverhalt ziemlich genau. Dann fügt er bei: «Für den Verlauf dieser Existenz bin ich von diesem Wunsch beseelt, und ich weiß, daß ich ihn in früheren Leben ähnlich formuliert habe.»

Darüber hinaus aber wandeln sich die Perspektiven, und so ist es denn nur natürlich, wenn der Verlauf eines Lebens im Lichte anderer Werte betrachtet wird. Sich mit einer ununterbrochenen Kette von außergewöhnlichen Wesen verbunden zu fühlen verleiht zwar Sicherheit; wesentlich getragen ist diese Sicherheit jedoch von der im Alltag erprobten Entschlußkraft und Praxis, die den Grundentwurf des Lebens konsolidieren: die Rolle einer Gottheit zu bekleiden bedeutet in erster Linie, Aufgaben zu übernehmen – eine Pflicht, die zuweilen als Last empfunden werden mag.

Mit heiterer Gelassenheit stellt Tenzin Gyatso jedoch fest:

«In dieser Rolle kann ich den Menschen eine große Hilfe sein, das ist auch der Grund, weshalb ich sie gerne übernehme. Zudem fühle ich mich wohl in meiner Haut. Wenn es mir diese Daseinsform erlaubt, für die anderen von großem Nutzen zu sein, dann bezeugt sie auch, daß ich das zu ihrer Verwirklichung nötige Karma besitze. Sicher ist auf jeden Fall, daß ich eine besondere karmische Beziehung zum tibetischen Volk besitze. Man kann daraus schließen, daß ich, in Anbetracht der Umstände, großes Glück habe. Hinter dem Wort ‹Glück› jedoch gibt es die eigentlichen Ursachen und Gründe: die karmische Kraft meiner Fähigkeit zur Übernahme dieser Rolle wie auch die Intensität meines Verlangens, sie zu übernehmen.»

Keinerlei Überheblichkeit steckt in diesen Worten, die den Gesprächspartner etwas aus der Fassung bringen oder zumindest verblüffen könnten. Vielmehr ist diese Auffassung ganz einfach in einer anderen Logik verankert, mit der höchst vorsichtig umzugehen ist. Der Dalai Lama ist sich dessen durchaus bewußt: «Es gibt zahlreiche geheimnisvolle Geschichten, wenn die Rede auf die Wiedergeburt kommt.» Darüber befragt, wie er sich persönlich als Inkarnation des Herrn des Grenzenlosen Mitleids fühle, antwortet er mit einem ruhigen Lächeln: «Es fällt mir schwer, eine endgültige Aussage darüber zu machen. Ich kann unmöglich sagen, ob diese Behauptung begründet ist, bevor ich nicht in einer meditativen Anstrengung Atemzug für Atemzug das Leben zurückverfolgt habe.

Nach unserer Auffassung gibt es vier Typen von Wiedergeburt. Der erste, geläufige, ist derjenige eines Wesens, das unfähig ist, über seine Wiedergeburt zu entscheiden. Es inkarniert sich allein nach Maßgabe seiner vergangenen Handlungen. Am anderen Ende befindet sich die Wiedergeburt eines vollkommen erleuchteten Buddha, der nur physische Form annimmt, um den anderen helfen zu können. In diesem Fall ist es klar, daß das Individuum ein Buddha ist.

In die dritte Kategorie gehört jenes Wesen, das dank seiner früheren spirituellen Leistungen in der Lage ist, Ort und Umstände der Wiedergeburt zu wählen oder zumindest zu beeinflussen. Der vierte Typus schließlich wird gesegnete Manifestation genannt. In diesem Fall steht das Individuum unter einem Einfluß, der ihm – über seine gewöhnlichen Fähigkeiten hinaus – die Macht verleiht, wohltätige Aufgaben, etwa religiöse Unterweisung, zu erfüllen. Für diesen letzten Typus von Wiedergeburt mußte das Individuum in seinen früheren Leben ganz besonders den Wunsch verspürt haben, anderen zu helfen. Deshalb geht diese Kraft auf es über. Obwohl einige dieser Wiedergeburten wahrscheinlicher sind als andere, kann ich nicht genau sagen, welche mich betrifft.»

Obwohl Tenzin Gyatso ganz offen bekennt, er sei sich nicht in jedem Augenblick ganz deutlich jener Bande bewußt, die ihn mit seinen Vorgängern verbinden, besitzt er die Gewißheit, er sei ihnen im Geist und im Denken verbunden, und zwar aufgrund seiner persönlichen Qualitäten, die er im Verlauf dieses und seiner früheren Leben durch eine strenge und disziplinierte Praxis erworben, entwickelt und kultiviert hat. Der tibetische geistliche Führer spricht von besonderer Affinität mit dem Großen Dreizehnten, seinem unmittelbaren Vorgänger, dessen geistige Offenheit, Beharrlichkeit und politische Sorge um die Zukunft Tibets er in profunder Sachkenntnis hoch veranschlagt:

«Er hat die wahren Gelehrten stark gefördert und insbesondere mit der Anhebung des Studienniveaus in den Klosterschulen dafür gesorgt, daß niemand mehr ohne die erforderlichen Qualifikationen Eingang in die religiöse Hierarchie findet. Er weihte Zehntausende von Mönchen, gab aber wenig initiatorisches Wissen weiter und hielt kaum Reden. Mit Blick auf die Nation dachte er lange über Politik nach, dabei vergaß er vor allem auch die Probleme der fernen Grenzprovinzen und die Modalitäten ihrer Verwaltung nicht. Er bemühte sich auch, die Regierungsmechanismen effizienter zu gestalten.»

Dieser Einklang mit der Vergangenheit geht aber noch weiter, und zusätzliches Einvernehmen zeichnet sich im Verlauf der Gespräche ganz zufällig ab – denn darüber, wie auch über seine persönliche Vervollkommnung, läßt sich der Dalai Lama nicht gerne aus; das ist alles viel zu privat, um vor aller Welt ausgebreitet zu werden. Zuweilen gesteht er jedoch ein, er habe oft von Atisha, dem großen indischen Gelehrten, geträumt, dem das

Hochland im 11. Jahrhundert die neuerliche Blüte des Buddhismus nach der dunklen Zeit einer ersten unerbittlichen Unterdrückung durch Lang Darma, den abtrünnigen König, verdankte.

Atisha, der ebenfalls als Reinkarnation Chenresis betrachtet wurde, hat den vierzehnten Dalai Lama des öftern im Traum sicher und behutsam auf schmalem Pfad zu Füßen des ruhmreichen Bildes von Avalokiteshvara geleitet. Für Tenzin Gyatso ist «der Grund für diese Beziehungen ganz einfach: wenn Sie ein besonderes Interesse für etwas haben, dann werden Sie davon umgetrieben, und Sie schenken den Träumen mehr Beachtung. Und wie Sie wissen, geschieht in den Träumen sehr viel. Zur Zeit der Begegnungen mit Atisha, es war noch in Tibet, beschäftigte ich mich intensiv mit seinen Texten und Kommentaren. Dann hat sich diese Hilfe von neuem manifestiert, als ich selbst seine Lehre und seine Auffassungen lehrte.

Für den fünften Dalai Lama gilt das zweifellos deshalb, weil er als erster Tibet wahrhaft geeint und auch als erster gleichzeitig die umfassende geistliche und weltliche Macht besessen hat. Jene Träume hatte ich noch in Lhasa. Außerdem gibt es eine vom fünften Dalai Lama stammende Sonderlehre, die ich damals studierte, ohne jedoch diesen Weg im eigentlichen Sinn zu verfolgen. Tatsächlich handelt es sich um eine Lehre, die ich, seit ich in Indien lebe, viel intensiver praktiziere. Das mögen einige der Gründe sein, die diese Träume und Gespräche erklären.»

Der Inhaber des Löwenthrons macht kein Hehl daraus, daß er sich verschiedentlich mit einigen seiner Vorgänger unterhalten hat. Auch der Reformer Tsongkhapa, der Begründer der Gelugpa-Schule, hat ihm spirituelle Kraft und unbezähmbare Erleuchtung gebracht: von einem bestimmten Moment an tritt das Geheimnisvolle in den Hintergrund, um einer anderen Weltauffassung Platz zu machen.

Mit dieser Wegzehrung für einen neuen Aufbruch in eine aller Wahrscheinlichkeit nach willentlich gewählte Existenz versehen, ist die Einsamkeit gewissermaßen ein allgegenwärtiger treuer Gefährte. Ihn kennenzulernen gehört zum Leben jedes Novizen, um wieviel mehr dann zum Leben des Dalai Lama.

«Mit dem Verlassen von Heim und Familie beginnen zahlreiche Einschränkungen, Leben und Verhalten eines Mönchs zu regeln. Diese Regeln ermöglichen es dann, sich mit seinem Schicksal zufriedenzugeben. Das ist eine Frage der Einstellung. Wer sich mit dem unbedingt Notwendigen zufriedengibt, dem mangelt es an nichts. Das Mönchsleben bringt Erfüllung und Glück: um sich davon zu überzeugen, muß man nur jene befragen, die ausgetreten sind. Viele haben mir erzählt, wie schwierig und kompliziert das weltliche Leben ist . . .»

Glücklich, der vierzehnte Dalai Lama? Sein Lachen läßt alle Interpretationen zu. Eines ist gewiß, wenn es Glück gibt, dann ist er ihm begegnet. Nicht unbedingt auf den verschlungenen Wegen des Alltags, aber vielleicht beim Begehen von ganz unwegsamen Pfaden, von denen man als ein anderer zurückkehrt. Zurückgebracht hat er das Wissen um seine eigenen Grenzen, Grundlage seines unerschütterlichen Strebens, anderen zu helfen: um mitleidvoll zu sein, muß man alles wissen, und um das Mitleid zu praktizieren, muß man die Kraft dazu haben. Mit einem Vorbehalt allerdings: «Selbst ein erleuchtetes, mit unbegrenzter Erkenntnis und Macht versehenes Wesen, das danach strebt, alle Wesen vom Leiden zu erretten, kann das individuelle Karma des einzelnen nicht ausschalten. . . In einem bestimmten Ausmaß ist es uns allen gegeben, daß wir den Resultaten der von unserem Körper, unserer Rede und unserem Geist früher vollbrachten schädlichen Handlungen begegnen. So ist es.»

Eines Tages, es liegt bereits mehrere Jahre zurück, sagte Tenzin Gyatso: «Obwohl meine Erfahrung als buddhistischer Mönch nicht unbedingt außergewöhnlich ist, kann ich aus meiner begrenzten Erfahrung den Nutzen dieser inneren Einstellung – Liebe, Mitleid, Achtung der menschlichen Würde und Werte – ermessen. In meinem Alter habe ich mich bereits während zahlreicher Jahre bemüht, Mitleid und Güte in mir zu entwickeln. Ich habe das Gefühl, daß ich dank dieser Praxis ein glücklicher Mensch bin. Trotz vieler schwieriger Umstände bin ich glücklich. Wäre ich wegen dieser Schwierigkeiten immer betrübt, könnte ich nicht viel bewirken, denn ein trauriger

Mensch kann die Realität nicht beeinflußen. Unheilvolle Ereignisse zu akzeptieren will außerdem noch lange nicht heißen, daß man sich entmutigen läßt. Wir versuchen diese Schwierigkeiten und Tragödien zu überwinden und dabei ruhig und standfest zu bleiben.»

Standfest wie der Fels, hätte er zu Recht hinzufügen können. In der Lehre und den Ratschlägen des Buddhismus begründet, ermächtigt diese Art der Daseinsbewältigung – von ihm selbst «buddhistischer Realismus» genannt – den Dalai Lama, widrigen Umständen mit Gleichmut zu begegnen. «Denn», so bemerkt er, «wenn ein Problem gelöst werden kann, wenn etwas getan werden kann, um eine Situation zu verbessern, dann besteht kein Grund zur Sorge. Wenn keine Lösung in Aussicht steht, dann ist es völlig unnütz, sich Sorgen zu machen. Sich, aus welchem Grund auch immer, Sorgen zu machen bringt nichts. Man soll nicht bekümmert sein, denn diese Einstellung kann nichts Gutes bringen.» Einfacher zu predigen als im Alltag zu leben, ist diese Einstellung einer der Grundzüge Tenzin Gyatsos; es ist in erster Linie Erfüllung gelebter Innerlichkeit.

Auch hier gilt es – nach buddhistischer Art –, sich nicht vom äußeren Schein täuschen zu lassen, zeichnet sich doch hinter der souveränen Schlichtheit des spirituellen Oberhaupts der Tibeter deutlich ein eiserner Wille ab. Und dieser Wille diente dazu, dient noch heute unablässig dazu, ein Wesen zu glätten, das sich bis zur Reinheit der unendlichen Transparenz des tibetischen Himmels verfeinert. Vielleicht braucht es diese bewußte Folge der Leben, um zu einem derartigen Grad an Entäußerung und Intensität zugleich zu gelangen – oder zumindest ein gänzlich auf die geistliche Suche ausgerichtetes Dasein. Der Kampf gegen Verblendung wird jeden Tag gekämpft, und er eröffnet schließlich unerwartete Perspektiven.

Mit dem üblichen Schalk stellt Tenzin Gyatso fest: «Wenn es einem schlecht geht, genügt es nicht, ein medizinisches Werk zu lesen, um wieder gesund zu werden. Man muß ein Arzneimittel nehmen, um die Genesung zu fördern. Es ist einfach, sich über die Lehre auszulassen oder Ausführungen darüber anzuhören; unvergleichlich schwieriger ist es jedoch, sie in die Praxis umzusetzen. Es gibt nur ein Mittel, gute Ergebnisse zu erzielen: empfangene Lehren beharrlich zu praktizieren. Ist die Ursache eine bloße mündliche Erklärung, kann auch die Wirkung nicht darüber hinausgehen. Wer Hunger hat, braucht physische Nahrung, die einfache Beschreibung eines wohlschmeckenden Gerichts allein, und stamme es aus der französischen oder der chinesischen Küche, reicht nicht aus, um uns zu sättigen. Wie schon der Buddha sagte: ‹Ich zeige Euch den Weg der Erlösung an, aber wißt, daß die Erlösung selbst von Euch abhängt.› Um dann mit einem Trantra weiterzufahren: ‹Wenn Ihr das, was ich gesagt habe, in die Praxis umsetzt, und es bringt nichts, dann habe ich gelogen.› Folglich muß man zuerst die Praxis einüben und Erfahrungen sammeln; so gelingt es einem, die Wahrhaftigkeit der Lehren des Buddha zu begreifen.»

Damit ist keineswegs gesagt, der Dalai Lama rate zu reinem Asketentum oder predige allen und jedem den Weltverzicht. Er weiß sehr wohl zu unterscheiden, und den nach exotischer Weisheit strebenden Abendländern gibt er zu bedenken, daß auch materielle Annehmlichkeiten nicht zu verachten sind: immer und überall ist es der Exzess, der zu Auswüchsen führt. So spöttelt er denn: «Besser ist, warm zu haben und gut genährt zu sein, als kalt zu haben, schlecht angezogen und hungrig zu sein.» In seinen Augen ist der materielle Fortschritt schlicht und einfach etwas, was das geistliche Vorankommen nicht vergessen lassen soll, denn obwohl ersterer angeblich Glück bringt, bringt er nur eines, nämlich die Einsicht, daß sämtliche materiellen Güter nicht genügen, um unsere Wünsche zu befriedigen, suchen wir doch nach mehr. In diesem Sinn ist der Materialismus nicht alles, und der Dalai Lama versichert: «Eines der wichtigsten Dinge ist das Mitleid. Es läßt sich in keinem Laden, keinem Supermarkt kaufen, und keine Maschine kann es herstellen. Allein die innere Entwicklung vermag es hervorzubringen.» In dieser verwirrenden Welt, in der wir leben, gilt es demnach die Verblendung zu überwinden, um vollkommen bewußt zu werden und die eigene Verantwortung zu übernehmen. Ein weites Feld . . .

Unermüdlich betont der Dalai Lama, wie unvergleichlich

wichtig heute die Einübung von Geduld und Toleranz sei – eine Einstellung, die weder mit Permissivität noch mit bequemem Rückzug auf die eigene Ohnmacht, noch mit Entmutigung zu tun hat. Nachdrücklich bekräftigt der Buddhismus, daß derjenige, der Einsicht in die Dinge und in die Welt erlangen will, sich unbedingt einer bewußten Einübung in die Tätigkeit des Geistes zu unterziehen hat. Der wahre Grund dafür ist einfach. Um die wahre Natur des Spiels der kosmischen Kräfte zu erfassen, ist Weisheit – im Sinne von Erkenntnis – grundlegend:

«Um zu dieser Weisheit zu gelangen, begibt man sich auf den Weg der Meditation, denn unsere geistigen Kräfte, so wie sie jetzt sind, sind nicht sehr mächtig. Zurzeit ist unser Geist zerstreut; wie das Wasser in einem Wasserkraftwerk gilt es die geistigen Energien zu kanalisieren, um starke Kräfte hervorzubringen. Was den Geist betrifft, so erzielt man dies durch Meditation, die dergestalt kanalisiert wird, daß sie stark wird und zum Umgang mit Weisheit befähigt. Da wir die Keime der Erleuchtung in uns tragen, ist die Buddhaschaft nicht anderswo zu suchen. Wird in einem Teich das Wasser bewegt, dann wird es schlammig; trotzdem ist das Wasser seiner Natur nach nicht schmutzig. Schon oft habe ich gesagt, daß ein starker Affekt, den man an die Oberfläche treten läßt, den Geist an sich nicht verschmutzt, welcher vielmehr seinem Wesen nach von Licht und Erkenntnis durchdrungen bleibt. Auch der Haß ist Bewußtsein, deshalb ist auch er seiner Natur nach Licht und Erkenntnis, selbst wenn er sein Objekt falsch auffaßt.»

Selbst für den Dalai Lama braucht Einübung von Weisheit oder Erkenntnis viel Geduld, ein jeden Tag zu begehender Weg, eine zu jeder Zeit anzustrebende Daseinsform: was er heute ist, was er im Verlauf der Jahre geworden ist, das verdankt er sicherlich einem einmaligen Zusammentreffen von außergewöhnlichen Persönlichkeiten – seinen Betreuern, seinen Meistern und seinen Lehrern –, aber auch, vielleicht vor allem der Arbeit an sich selbst. So verweisen denn seine Präsenz, seine Gewandtheit und sein Charisma auf eine unablässig erneuerte persönliche Disziplin wie auch auf eine unmittelbar wahrnehmbare Einzigkeit, umgeben von der Aura einer mit Einsamkeit durchwobenen grenzenlosen Freiheit. Sie ist zweifellos der Preis für das von den Weisen so innig gesuchte Wissen, aber auch das Geheimnis unablässiger Selbstüberwindung.

«Wie Sie selbst beobachten können», bemerkt er, «können Personen mit innerer Stärke besser mit Problemen fertigwerden. Im Falle Tibets und kraft meiner eigenen, wenn auch begrenzten Erfahrung kann ich die Wahrheit dieser Behauptung bestätigen. In meiner Position, in einer schwierigen Lage und mit schwerer Verantwortung, gäbe es allen Grund, Kopfschmerzen zu bekommen. Wie sich jedoch von meinem Gesicht ablesen läßt, mache keinen besonders besorgten Eindruck. Zwar wissen wir, daß wir schwerwiegende Probleme haben und daß es eine Tragödie ist. Aber wir akzeptieren sie als Tatsachen und tun unser Bestes. Kein Zweifel, daß innere Stärke dabei helfen kann: sie beeinflußt die Art und Weise, wie Probleme wahrgenommen und angegangen werden.»

Ist diese innere Kraft einmal gewonnen und gesichert, dann ergibt sich – will man dem geistlichen Führer Tibets Glauben schenken – alles andere wie von selbst oder doch beinahe; es genügt durchzuhalten, beruht doch der Kern des Buddhismus letztlich auf zwei Grundvorschriften. Die erste «Man muß den anderen helfen» umfaßt sämtliche Lehren des Mahayana oder Großen Fahrzeugs. Die zweite «Zumindest soll man den anderen nicht schaden» umfaßt die ganze Lehre des Hinayana oder der Theravada-Schule, mit anderen Worten des Kleinen Fahrzeugs. Dies ist die integrale Grundlage der buddhistischen Ethik.

«Die Lehre ist nicht bloß zur Erkenntnis bestimmt, sie ist ein Mittel zur Vervollkommnung unseres Geistes», kommentiert er. «Deshalb muß sie Bestandteil unseres Lebens sein. Entscheidend ist die Praxis. Den Buddhismus zu studieren, um ihn dann als Waffe für die Kritik an anderen Theorien oder Ideologien einzusetzen, ist falsch. Hauptzweck ist die Selbstkontrolle, nicht die Kritik an den anderen. Es ist besser, sich selbst mit kritischem Auge zu betrachten und sich zu fragen, was zu tun ist, um sich von Zorn, Anhänglichkeit, Eifersucht, Haß und Stolz zu befreien.

Grundsätzlich heißt das, daß man sich in der Praxis als erstes selbst kontrollieren, die für die anderen möglicherweise schädlichen schlechten Handlungen möglichst eindämmen muß. Das ist die defensive Haltung. Nachher, auf der nächsten Stufe, wenn man sich gewisse Fähigkeiten angeeignet hat, wird die Haltung aktiv und besteht darin, den anderen zu helfen. Zuweilen muß man sich in der ersten Phase von der übrigen Welt absondern, um sich der eigenen inneren Entwicklung widmen zu können. Wachsen dann Selbstvertrauen und innere Stärke, gilt es die Verbindung mit der Gesellschaft aufrechtzuerhalten und ihr, in welchem Bereich auch immer, zu dienen. Es genügt nicht, sich durch besondere Bekleidung von den anderen zu unterscheiden, ein von den anderen getrenntes Leben zu führen und sich von der übrigen Gesellschaft zu isolieren. Eine Anleitung zur Einübung in die Tätigkeit des Geistes besagt: ‹Man muß sich im Innern verändern und die äußere Erscheinung unverändert belassen.› Das ist es, was zählt.

Ein Charakteristikum des Buddhismus ist, daß Verstand und Herz gleichermaßen zum Zuge kommen. Vom ethischen Standpunkt aus gilt es, Herzensgüte und Einfühlung zu praktizieren. Aber da der Buddhismus sehr stark mit Argumentation und Logik – dem Aspekt der Weisheit – verbunden ist, ist auch der Verstand wichtig. So gilt es denn, Geist und Herz zu kombinieren. Ohne Erkenntnis, ohne vollumfänglich ausgeschöpfte Einsicht kann man nicht zu den Tiefen der buddhistischen Lehre vorstoßen. Es ist äußerst schwierig, zur konkreten, vollkommen verwirklichten Weisheit zu gelangen. Gewiß, es mag Ausnahmen geben, aber das ist die allgemeine Regel.

Noch etwas ist zu bedenken: Wenn man mit der Praxis beginnt, soll man von ihr nicht zuviel erwarten. Wir leben in einer Zeit der Computer und der Automation, so daß man denken könnte, die innere Entwicklung des Menschen sei auch ein automatischer Prozeß, für dessen Ablauf man nur einen Knopf drücken müsse, und sofort würde sich alles verändern. Das ist nicht so. Innere Entwicklung ist nicht leicht und braucht Zeit. Das jetzige Niveau äußeren Fortschritts – wie zum Beispiel die letzten Raumflüge usw. – wurde auch nicht in kurzer Zeit, sondern über Jahrhunderte hinweg erreicht, indem jede Generation das weiterentwickelte, was vorangegangene Generationen erreicht hatten. Im Hinblick auf die innere geistige Entwicklung ist das jedoch wesentlich komplizierter, denn innere Reifung kann nicht von einer Generation zur anderen weitergegeben werden. Die Erfahrung des vorigen Lebens beeinflußt zwar das jetzige Leben außerordentlich stark, und die Erfahrung dieses Lebens wird dann zur Grundlage für die Entwicklung in der nächsten Wiedergeburt, aber eine Übertragung der inneren Entwicklung von einer Person auf die andere ist nicht möglich. Deshalb hängt es ganz allein von sich selbst ab, und das braucht Zeit.»

Es ist in der Tat nicht einfach, wenn eine andere Tradition andere Wegmarken ins Bewußtsein gesetzt hat, den Geist aus dieser Konditionierung zu lösen, anders zu sehen beginnen, dann anders zu beobachten, zu fühlen und zu reagieren beginnen. Denn ein Buddhist soll nicht blindlings glauben, sondern die Dinge selbst ausprobieren, gewissermaßen selbst sein eigenes Versuchslabor werden und durch die eigene Praxis die eigenen Resultate erzielen.

Obwohl eher zurückhaltend mit Einzelheiten und sehr vorsichtig, sobald es um die eigene innere Vervollkommnung geht, ist der Dalai Lama gleichwohl ein lebendes Beispiel dafür, was der Mensch werden kann, wenn er seine Fähigkeiten ausübt, sein Bewußtsein kultiviert und sorgfältig über seine Aktivitäten wacht. Bei ihm gibt es kein Gefälle zwischen dem, was er sagt, was er tut und was er ist. Nur hat er, ein Pilger unter Pilgern, zweifellos gewisse Abkürzungen eingeschlagen, die ihn schneller, weiter und höher hinauf geführt haben. Er bietet lediglich eine Methode an, Mittel, sich auf den Weg zu begeben und Schritt für Schritt den Pfad zu begehen: seine eigene Weisheit und der Reichtum seiner Erfahrung dienen als Fackel auf dem Weg, und diese einsame Flamme verbreitet eine Helligkeit, die dazu angetan ist, die Schatten zu vertreiben und dem Licht eine Bresche zu schlagen.

«Wenn wir uns damit begnügen, geduldig zu warten, bis das Leiden von selbst verschwindet und sich uns allen das Glück anbietet, dann wird nie ein derartiges Wunder geschehen», behauptet Tenzin Gyatso. Es bleibt also nur, sich selbst an die Hand zu nehmen, sich bei der Hand zu nehmen und aufzubrechen, den Weg zu gehen. Auf den ersten Blick erscheint die Gebrauchsanweisung ziemlich leicht zugänglich. Gemäß der tibetischen Form des Buddhismus geht es darum, die drei Grundsysteme zu kombinieren und sich in eine Praxis einzuüben, die zur Überwindung der Dualität führt: faktisch die letzte Einheit zu verwirklichen. Was das Äußere betrifft, so soll man sich an ein mit der Lehre des Kleinen Fahrzeugs übereinstimmendes Vorgehen halten. Auf der Ebene des Innern gilt es dann, sich zu üben und den Geist zu entwickeln in der altruistischen Absicht, zur Erleuchtung zu gelangen, die in Liebe und Zuwendung verwurzelt ist. Durch die Praxis des Yoga der göttlichen Wesenheiten in der Tiefe des eigenen Seins angelangt, beginnt man schließlich mit der Konzentration auf die inneren Kanäle, die wesentlichen Punkte und den Atem, um den Fortschritt auf dem Weg zu fördern.

Eine der Grundlagen dieses anderen Wissens ist in einem ebenso berühmten wie verkannten Werk enthalten, einem im genauen Wortsinn initiatorischen Werk, allgemein unter dem Titel *Tibetisches Totenbuch* bekannt. Das *Bardo Thodol* ist keineswegs die himalajische Version des Ägyptischen Totenbuches oder irgendein Zauberbuch für Geister, die sich an der Aussicht auf den großen Weggang berauschen; es ist vielmehr in erster Linie eine Meditationshilfe, eine Wegweisung, die dabei helfen soll, den Übergang von einer zu Ende gehenden Existenz zu einem von neuem beginnenden Leben möglichst gut und bei vollem Bewußtsein zu bewältigen – außer man erkenne beim Übergang die wahre und tiefe Bedeutung des Klaren Lichts. In einem solchen Fall ist dann der Kreislauf der Reinkarnation endgültig gebrochen, man muß nicht mehr zurückkehren: das von seinen Ketten und dem Nebel der Verblendung befreite Wesen gelangt direkt zur Erleuchtung. Außer es entscheide sich, aufgrund dieser unaussprechlichen Erfahrung in vollem Wissen und Bewußtsein, sich wieder in den Dienst der Welt der Formen zu stellen, um den anderen helfen zu können.

Denn wenn es auch nicht immer einfach ist, zu leben, so ist doch auch der Tod keine Kleinigkeit. Die tibetische Gesellschaft jedoch hat den für sie so wichtigen Aspekt des irdischen Daseins nie vernachlässigt. So sagt denn auch ein Sprichwort aus dem Hochland: «Das Gegenteil von schwarz ist weiß; das Gegenteil von Nacht ist Tag, und das Gegenteil von Leben ist Geburt.» Ohne sein Lächeln zu verlieren, spricht der Dalai Lama vom Tod wie von einem vertrauten Denkgefährten: «Früher oder später wird er eintreten. Wenn man von Anfang an daran denkt und sich darauf vorbereitet, dann kann solche Vorbereitung in der Stunde des Todes wirklich helfen. Wenn Sie nur an dieses eine Leben und nicht an dessen Fortsetzung glauben, dann kommt es nicht darauf an, ob man sich des Todes bewußt ist oder nicht. Meditation über Tod und Unbeständigkeit beruht auf der Theorie der Kontinuität des Bewußtseins bei der Wiedergeburt. Wenn es eine andere Existenz gibt, dann kann es nur hilfreich sein, für den Tod bereit zu sein, denn wer vorbereitet ist, der wird im Sterbeprozeß weniger Angst empfinden oder in Schrecken geraten und die Situation nicht durch die eigenen Gedanken komplizieren.

Wenn es künftige Leben gibt, dann hängt die Qualität des nächsten Lebens von der gegenwärtigen Existenz ab. Wer heute in der Lage ist, die Vorstellung von Beständigkeit allmählich aufzugeben, dessen Anhänglichkeit an dieses Leben wird schwächer. Auch wer fähig ist, die Unbeständigkeit wahrzunehmen – indem er sieht, daß es die grundlegende Natur der Dinge ist, zu zerfallen –, der wird vermutlich durch den eintretenden Tod keinen allzu großen Schock erleiden. Wer über Tod und Unbeständigkeit nachdenkt, der weckt in sich den Wunsch, sie zu vermeiden, eine Haltung, die ihrerseits dazu veranlaßt, nach Techniken zur Überwindung des Todes zu suchen.

Wer sich in seinem Leben nur mit den weltlichen Dingen der Existenz beschäftigt und sich nicht auf den Tod vorbereitet, der wird am Tag, wo er, unausweichlich, eintreten wird, unfähig sein, an etwas anderes zu denken als an das eigene mentale Leiden und die eigene Angst. Das kann ein Gefühl des Bedauerns auslösen. Wer jedoch oft über Tod und Unbeständigkeit nachgedacht hat, der weiß, daß er unvermeidlich eintreten wird, und bereitet sich ruhigen Gemütes darauf vor.

Da die innere Geistesverfassung im Augenblick des Todes eine ausschlaggebende Auswirkung auf die Kontinuität des Bewußtseins im nächsten Leben hat, ist es wichtig, die Praxis der geistigen Tätigkeit beim Herannahen des Todes weiterzuführen. Was immer sich an Gutem oder Schlechtem in diesem besonderen Dasein ereignet haben mag, äußerst wichtig ist, was sich im Augenblick des Todes ereignet. Deshalb ist es wichtig, den Sterbeprozeß zu studieren und sich darauf vorzubereiten.

Während der Meditation zu diesem spezifischen Thema soll man mit Bewußtseinsstadien vertraut werden, die denen ähneln, die dem Tod vorausgehen. Ich gehe in meiner meditativen Praxis täglich sechs- oder siebenmal durch die Stadien des Sterbens hindurch. Ob ich schließlich Erfolg haben werde, bleibt abzuwarten, aber zumindest erzeuge ich damit die Voraussetzungen für den Erfolg, nämlich Achtsamkeit und Wiedererkennungskraft. Wenn Sie sich zum Beispiel auf eine Schlacht in einem bestimmten Gebiet vorbereiten würden, müßten Sie eine Landkarte studieren, um zu erkennen, wo die Berge sind, wo der Fluß entlangfließt, wo der See liegt usw., so daß Sie bei der Ankunft in dem Gelände wiedererkennen können, was Sie nun tatsächlich sehen, und wissen, was zu tun ist. . .»

Ist es denn für Tenzin Gyatso so wichtig, diesen Übergang erfolgreich zu bewältigen? «Über den Tod meditieren», antwortet er, «ist für die Buddhisten gängige Praxis. Es ist wichtig, sich daran zu erinnern. Alle tantrischen Lehren, die Praxis des Weges und die aus der Meditation hervorgehenden Stadien werden anhand dieser gewöhnlichen Ebene erklärt. Folglich beruht jede höhere tantrische *sadhana* auf der Praxis der Meditation über den Tod, das Zwischenstadium und die Wiedergeburt. Also ist jeder, ob er nun will oder nicht, dazu aufgerufen, ja gezwungen, über den Tod zu meditieren.

Ich glaube, der ausschlaggebende Grund für diese Praxis ist für den Buddhisten, daß es zwei Wege zur Vermeidung von Leiden oder Schmerz gibt. Der erste besteht darin, zu vergessen und die negativen Dinge beiseite zu schieben, sich zu bemühen, nicht daran zu denken. Es ist, angesichts der vorläufigen und kurzlebigen Ergebnisse, keine sehr wirksame Methode, bleiben doch die Probleme vollumfänglich bestehen.

Die zweite Methode zur Vermeidung von Leiden besteht darin, in das Problem einzudringen, ihm auf den Grund zu gehen und es zu analysieren. Meist scheinen der Schmerz oder das Problem anfänglich immens zu sein, ein wahrer Berg. Beginnt man jedoch einmal über das Phänomen nachzudenken, seinen Ursprung zu suchen, es dann zu analysieren und seine Natur zu erforschen, dann bröckeln seine Intensität oder seine Bedeutung ab – es wird geringer und kleiner. Auf diesem Weg sucht man also das Hindernis zu überwinden, das Problem zu lösen. Die buddhistische Lehre sagt denn auch, man solle sich auf diese tiefe Dimension einlassen, in dieser Weise über Alter, Krankheit und Tod nachdenken: eine Art, sie kennenzulernen – zumindest bin ich dieser Überzeugung.»

Man kann nicht umhin, zuzugeben, daß diese Art von Beschäftigung in unserer Welt nicht gerade von unmittelbarer Aktualität ist. Oder nur selten. Und doch ... «Ich habe oft Gelegenheit gehabt, mit Abendländern darüber zu diskutieren. Das ist äußerst aufschlußreich. Da ich den Dialog zwischen abendländischer Philosophie und Buddhismus, aber auch mit der Wissenschaft auf der Basis der Geist-Materie-Beziehung aufrechterhalten will, ist dieses Thema sehr geeignet. Ich meinerseits habe bei Begegnungen mit Psychologen, Neurologen und Physikern neue Impulse erhalten, das gilt insbesondere für jene erst kürzlich gemachten wissenschaftlichen Entdeckungen im Zusammenhang mit Sterbebegleitung. Für mich als Buddhist ist dies sehr hilfreich, und es scheint, daß sich auch meinen Gesprächspartnern dank der buddhistischen Erklärungen neue Perspektiven eröffnet haben.

Es kommt vor, daß Forscher anfänglich zögern, daß ihnen der Einstieg in das Gespräch schwerfällt; ist dann die Diskussion einmal in Gang gekommen und das Interesse wirklich geweckt, dann wird es höchst spannend. Es geht nicht darum, über Religion zu diskutieren, sondern es handelt sich eher um einen akademischen Wissensaustausch. Vor kurzem bot sich mir anläßlich eines Aufenthalts in der Sowjetunion erstmals Gelegenheit zu Gesprächen mit kommunistischen Forschern. Einige begnügen sich damit, alles mit dem dialektischen Materialismus zu erklären, was nicht gänzlich überzeugend wirkt. Andere sind wahre Wissenschaftler, die voranschreiten und ohne Scheuklappen beobachten wollen, die ohne vorgefaßte Meinung mehr Wissen anstreben. Es scheint mir auf jeden Fall hilfreich, in dieser Richtung weiterzugehen.»

Wer sich mit dem tibetischen Herrscher im Exil unterhält, der ist versucht zu sagen, in dieser Intensität lohne es sich, das Leben zu leben. Eine solche Bemerkung amüsiert ihn; man muß nur seine Sicht etwas modifizieren, und schon öffnet sich der Horizont, verändert sich die Perspektive.

«Wenn ich sage ‹ich bin ein Mönch› oder ‹ich bin Buddhist›, dann sind diese Dinge im Vergleich zu meiner menschlichen Natur vergänglich. Mensch sein, das ist das Grundlegende. Ist man einmal in menschlicher Form geboren, dann kann sich das bis zum Tod nicht mehr ändern. Der Rest – gebildet oder ungebildet, reich oder arm – ist zweitrangig. Weil wir diese menschliche physische Form besitzen, müssen wir unsere mentale Urteilsfähigkeit bewahren. Dafür gibt es keine äußeren Garantien. Die Versicherungsgesellschaft ist in uns: Selbstdisziplin, waches Bewußtsein und Unterscheidungsvermögen.»

Im Kreislauf der Wiedergeburten und der Tode ist es in der Tat sehr kostbar, menschliche Form anzunehmen: de facto ist es die einzige, die es erlaubt, sich von aller Schwere zu befreien, bewußt die Versuchung der Verblendung abzulehnen und in einem einzigen Leben zum Erwachen zu gelangen. Die beste Wiedergeburt im Buddhismus, jene, die die größte Spannweite an Möglichkeiten zur Vervollkommnung und zur Fülle ermöglicht, ist die menschliche – dank der geduldig geschärften, verbesserten und abgerundeten Wahrnehmung der unendlichen Potentialitäten des Bewußtseins.

Die Fähigkeit zur Argumentation, zum Denken und zur Verständigung zeichnet den Menschen, im Vergleich zu seinen stummen Gefährten, als höheres Wesen aus. Als Mensch geboren, ist es vital, Güte zu praktizieren und für uns und die anderen löbliche Handlungen zu vollbringen – in diesem und in den künftigen Leben. In menschlicher Form geboren zu werden ist eine äußerst seltene Erfahrung, sagen die Buddhisten, und es gilt, diese kostbare Gelegenheit mit einem Höchstmaß an Weisheit und Fingerspitzengefühl zu nutzen. Denn selbst die Götter sind sterblich ...

«Alle, wir alle suchen das Glück», meint der Dalai Lama. «In Großstädten, auf dem Land, in entlegenen Weilern, überall sind die Menschen emsig und beschäftigt. Mit welchem Ziel? Jeder bemüht sich, glücklich zu werden. Das stimmt. Nur ist es äußerst wichtig, bei dieser Suche die richtige Methode zu wählen. Wir dürfen nie vergessen, daß ein zu weit gehendes Engagement auf einem oberflächlichen Niveau die großen Probleme nicht löst.

Rundum häufen sich Krisen und Ängste. Dank einer hochentwickelten Wissenschaft und Technologie haben wir einen ebenso nützlichen wie notwendigen hohen Grad an materiellem Fortschritt erreicht. Aber im Vergleich zum äußeren Fortschritt wird offenkundig, daß der innere Fortschritt nicht Schritt halten kann. In zahlreichen Ländern gibt es chronische Krisenzustände – Morde, Attentate und Terrorismus. Die Menschen beklagen den Niedergang der Moral und das Anwachsen der Kriminalität. Während wir auf materieller Ebene gut entwickelt sind und weiter voranschreiten, wäre es ebenso wichtig, zur gleichen Zeit auch auf der Ebene der inneren Entwicklung voranzukommen und sich zu entfalten.

Wenn es in früheren Zeiten Krieg gab, dann waren die Auswirkungen – das Ausmaß der Zerstörung – beschränkt. Heute jedoch übersteigen sie, gerade wegen des äußeren materiellen Fortschritts, jegliche Vorstellung. Ich habe Hiroshima gesehen. Zwar hatte ich eine Vorstellung von der Atomexplosion, die sich dort ereignet hatte, aber es ist etwas ganz anderes, selbst am Ort zu sein, mit eigenen Augen zu sehen und Menschen zu begegnen, denen dieses Leid widerfahren ist. Es hat mich sehr berührt. Eine schreckliche Waffe. Selbst jemand, den man als seinen schlimmsten Feind betrachtet, ist, auf einer grundlegenderen Ebene, ebenfalls ein Mensch, auch er will glücklich sein, hat das Recht, glücklich zu sein. Als ich damals Hiroshima betrachtete, darüber nachdachte, war ich noch stärker als zuvor davon überzeugt, daß Zorn und Haß mit Gewißheit keine Probleme lösen können. Obwohl sich die Frage der Gewalt auch noch anders stellen läßt.»

Zu dieser Sicht gelangen, sich selbst verändern, weshalb? Allein um die Welt etwas lebenswerter, etwas weniger aggressiv und etwas harmonischer zu gestalten. Das ist vielleicht eine Utopie, aber auch wenn Utopien sich zuweilen als gefährlich erweisen, so verbietet es doch ein alter, halbvergessener Traum vom Goldenen Zeitalter, ein Vorgehen, das zum Gleichgewicht, wenn nicht zur Gelassenheit, zu einem vertieften Verständnis der Welt führt, einfach mit einer ungeduldigen Handbewegung vom Tisch zu wischen. Voraussetzung ist allerdings, daß man nicht in eine der zahlreichen von der Illusion bereitgestellten Fallen gerät, sondern in der Einsamkeit des Weges beharrlich voranschreitet.

Letztlich nur scheinbar ein Paradox. Je nach Ernsthaftigkeit seines Strebens, seiner Einsicht und seiner Charakterstärke muß jeder den eigenen Weg finden. Vielleicht hat der Mönch einen Vorteil, muß er sich doch weder um die Fallstricke des gesellschaftlichen Lebens noch um die Myriaden von großen oder kleinen Hindernissen kümmern, die den Lauf eines profanen Lebens begleiten. Aber während ihm früher im allgemeinen Unterkunft und Essen, oft gegen ein Entgelt in Naturalien oder in Form von Arbeit, gewiß war, so stellt sich die Lage heute etwas anders dar; wegen des Exils und aufgrund der zunehmenden Säkularisierung der Gesellschaft wird die religiöse Unterweisung in den Klosterschulen mehr und mehr von einer praktischen Ausbildung begleitet.

Auch für den Dalai Lama selbst haben sich die Dinge verändert. Die brutale Konfrontation mit der chinesischen Realität – Waffen und Ideologie – hat die traditionelle Sicht verändert, obwohl auf Zeit hinaus nichts Grundlegendes in Frage gestellt ist: im Laufe der Zeit glätten sich die Unebenheiten, der Wesenskern aber bleibt. Eine kaum weniger brutale, aber für die Zukunft ebenso bedeutsame Konfrontation fand zu jenem Zeitpunkt statt, als es galt, sich den neuen Anforderungen der Organisation der Gemeinschaft außerhalb der Grenzen Tibets zu stellen. Auch hier brauchte das geistliche Oberhaupt alle seine Fähigkeiten, getragen vom einzigen Wunsch, das zu bewahren, was es um jeden Preis zu bewahren galt, und den Kampf gegen das Schicksal zu gewinnen.

Was erstaunt, wenn man einen kurzen Blick auf den zurückgelegten Weg wirft, das ist das Format, das dieser Mönch aller tibetischen Mönche schließlich erlangt hat, die Größe einer Persönlichkeit, die sich im Lichte einer akzeptierten, verantworteten und in Handeln verwandelten Einsamkeit abzeichnet. «Es gibt zwei Arten von Einsamkeit», meint der Dalai Lama. «Einmal das Gefühl, bewußt die Isolation oder den Rückzug zu wählen. Allein oder isoliert zu sein heißt nicht, einsam zu sein. Es kommt vor, daß ich ganz intensiv das dringende Bedürfnis empfinde, mich zu isolieren, um zu meditieren, zu lernen, nachzudenken, allein bestimmte Riten zu vollziehen.

Daneben gibt es eine andere Art von Einsamkeit, die, ob man es gern hat oder nicht, ob man will oder nicht, unabhängig von der eigenen Person, dem eigenen Willen empfunden wird. Das ist weder gut noch hilfreich, denn es schafft Probleme mit den anderen und mündet in Mißstimmung. Aber in einem gewissen, nochmals anderen Sinn ist jeder Mensch allein, jedes Individuum ist im tiefsten Sinne einsam. Man kommt einsam auf die Welt und stirbt einsam. Es ist wahr, daß man im Kreislauf der Leben sehr allein, immer allein ist. Hier kann einem niemand helfen, jeder muß sich selbst helfen, darf sich nicht aufgeben . . .»

«Hier ist die Einsamkeit nicht mehr eine Verneinung, ein Mangel, sondern eine positive Realität mit einem Antlitz und einer Stimme», notierte Fosco Maraini.[10]

Ist es die Einsamkeit des Dalai Lama?

Einsamkeit des Dalai Lama, Besonderheit Tibets. Es besteht eine seltsame und überwältigende Interdependenz zwischen diesen beiden Merkmalen, Siegel der einzigartigen Beziehung eines Mannes mit seinem Land und seinem Volk. Gewiß, der Mensch ist überall das Produkt eines möglicherweise unbewußten Austausches zwischen seiner Umwelt und seinen Fähigkeiten. Selten jedoch gelangt die Symbiose auf diese Stufe des Gleichgewichts und der Nuancen.

Sicherlich hat die lange Isolation des Schneelands zu dieser Gleichung beigetragen, Resultat eines doppelten – aufsteigenden und absteigenden –, in sich selbst geschlossenen Energiestroms. Wenn der Dalai Lama in erster Linie sich selbst ist und die Verehrung eines Volkes, das ihn umgibt, über ihm wacht und sein Bild mit einem Bündel von zusammenstrebenden Schwingungen nährt, dann bricht diese Bündelung der Kräfte auf ihn zu und bricht in ihm auf, um dann wieder, vervielfacht, nach außen zu strömen und jedem ein Bruchstück einer erneuerten Macht zu verleihen. Seltsame Alchimie. Dieses allgemeine Phänomen der Brechung wird in jeder – bescheidenen oder großen – Menschenansammlung manifest, die sich um einen mehr oder weniger charismatischen Führer gruppiert; in diesem Fall jedoch gewinnt es ein außergewöhnliches Ausmaß: eine zu jeder Zeit vorhandene Präsenz, Schutzschild und Unterpfand des Vorankommens zugleich. Im Austausch dazu bleibt der Dalai Lama der Allwissende, aber dieses übermenschliche Vertrauen mag zuweilen zu einer schweren Last werden, zwingt es doch zu einem ständigen Über-sich-selbst-Hinauswachsen, zu einer Gratwanderung zwischen schwindelerregenden Abgründen. Ohne Anrecht auf den kleinsten Fehltritt. Diese Einsamkeit, die das Los all jener ist, die Macht haben, erlaubt keinen Einbruch, keinerlei Schwäche. Nicht daß sie den Kredit des geistlichen Führers beeinträchtigen oder sein Bild trüben würde – das Beispiel des sechsten Dalai Lama bezeugt das Gegenteil –, aber aus tibetischer Sicht gibt es kraft des Kausalitätsgesetzes unausweichlich eine Ursache, die diese oder jene Wirkung herbeiführt. Und allein die allgemeine Verblendung ist ein Hindernis beim Verständnis einer derartigen Legitimierung der Existenz. Es handelt sich aber nicht um die Unfehlbarkeit göttlicher Herkunft im Sinne des römisch-katholischen Glaubensverständnisses. Ein vollkommener Lama – und das ist der Dalai Lama – kann in den drei Zeitdimensionen lesen; sein Handeln spiegelt dieses Wissen wider, das Fakten Rechnung trägt, deren unmittelbare Logik dem gewöhnlichen Sterblichen entgehen mag.

VI

Der Meister des Weißen Lotus auf dem Löwenthron

Wie die Hand vor den Augen den höchsten Berg verdeckt,
so verstellt das kleine irdische Leben den Blick
für die großen Lichter und die Geheimnisse der Welt;
wer es aber aus seinem Gesichtsfeld wegnehmen kann,
wie wenn er seine Hand zurückzöge, der entdeckt
den großen Glanz der anderen Welten.
Rabbi Nachman von Bratzlaw

Lotus und Löwe so vollkommen, ohne offenkundige Dissonanz aufeinander abzustimmen, Tibet allein konnte das gelingen – diesem Hochland von großartiger Schönheit, wo sich die Stille mit der Einsamkeit vereint und wo die Zeit das Gehabe der ewigen Hügel hat. Heftige Winde, grenzenlose Horizonte, Tiefen des Himmels, in Abgründe des Lichts aufbrechend – sie gehen aufs schönste mit der edlen Blume einher und sind Kulisse für die mythische Raubkatze.

Der Lotus ist zum Hauptsymbol des Buddhismus geworden, weil er im schlammigen Boden der trägen Teiche entsteht und die heimtückische Süsse des Wassers durchquert, um sich dann am Licht in einem sich ständig erneuernden Wunder der Harmonie zu entfalten. Er steht im Zentrum zahlreicher, in der jahrtausendealten Erinnerung des geheimnisvollen Indiens wurzelnder Legenden, und er begleitet getreu die Etappen des irdischen Lebens des Weisen der Sakya. Seine Blütenblätter bilden den Sockel des Throns des Erwachten, zuweilen dient er der Veranschaulichung einer Weisheitsparabel. Ob er, nach indischer Manier, den Namen Avalokiteshvara trägt oder, nach tibetischer Manier, den Namen Chenresi oder auch Kostbarer Beschützer des Schneelands – der Buddha des Grenzenlosen Mitleids trägt oft eine Lotusblüte in der Hand: aus diesem Grund ist er auch unter dem Namen Meister des Lotus bekannt. Sein Vertreter auf Erden, Inkarnation oder Emanation, ist der Herrscher auf dem Dach der Welt, und ihm steht folglich der Titel rechtens zu.

Was den Löwenthron betrifft, so ist die Symbolik noch eindeutiger – selbst wenn es sich um den Schneelöwen handelt, jenes Fabeltier, das die tibetische Fahne schmückt und sich auf den alten Münzen tummelt. Acht waren es, aus Holz geschnitzt, vergoldet und überaus wild, windverweht die Mähne, die mit vereinten Kräften den Thron des geistlichen und weltlichen Herrschers trugen, auf dem nur er allein Platz nehmen durfte. Vom vierzehnten Dalai Lama war er im März 1940 feierlich von neuem eingenommen worden, Höhepunkt des langen Ritts, der ihn vom bescheidenen Bauernhof in Taktser in den Potala, den Wohnsitz der Götter, geführt hatte. Zeichen des Königtums und der Macht ist der Löwenthron auch, gewissermaßen, das Emblem der vollkommenen Suzeränität des jeweiligen Inhabers über das ganze Land, in der geistlichen wie in der weltlichen Sphäre. Eine ausgefeilte Symbolik von Farben und Formen, von Kissen, Requisiten und Einzelheiten trägt dazu bei, diesen königlichen Sessel zum Ausdruck des Wesens einer Weltauffassung und ihres Brauchtums zu machen.

Im Verhältnis zu seiner unendlichen Weite schwach bevölkert, den wildesten Träumen zugetan und von Nomaden begangen, die verzaubert sein mögen von der unablässigen Suche nach dem in ein Trugbild verwandelten großen Traum, stand das Land Bod seit jeher im Rufe, außergewöhnliche Persönlichkeiten hervorzubringen. Als Laien waren sie fest im irdischen Leben verankert, und einigen – nur wenigen zwar, aber es gab sie – war es gelungen, den exquisiten Zauber des feinsinnigen Orients mit den Annehmlichkeiten des in materiellen Dingen sachkundigen Westens zu verbinden. Im allgemeinen erweckten die Tibeter beim westlichen Reisenden den Eindruck, sie fühlten sich wohl und seien mit ihrem Schicksal zufrieden.

Das geübte Photographenauge von Fosco Maraini, der Giuseppe Tucci teilweise auf seinen Irrfahrten begleitete, hat dieses hervorstechende Merkmal sehr wohl wahrgenommen, und er bemerkte: «Die Tibeter schienen mir, soweit man es auf dieser armseligen Erde eben sein kann, ein vollkommen glückliches Volk zu sein. Das Glück hängt nicht so zwingend von der Sozialstruktur oder dem Regierungssystem ab, wie dies unsere Zeitgenossen anzunehmen scheinen; es liegt vor allem im Gleichgewicht zwischen der Welt, in der der Mensch lebt, und der Welt, die er in seinem Herzen trägt.»[11]

Das will heißen, daß die Souveränität des Dalai Lama, über die Tradition hinaus, auf einer unumstrittenen Autorität beruht, die nicht allein aus gesellschaftlichem oder religiösem Druck heraus entstanden sein kann. Wenn dem Meister des Lotus so viel Verehrung und so viel Vertrauen entgegengebracht wird, dann muß er selbst ein Meister in dem präzisen Sinne sein, daß er Weisheit oder Erkenntnis weitergibt. Als Erbe zahlreicher sich ergänzender Ketten ist jener Mönch, der im Verlauf der Jahrhunderte diese Aufgabe jeweils übernommen hat, stets ein wahrer Guru gewesen – mit der vielleicht eher scheinbaren als wirklichen Ausnahme des sechsten Dalai Lama. Bereits im zartesten Alter fügt sich der vierzehnte Dalai Lama ganz natürlich in diese jahrhundertealte Perspektive ein.

Das ging so weit, daß 1957, als Gruppen von Widerstandskämpfern in den östlichen Provinzen von Kham und Amdo der Besatzungsmacht unablässig zusetzten und sich bemühten, Reste von Unabhängigkeit zu bewahren, die Anführer beschlossen, den Dalai Lama zu bitten, einen besonderen Ritus, den *Tenshuk Shapten,* zu vollziehen. Es war zum Zeitpunkt der Rückkehr des Herrschers von den Feierlichkeiten in Indien zu Ehren des zweitausendfünfhundertsten Jahrestags der Geburt des Buddha, und zudem hatte dieser Ritus eine ganz besondere Bedeutung: nicht nur war er Ausdruck der Gefolgschaft und des Vertrauens der Tibeter in ihren geistlichen Führer, sondern auch glanzvolle Bestätigung seiner weltlichen Macht. Um den Glanz des Ereignisses noch zu erhöhen, war es Brauch, dem Herrscher zahlreiche Gaben und kostbare Geschenke zu Füßen zu legen. Es wurde entschieden, dem Dalai Lama einen neuen Thron zu schenken. Dieser konnte nur aus Gold sein ...

Nachdem man sich einmal grundsätzlich über das Zeremoniell geeinigt hatte, schwärmten Sendboten, so als wäre alles ganz selbstverständlich, in alle Himmelsrichtungen aus, um auf dem Hochland Geld und Juwelen zu sammeln, auf daß die Gabe Seiner Heiligkeit und der Feier würdig sein möge. All das konnte auch durchaus Vorwand sein, die einsamen Landstriche zu durchstreifen und in ganz anderer Absicht Kontakte zu knüpfen; das Verblüffendste an dieser ganzen Geschichte ist für den Außenstehenden, daß innerhalb weniger Monate ein wahrer Schatz angehäuft werden konnte.

Gompo Tashi Andrugtsang, tapferer Krieger und einer der angesehensten Führer des Widerstands, erzählt, daß alle, Händler und Lamas, Begüterte und Mittellose, ihren Beitrag leisten wollten. Wie zur Zeit von Alexandra David-Neel, vor mehr als einem halben Jahrhundert, als es darum ging, die gigantische Statue von Maitreya, dem Buddha der kommenden Zeiten, in Tashi-lhunpo in Shigatse zu errichten, trennten sich die Frauen von ihrem Schmuck, die Männer von ihrem Zierat, und selbst die Bettler steuerten ihren Obolus bei. Bei dieser Gelegenheit, so gibt Gompo Tashi Andrugtsang zu, zählte er auch die schwachen Kräfte des Widerstands und beriet sich mit den örtlichen Anführern darüber, wie dem Feind standzuhalten sei. Aber was konnten diese kleinen, zwar tapferen, aber schlecht ausgerüsteten Truppen ausrichten, die keinerlei äußere Unterstützung hatten und angesichts der alles niederwalzenden chinesischen Übermacht nur auf ihren aus einer anderen Zeit stammenden Heroismus zählen konnten?

Nachdem Gold und Silber, Türkise und Korallen, Onyxe, Diamanten und Perlen samt anderen Kleinigkeiten einmal zusammengetragen waren, konnte die Arbeit beginnen. «Neunundvierzig Goldschmiede, fünf Juweliere, neunzehn Graveure, sechs Maler, acht Schneider-Posamenter, sechs Zimmerleute, drei Schmiede und drei Schweißer, unterstützt von etwa dreißig Hilfskräften, arbeiteten mehrere Wochen, um diesen prachtvollen Thron zu gestalten. Während all dieser Zeit wurden heilige Texte gelesen und Gebete gesprochen, Gebetsfahnen wurden gehißt und Weihrauch verbrannt. Einmal gefertigt, wog der Thron 3164 *Tolas* (d.h. mehr als 80 Pfund) reines Gold, mit Edelsteinen eingelegt. Der *Dorje,* der symbolische Donnerkeil, der die Vorderseite schmückte, wog allein 133 Tolas (54 Unzen) Gold, mit Diamanten und Türkisen in Form von Löwen durchsetzt.»[12]

Neben diesem Wunderwerk gab es noch weitere Geschenke: eine Fülle von Ritualgeräten in Gold und Silber für die Klöster, Lampen mit den eingravierten acht Orakelsymbolen des Buddhismus, ein kleiner Tisch, ebenfalls aus Gold, Kannen, Opferschalen, Teller und Kelche. Diese Gaben, wie auch der Thron, sollten im Potala bleiben und in den jahrhundertealten Schatz der Dalai Lamas integriert werden. Daß die Chinesen einige Jahre später dann Tage und ganze Lastwagen brauchten, um den roten Palast seiner Reichtümer zu berauben, wird so leicht begreiflich.

Nach der feierlichen Einweihung, als Dank an die Handwerker für ihre Arbeit gedacht, wurde der Thron unter den aufmerksamen Blicken der zum Norbulingka geströmten Menge am 7. Juli 1957 mit großem Pomp dem Dalai Lama dargebracht. Der junge Herrscher vollzog den Ritus und segnete die Gläubigen von einem Balkon aus. Allen Teilnehmern bleibt dieser große Tag unvergessen – letztes Feuerwerk eines vom Untergang bedrohten Lebensstils. Andere Feuer motteten in der Umgebung, entfacht vom Widerstand gegen den Besatzer und von einer gnadenlosen Repression. Aber die damals noch freien Menschen der tibetischen Hochebene behielten den Glauben an ihren Herrscher, und einige hofften wider alle Hoffnung, die immer prekärer werdende Lage könnte sich noch wenden.

Diese kaum bekannte Episode in der Geschichte Lhasas, die sich zutrug, als die Chinesen faktisch das Schneeland schon besetzt hielten und die Welle der Gerüchte über ihre Grausamkeit die Sonnenstadt bereits erreicht hatte, mag anekdotisch sein, sagt aber sehr viel aus über den Stellenwert der Religion im Alltagsleben. Ein nicht unbedeutender Teil der männlichen Bevölkerung – etwa zehn Prozent – lebte in den Klöstern, während der Lebensrhythmus aller zum einen durch die Praxis in der Familie, zum anderen durch Feste und große Pilgerfahrten geprägt war. Das will nicht etwa heißen, daß alle Tibeter Mystiker, Eremiten oder Asketen gewesen wären, auf immer in jenseits der Unendlichkeit sich erstreckende Horizonte vertieft. Die große Mehrzahl von ihnen lebte gemäß den von Sitte und Gewohnheit festgelegten gesellschaftlichen Normen, die zwar starke, aber keineswegs unüberwindliche hierarchische Barrieren errichtet hatten, und überließ es den zahlreichen Mönchen, sich um das geistliche Wohlergehen der Gesellschaft insgesamt zu kümmern. Freilich gab es unter den Lamas stets einen relativ hohen Anteil an Meistern und Gurus. Wurde nicht zu Recht behauptet, die großen Klöster seien eine Art Pflanzstätte und die tibetischen Lamas seien Experten im Heranziehen von Weisen, so wie anderswo Ärzte oder Ingenieure ausgebildet werden?

«Wir in Tibet glauben», schreibt der Bruder des Dalai Lama, «daß jeder von uns dabei mithelfen sollte, indem er die Unwissenheit vernichtet, die in ihm selbst liegt. Es ist das bewußte Erkennen der eigenen Unwissenheit und das Verlangen nach Erlösung, was den Tibeter kennzeichnet und was für mich das Leben in Tibet so lebenswert macht. Der Buddhismus lehrt, daß unser Nichtwissen Leiden bedeutet, und wir wissen das. Sogar dieses kleine Fünkchen Wissen bringt Schönheit in unser Leben, hilft uns überall, Schönheit zu entdecken, und lehrt uns Weisheit.»[13]

Dem Dalai Lama zufolge gibt es zwei Möglichkeiten der Annäherung an den Buddhismus: Glaube und Vernunft. Der Weg des Glaubens ist gut, leitet er den einzelnen doch dazu an, so zu handeln, daß er den anderen gerecht wird und ihnen nicht schadet. Freilich fügt er bei, um die Gefahr eines blinden Glaubens abzuwenden, sei es besser, die Wahrheit zuerst auf dem Weg über die Argumentation zu erarbeiten. Eine Art unmißverständliche Aufforderung zur persönlichen Reflexion, der Grundlage des Buddhismus. Und lächelnd bemerkt er dazu: «Es gibt kein Siegel, das die Lippen des Dalai Lama, des buddhistischen Mönchs Tenzin Gyatso, zu verschließen vermöchte. Wenn Ihnen an meinen Ausführungen etwas einleuchtet, um so besser. Wenn nicht, kein Problem: Sie brauchen es nicht zu berücksichtigen. Man muß nicht alles akzeptieren, nur weil es jemand, den man den Dalai Lama nennt, gesagt hat. Akzeptieren Sie es nur, wenn es Ihnen vernünftig erscheint und Ihrem geistlichen Leben zuträglich ist.» Denn der Weg der Vernunft kennt praktisch keine Grenzen. Er allein erlaubt es, die Dinge zu vertiefen, zu verstehen und sogar zur Erleuchtung oder zum Erwachen zu gelangen. Gewiß, obwohl er allen offensteht, kann ihn nicht jeder begehen, erheischt er doch Beständigkeit in der

Anstrengung und großen zeitlichen Aufwand. Jene aber, die sich völlig auf ihn einlassen, können in der Erkenntnis so weit kommen, daß sich ihre Weisheit allmählich in Ausstrahlung verwandelt und daß die erworbene Einsicht sie zu Fackeln für jene werden läßt, die sich am Wegrand befinden. Sie sind, weil äußerst selten, entsprechend kostbar. Ihr inneres Licht jedoch trägt weit, sehr weit.

Woran läßt sich ein Meister erkennen? Wie lassen sich seine Qualitäten richtig einschätzen? Der Dalai Lama lächelt, Schalk blitzt in seinem Auge auf: «Das hängt vom Interesse und von der Veranlagung eines jeden ab, es genügt, die Dinge sorgfältig zu analysieren. Bevor man sich für einen Lama oder einen Guru entscheidet, soll man in Erfahrung bringen, ob die betreffende Person tatsächlich dazu geeignet ist. Ein Text des *Vinaya* (Mönchsregel) besagt, daß so, wie die Gegenwart eines Fisches im Wasser an den an der Oberfläche zu beobachtenden Wellenbewegungen erkennbar ist, auch die inneren Qualitäten eines Meisters mit der Zeit an seinem Verhalten ablesbar werden. Auch seine Gelehrsamkeit ist abzuwägen – seine Fähigkeit, ein Thema darzustellen –, und es ist zu prüfen, ob seine Lehren mit seiner Einstellung und seinem Lebensstil harmonieren. Laut einem Tantra muß diese Erforschung peinlich genau durchgeführt werden, selbst wenn sie zwölf Jahre dauert. So wählt man sich einen Meister.»

Wie ein Echo darauf hier die Erklärung eines anderen tibetischen Lama, Tara Rinpoche, aus dem tantrischen Kloster von Gyuto: «Der Guru muß mindestens zwei Qualitäten haben – Mitleid und Weisheit. Besitzt er ersteres nicht, besteht die Gefahr, daß er schließlich dem Schüler Unrecht tut. Ohne letztere wird er ihn wahrscheinlich in die Irre leiten.»[14]

Meister dieser Größe und von diesem Format suchen keineswegs die Aufmerksamkeit auf sich zu ziehen, sie begnügen sich damit, so zu sein, wie sie sind – in der Fülle ihrer Vollkommenheit, die sie jedoch keineswegs zu teilen ablehnen.

Wer ihre Lehren vernimmt oder ihren Kommentaren zu den heiligen Texten lauscht, bekannten wie unbekannten – die nur nach einer unumgänglichen Vorbereitung weitergegeben werden –, der ist erst einmal verblüfft über die Klarheit des Denkens und die Präzision im Ausdruck. So etwa bei der Exegese des berühmten Mantra OM MANI PADME HUM, das gewissermaßen zum unterscheidenden Siegel des Buddhismus in Tibet geworden ist, sosehr ist es im Hochland allgegenwärtig und für die Tibeter mit Bedeutung befrachtet. Gebetsfahnen, behauene *Mani*-Steine am Wegrand, Inschriften im Gebirge, im Winde wehende Papierfetzen, Anrufungen an der Türschwelle zu Häusern oder Klöstern, unablässige Psalmodie der Pilger, die ihre Gebetsschnur durch die Finger gleiten lassen, oder erste kindliche Laute – ganz Tibet erkennt sich in dieser jahrtausendealten Litanei wieder, die von einem Jahrhundert zum anderen, von einem Zeitalter zum anderen, von einem Leben zum anderen überleitet. Normalerweise wird sie kurz mit «Gruß an das Juwel im Lotus» übersetzt. Im Verlauf der Jahrhunderte hat sie unzählige Kommentare und Interpretationen, wissenschaftliche Forschungen und bescheidene Opfergaben bewirkt. Symbol des Lebens und einer Daseinsform, sind sie in der Exegese des Dalai Lama in einzigartiger Vollendung zusammengefaßt.

«Es ist sehr gut, das Mantra OM MANI PADME HUM zu rezitieren. Während Sie das tun, sollten Sie aber über seine Bedeutung nachdenken, denn der Sinn dieser sechs Silben ist groß und unausschöpflich. Die erste, OM, ist aus drei Buchstaben zusammengesetzt, nämlich A, U und M. Sie symbolisieren den unreinen Körper, die unreine Rede und das unreine Bewußtsein des Übenden. Gleichzeitig symbolisieren sie aber auch den reinen erhöhten Körper, die reine Rede und das reine Bewußtsein eines Buddha.

Können unreiner Körper, unreine Rede und unreines Bewußtsein in reinen Körper, reine Rede und reines Bewußtsein verwandelt werden, oder sind beide völlig voneinander getrennt? Alle Buddhas sind Beispiele, in denen Wesen wie wir selbst auf dem Weg schließlich zur Erleuchtung gelangt sind. Der Buddhismus behauptet nicht, daß es irgend jemanden gäbe, der von Anfang an frei von Fehlern wäre und alle guten Qualitäten besäße. Die Entwicklung eines reinen Körpers, reiner

Rede und reinen Bewußtseins geschieht dadurch, daß Schritt für Schritt die unreinen Zustände überwunden und in die reinen transformiert werden.

Wie ist das zu tun? Der Weg dahin wird in den nächsten vier Silben angedeutet. MANI – das heißt Juwel – symbolisiert die Faktoren der Methode: die uneigennützige Intention, nach Erleuchtung zu streben, heilende Hinwendung und Liebe. Gerade so wie ein Juwel in der Lage ist, die Armut zu vertreiben, kann der uneigennützige Erleuchtungsgeist die Armut oder Schwierigkeiten des Kreislaufs der Wiedergeburten und des nur in Einsamkeit erzielten Friedens beseitigen. Ebenso wie ein Juwel die Wünsche der Lebewesen erfüllen kann, erfüllt der uneigennützige Erleuchtungsgeist die Wünsche der Lebewesen.

Die zwei Silben PADME – das heißt Lotus – symbolisieren Weisheit. Gerade wie der Lotus aus dem Schlamm emporwächst, ohne daß seine Schönheit von dem Schmutz getrübt würde, so kann uns Weisheit in einen widerspruchsfreien Seinszustand versetzen, während wir in tiefe Widersprüche verstrickt blieben, wenn wir diese Weisheit nicht hätten. Es gibt Weisheit, welche die Vergänglichkeit aller Dinge erkennt, Weisheit, die erkennt, daß Personen leer sind in bezug auf Selbstgenügen oder substantielle Existenz, Weisheit, die Leere in bezug auf Dualität erkennt, d.h. Leere in bezug auf den ontischen Unterschied zwischen Subjekt und Objekt, und Weisheit, die Leere in bezug auf inhärente Existenz erfährt. Obwohl es also verschiedene Arten von Weisheit gibt, ist unter diesen die Weisheit, die Leere erfährt, die wesentliche.

Vollkommene Reinheit muß durch die unteilbare Einheit von Methode und Weisheit erzielt werden, die in der letzten Silbe HUM – sie bedeutet Unteilbarkeit – symbolisiert wird. Im Sutra-System bezieht sich die Unteilbarkeit von Methode und Weisheit auf Weisheit, die durch Methode, und Methode, die durch Weisheit beeinflußt ist. Im Mantra- oder Tantra-Fahrzeug bezieht sie sich auf ein Bewußtsein, in welchem die volle Form von Weisheit und Methode als einer unteilbaren Wesenheit gegeben ist. Im System der Wurzelsilben für die Fünf Sieger-Buddhas ist HUM die Wurzelsilbe des Aksobhya – des Unbeweglichen, Unveränderlichen, der durch nichts gestört werden kann.

So bedeuten sie sechs Silben OM MANI PADME HUM, daß man in Abhängigkeit von der Praxis des Weges, der eine unteilbare Einheit von Methode und Weisheit ist, den eigenen unreinen Körper, unreine Rede und unreines Bewußtsein in den reinen erhöhten Körper, reine Rede und reines Bewußtsein eines Buddha verwandeln kann. Es heißt, daß man nach Buddhaschaft nicht außerhalb seiner selbst suchen solle, denn die Grundbedingungen für die Erlangung der Buddhaschaft liegen in uns. Wie Maitreya in seiner *Höheren Wissenschaft des Großen Fahrzeugs (Uttaratantra)* sagt, haben alle Wesen die Buddha-Natur in ihrem eigenen Bewußtseinskontinuum. Wir tragen den Samen der Reinheit, des Wesens des So-Gegangenen *(Tathagatagarbha),* das verwandelt und zu voller Buddhaschaft entwickelt werden muß, in uns.»[15]

Von den Gläubigen wird der Buddhismus eher als eine Lebenskunst denn als eine Kultreligion im engen Sinne gelebt und verstanden. Gewiß, Ritual, Zeremoniell, Gebet, heilige Texte und Klosterleben tragen dazu bei, daß er nach außen die formalen Aspekte einer Religion aufweist. Es fehlt ihm aber ein für andere Denksysteme wesentliches Moment: der Schöpfergott, oberstes und souveränes Prinzip, außerhalb dessen es kein Heil gibt. Daraus wird nicht selten die Auffassung abgeleitet, «diese Leute hier» trieben Götzendienst, würden sich auch weiterhin vor den Göttern niederwerfen und ihnen Opfergaben darbringen. Wie dem auch sei ... Zwar ist nicht zu bestreiten, daß der buddhistische Glaube, so wie er von den einfachen Anhängern des Kleinen oder Großen Fahrzeugs von der Üppigkeit der Tropen bis hin zur Kargheit des Himalaja im allgemeinen praktiziert wird, zuweilen exakt dem Köhlerglauben in anderen Breitengraden gleich; dringt man jedoch in seine Geheimnisse ein, dann erscheinen seine Schätze an Philosophie, an Logik und – warum nicht? – an Metaphysik als unerschöpfliche Quelle von Licht und Einsicht.

»Das unterscheidende Merkmal des Buddhismus», erklärt der Dalai Lama, «liegt in seiner wesentlich humanistischen und weniger formal-religiösen Ausrichtung. Er konzentriert sich darauf, die Lebensprobleme zu umreißen und dafür eine Reihe von Lösungen anzubieten. Im Unterschied zu den meisten anderen Religionen beruht er nicht auf einer Gottesvorstellung. Er spricht vom Menschen und der Art und Weise, wie er zur Vollkommenheit gelangen kann. In zahlreichen Religionen steht am Anfang ein Gottesbegriff, der dann zur Lösung aller Daseinsfragen, wie etwa Schöpfung und Evolution, herangezogen wird. Eine einfache, aber logisch nicht beweisbare Antwort. Das ist auch der Grund, weshalb Buddha sie vermieden und sich bemüht hat, eine in jedem Fall mit den Mitteln der Vernunft nachvollziehbare Lehre anzubieten.

Mit dem Verzicht auf eine Gotteslehre hat Buddha auch einige daraus resultierende, fragliche Konsequenzen vermieden. Etwa die Gefahr, daß die Menschen sich selbst als übermäßig erniedrigt empfinden: sie können Gott verehren, sich vielleicht sogar eines Tages zu seinen Füßen niederlassen, aber sie können ihm nie ebenbürtig sein. Gott ist eine ontologische Größe, wir Menschen seine Kreaturen, auf ewig dazu verurteilt, ihm unterlegen zu sein. Wir müssen sein Wort blindlings annehmen und in die Tat umsetzen oder aber die Folgen der Mißachtung unseres Schöpfers und Erhalters erleiden. Eine im Kampf gegen den Egoismus hilfreiche Auffassung; außerdem kann es nie schaden, Moral, Frömmigkeit und Güte zu praktizieren. Es besteht jedoch die Gefahr, das menschliche Potential zu unterschätzen. Zudem erlauben es die auf Gott gegründeten Religionen im allgemeinen nicht, ‹Gottes Wort› abzulehnen, und zwar selbst dann nicht, wenn es im Widerspruch zur Vernunft steht. Das kann sehr wohl das Vorankommen des philosophischen Denkens verhindern.

Zahlreiche philosophische Probleme entstehen denn auch erst im Gefolge einer Gotteslehre. Sagt sie etwa, Gott sei allmächtig und habe alles erschaffen, dann impliziert diese Aussage, daß er auch Leiden und Ungerechtigkeit erschaffen hat. Daraus läßt sich folgern, er sei äußerst grausam und schlecht, wie eine Mutter, die ein Kind auf die Welt bringt in der Absicht, es zu quälen und dem Leiden auszusetzen.

Um derartige Probleme zu vermeiden, war Buddha bestrebt, eine sich allein auf die Vernunft stützende Lehre zu erarbeiten und einen Weg anzubieten, der allein in Begriffen menschlicher Probleme und Ziele ausgedrückt wird. Er hat den Menschen als für sein gegenwärtiges Dasein allein verantwortlich erklärt und eine Reihe von Methoden angeboten, um jene Entwicklungsstufe, in der wir uns gegenwärtig befinden, bis zur Erlangung der Vollkommenheit zu kultivieren und zu fördern. Er hat betont, der Mensch schaffe sich sein eigenes Schicksal, er sei für seine Entfaltung oder seinen Niedergang selbst verantwortlich. Die Buddhas sind keine Schöpfer. Sie sind lediglich Meister und Führer für jene, die auf sie hören wollen. Von ihren Ratschlägen zu profitieren oder nicht, das ist dann Sache jedes einzelnen.

Es liegt an uns, direkt die Verantwortung für unser geistliches Leben zu übernehmen, denn selbst die Buddhas der Zehn Richtungen und der Drei Zeiten können uns nicht helfen, wenn wir uns nicht selbst helfen. Wäre jemand anderer fähig, uns zu retten, er hätte es sicherlich längst getan . . .»

Um Klarheit zu schaffen, genügt es, einmal mehr die dem Dalai Lama bereits unzählige Male gestellte Frage zu wiederholen, ob er an Gott glaube. «An Gott glauben? Tja. . .» Tausend Lichter tanzen schalkhaft in seinen braunen Augen, die beinahe hinter den halbgeschlossenen Lidern verschwinden; aber hinter den Brillengläsern läßt ein Spalt den Blick amüsierten Einvernehmens durchblitzen, während die Hand eine fragende Geste macht, so als frage er sich tatsächlich.

«Das hängt von der Bedeutung ab, die man dem Wort, dem Begriff Gott gibt. Wenn mit Gott ein höheres Wesen, ein reines Wesen gemeint ist, dann glaube ich, daß ich, daß wir daran glauben. Wir akzeptieren die Gottesidee, nicht die eines Gottes, sondern von Tausenden von Göttern. Im präzisen Sinne der Gottheiten, der Göttinnen und der Götter – jener friedvollen oder zornigen Gottheiten, die in Übung und Meditation visualisiert werden. In diesem Sinne gibt es sie zweifellos. Zumindest solange das Wesen in der gegenwärtigen Welt der Formen und

Differenzierungen gefangen ist, personifiziert es die Gottheiten in unterschiedlichen Formen. Meinen Sie aber einen Gott als Schöpfer, dann nein, für uns, für mich kann es keinen solchen Gott geben.»

Kein Schöpfergott? Gleichwohl ist die buddhistische Welt eine vollkommen kohärente Struktur, die nicht bloß Hand und Fuß hat – wurzelt sie doch im Innern des Menschseins selbst –, sondern trotz Höhen und Tiefen die Jahrhunderte durchläuft, ohne je etwas von ihrem Glanz und ihrer Anziehungskraft zu verlieren. So war im Anfang der Buddha. Aber wer war er denn, dessen Name der Erwachte, der Erleuchtete bedeutet? Ein Mensch, nicht weniger, nicht mehr.

Ein auserwählter Mensch zwar, denkt man an die Wunder, die sich bei der Geburt des Prinzen Siddharta aus der Familie der Sakya ereignet haben. In Luxus und Schönheit aufgewachsen, sollte er eines Tages Schmerz, Leiden und Tod entdecken – trotz aller Vorsichtsmaßnahmen des Königs, eines Vaters, dem vorhergesagt worden war, sein Kind werde mit den Waffen oder mit dem Glauben zu Ruhm gelangen. Nach dieser Entdeckung entschloß er sich sogleich, nach den Ursachen zu forschen. Jahre der Askese, des Nachdenkens, der Wanderschaft und der anforderungsreichen Suche führten ihn schließlich in einen verlorenen und staubigen Weiler im alten Indien, wo ihm eine lange Meditation unter einem Baum schließlich das Auge des Geistes öffnete. Es ist das Erwachen, die Erleuchtung. Heute ist der Baum unter dem Namen Bodhi, Erwachen, bekannt, und das kleine Dorf trägt den Namen Bodh Gaya. In der Folge setzte der Weise sein irdisches Leben und seine Wanderschaft fort und lehrte dabei unablässig die Vier Edlen Wahrheiten und den Achtfachen Pfad, um sich endgültig vom Leiden zu befreien und dem Kreislauf der Wiedergeburten zu entgehen.

Der mächtige Strom der Leben, der Generationen und der Jahrhunderte hat um den Erwachten eine Legende und eine Geschichte, eine Philosophie und Schulen errichtet – ein ganzes, auf den ersten Blick labyrinthähnliches Gebäude. Im Spiel der Fragen und Antworten schält sich allmählich der Leitgedanke heraus: Sakyamuni, ein Mensch seiner Zeit, ist zum Buddha, zum historischen Buddha geworden, weil er – getragen vom unendlichen Willen, zu begreifen, und dem tiefen Wunsch, die Ketten der Reinkarnation zu brechen – mit Hilfe von Meistern und Lehren, vor allem aber dank eigener Anstrengung seinen Körper, seine Rede und seinen Geist allmählich reinigen und schließlich zur Erleuchtung gelangen konnte. Deshalb sagen einige Schriften, der Geist des Buddha oder Körper der Wahrheit sei der Buddha selbst; seine Rede oder innere Energie stelle den *dharma* – die Lehre – dar. Sein physischer Körper wiederum ist als der *sangha* – die geistliche Gemeinschaft der Schüler – zu betrachten. Zusammen bilden diese drei Elemente die Drei Juwelen ... Eine weitere Art und Weise, um auszudrükken, daß sich jeder Mensch auf diesen Weg begeben kann: es gibt verschiedene Ebenen des Bewußtseins, die erhabenste ist die grundlegende Natur des Buddha, der Keim der Buddhaschaft. Alle Wesen haben in sich dieses subtile Bewußtsein, und durch die Praxis der Meditation und der gerechten Handlungen kann es sich in vollkommene Buddhaschaft verwandeln.

Dazu meint der Dalai Lama: «Wir befinden uns in einer erfreulichen Lage, liegt doch der Keim der Erlösung in uns selbst.» Niemand ist genötigt, ihm zu glauben, aber weshalb nicht? Für die Buddhisten gibt es keinen Buddha, der immer Buddha und seit Anbeginn und bis in alle Zeiten erleuchtet gewesen wäre. «Buddhas», erklärt Tenzin Gyatso, «sind Menschen, die wie wir selbst ursprünglich ein verunreinigtes Bewußtsein hatten und diese Verunreinigungen Schritt für Schritt bis zu dem Punkt beseitigt haben, wo sie sich selbst in Wesen transformieren konnten, die alle guten Eigenschaften angenommen und alle schlechten beseitigt haben.»

Das Mittel zur Erlangung dieser Vollkommenheit? «Möglich wird es», so Tenzin Gyatso, «dank der Tatsache, daß das Wesen des Geistes reine Lichthaftigkeit und Erkenntnis ist. Der Geist hat die Fähigkeit, unter dem Aspekt bzw. in der Eigenschaft jedes beliebigen Objektes erscheinen zu können, vermöge der Tatsache, daß das Objekt seine Eigenschaften auf ihn überträgt, wobei der Geist eine Wesenheit reiner Klarheit und Erkenntnis, zur Erfahrung fähig, ist. Das Bewußtsein zerfällt jeden Augenblick. Es hat mehrere Ursachen oder Voraussetzungen, die wir in substantielle Ursachen und begleitende Umstände unterteilen. Als Wesenheit bewußter Erfahrung muß das Bewußtsein jedoch eine substantielle Ursache haben, die ihm unmittelbar vorausgeht, nämlich ein früheres Bewußtseinsmoment. Denn eine Wesenheit, die reine Lichthaftigkeit und Erkenntnis ist, kann nicht äußere materielle Elemente als substantielle Ursache haben oder von ihnen hervorgebracht sein. Und umgekehrt kann eine innere Bewußtseinskraft nicht als substantielle Ursache für äußere Elemente in Betracht kommen. Weil jedes Bewußtseinsmoment ein vorangehendes Bewußtseinsmoment als substantielle Ursache verlangt, gibt es keine andere Möglichkeit, als anzunehmen, daß das grundlegende Kontinuum des Geistes anfangslos ist. Einige spezifische Bewußtseinsausprägungen oder -modifikationen (wie etwa der Wunsch nach einem Automobil) haben einen Anfang und ein Ende, während andere (wie etwa die Verblendung, den Dingen inhärente Existenz zuzusprechen) hinsichtlich ihrer Kontinuität wohl anfangs-, nicht aber endlos sind. Der Geist von Lichthaftigkeit und Erkenntnis kann jedoch keinen Anfang und kein Ende haben. Deshalb gilt: Obwohl das Bewußtsein von Augenblick zu Augenblick zerfällt, ist sein Kontinuum anfangslos.

Wenn das also die Struktur des Bewußtseins ist, müssen wir fragen, wie es transformiert werden kann. Der Grund dafür, daß das Bewußtsein in fehlerhaften Zuständen erscheint, ist die Verblendung oder die Unklarheit hinsichtlich der Subsistenzweise der Erscheinungen. Um die Verblendung zu überwinden, muß man daher Wissen über diese Subsistenzweise erlangen. Um aber ein solches Bewußtsein, das die Natur der Erscheinungen erkennt, zu erzeugen, muß man verstehen, was die Objekte sind, die es zu erkennen gilt. Es gibt zwei Arten von Objekten unterschiedlichen Status zu erkennen: gewöhnliche Objekte, die bloße Erscheinungen sind, und die letztgültige Seinsweise dieser Objekte. Die ersteren sind Objekte, die durch Bewußtseinskräfte gefunden werden, die gewöhnliche Dinge in ihrer Relativität unterscheiden, während letztere Objekte sind, die durch Bewußtseinskräfte gefunden werden, die die letztgültige Subsistenzweise unterscheiden. Erkenntnis in bezug auf die ersteren nennt man gewöhnliche oder relative Wahrheit, Erkenntnis in bezug auf letztere nennt man letztgültige oder absolute Wahrheit . . .

Was für Erscheinungen auch immer in uns erscheinen mögen, sie scheinen objektiv, in ihrer eigenen Weise, in und durch sich selbst zu existieren. Obwohl sie so erscheinen, als würden sie aus sich selbst existieren, stellen wir in der Analyse, die klären soll, ob sie so sind, wie sie erscheinen, fest, daß wir sie nicht auffinden können. Wenn man ein Objekt in seine Teile zerlegt, kann man das Ganze nicht finden. Es gibt also keinen Weg, das Ganze in der Analyse darzustellen.

Nun existiert aber nichts, das Objekt des Wissens sein könnte und ohne Teile wäre. Alle physikalischen Objekte haben raumbezogene Teile. Selbst wenn wir Quarks betrachten, die Protonen in einem Kern enthalten, stellen wir fest, daß sie einen bestimmten Raum in Anspruch nehmen und demzufolge raumbezogene Teile haben.»

Sich auf die Lehren der buddhistischen Schule der Nur-Bewußtseinsschule und des Mittleren Weges stützend, fährt der Dalai Lama mit ansteckender Lebhaftigkeit fort:

«Faktisch nehmen wir in unserem Geist instinktiv eine Unterscheidung zwischen dem Ganzen und seinen Teilen vor, dergestalt, daß es in den in Erscheinung tretenden Objekten das von seinen Teilen getrennte Ganze und die vom Ganzen getrennten Teile zu geben scheint. In Wirklichkeit ist dem nicht so. Für die Anhänger der Nur-Bewußtseinsschule gibt es keine äußeren Objekte. Für die Schule des Mittleren Weges ist die Existenz von Objekten, die keine Teile haben, ebenfalls ausgeschlossen. Die bloße Tatsache, daß äußere Objekte in der Analyse nicht auffindbar sind, führt aber hier nicht zum Schluß, daß sie nicht existierten, sondern daß sie nicht wirklich begründet sind. Daß etwas nicht in letztgültiger Analyse gefunden werden kann, heißt also, daß es nicht nicht existiert, sondern daß es nicht wirklich existiert.

Die Erscheinungen existieren. Daß sie sich offensichtlich als hilfreich oder schädlich erweisen können, ist zureichender

Grund dafür, daß sie existieren. Sie existieren aber nicht so, wie sie für uns zu existieren scheinen, d.h. sie sind leer in bezug auf die Existenzweise, in der sie erscheinen. Daß Erscheinungen unter letztgültiger Analyse nicht gefunden werden können, zeigt an, daß sie nicht wirklich oder inhärent existieren. Sind Erscheinungen leer in bezug auf die konkrete Existenzweise, in der sie erscheinen, ist klar, daß alle Erscheinungen im Kontext und Wesen der Leere in bezug auf inhärente Existenz existieren.

Würden die Erscheinungen tatsächlich so existieren, wie sie erscheinen, würden sie in der Analyse dem Bewußtsein immer deutlicher werden. Das trifft jedoch nicht zu; das ist demnach ein Zeichen, daß sie nicht so existieren, wie sie in Erscheinung treten.

Ist die Sicht, daß die Dinge anders sind, als sie zu sein scheinen, einmal angenommen, dann verstärkt sich diese Gewißheit und das Wahrnehmungsvermögen von Welt verändert sich. Es ist wie im Kino: Bilder tauchen vor Ihrem Auge auf, und Sie können sie entweder einfach beobachten oder sich selbst sagen, daß sie faktisch nicht existieren. Konzentriert man sich auf diese Nicht-Existenz, dann beginnt nach einer gewissen Zeit die Erscheinung selbst zu verblassen. Es ist eine Annäherung an den Schein, der Illusion vergleichbar. Oder auch das Beispiel des Spiegels: der Widerspiegelung eines Gesichts fehlt die Seinsqualität des realen Gesichts, aber diese Seinsleere ist nicht seine Realität. Seine Realität ist seine inhärente Seinsleere . . .»

Je weiter man auf dem Weg voranschreitet, um so mehr verschärft und verfeinert sich die Argumentation und erreicht immer subtilere Regionen. «Wenn man sich an jenen Geisteszustand gewöhnt, der die Leere verwirklicht, wenn man ihn in- und außerhalb von stabilisierenden Meditationen vertiefend kultiviert und wenn sich dann dieser Geist in direkte Wahrnehmung verwandelt, dann verschwinden», so meint Tenzin Gyatso, «für dieses Bewußtsein alle Arten von dualistischen Erscheinungen.»

Eine schöne Vision, die dazu einlädt, von der Macht des Geistes zu träumen . . . Es gibt jedoch Menschen, die so weit und sogar darüber hinaus gegangen sind. Wenn vom buddhistischen

Standpunkt aus die gewöhnliche Natur des Geistes klares Licht ist, dann liegt das, was ihn verdunkelt, offenkundig nicht in seiner Wesenheit – es handelt sich vielmehr um vorübergehende, zeitliche Erscheinungen, die beiseite geräumt werden können. Vom letzten Standpunkt aus ist die Geistnatur ohne inhärente Existenz. Der Buddha hat gesagt, jede Erscheinung sei nur nominal und auch diese Nominalität sei ihrerseits nur nominal: selbst die Leere ist leer. Wie sich selbst in einer solchen Perspektive orten? Wie diese schwindelerregende Wirklichkeit wahrnehmen?

«Außerordentlich wichtig ist unsere geistige Einstellung», antwortet der Dalai Lama. «Dank hochentwickelter Wissenschaft und Technologie sind wir in der Lage, tief in den Weltraum vorzudringen. Das ist sehr gut. Seit meiner Kindheit habe ich eine Vorliebe für Wissenschaft und Technologie – sie sind unbedingt notwendig für das Wohl der Menschheit. Blicken wir aber nach innen, so ist dort, obwohl unser Kopf nicht gerade groß ist, noch viel Raum zu erforschen. So wäre es wohl der Anstrengung wert, die Hälfte unserer Energie nach außen und die andere Hälfte nach innen zu richten. Denken wir mehr darüber nach: Wer bin ich? Was ist das Wesen des Geistes? Was ist der Nutzen guter Gedanken? Was ist der Nutzen schlechter Gedanken? Stellen Sie diese Art von Untersuchungen an. Denken Sie, prüfen Sie, denken Sie nach.

Auf die Gefahr hin, auf Widersprüche zu stoßen: Was ist die menschliche Person? Was ist das Selbst? Der Buddhismus behauptet Nicht-Selbst (Altruismus); nicht wahr, das Selbst ist doch nicht-existent? Aber was heißt das? Würde der Buddhismus behaupten, es gäbe keine Personen und die Selbste existierten nicht, so gäbe es niemanden, der Nicht-Selbst meditieren könnte, und es gäbe auch niemanden, dem gegenüber man heilende Hinwendung kultivieren könnte. So zeigt unsere eigene Erfahrung, daß es Personen und Selbste gibt. Wird also die Existenz des Selbst durch Erfahrung bestätigt, was bedeutet dann die Theorie des Nicht-Selbst? Ist das nicht ein eklatanter Widerspruch? Nein. Ich möchte das erläutern ... Die Person oder das Ich kann dem Bewußtsein sehr verschieden erscheinen. Einerseits erscheint das Ich, als wäre es permanent, einheitlich und aus eigener Kraft bestehend. In dieser Erscheinungsweise scheint das Ich eine von Bewußtsein und Körper getrennte Wirklichkeit zu sein, wobei die Person als Benutzender oder Genießender und Bewußtsein und Körper als das, was benutzt wird, erscheinen ...

In einer anderen Erscheinungsweise scheint das Ich seine eigene substantiell existente und sich selbst genügende Wesenheit zu haben, aber von derselben Eigenart wie Bewußtsein und Körper zu sein ... Wieder in einer anderen Erscheinungsweise scheint das Ich nicht letztgültig, sondern aufgrund seiner eigenen Charakteristika konventionell (relativ) zu existieren. Weiter kann das Ich so erscheinen, als ob es inhärent existierte. Unser grundlegender und ursprünglicher Irrtum in bezug auf das Ich ist ein Bewußtseinsprozeß, in dem das Ich als konkret existierend im Sinne der letztgenannten Erscheinungsweise erscheint. Diese Form des Irrtums betrifft alle Menschen, ob sie nun studiert haben und durch ein philosophisches System beeinflußt sind oder nicht.

Alle diese Erscheinungen existieren in Wirklichkeit nicht. In den verschiedenen buddhistischen Systemen konstituiert die Nichtexistenz dieser verschiedenen Ebenen des Selbst bzw. dieser Verdinglichung, fortschreitend von den weniger subtilen zu den subtilen Ebenen, Nicht-Selbst.»

Einigen gelingt es, indem sie jeden Tag, alle Tage über diese Themen meditieren, zur Bedeutung der Leere und auch der letzten Einheit vorzustoßen. Einige behaupten, diese Art der Askese verleihe dem Praktizierenden «Kräfte», die anderswo zuweilen als magisch eingestuft werden. Der Dalai Lama lächelt bei dieser Frage und antwortet, das hänge ganz stark vom eingenommenen Standpunkt ab ... «Vielleicht sind Sie nicht gerade zur Levitation, zum Fliegen oder zu ähnlichen Dingen fähig; das ist auf jeden Fall zweitrangig und wirkt sich ganz anders als beabsichtigt aus, wenn Sie auf diese Weise Unruhe in die Welt bringen. Wichtig ist, das Bewußtsein zu beherrschen, fähig zu sein, ein Wesen voller Güte zu werden. Wird die Lehre praktiziert, dann stellt sich das Nirwana allmählich ein. Wird jedoch unter dem Einfluß von Haß und Bitterkeit gehandelt, dann wird es sich nur weiter entfernen.»

Es scheint, daß die besagten Erscheinungen in Tibet nicht selten waren und auch nicht als außergewöhnlich betrachtet wurden; man sagt, es genüge, zu wissen, wie man es anpacken müsse, und es sei besser, die Gaben nicht in schädlicher Absicht zu nutzen. Tenzin Gyatso seinerseits ist der Meinung, dieser Aspekt sei unwichtig. Schreibt man nicht auch ihm außergewöhnliche Eigenschaften zu, etwa vorausschauende und heilende Kräfte? Und wird er nicht auch Yeshe Norbu genannt, das heißt «Das alle Wünsche erfüllende Juwel»?

Im Grundsatz hat er zweifellos einmal mehr recht; für den Buddhismus ist die Welt eine Illusion, ein Produkt unserer Wahrnehmung. Wenn die Welt mit Sicherheit nicht das ist, als was sie erscheint, weshalb können dann außergewöhnliche Ereignisse (im ursprünglichen Wortsinn) auf anderen Bewußtseinsstufen oder im Blick auf andere Dimensionen nicht schlicht gewöhnlich sein? Ein Anstrich von Geheimnis steht dem Wunder der Welt nicht schlecht an, selbst dann, vielleicht vor allem dann, wenn man sich mit Leib und Seele, am Rande der Welt der Menschen, in das Abenteuer der Spiritualität gestürzt hat. Was ist denn unter Reinkarnation zu verstehen?

Für den Dalai Lama ist die Reinkarnation weder ein Dogma noch ein Glaubensartikel, vielmehr erklärt sie sich durch das Bewußtseinskontinuum der buddhistischen Weltauffassung. Er betrachtet diese Erklärung als logischer, zumindest als für die Vernunft befriedigender als andere Erklärungen: die Zeit ohne Anfang und Ende, der Raum in seiner kosmischen Unermeßlichkeit, der Mensch in seinem ständigen Werden im Kreislauf der Leben – sie alle schöpfen daraus ihre Daseinsberechtigung und ihren tiefsten Grund. Wie sonst – außer unter der Annahme eines für alles Glück und Unglück dieser Welt verantwortlichen Schöpfergottes – ließen sich Leben und Universum, der Mensch und all jene, die Erinnerungen an frühere Leben haben, erklären?

«Die Reinkarnation beruht auf dem Bewußtseinskontinuum. Ich denke dabei natürlich an das Kontinuum des subtilsten Bewußtseins. In vielem hängt die gewöhnliche Bewußtseinsebene vom menschlichen Körper, der Grundlage, ab. Etwa das Bewußtsein des Auges, das heißt das Sehvermögen, oder alle anderen Sinnesorgane oder auch gewisse emotionale Prägungen. Wenn diese Grundlagen beeinträchtigt sind, dann hören ihre Bewußtseinsfunktionen auf.

Das subtilere Bewußtsein seinerseits ist unabhängiger. Ich will damit sagen, daß in dem Moment, wo das Gehirn, vielmehr die vom Gehirn bewirkten Bewußtseinslagen nicht mehr funktionieren, andere Bewußtseinsebenen tätig werden. Selbst wenn die Gehirntätigkeit während der Wahrnehmung eines Objektes oder einer Erfahrung sehr aktiv ist – was übrigens unbedingt erforderlich und sehr wichtig ist –, befindet sich das eigentliche Agens der Erkenntnis oder des Wissens nicht ausschließlich in den Teilen des wahrnehmenden Gehirns. Es gibt etwas darüber hinaus. Gewiß, es läßt sich mit gewöhnlichen Instrumenten nicht messen, entbehrt es doch der Form. Setzt man jedoch diese Art von Erscheinung jenseits des Gehirns und der Sinnesorgane nicht voraus, dann scheint es mir schwierig, unsere Tätigkeit und unser Leben im Alltag, unsere alltäglichen Erfahrungen zu erklären.

Ein Beispiel. Wer studiert, lernt, der vermehrt sein Wissen. Aber das bedeutet keineswegs, daß er die Zahl seiner Hirnzellen vermehrt, nich wahr? Unsere eigenen täglichen Erfahrungen bezeugen jedoch, daß es vorkommt, daß jemand ein anderes Bewußtseinsstadium oder ein gestörtes Wahrnehmungsvermögen durchläuft, wenn ein Objekt oder eine Erscheinung in anomaler Weise wahrgenommen wird. Wenn dann die Bedingungen später wieder normal werden, dann kann sich diese gestörte Wahrnehmung, indem sie sich normalisiert, in eine gültige Erkenntnis verwandeln, die eine korrekte Wahrnehmung des Objektes ermöglicht. Gleiches gilt für gewisse Überzeugungen oder Annahmen.

Wenn wir Erinnerungen von Kindern, aber auch von Erwachsenen an ihre früheren Leben auf der rein physischen Ebene erklären wollen, dann geht das nicht, weil die Aussage, es handle sich um Transformationen im Innern des Gehirns, nicht genügt. Geht man also nicht vom Vorhandensein eines Bewußtseinskontinuums aus, dann steht man plötzlich vor neuen Problemen, auf die man schwerlich eine Antwort fände. Aus diesen Gründen sind wir der Meinung, es gebe eine Macht oder eine Energie, die diese Erscheinungen kennt. Selbstverständlich bestehen auch Abhängigkeiten vom physischen Zustand, von der materiellen Seite. Das führt dann auf die Frage zurück, ob die Materie unter gewissen Bedingungen ein Bewußtsein herstellen oder entwickeln kann oder nicht.

Wir gehen davon aus, daß dieses subtile Bewußtsein existiert. Sie können es Energie oder wahrnehmende Kraft nennen, wenn Sie wollen – das ist eine Frage der Terminologie. Aber dieses Bewußtsein selbst muß ebenfalls eine gewiße Fähigkeit oder ein gewisses Potential in sich bergen, um zur Wahrnehmung von Objekten fähig zu sein. Dieses subtile oder grundlegende Bewußtsein manifestiert sich im Schlaf oder auch in ganz bestimmten Augenblicken der Aufmerksamkeit, etwa in der Meditation. Mir scheint es sich hier um etwas sehr Wichtiges zu handeln, das es mit Hilfe von Wissenschaftlern zu verwirklichen und zu ergründen gilt. Auf jeden Fall scheint uns diese summarische Erklärung, selbst wenn sie nicht gänzlich befriedigt, weniger widersprüchlich oder weniger unzulänglich als andere Theorien zu sein. Mit der Annahme des Vorhandenseins eines durchgängigen Bewußtseins oder eines Bewußtseinskontinuums erklären die Buddhisten, weshalb bestimmte Personen sich ihrer früheren Leben bewußt sind und mühelos in die entfernteste Vergangenheit zurückkehren können. Außerdem lassen sich so das ständig sich wandelnde Universum, seine Zyklen von Werden und Vergehen erklären.

Das Bewußtsein an sich ist weder gut noch böse. Es ist, und es kann durch unterschiedliche Gedanken beeinflußt werden. Wenn es sich um negative oder gewalttätige Gedanken handelt, dann wird der Mensch, der sie registriert, unter der Wirkung dieses Einflusses handeln. Ein positiver Gedanke wiederum wird im umgekehrten Sinne beeinflussen. Das mag den Einfluß des Denkens auf das Verhalten eines Wesens, das noch kein grundlegend stabilisiertes Bewußtsein besitzt, zeigen.

Anders gesagt, wir sind der Überzeugung, es sei möglich, den Geist dank bestimmter Einübungen, dank Mitteln, die in der Vernunft begründet sind, zu verändern. Die Beherrschung des Geistes erlaubt eine bessere Kontrolle des Bewußtseins, was zu greifbaren praktischen Ergebnissen führen kann. Selbstverständlich setzt dies eine geeignete, vor allem aber lange Einübung voraus. Aber so kann es gelingen, die eigene Geburt zu kontrollieren. Und genau das ist die Grundlage der Reinkarnation.

Die buddhistische Erlösungstheorie besagt, daß man durch Suche und Reflexion dem negativen Denken, also dem Leiden, ein Ende setzen kann. Einige sind lediglich begabter oder besser vorbereitet als andere. Auch kann es einem, im nobelsten und genausten Sinn, mit äußerst strikter Disziplin gelingen, die eigene Geburt zu kontrollieren. Nicht jedem gelingt es, aber es ist möglich.»

Tenzin Gyatso, der sowohl in Dharamsala wie auch auf seinen Reisen Tibeter und Neobuddhisten unterschiedlichster Herkunft unterweist, bildet sich unablässig weiter. Der Meister des Lotus widmet einen Teil seiner Zeit Studium und Meditation bei Meistern, die Träger von ganz besonderen Ketten der Erkenntnis sind, die er dann nach angemessener Initiation selbst praktizieren kann und, falls es ihm gegeben scheint, weitergibt. Ohne Zögern bricht er auch zuweilen für kürzere oder längere Zeit alle seine Aktivitäten ab, um sich zum Zwecke einer Standortbestimmung völlig zurückzuziehen.

Das geht nicht immer ohne Schwierigkeiten ab. In Dharamsala spricht man hinter vorgehaltener Hand noch immer von einem ganz bestimmten Jahr – 1976 –, als ganz eindeutig alles eine Wende zum Schlechten zu nehmen drohte. Zuerst hatte das Staatsorakel von Netchung dunkle Vorhersagen gemacht und wiederholte Warnungen ausgestoßen. Dann hatte sich der Dalai Lama, als er dem Kashag seinen Jahresbericht unterbreitete, zum Echo dieser Warnung gemacht und sich äußerst kritisch über eine Art unterschwelligen Überdruß, ja ein von ihm überhaupt nicht geschätztes Gehenlassen geäußert. Wenig später hatte er sich in strikte Klausur zurückgezogen, eine der längsten, die er in Indien je gemacht hatte – wie er mir zehn Jahre später beiläufig erklärte: «Eine äußerst strenge Praxis, die eine mehrere Wochen dauernde völlige Abgeschiedenheit verlangt, verknüpft mit einer ganz besonderen Lehre des fünften Dalai Lama.»

Das genügte, um die gesamte tibetische Gemeinschaft zu alarmieren. Denn rasch ist die Beziehung hergestellt zwischen der langen Klausur und historischen Ereignissen zur Zeit des fünften Dalai Lama; die Tibeter haben nicht vergessen, daß unter dem Vorwand einer zeitlich nicht begrenzten Meditationsübung dem Land während Jahren der Tod des Großen Fünften verschwiegen worden war. Während der ganzen Zeit dieser hart empfundenen und Ängste auslösenden Abwesenheit beteten die in Dharamsala und im Süden Indiens lebenden Tibeter unablässig zur Beschwichtigung des Schicksals und der schlechten Omen, sie organisierten Zeremonien und brachten Opfergaben in die Heiligtümer. Sie, die normalerweise so fröhlich sind, waren bekümmert, nur damit beschäftigt, die Gebetsschnur durch die Finger gleiten zu lassen, ihre Gebetsmühlen zu drehen und immer wieder Mantras und heilige Texte zu psalmodieren.

In dieser ungewöhnlichen und lastenden Atmosphäre ereignete sich erst ein schweres Erdbeben, das in China Tausende von Opfern forderte. Dann machte Mao seine letzte Verneigung auf der Bühne der Menschheit. Was einen den Tibetern nahestehenden Inder zum Ausspruch veranlaßte: «Das genügt, hört mit Euren Gebeten auf, sonst fällt den Chinesen noch der Himmel auf den Kopf!» Während Wochen nahmen in der gesamten tibetischen Gemeinschaft, in Klöstern wie in häuslichen Kultstätten, Opfergaben und Litaneien kein Ende. Orakel wurden unverzüglich befragt, die Götter angerufen und ihre Botschaft eifrig entgegengenommen, wieder und wieder wurden Zeremonien für ein langes Leben des in Klausur Zurückgezogenen abgehalten, und jeder verpflichtete sich, den Willen des Kostbaren Beschützers noch genauer zu befolgen. Der Dalai Lama kehrte nach drei Monaten zurück, den Platz unter den Seinen wieder einzunehmen.

Ein Wissen, eine Erkenntnis bewußt empfangen und weitergeben, das ist eine ganz natürliche Tätigkeit für einen Weisen, der den anderen, allen anderen – zumindest denen, die es wünschen – helfen will, die Augen zu öffnen. Das ist das Ziel der kollektiven oder individuellen Initiationen, die der Dalai Lama zuweilen vornimmt: eine Einführung in die Erkenntnis der Dinge oder lange geheim gebliebene Erklärungen, die durch Willensanstrengungen und persönliche Suche erlauben, eine andere Ebene der Vollkommenheit zu erreichen. So hat der Dalai Lama etwa im Jahr 1986 den ganzen Monat August damit verbracht, der Unterweisung eines Meisters der alten Tradition, der Nyingma-Kette, des Groß-Lama Dilgo Khentse Rinpoche zu folgen. Gepaart mit unbestreitbaren menschlichen Qualitäten, machen die von Tenzin Gyatso empfangenen unzähligen Initiationen aus dem vierzehnten Dalai Lama einen der großen Weisheitslehrer, und seine Bescheidenheit tut seinem Wissen keinerlei Abbruch. Aber hat der Meister des Lotus überhaupt noch etwas zu lernen?

«Was auch immer die anderen, Schüler oder nicht, über mich denken mögen, unabhängig von der Art und Weise, wie man mich wahrnimmt, bin ich, selbst wenn mich einige für allwissend halten, von mir aus gesehen nur ein Wanderer auf dem Weg und habe noch viel zu tun. Zwar besitze ich den Status des Dalai Lama, bin der Dalai Lama, aber als Individuum bin ich lediglich ein Mönch, der vor allem anderen lernen und sich bilden will, der Unterweisungen empfangen und sie wohlüberlegt anwenden will.

Zudem wissen Sie sicherlich, daß im tibetischen Buddhismus die Kontinuität der Transmissionsketten äußerst wichtig ist. Das heißt, daß man auch pragmatisch sein muß. Selbst wenn Sie im Verlauf von früheren Leben diese Unterweisungen bereits empfangen haben, selbst wenn Sie die geforderten Übungen durchgeführt haben, tut das nichts zur Sache: Sie leben nun in diesem Leben hier, müssen sie also von neuem empfangen. Zwar wird die Unterweisung von einem Leben zu anderen weitergegeben, zwar sind Erinnerungen oder Reminiszenzen vorhanden, Sie können alles wissen, aber das wichtigste fehlt – erst der Segen des weitergebenden Meisters macht die Praxis wirklich fruchtbar.

Es genügt nicht, in einem neuen Leben zu sagen: Ich weiß, ich habe diese Unterweisung bereits im vorigen Leben empfangen. Das sagt denn auch niemand, obwohl es tatsächlich geschehen sein mag und viele empfangenen Unterweisungen aus einer solchen Sichtweise hervorgehen. So habe ich etwa vor kurzem die Unterweisung in einen grundlegenden tantrischen Text empfangen, in das *Das Wesen des Geheimnisses;* wir nennen das einen ‹Wurzel-Text›, mit den entsprechenden Kommentaren versehen. Es handelt sich um die Übersetzung eines einstmals aus Indien stammenden Textes, der teilweise die Nyingma-Schule der alten begründet. Letztes Jahr war es der geistliche Betreuer von Sakya, Trinzin Rinpoche von der Sakya-Schule, der mir die Lehre und die Initiation eines Wurzel-Textes seiner Schule, *Die Ursachen der Ergebnisse,* weitergab. Ebensowichtig ist es, die Initiation in die entsprechende Gottheit in ihren friedvollen und zornigen Aspekten zu erhalten, um korrekt praktizieren zu können.

Dabei geht es nicht um Wissen oder Nichtwissen; wichtig ist die Kontinuität der Lehre, ansonsten es, unserer Einschätzung nach, keine wahre Weitergabe des Segens gibt, dieser vom Meister gewährten Ermutigung, die bewirkt, daß die Übung ihre Wirkung entfaltet. Durch Lektüre oder Diskussion lernen ist etwas anderes. Der Segen muß von einem lebenden Meister kommen, damit die Tradition bewahrt wird; Voraussetzung ist, daß der Guru selbst qualifiziert und erfahren ist. Das ist das Vorgehen.

Was meine Person betrifft, so genügt es nicht, zu sagen, ich bin der Dalai Lama und ich habe in früheren Leben bereits so viele Unterweisungen empfangen, daß ich einfach jedermann ohne die Kontinuität der Transmissionskette belehren kann. Ich benötige die von der direkten Weitergabe übertragene, von einem anderen wahren Meister vermittelte Autorität, damit die Sache wirklich Gültigkeit hat. Der Buddha selbst hat nie die ganze Autorität in eine einzige Hand gelegt. Im Bereich der Religion kann niemand sagen ‹Sie sind der Dalai Lama, also allen anderen überlegen, der größte aller Groß-Lamas› ... Der Dalai Lama ist ein Mönch, ein Schüler, dem es zufällt, der Dalai Lama zu sein; auch er muß sich dem System unterordnen und Sitten und Gewohnheiten respektieren. Das ist auch gut so.»

Will das heißen, daß der Meister des Lotus, wie alle anderen auch, sich irren, Fehler machen kann? «Selbstverständlich, zweifellos, vielleicht noch mehr als alle anderen! Auf religiösem Gebiet, meine ich, sieht man den Guru immer im vollen Licht, die Schüler vertrauen ihm vollständig oder betrachten ihn beinahe als unfehlbar. Als Individuum, als Mensch jedoch gilt es, sich wie alle Menschen zu bemühen, sein Bestes zu tun, sich nicht zu irren. Obwohl man auch über das Falsche zum Wahren gelangen kann. Wenn es nichts Falsches gibt, dann gibt es auch nichts Wahres; ohne den Sinn für Lüge könnte es keinen Sinn für Wahrheit geben ...»

Dieser Sinn für die Relativität, dieses tiefe Verständnis der Welt der Menschen, sie sind es denn auch, die die Persönlichkeit des Tenzin Gyatso so solide abstützen. Die Bescheidenheit ist nicht gespielt, sie ist das Merkmal des Weisen, auf dem die unbestreitbare Souveränität des Meisters beruht. Das geht so weit, daß er Wissenschaftler oder Forscher verblüffen kann, die sich erst einmal fragen, wer dieser joviale Mönch wohl sein möge, der sich furchtlos in tiefschürfende Diskussionen einbringt, in denen die Grenzen, die normalerweise Wissenschaft und Philosophie oder Wissenschaft und Religion trennen, plötzlich und in sehr aufschlußreicher Weise unscharf werden. Oder sich vielleicht in einem neuen und seltenen Gleichgewicht der Gegensätze auflösen.

Antike Weisheit, moderne Erkenntnis – das ist, zumindest auf den ersten Blick, eines der überraschendsten Merkmale der unersättlichen Neugier des Meisters des Lotus. Er selbst gibt zu, daß sein Interesse für das, was man im Abendland Wissenschaft nennt, weit in die Zeit und in die Texte des Buddhismus zurückreicht. Bei allen seinen Reisen arrangiert er gerne Treffen mit Wissenschaftlern unterschiedlichster Fachrichtungen und zeigt großes Interesse beim Besuch von Laboratorien, die auf dem neusten Stand der Forschung sind.

Sein besonderes Interesse gilt der Hochenergiephysik und der Quantenphysik, aber auch Psychologie, Medizin, Biologie und Neurologie faszinieren ihn sehr; mit unendlicher Geduld sucht er nach Übereinstimmungen zwischen seinem althergebrachten Wissen und dem Ergebnis von hochkomplizierten und mit ausgeklügelten Techniken durchgeführten Experimenten. Das gelingt ihm auch immer wieder, und auch wenn Vergleiche manchmal hinken, so verbirgt er doch seine Freude nicht, wenn er in den modernen Erkenntnissen eine Bestätigung für die geistlichen Intuitionen seiner Vorgänger entdeckt. Übrigens, auch wenn man gewisse *thankas* betrachtet, diese sogenannt religiösen Malereien auf Seide, die sorgsam eingerollt in Klöstern aufbewahrt werden und – wie üblicherweise das Wissen – von Generation zu Generation weitergegeben werden, dann staunt man ob dieser elegant gezeichneten kosmischen Visionen der Welt und der Gestirne – in ihnen schwingt eine eigenartige Vorausahnung der Atommodelle und der so flüchtigen und deshalb von bloßem Auge nicht wahrnehmbaren inneren Strukturen von Atom und Kosmos mit.

Anläßlich einer seiner Europareisen besuchte der Dalai Lama in der Bundesrepublik Deutschland kürzlich eines der Max-Planck-Institute. Um über Elementarteilchen zu diskutieren. In wenigen Sätzen faßt er seine Begegnung mit den in diesem Bereich führenden Forschern zusammen. «Tatsache ist, daß die Vorstellung von Atomen und Elementarteilchen für den Buddhismus nichts Neues ist. Seit den frühesten Zeiten sprechen unsere Texte davon und erwähnen noch feinere Teilchen. Vergleicht man jedoch dieses Wissen mit den Einsichten der modernen Wissenschaft, dann stellt sich heraus, daß letztere auf einer stärker verfeinerten, genaueren und detaillierteren Erklärungsstufe angelangt ist. Sie ist zu einer viel eindeutigeren Definition gelangt als wir in unseren Kommentaren.

Für einen Buddhisten ist es folglich äußerst wichtig und auch nützlich, Lehren aus derartigen Entdeckungen, insbesondere im Bereich der modernen Physik, zu ziehen. Nach zahlreichen Gesprächen mit verschiedenen Forschern habe ich erkannt, daß es beinahe völlige Übereinstimmung gibt zwischen dem, was ich vom buddhistischen Standpunkt aus die subtile Unbeständigkeit der materiellen Phänomene nenne, und dem, was die Physiker in Begriffen von ständigem Wandel und Fluktuationsebenen ausdrücken.»

Und er präzisiert: «Was die Unbeständigkeit betrifft, so gibt es zwei Arten davon: die grobstoffliche Unbeständigkeit und die feinstoffliche Unbeständigkeit. Die zweite bezieht sich auf das, was die Wissenschaftler, die sich mit den winzigsten Elementarteilchen befaßen, beschreiben können, weil sie sich nicht darauf beschränken, die äußere Erscheinungsform eines festen Objekts (etwa eines Tisches), das gleich zu sein scheint wie am Vorabend, als selbstverständlich zu betrachten; sie beobachten vielmehr die Veränderungen im Innern jener ganz winzigen Elemente, die die Objekte bilden. Die Substanzen, die diese äußeren Objekte bilden, zerfallen von Augenblick zu Augenblick. So wie auch das innere Bewußtsein, das diese äußeren Objekte beobachtet, von einem Augenblick zum anderen zerfällt. Und genau dieser vorübergehende Zerfall ist feinstoffliche Unbeständigkeit. Grobstoffliche Unbeständigkeit wiederum, das ist beispielsweise die Zerstörung eines Objektes oder, auf den Menschen angewandt, der Tod eines Individuums.

Eine weitere Übereinstimmung, die mir aufschlußreich erscheint, geht aus der Quantenphysik hervor. Diese Theorie zieht die Gegenwart des Beobachters mit ein, äußerst wichtig in der wissenschaftlichen Erklärung der Elementarteilchen und ihrer gegenseitigen Beziehungen. Weshalb? Ganz einfach, weil der Begriff des beobachtenden Beobachters Bewußtsein impliziert, das heißt, es gibt eine Beziehung zwischen der das Phänomen betrachtenden Person, die im Hinblick auf ein bestimmtes Experiment eine besondere Technik anwendet, und dem Ergebnis dieses Experiments. Die beobachtende Person kennt das erforschte Phänomen, was außerhalb des Bewußtseins nicht möglich ist.

Das läuft darauf hinaus, daß der Beobachter in der Quantenphysik gewissermaßen Teil des Experiments ist, während der Buddhismus davon ausgeht, daß die Phänomene nur als Schein, wenn Sie wollen als Möglichkeit, existieren und daß es das

Bewußtsein braucht, damit sie zu dem werden, was sie zu sein scheinen. Auch hier scheint es mir, daß es tatsächlich eine Übereinstimmung mit unseren Ansichten gibt, auch wenn die Wörter nicht genau die gleichen sind: sie übersetzen auf andere Weise ähnliche Manifestationen eines Universums, das wir auf andere Weise wahrnehmen.»

Jorge Luis Borges drückt das in seiner Sprache so aus: «Die Wörter sind Symbole, die ein geteiltes Gedächtnis postulieren.» Ein geteiltes Gedächtnis. Was ist Gedächtnis, Erinnerung für den Dalai Lama? Er meint, «derjenige, der in der Verwendung von immer subtileren Bewußtseinszuständen geübt ist, ist in dem Maße, wie sich diese subtilen Zustände manifestieren, mit einer immer umfassenderen Erinnerungskraft begabt. Aber um weit in die Zeit zurückzugelangen, gilt es, sich aller Hindernisse auf dem Weg zur Allwissenheit zu entledigen. Indem sie sich auf diese ungewöhnliche Stufe emporschwingen, gelingt es einigen mir bekannten Personen dank dieser Art von Bewußtsein, über die Erinnerung zu längst vergangenen Zeiten zurückzukehren ...»

Der Mönch verfolgt dieses Abschweifen des Gesprächs, ohne bei Schwindelgefahr haltzumachen, und meint ruhig, kaum schalkhaft: «Ein weiterer Punkt der Übereinstimmung? Biologie oder Neurologie. Sie wissen, wenn es um Erkenntnis und Bewußtsein geht ... Eingehend erklären die buddhistischen Texte die Beziehung zwischen den verschiedenen Bewußtseinsstadien, die Beziehungen zwischen sinnlichen und mentalen Wahrnehmungen. Es ist äußerst aufschlußreich, sie mit den modernen Erkenntnistheorien zu vergleichen, die sich mit den Verbindungen zwischen dem Gehirn und den Sinnen, den Empfindungen und ihren Entsprechungen im Kopf befassen. So kommt man auf die Frage zurück, ob die Phänomene objektiv existieren oder nicht oder ob es einzig von ihrer subjektiven Bezeichnung abhängt, daß sie als solche in Erscheinung treten. Das will keineswegs heißen, daß wir behaupten, es gebe keine äußeren Formen; nur, sie brauchen zu ihrer Existenz ein Bewußtsein, das sie widerspiegelt.

Auch in der Psychologie gibt es Gemeinsamkeiten. Der Buddhismus und die moderne Forschung treffen sich in bezug auf die Entwicklung der Erkenntnis, der Transformation des methodischen Zweifels in der Erkenntnis. Den Geist verändern, versuchen, seine Wahrnehmungen zu verändern, um das Leiden zu tilgen, um eine Art gelassene Heiterkeit den Sorgen der Welt gegenüber zu entwickeln, auch das ist uns gemeinsam in dieser Suche nach Vollkommenheit. In dieser Beziehung spielt in unseren Augen die Meditation eine wichtige Rolle, gemeint ist die Vertrautheit des Geistes mit einem Meditationsobjekt. Natürlich gibt es viele andere Methoden und Mittel, um zu diesem Verständnis zu gelangen, um das Wesen der Dinge zu erfassen und sie ruhigen Geistes zu betrachten.

Es ist auch nicht uninteressant, die verschiedenen kosmogonischen Ansichten zu vergleichen, den Sinn der astronomischen Erklärungen herauszuschälen suchen, an das Verhältnis von Raum und Zeit zu denken. Buddhistische Texte sprechen von Raumteilchen, von Zeitteilchen ... Im Verlauf der letzten Jahre habe ich eine Anzahl Forscher und Wissenschaftler kennengelernt, mit denen ich diese Probleme diskutiert habe. Zu Beginn sind sie eigenartigerweise zuweilen skeptisch, es scheint ihnen befremdlich, daß sich ein Mönch mit derartigen Fragen befaßt. Gewisse Wissenschaftler treten manchmal nur ungern aus ihrer Reserve heraus, sie befassen sich mit Wissenschaft und nicht mit Religion oder Metaphysik, nicht wahr ...»

Weder Raum noch Zeit entgehen der neugierigen Befragung durch den buddhistischen Mönch. Von vornherein ist die Vielzahl der Weltenhypothesen Ausdruck seiner eindeutig indischen Herkunft – die Zeit, eine bloße Übereinkunft, die in ihren Tausenden von Facetten, die ebenso viele Fallstricke sind, glänzt, ist wie der Raum keine eigenständige Realität an sich. Raum und Zeit sind leer, haben keine inhärente Existenz. Zumindest sind sie – wie könnte es anders sein? – relativ, mit einem gegebenen Bewußtseinstypus verknüpft. Leben wir in der Zeit, oder lebt die Zeit in uns? Nicht einmal ein Paradox, stimmt es doch, sobald man etwas darüber nachdenkt, mit der Erfahrung eines jeden überein: Wer hat nie einen ganz präzisen Augenblick als unerträgliche Zeitspanne erlebt oder umgekehrt – eine weite

Zeitspanne, die in der Erinnerung pfeilschnell vorübergeht?

Die westliche Wissenschaft ist auch nicht weiter: sie, die seit der Relativitätstheorie von Streitigkeiten zu Widersprüchen zwischen den größten Namen der modernen Physik, von Vermutungen zu Virtualitäten geht – wie soll sie sich über die Objektivität des Raumbegriffs oder der Vorstellung des Zeitverlaufs einig werden? Das Minenfeld der Quanten ist mit Fallen übersät, von denen jede einzelne die Möglichkeit der Explosion unter den Schritten des Forschers in sich birgt; an den entlegenen Rändern der hochentwickelten Forschung, so weit entfernt, wie die gedankliche Kühnheit zur Lüftung des letzten Schleiers drängt, gibt es eine Art Lichtmauer. Oder ein schwarzes Loch. Und im Spiel der Analogien verliert der Buddhismus vielleicht nicht jeden Zug, selbst wenn es zuweilen bequem und einfach ist, ihn des Idealismus zu bezichtigen, ja ihm reine und unwahrscheinliche Phantasterei zu unterschieben.

Geist und Materie, Raum und Zeit, oben und unten: alle Gegensatzpaare unterliegen hundert Erklärungen, tausend Interpretationen – so viele Varianten wie es keimende Potentialitäten im menschlichen Geist gibt. In einer Welt, die im Ansatz nicht als statischer Zustand, sondern als ständiges Werden aufgefaßt wird, wird der Raum gewissermaßen sichtbare Zeit. Sprechen die buddhistischen Lehren nicht von den Buddhas der Drei Zeiten, die in ihrer Klarsicht in einem einzigen Brennpunkt – der Gegenwart – Vergangenheit und Zukunft in lebendiger Gleichzeitigkeit erfassen, obwohl die Zukunft in letzter Instanz nur dem Bereich des Möglichen entstammen kann.

Mit diesem untilgbaren Hunger nach Unendlichkeit, der dem Mahayana-Denken zugrunde liegt – wo die Zahlen bis zu kaum erfaßbaren Werten vorangetrieben werden, die eben diese unsagbare Abstraktion ausdrücken sollen –, neigt der Geist dazu, vor dem Abgrund zurückzuschrecken, einem flüchtig erblickten Abgrund von peinlichster Präzision: er ist Licht. Der Raum, die Zeit – diese Dauer mit variablen Kurven – nehmen teil an einer kosmischen Sicht von unbestreitbarer Größe. Aber der Meister des Lotus nimmt lieber eine Tangente, als wolle er sagen: «Wollen Sie wirklich, daß wir diese Grenzen des Denkens erforschen?» Nicht daß er sich weigerte, diesen Weg zu beschreiten, das kurze Aufblitzen in seinen Augen läßt erahnen, daß er ihn beschritten hat, ja daß er sogar zurückgekehrt ist, Träger einer mit Sicherheit erweiterten Erkenntnis. Aber vielleicht muß man vorher bereits geübt sein, gestählt in den eigenen Kämpfen, um sich in diese Richtung vorzuwagen ...

«Alle diese Äonen, ihre tiefliegende Ursache und ihr Ursprung, in den Texten erwogen, sind Teil eines Weltensystems im Innern von Milliarden von Welten. Es ist, als beschriebe man eine Galaxis. In Begriffen der Materie ist es Energie. Was die Wesen betrifft, die dort leben, die mit Bewußtsein begabten Menschen, so werden sie von der Kraft ihrer angehäuften Handlungen hervorgebracht, die ihre Wiedergeburt in dieser oder jener Form bewirkt. Die Materie ist Physik, während der Geist Klarheit und Erkenntnis ist ... Angesichts der Ausweitung der Wissenschaft ist es wichtig, das Gleichgewicht des Menschen zu erhalten, indem gleichzeitig seine innere Erkenntnis entwickelt wird.»

Darauf kommt der Kostbare Meister immer wieder zurück. Mit ihm führen alle Wege nach innen. Zuweilen in unerwarteter Form – etwa wenn er über «Häßlichkeit» nachzudenken vorschlägt: «‹Häßlichkeit› bezieht sich aber nicht notwendigerweise auf verkrüppelte körperliche Formen. Vielmehr erscheint ja die Natur unseres Körpers, der aus Blut, Fleisch, Knochen usw. besteht, oberflächlich sehr schön zu sein – indem er eine gute Farbe hat, sich fest und doch weich anfühlt und vieles mehr. Wenn man aber genauer nachforscht, besteht er aus Substanzen wie etwa Knochen. Könnte ich eine Röntgenbrille tragen, würde ich jetzt nur Skelette sehen, und auch Sie würden in diesem Fall nur wandernde Skelette sehen. Über ‹Häßlichkeit› zu meditieren heißt demnach, die Natur unseres physischen Körpers zu erforschen.»

Als Erbe zahlreicher Transmissionsketten des esoterischen Wissens ist der Meister des Lotus auch ein großer tantrischer Meister, obwohl es ihm seine Mönchsgelübde nicht erlauben, alle Riten zu praktizieren: Tantra ist einer der Wege der Yoga-

Mystik, der auf der Beherrschung und Kanalisation von – physischer, spiritueller oder sexueller – Energie beruht, im Hinblick auf die Erlangung der Buddhaschaft. Diese Erkenntnis, über die sehr viel Ungebührliches gesprochen oder geschrieben worden ist, wird als eine der am schwersten zu bewältigenden betrachtet, birgt sie doch zahlreiche Fallen in sich, die es zu vermeiden oder zu überwinden gilt. Im Gegenzug dazu gilt sie auch als besonders wirksam, was die unwiderstehliche Anziehungskraft, die sie auf die Anfänger ausübt, erklärt, steht sie doch im Ruf, gefährliche Kräfte zu verleihen. Deshalb spricht der Dalai Lama vorsichtig und präzis über sie, ist er doch der Meinung, nur dank einer angemessenen und präzisen Vorbereitung könne diese Schwelle wirklich überschritten werden und auch nur unter der strikten Anleitung eines fähigen Führers.

«Aufs Ganze gesehen, besitzen die Menschen in dieser Welt bereits die Potentialitäten, die zu den drei Körpern eines Buddha entwickelt werden können. Unsere fünf Sinne und unsere gegenwärtige körperliche Form sind die Grundlage der physischen Erscheinung eines Emanationskörpers eines Buddha. Der subtile Traumkörper, wie etwa der Körper im Zwischenzustand zwischen Leben und Tod, ist gleich wie der Seligkeitskörper. Ihre gemeinsame Wurzel ist das Klare Licht, das in einen wahren Erleuchtungskörper des Buddha, seinen Wahrheitskörper entwickelt werden kann. Unterscheidendes Merkmal des Tantra ist, daß es diese drei Körper des gewöhnlichen Stadiums in Buddha-Körper verwandelt.

Das geht folgendermaßen vor sich: Der menschliche Körper ist eine Energiekonfiguration, bestehend aus 72 000 Kanälen, Energieströmen und energetischen Kraftkonzentrationen (Tropfen der Lebenskraft) und der inneren Energie, die sich in den Kanälen befinden. Indem wir die Kraftkonzentrationen in den Kanälen mittels Strömen manipulieren, durchqueren wir verschiedene Bewußtseinsebenen oder -zustände. Einer dieser Zustände ist der gegenwärtige Bewußtseinszustand, der auf unserer gegenwärtigen Konfiguration beruht, der Traum ist ein anderer, der Schlaf nochmals ein anderer. Zusammenbrüche, tiefe Ohnmacht oder Koma oder Stillstand des Atems sind weitere derartige Zustände. Die letzte Ebene des Bewußtseins, das Klare Licht, manifestiert sich beim Eintritt des Todes. Es ist die stärkste und subtilste. Ungenutzt, ist sie die Grundlage für die Rückkehr in den Kreislauf der Geburten, des Alters, der Krankheit und des Todes. Hat man die Natur der zyklischen Existenz einmal erfaßt, kann man sich aus ihr befreien. Die beste aller Vorbereitungen darauf ist das – gegenwärtige – Verständnis der verschiedenen Bewußtseinstypen durch den Gebrauch der Tropfen und der inneren Energie (oft als Wind bezeichnet).

Tantra ist äußerst gefährlich. Es kann nicht ohne einen kompetenten Führer vollzogen werden, denn es kann zu Wahnsinn oder Tod führen.» Solche Warnungen sind nicht auf die leichte Schulter zu nehmen und zeigen, auf ihre Weise, die Zerbrechlichkeit des Wesens angesichts der ihm innewohnenden Kräfte, die es zu beherrschen gilt, sobald man sich auf diesen Weg der Erkenntnis begibt. Einige sprechen auch davon, «den Tiger zu reiten».

Tatsache ist, daß nichts und niemand es an jemandes Stelle tun kann. «Buddha sagte einmal: ‹Ihr seid entweder Euer eigener Erretter oder Euer schlimmster Feind›. Das gilt für jeden von uns», bemerkt der Meister des Lotus. «Was beispielsweise mich betrifft, so versuche ich Güte und einen positiven Geist in mir zu kultivieren, ich bin mein eigener Erretter. Wenn ich aber der Negativität gestatte, sich meines Seinsstroms zu bemächtigen, dann werde ich zu meinem eigenen Zerstörer.

Zurzeit besitzen wir das Privileg, ein menschliches Leben zu führen, mit allen Möglichkeiten, die das impliziert. Im Unterschied zu Tieren und niedrigeren Lebensformen sind wir fähig, die Frucht der Erleuchtung zu pflücken, ein Akt höchster Güte für uns und für die anderen. Aber der Tod lauert von allen Seiten, droht uns diese kostbare Gelegenheit irgendwann zu entreißen, und wer stirbt, der kann nichts mitnehmen, außer die Samenkörner unserer Tätigkeit und unserer geistlichen Erkenntnis. Der König verliert sein Königreich, der Bettler läßt seinen Bettelstab zurück.

Es gilt die Chance der Erleuchtung zu ergreifen, wenn sie da ist. In weniger als einem Jahrhundert werden wir alle tot sein.

Vielleicht wird dann irgend jemand sagen: ‹Eines Tages hat der Dalai Lama hier eine Rede gehalten›, und allein dieses vage Echo wird bleiben. Wir können nicht sicher sein, daß wir morgen noch leben. Es gibt keine Ausflüchte, ich selbst, der ich hier vor Ihnen spreche, habe keine Gewißheit, daß ich morgen noch leben werde. Ich hoffe, mein Leben werde so lange dauern und so nützlich sein wie jenes von Gedrun Truppa, dem ersten Dalai Lama, denn zurzeit sind viele Personen von mir abhängig. Aber wer weiß? Aus diesem Grund praktiziere ich so intensiv wie möglich und rate Ihnen, es ebenfalls zu tun. Aber praktizieren Sie nicht blind, praktizieren Sie, indem Sie Weisheit und Verständnis zur Grundlage machen.»[16]

Diese Worte sprach Tenzin Gyatso vor mehr als zwanzig Jahren, als er noch lediglich ein junger Herrscher im Exil war, ein Flüchtling, gefangen in Schwierigkeiten, die niemand außer ihm selbst lösen konnte. Wenn sich der vierzehnte Dalai Lama seither verändert hat, dann ist es der Tatsache zuzuschreiben, daß er nie aufgehört hat, zu lernen, sich zu vervollkommnen, unablässig ein Vorbild zu sein. Seine Reisen haben ihm die Augen für andere Realitäten geöffnet, aber im Grunde genommen ist er mehr denn je ein Weiser unter Weisen. Wenn es auch den Anschein macht, als sei der Löwenthron bescheidener als früher im Götterpalast des Schneelandes, so verdient doch sein rechtmäßiger Inhaber vollumfänglich seinen Namen Meister des Lotus.

Unnötig, Tenzin Gyatso zu fragen, ob er an die Vervollkommnung des Menschen glaube, zeugt doch sein ganzes Leben davon, und lächelnd antwortet er: «Meiner Meinung nach ist es das einzige wertvolle Ziel, ein Ziel, das ich unermüdlich zu erreichen suche und das allein das Leben interessant und lebenswert macht.» Und maliziös fügt er bei: «Sind Sie nicht auch dieser Meinung?» Wenn es der Dalai Lama sagt, dann …

Zwischen Orient und Okzident tritt seine inzwischen etwas vertrauter gewordene Gestalt hier und dort, in den vier Himmelsrichtungen des Planeten in Erscheinung, vertrauter geworden durch die gelockerte Etikette, im direkten Kontakt mit den materiellen Dingen einer profanen modernen Welt. Überall ist er vor allem und erster Linie sich selbst. Hinter den Brillengläsern durchbricht sein Blick den Schein und sieht zweifellos mehr, als er zugeben will. Und vielleicht würde er es nicht ablehnen, eine Bemerkung von Sir Arthur Stanley Eddington, einem angesehenen britischen Astronomen und Physiker, zu unterschreiben, der zu Beginn des Jahrhunderts notierte: «An den Ufern zum Unbekannten haben wir seltsame Spuren wahrgenommen. Wir haben Theorien, eine tiefschürfender als die andere, erarbeitet, um ihren Ursprung zu erklären. Schließlich ist es uns gelungen, jenes Geschöpf nachzubilden, das diese Spuren hinterlassen hatte . . . Wir selbst waren es.»

VII

Auf den Straßen der Welt

Nicht zu Ende gedacht, erweckt die letzte Wahrheit stets den Eindruck eines Irrtums. Wer letzten Endes recht haben wird, der scheint in seinem Denken und Handeln oft unrecht zu haben.

Arthur Koestler

Der Potala – Sitz der Götter, Wohnstätte eines Königs. Von seinem Hügel aus, den er in einem subtilen Gleichgewicht von Mächtigkeit und Heiterkeit in seltener Eleganz weiterführt, dominiert der rote Palast die Hauptstadt Tibets und strebt aus seinen weißen Grundmauern gegen das Blau des Himmels. Auch er ein Symbol, das Symbol der Andersheit Tibets. Und doch – trotz seiner Reichtümer, seiner versteckten Winkel, seiner dunklen Gänge und seiner großartigen Fresken, trotz seiner grandiosen Bibliotheken, seiner geheimnisvollen Dachböden, seiner Kenotaphen, Prunkzimmer und Wandelhallen, trotz seiner Studiensäle und Adlerhorste, trotz eines an Überlieferung und Gestirnen orientierten Tagesablaufs konnte sich selbst ein Dalai Lama dort langweilen.

Tenzin Gyatso räumt ein, daß nicht jeder Tag ein Festtag war... Belastend waren nicht sosehr die Einsamkeit, die Strenge der Studien oder die Striktheit der Etikette, sondern vielmehr die Tatsache, daß er von der Welt abgeschnitten war. Abgeschnitten nicht nur von der jenseits des Himalaja gelegenen Außenwelt, die er zu erahnen und von weitem sich vorzustellen suchte, sondern auch von jener profanen und lebendigen Welt, die bereits am Fuße des stolzen Hügels ihr emsiges Treiben entfaltete. Um sich jenes Leben, von dem ihn alles trennte, näherzubringen, nahm er ein aus irgendeinem verstaubten Winkel hervorgezogenes Fernrohr an sich und beobachtete so während Stunden von oben ein Dasein, zu dem ihm, das wußte er genau, der Zugang streng verwehrt blieb. Es sei denn, daß ...

Heinrich Harrers Eindringen in die Sonnenstadt bot dem jungen Dalai Lama die lang erhoffte Gelegenheit, die Gewohnheiten etwas umzukrempeln. Das Gefolge mochte die Nase rümpfen oder die Augenbrauen hochziehen, man lehnt sich nicht offen gegen den Willen des Gottkönigs auf, selbst wenn er noch ein Jugendlicher ist. Denn bereits zu jener Zeit verstand es Seine Präsenz, sich durchzusetzen und sich Gehör zu verschaffen. Es war also der Österreicher, der dem Ozean der Weisheit die ersten Brocken Englisch, einige Kenntnisse in Geographie und zeitgenössischer Geschichte beibrachte; in seiner Gegenwart suchte er auch – trotz einiger großer weißer Flecken an «terra incognita» – auf alten, sehr britisch anmutenden Landkarten Städte und Länder, deren Namen für ihn Träume unbekannter Welten heraufbeschwörten ...

Indien selbstverständlich, an den Quellen seines Glaubens gelegen, aber auch ferne Gefilde wie Europa und Amerika, die ebenfalls ihre Anziehungskraft besaßen, und sei es nur, weil sie im Besitz der Schlüssel zu Technik und Wissenschaft sind. Zuweilen seufzte der junge Herrscher in seiner glanzvollen Abgeschiedenheit, wenn er auf diesen vergilbten Papieren Ankunftsorte von Wegen entdeckte, die zu begehen er so innig wünschte, und er verlangte danach, die Welt zu bereisen. Im übrigen ist die Tradition des Wandermönchs seit jeher Teil des Mönchslebens gewesen, und zu jener Zeit gab es noch zahlreiche Wanderer auf Pilgerstraßen, die von jenen begangen wurden, die sich weder von der langen Reise noch den seltenen Herbergen, noch der Möglichkeit einer unangenehmen Begegnung abschrecken ließen. Aber diese Wege waren nicht für den Dalai Lama gedacht, er mußte den abgesteckten Pfaden folgen und sich den hierarchischen Vorschriften der Tradition beugen – er war ein Symbol und mußte ein Symbol bleiben. Zumindest solange das angrenzende China die Einzigartigkeit dieses unbegreiflichen Nachbarn zulassen würde ...

Als dann in jener Märznacht des Jahres 1959 plötzlich alles kippte, sollte der Weg ins Exil zuerst auf andere Karawanenstraßen, zu Begegnungen mit anderen Gesellschaften und anderen Menschen, auf die Suche nach neuen Antworten auf neue Fragen führen. Es braucht diese Öffnung neuer Horizonte zur Befriedigung einer nie erlahmenden Neugier und eines immer wachen Wissensdursts. Für einen Flüchtling jedoch ist es, selbst wenn er Dalai Lama ist, nicht einfach, in einer immer geordneteren, wenn nicht gar immer mißtrauischeren Welt die Grenzen zu überschreiten. Vor allem auch deshalb, weil sich Neu-Delhi anfänglich taub stellte, wollte es doch die bereits nicht sehr freundschaftlichen Beziehungen mit Beijing nicht noch zusätzlich belasten. So wartete denn Tenzin Gyatso brav seine Stunde ab. Im übrigen hatte er sich in der ihm eigenen luziden Art bereits unvergleichlich dringlichere und unmittelbarere Prioritäten gesetzt: erst den Tibetern helfen, den Schock zu überwinden, dann auf den von Flucht und Exil hart gebeutelten gesellschaftlichen Trümmern den Keim zu einer lebenswerten Gesellschaft legen, und, von diesen Umständen profitierend, die Grundlagen für die unumgänglichen Reformen schaffen. Die Reisen würden später stattfinden.

Später fanden sie dann tatsächlich statt – zahlreich und ganz unterschiedlich, aber für den Reisenden wie für seine jeweiligen Gastgeber stets lehrreich. Durch die Umstände bedingt, beschränkten sich in den ersten Exiljahren die Reisen auf Indien, auf den Süden des Subkontinents, wo sich unerschrokkene Pioniere bemühten, eine dem Überleben förderliche Umgebung zu schaffen. Genötigt, ihren Lebensunterhalt mit dem Bau von Gebirgsstraßen zu verdienen, zahlten Mönche und Laien sehr bald einen hohen Tribut; zu Dutzenden, zu Hunderten, ja zu Tausenden starben sie – an den harten Lebensbedingungen und an mangelnder Nahrung, an der unzureichenden Anpassungsfähigkeit an das Klima und an der epidemieartig sich ausbreitenden Tuberkulose sowie an anderen, unter dieser robusten und gesunden Gebirgsbevölkerung bislang unbekannten Krankheiten. Zuweilen war es auch die Verzweiflung, die ihren Tribut forderte; die Sehnsucht nach den verlorenen Weiten und den Winden, die stillschweigende Auflehnung gegen ein so weit von der Unermeßlichkeit des Himmels entferntes Sterben, die Ungerechtigkeit und die Gleichgültigkeit der Welt trugen dazu bei, die bereits labile seelische Verfassung zu untergraben.

Für die Seinen hielt der Dalai Lama durch. Gegenwärtig. Hartnäckig bekräftigte und bewies er, erklärte und forderte er – in Wahrheit brachte es niemand über sich, ihm eine Absage zu erteilen, selbst wenn die Mittel mehr als ungenügend waren und noch immer sind. In ihren Schwierigkeiten, in ihrem Generationenkonflikt, in ihrem Kampf zwischen altem und neuem Lebensstil und in ihrer Zerrissenheit weiß die tibetische Exilgemeinschaft sehr wohl, daß er es ist, der sie durchhalten läßt, der sie stützt und dazu drängt, den Kopf hoch zu tragen – daß sie dank ihm fortbesteht und wiederaufblüht.

So muß man denn gesehen haben, welche Aufregung herrscht, wenn der Dalai Lama zu den Seinen kommt! In diesem Augenblick erkennt man wirklich, was den Tibetern die höchste Inkarnation des Herrn des Grenzenlosen Mitleids bedeutet, in diesem Augenblick erwächst dem – nicht eindeutigen und nicht streng gefaßten – Begriff des Gottkönigs seine einzigartige Größe. In dieser wundersamen Harmonie von Souveränität und Bescheidenheit, von Macht und Güte liegt, möglicherweise, der Schlüssel zum Lebensgeheimnis des Dalai Lama. Wo immer er, und sei es unverhofft, auftritt, verändert sich die Stimmung. Es mag in einer Eingangshalle eines Luxushotels sein, in einem der Symbolträger der westlichen Gesellschaft – das Kapitol in Washington, das Hôtel de Ville in Paris oder der Vatikan in Rom – oder auch in einem Zelt eines armseligen Flüchtlingslagers in Indien sein: es ist kaum möglich, die Intensität dieser Gegenwart nicht wahrzunehmen.

Beinahe jedes Jahr steigt der Dalai Lama nach dem Monsun von den Bergen des Himalaja herunter, begibt sich nach Süden, wo er die tibetischen Gemeinschaften besucht, niedergelassen in einem Landstrich, der sich von dem, was sie einst gekannt hatten, grundlegend unterscheidet. Er führt Unterweisungen durch, nimmt an Prüfungen teil, weiht Mönche in den von neuem errichteten Klöstern – insbesondere Sera, Drepung und Gaden. Luxus und Schätze sind nicht mehr gefragt, das Wissen aber wird bewahrt und weitergegeben. Es war denn auch eine der ersten Sorgen des Herrschers im Exil gewesen, innert kürzester Zeit in Dharamsala eine Schule für Dialektik zu schaffen und so die bedrohte Tradition der langen monastischen Rededuelle zu bewahren. Gewiß, noch heute ist es nur eine bescheidene Wellblechbaracke, neben dem Haupttempel gelegen, der seinerseits genau gegenüber der Residenz des geistlichen Oberhaupts wiederaufgebaut worden ist – das Wesentliche aber ist gerettet. Und was soll der äußere Schein?

Bereits zu jener Zeit hatte sich der exilierte Herrscher auch eingehend darum bemüht, den Neuanfang des Medizinstudiums zu fördern; nur so konnten die seit Menschengedenken überlieferten Geheimnisse und das althergebrachte Wissen bewahrt werden, unerläßlich zur Anpassung an unvorhergesehene, oft widrige Umstände. Es galt auch, zerstreute Wissenstrümmer zu sammeln, nach den Ärzten zu forschen, die harte körperliche Arbeit verrichten mußten – eine verheerende Tätigkeit für das Feingefühl der Handflächen, ihrem wichtigsten Diagnoseinstrument beim Pulsfühlen. Zudem galt es, die Rezepte der Arzneimittel zu rekonstruieren, die in der Familie oder zwischen Meister und Schüler von Generation zu Generation weitergegeben worden waren, und schließlich die zur Herstellung von Pillen benötigten Pflanzen, Metalle und weiteren Ingredienzen zu finden. Auf dieser geschickt wiederhergestellten Grundlage ist dann die jahrhundertealte Tradition neu aktiviert worden; inzwischen ist sie wieder so stark und effizient, daß auch die tibetischen Ärzte ihr früheres Ansehen zurückgewonnen haben.

Als Folge der Gegenwart des Dalai Lama im Kangra-Tal sind auch die im Verlauf der Zeit etwas verkümmerten buddhistischen Wurzeln zu neuem Leben erwacht. Obwohl es im ganzen Himalajagebirge üblich war, Mönche zur Ausbildung und zur Vollendung ihrer Studien in die Großklöster Tibets zu schicken, hatte sich doch vor Ort die Disziplin zuweilen etwas gelockert. Die Ankunft von Bettler-Asketen in der Gegend indes bewirkte, daß die Atmosphäre sich allmählich wandelte und der Reflexion wieder förderlicher wurde. Mit nie nachlassender Aufmerksamkeit geht das geistliche Oberhaupt auf die unablässig eintreffenden Anfragen ein, er möge da oder dort lehren, eine restaurierte oder eine neuerbaute Kultstätte weihen. Überall entspricht der Empfang der hohen Erwartung, es ist, als bewöge allein seine Gegenwart jeden einzelnen dazu – und sei es nur für diesen einen Augenblick –, sein Bestes zu geben.

In Ladakh, in Bodh Gaya und Varanasi oder in der Provinz

Karnataka orientiert der Meister des Lotus seinen Tagesablauf an den Bitten seiner Landsleute, räumt sich aber auch jeden Tag Zeit für Studium und Reflexion ein. Es gibt Augenblicke, in denen ihn nichts mehr zu beschäftigen scheint als die Lektüre eines in der Bibliothek irgendeines Klosters aufgestöberten alten Werkes, so wie ihm zuweilen nichts mehr Freude zu bereiten scheint als die Darbringung eines Gebets in Gemeinschaft mit einigen Mönchen eines inmitten einer majestätischen und noch halbwilden Gegend gelegenen Klosters.

Mit genau gleicher Aufmerksamkeit und sichtlicher Freude nimmt der Dalai Lama auch ganz ungezwungen an einem Schulfest teil oder hält ohne zu zögern auf seinem Weg inne, um mit einigen zufällig angetroffenen Nomaden freundlich zu plaudern. Er ist auch lebhaft daran interessiert, die theologischen Diskussionen der Mönche mitzuverfolgen; wenn es ihm nötig erscheint, mischt er sich auch ohne weiteres in die Streitgespräche ein, um präzise Fragen der Doktrin zu klären. Die Unterweisung, die er während seiner Reisen erteilt, wird stets mit großer Aufmerksamkeit verfolgt, und seine Zuhörerschaft hebt gerne deren Klarheit hervor; unzweifelhaft besitzt er die Gabe, sein Wissen zu teilen, und seine Ausführungen verbreiten Licht und Helligkeit – wobei letztlich völlig gleichgültig ist, ob es sich um Philosophie, Metaphysik oder Weisheit handle.

In Indien liegen dem Dalai Lama besonders die mit der Geschichte des Buddhismus verbundenen Orte am Herzen. Sie sind nicht selten in der Umgebung von Dharamsala, aber weitaus zahlreicher noch im Osten des Landes, dort, wo einst das üppige Reich Magadha blühte. Sarnath, bei Varanasi, wo der Buddha seine erste Lehrrede neben dem Gazellenpark hielt, ist einer seiner Lieblingsorte. Der Meister des Lotus bewahrt eine eindrückliche Erinnerung an einen gewissen Tag, zufälligerweise der Tag des großen Jahresfestes, wenn die Gläubigen in feierlicher Prozession eine der seltenen Reliquien Gautamas, des historischen Buddha, vorzeigen. Es gibt deren nur wenige: ein Zahn in Kandy, im Herzen Sri Lankas gelegen; drei Haare in der wunderbaren goldglänzenden Shwe-Dagon-Pagode von Rangun in Birma; in Nagarjunakonda und in Sarnath je ein

Knochenpartikel. Die mit ihnen verbundenen Legenden sind sehr schön, beeindruckender noch ist die ihnen dargebrachte Verehrung.

In Sarnath wurde das Rad der Lehre, der Dharma, in Gang gebracht, als der Erleuchtete die Vier Edlen Wahrheiten kundtat, die zur Erlösung aus der Kette des Leidens führen. Im Umfeld der majestätischen – mächtigen und zugleich beruhigend runden – Stupa, neben den Ruinen alter Einsiedeleien, gibt es neues Leben in Klöstern, wo sich Bonzen aller buddhistischen Schulen inzwischen bemühen, die lange Lehrtradition weiterzuführen. In der Milde der rasch hereinbrechenden Dämmerung umschreitet eine lange Reihe von safrangelb oder granatrot gewandeten Mönchen den jahrtausendealte Stupa, einige lassen sich im Gras nieder, führen halblaut ein Gespräch in der nach der Hitze des Tages wohltuenden Frische des sich neigenden Tages, andere tun nichts, unter Bäumen in eine träumerische Meditation versunken.

In der Nähe der Kultstätte wird das Plätschern des Brunnens hörbar; der Erde selbst scheint eine magische Stimmung zu entströmen, durchwoben von den zarten Farben der Bougainvilleas und dem leisen Rauschen des Blätterwerks, dem Vogelgesang in den Büschen und den Düften von Sandelholz und Jasmin, von einer innigen Freude auch, die sich unversehens einstellt. Im abendlichen Frieden schwebt eine unsichtbare und mächtige Präsenz über diesem privilegierten Ort, wo die Welt ihren unendlichen Kreislauf unterbricht, um einen Atemzug lang zur unbeweglichen Achse einer der Ewigkeit, der Vollendung des Seins anheimgestellten Zeit zu werden.

Wahrscheinlich war es ein Tag wie dieser hier, als die Prozession, gesammelt und freudig bewegt, den Mulgandh Kuti Vihara, das Heiligtum von Sarnath, umschritt, an jenem Tag, als die Emotionen so heftig waren, daß stille Tränen den Blick des Dalai Lama verschleierten. «Als die Mönche an jenem Tag den Schrein öffneten, habe ich mich selbstverständlich niedergeworfen, und dann habe ich geweint. Lange Zeit. Weshalb? Weil ich einer seiner Schüler bin, und weil diese armseligen Reliquien alles sind, was von ihm geblieben ist. Weil es ein Appell an die

Verantwortung des einzelnen ist, daran erinnert, daß es unablässig zu praktizieren gilt, um seinen Lehren zu folgen und auf dem Weg voranzukommen, denn die menschliche Ewigkeit hat nur eine Zeit . . .»

Auch Bodh Gaya nimmt in seinem Herzen einen Ehrenplatz ein. Gerne begibt er sich regelmäßig dorthin, noch ganz erfüllt vom tiefen Eindruck, den seine erste Pilgerfahrt an den Ort des Erwachens in ihm hinterlassen hat; das war 1956, anläßlich der Feier des zweitausendfünfhundertsten Jahrestags der Geburt des Buddha. Seither ist er oft an diesen Ort zurückgekehrt, der «für jeden Buddhisten den edelsten und erhabensten Teil seines kulturellen und religiösen Erbes» darstellt. Während eines solchen Aufenthalts haben jeweils alle anderen Aktivitäten hinter dem religiösen Aspekt zurückzutreten: oft lehrt er, wohnt theologischen Prüfungen bei, vor allem aber nutzt er die – geographische und räumliche, ja irdische – Abgeschiedenheit des trägen, dem Pulsschlag der Welten gegenüber gleichgültigen Städtchens für Retraiten. Er findet dort zu jener gewollten, vernunftgetragenen Einsamkeit zurück, die reinigt und das Denken nährt.

Von Indien einmal abgesehen, führte die erste Reise den Dalai Lama 1967 in zwei buddhistische Länder, Japan und Thailand. Anlaß, persönlichere Beziehungen mit verwandten, aber gleichwohl anders gelagerten Traditionen zu knüpfen. Überall wird er mit jenem bewundernden und herzlichen Respekt aufgenommen, mit dem der Orient seine geistlichen Lehrer empfängt.

So gibt es in Bali, im Norden dieser Insel, die so bezaubernd schön und von Harmonien und Klängen erfüllt ist, daß manche dort ihr Paradies gefunden haben, einen hoch in den Bergen und am Ende einer eigenwilligen Straße gelegenen kleinen Weiler, Banjar. Auf diesem gastfreundlichen und toleranten Stück Erde ziert ein buddhistisches Kloster die allen Göttern offene tropische Üppigkeit. Erst kürzlich erbaut, obwohl die Überlieferung des Erleuchteten weit in der Vergangenheit der örtlichen Erinnerung wurzelt, erhebt das – nach balinesischer Manier wunderbar kitschige – Kloster den Launen des Hügels entlang seine roten und grauen Gebäude und ertränkt sie beinahe in der Üppigkeit der Vegetation.

Das Strahlen der Blüten, die Großzügigkeit der heimlich gezähmten Kräuter und die wunderliche Eleganz der Sträucher bestürmen die zügellose Vorstellungswelt, um sie auf eine unerwartete Einzelheit eines dem Horizont zustrebenden Laubwerks zu lenken. Etwas abseits breitet ein Bodhibaum, einem einstmals aus Indien zurückgebrachten Trieb entsprossen, sein Blätterwerk über der Statue eines in Meditation versunkenen Buddha aus; jeden Tag stellt sich eine kleine Anzahl von Gläubigen aus der Umgebung in der Abenddämmerung hier ein, um mit dem Wächter-Mönch den privilegierten Augenblick der Meditation zu teilen.

Ein weiteres Bild des Weisen, mit seiner gelben und orangefarbenen Masse das Kloster beherrschend, blickt in die Ferne, während unter seinem Sockel eine Fülle von weißen und rosa Lotusblüten auf ihren langen Stielen sitzen, wie unwiderstehlich zum Licht hingezogen. Anläßlich eines Aufenthalts in Indonesien im Jahr 1982 hatte der Dalai Lama einige Stunden in Banjar verbracht, und seine freundlichen Worte bleiben unvergessen. Allein mit der Aufsicht über die Gebäulichkeiten, allein mit ihrem Unterhalt und dem Vollzug der Riten betraut, erzählt der hier wohnende Mönch, obwohl er zur Theravada-Schule des Kleinen Fahrzeugs gehört, mit offenkundigem Vergnügen von der Opferzeremonie, die er bei jener Gelegenheit an der Seite des illustren tibetischen Besuchers durchführte. «Er ist ein Meister», erinnert er sich, ein Lächeln auf den Lippen und mit träumerischem Blick, «ein wahrer Meister, man wünschte sich, es gäbe heutzutage mehr von dieser Art ...»

Von Borobudur, auf der benachbarten Insel Java gelegen, ist nicht viel zu sagen, außer daß es eines der Weltwunder ist – zumindest der buddhistischen Welt. Andere Stätten – Pagan in Birma oder Angkor-Vat in Kambodscha – zeugen in ihrer inzwischen stumm gewordenen Großartigkeit vom unwiderstehlichen religiösen Elan, der einst zu ihrem Bau führte. In Thailand läßt diese oder jene Pagode die lächelnde Lektion der Vergänglichkeit entdecken, während in China dieser oder jener geheiligte Berg den Wanderer zu einem stärkenden Halt in einem Wäldchen oder einer dem Nachdenken förderlichen

Höhle einlädt. Kein von Menschenhand geschaffenes Gebäude aber strahlt jene harmonische Vollendung, jene souveräne Vollkommenheit von Borobudur in der Nähe von Jogyakarta aus.

Gewiß, eine bereits auf den ersten Blick wahrnehmbare architektonische Vollendung, betrachtet man den Einbezug der Tempelanlage in den Hintergrund der bewaldeten Hügel mit ihren sanften, aber bestimmten Konturen und das Spiel der ausgewogenen Volumen, ausbalanciert zwischen der eckigen Verwurzelung im Boden und der Rundung der stufenförmig ansteigenden höheren Terrassen. Vollendung auch im aus Stein gehauenen Buch, das im Verlauf der rituellen Begehung seine Geschichte und seine Legende episodenartig entfaltet, ein Pfad, der im Herzen der Hauptachse von den irdischen Wegmarken über die Stufen der Entäußerung und der Meditation zur gereinigten Vision führt – an die Grenze zum Unsagbaren. Schließlich Vollendung des initiatorischen Mandala, Träger der Quintessenz der buddhistischen Suche – Zusammenfassung der Lehre, die in der gemeißelten Eleganz des Steins die extreme Forderung nach Überwindung der eigenen Grenzen darstellt. Wer diese allen Blicken offenen Symbole liest, dem enthüllt sich in strahlender Klarheit der Hauptgedanke des Buddhismus, dessen Bedeutung zuweilen vom Nebel der Exegesen verdeckt wird, die seine unmittelbare Wahrnehmung erschweren.

Anläßlich dieser Pilgerfahrt hat auch der Dalai Lama den jahrhundertealten Weg eingeschlagen, der vom kleinen Tempel von Mendut, wo der Erleuchtete im Halbdunkel der Krypta unter dem wachsamen Auge zweier Bodhisattvas lehrt, über das bewegende Heiligtum von Pawon, dessen nackte und leere Innenwände der vorbereitenden Sammlung dienen, bis zum Eingang zum großen Mandala führt. Vielleicht verweilte sein Blick einen Augenblick auf einer Außenmauer, wo eine kundige Hand den Ausdruck des Staunens eines Wesens fixiert hat, das an der Schwelle zu einer als grundlegend erahnten Begegnung steht; nie und nirgendwo hat der Stein je mit solcher Kraft diesen extremen, von Erwartung, Hoffnung und Ungewißheit erfüllten Augenblick festgehalten, wenn der Blick sich verhüllt, sich von außen nach innen wendet. Der flüchtige Halt, der unmerkliche Moment des Zögerns, bevor die Schwelle überschritten wird ...

Der heilige Berg in der Ebene von Kedu ist ein Werk des menschlichen Wollens; den Perlen einer Gebetsschnur gleich, sind die eckigen Terrassen und die abgerundeten Esplanaden eine tausendundachtfach wiederholte, innige Huldigung an den Erwachten. Magie der Zahlen, Wunder der Ziffern, Zauber des Steins und Bann der Schönheit; wenn der Pilger in Borobudur die kaum verhüllte Sprache der Zahlen entschlüsselt, dann lebt er mit seinem ganzen Körper, seinem ganzen Geist und seiner ganzen Rede den initiatorischen Weg, der von der Welt der Menschen zur zugleich schöpferischen und befreienden Vision der letzten, selbstverständlich buddhistischen Wirklichkeit führt. Angelpunkt der Brechung und des Gleichgewichts, vollbringt das Kosmogramm von Borobudur das Wunder, an der Nahtstelle der Materialisierung des Geistes und der Vergeistigung der Materie zu sein. Seltenes Privileg, das in anderen Breitengraden nichts Vergleichbares kennt; es erstaunt also nicht, wenn es mit überwältigender Kraft ein umfassendes Bild heraufbeschwört, den Spiegel eines ständig im Werden befindlichen Universums. Es erstaunt auch nicht, daß dieses symbolische Heiligtum heute von neuem lebt, belebt dank der Umsetzung seiner vielfältigen Aspekte durch die Meister des tibetischen Buddhismus.

Auf die verschiedensten Aspekte der heutigen Gesellschaft bezogen, gruppieren sich die Reisen des Meisters des Lotus im allgemeinen um ein präzises, aber in unendlichen Variationen abwandelbares Thema. Gewöhnlich besteht das Grundanliegen noch immer darin, die tibetische Sicht- und Lebensweise besser bekannt und verständlich zu machen. Die Begegnungen werden aufgrund der Einladungen organisiert, die aus interessierten Kreisen oder Gruppen herangetragen werden; Unterweisungen werden auf ausdrückliche Bitten von Personen vorgesehen, die mehr oder weniger direkt den buddhistischen Weg eingeschlagen haben. Als vollendeter Weisheitslehrer bemüht sich der Dalai Lama, das seit einiger Zeit merklich verstärkte Interesse für das Schneeland zu befriedigen, ohne je jene Unterscheidungsmerkmale auszublenden, auf denen seine Einzigartigkeit und seine Identität beruhen.

Kein Vorurteil scheint seine Wahrnehmung der modernen politischen Realitäten zu trüben. Ohne sich über deren Regeln Illusionen zu machen, nimmt er zur konkreten Anwendung derselben keinerlei Stellung; wird er darüber befragt, dann erinnert er daran, daß sie das sind, was jene, die sie handhaben, aus ihnen machen. Er weiß ganz genau, daß im Spiel der Großmächte manche versucht sein könnten, ihn oder die tibetische Sache zu anderen als seinen eigenen Zwecken zu instrumentalisieren. Seine einzige Handhabe, um derartige Mißverständnisse zu vermeiden, ist eine freimütige Offenheit, die aber Nuancen keineswegs ausschließt. Denn, ob er es will oder nicht, Tenzin Gyatso, seines Zeichens Dalai Lama, weiß ganz genau, daß ihm die Politik bei jeder Etappe seiner Reisen auflauert und daß sie nicht gänzlich vom weltlichen Aspekt seines Amtes getrennt werden kann.

Eine Reise in die UdSSR im Herbst 1986 mag diese Sachlage veranschaulichen. Von Neu-Delhi kommend, machten der Dalai Lama und sein kleines Gefolge – ein halbes Dutzend Begleitpersonen – zuerst in Taschkent, dann in Alma-Ata und Ulan-Ude halt. Von der burjatischen Hauptstadt gelangten sie schließlich nach Leningrad und Moskau: zwei mit zuweilen aufschlußreichen Begegnungen und Beobachtungen durchsetzte Wochen. Selbstverständlich hat sich der Dalai Lama willig dem Funktionären und offiziellen Vertretern so am Herzen gelegenen Ritual der Familienphotos unterzogen, jeder brav auf dem ihm hierarchiemäßig zustehenden Platz. Selbstverständlich hat er, ohne mit der Wimper zu zucken, Routineansprachen und lyrischen Höhenflügen einer verblühten, alles und jedes und auch das Gegenteil behauptenden Rhetorik gelauscht . . . Trotzdem denkt er nach, und andere, weit aufschlußreichere Einzelheiten haben seine Aufmerksamkeit erregt.

Von den sowjetischen buddhistischen Organisationen eingeladen, und zwar auf Anregung des religiösen Oberhaupts des Klosters von Gaden, Choekhor Ling, in der Nähe von Ulan-

Ude – das größte buddhistische Kloster in der Burjatischen Autonomen Republik im Süden des Baikalsees gelegen –, wußte der Kostbare Meister sehr wohl, daß diese Einladung nicht ohne die Zustimmung der Sowjetregierung und der kommunistischen Führung hätte erfolgen können. Von da bis zum Erwägen der Möglichkeit, diese Reise in den äußerst angespannten Beziehungen zwischen Moskau und Beijing einzusetzen, ist ein Schritt, den der Dalai Lama zu tun nicht gewillt ist – was ihn nicht daran hindert, zuzugeben, daß diese Reise den Chinesen möglicherweise nicht eitel Freude bereitet habe und daß die Anzeichen eines vorsichtigen Wandels in den Beziehungen zwischen den beiden kommunistischen Großmächten auf dem asiatischen Kontinent langfristig auch auf die Lage Tibets Auswirkungen haben könnte. Ohne sich jedoch in Illusionen zu wiegen: «langfristig» kann in östlicher Sicht ohne weiteres ein Menschenleben bedeuten, ja eine oder mehrere Generationen übersteigen. Aufgefallen sind ihm während dieser Reise einige unmittelbare und konkrete Aspekte.

Etwa eine vorsichtige Liberalisierung der Glaubenspraxis: eine im Vergleich zu seiner letzten Reise nach Ulan-Ude viel zahlreichere und weniger verängstigte Zuhörerschaft, darunter sogar Gläubige, die aus der Äußeren Mongolei angereist waren; eine stärker auf Spiritualität ausgerichtete Atmosphäre in Zagorsk, wo sich zahlreiche junge Menschen im Schiff einer großen Kirche drängten; eine offenere Haltung der religiösen Würdenträger in der Diskussion. Er nutzte diese Entspannung, um dem Abt von Gaden, Choekhor Ling, die bescheidenen oder prächtigen Geschenke zu übergeben, die ihm von den Pilgern als Zeichen der Treue überreicht worden waren, damit dieser für die Mönche von Ulan-Ude eine Schule für buddhistische Dialektik eröffnen könne. Im Kloster fand ein Wiedersehen mit einem seiner Schüler statt, der als junger burjatischer Mönch zur religiösen Ausbildung für einige Jahre nach Dharamsala gesandt worden war.

«Diesmal», so präzisiert der Meister des Lotus, «habe ich mein Maß an unterschiedlichen theologischen Kontakten gehabt, bot man mir doch Gelegenheit, mich nicht nur mit Buddhisten in der Mongolei zu unterhalten, sondern auch mit Muslims, Orthodoxen, Adventisten vom Siebenten Tag und mit anderen Christen. Um ehrlich zu sein, oft waren es bloße Formalitäten, mehr Empfänge und Feiern, derartige Dinge. Aber letztlich läßt sich daraus schließen, daß die Rechnung für alle Seiten aufgegangen ist: in der UdSSR spricht man gerne vom Frieden, und da ich behaupte, der Friede in der Welt könne nur dadurch erreicht werden, daß die Menschen den inneren Frieden verwirklichen und praktizieren . . .

Zum ersten Mal konnte ich mich auch mit kommunistischen Forschern und Wissenschaftlern unterhalten, insbesondere im Institut für Neuropsychologie und im Institut für Orientalistik in Leningrad. Es war äußerst lehrreich, in den dortigen Bibliotheken befinden sich hochinteressante Werke. In Alma-Ata war es wunderbar. Es regnete, als wir am Abend ankamen, und am nächsten Morgen lag auf den Bergen der Umgebung ein ungreifbarer Schleier von Schnee. Es war schön, die Berge . . . Sind Sie auch schon mit Aeroflot geflogen?» – sein Blick verschwindet hinter halbgeschlossenen Lidern – «die Bedienung ist eindeutig besser als bei meiner letzten Reise vor einigen Jahren . . . Im übrigen ändert sich Moskau kaum . . . Ich glaube aber, daß Tibet für die Sowjetunion wichtig ist, und zwar in politischer wie auch in geographischer Hinsicht, so wie das Land auch für Indien und Afghanistan wichtig bleibt. Auf sowjetischem Territorium wurzelt der Buddhismus in der tibetischen Tradition, und das wird, neben den Beziehungen, die zumindest auf meinen Vorgänger zurückgehen, in Moskau nicht verkannt.»

Die Reisen ins Ausland bringen zahlreiche, nicht immer leicht lösbare Schwierigkeiten mit sich. Wenn, was zuweilen vorkommt, die Hindernisse finanzieller Art sind, dann werden sie dank der Zuwendungen der in den verschiedenen Ländern lebenden Tibeter, die ihr geistliches Oberhaupt nur allzu gerne empfangen, überwunden. Buddhistische Organisationen wie auch Privatpersonen tragen ihren Teil dazu bei. Auch die Regierung von Neu-Delhi beteiligt sich an den Kosten und ist teilweise, zumindest auf indischem Territorium, für die Sicherheit zuständig. Hier liegt denn auch eine der Hauptsorgen der engsten Vertrauten des Herrschers im Exil, und die Wachsamkeit seiner – bescheidenen – Leibwache läßt nie nach. Stärker noch als mit derartigen Dingen praktischer Natur läßt sich die Zurückhaltung, wenn nicht Ächtung, die offizielle Kreise dem Dalai Lama und der Sache Tibets noch immer entgegenbringen, mit eindeutig politischen Überlegungen erklären, wenn auch nicht rechtfertigen.

Die Regeln der internationalen Beziehungen wollen es, daß sich ein Land nicht in die inneren Angelegenheiten eines anderen einmischt. Was – öfter als eigentlich nötig – eine andere, angeblich grundlegende Regel des Sozialverhaltens vergessen macht: die moralische Pflicht zur Hilfeleistung an Menschen in Gefahr. Unnötig, sich bei der langen Reihe von Fällen aufzuhalten, die – *a contrario* – diesen Tatbestand veranschaulichen; es gibt ihrer eindeutig zu viele, als daß sie aufgezählt werden könnten, und zwar bereits in diesem Jahrhundert, geschweige denn im Verlauf der Menschheitsgeschichte. Im Falle Tibets kommt erschwerend die beinahe völlige Unkenntnis über die tatsächliche Lage im Hochland hinzu, das in einen von sämtlichen Traumgestalten heimgesuchten geheimnisvollen Glanz getaucht ist. Seine zugleich gewollte und aufgezwungene Isolation ist diesem allen Abenteuern des Geistes offenen Shangri-la teuer zu stehen gekommen, und das Erwachen war brutal. Um so brutaler, als es gerade aufgrund der Entscheidung für die buddhistische Lebensführung nicht in der tibetischen Mentalität liegt, auf Ungerechtigkeit mit Gewalt zu antworten. So ist denn Tibet angesichts des schweren Schicksals und der zusammengewürfelten Koalition von offenkundigen oder verdeckten Interessen, in denen Ideologie und Merkantilismus miteinander einhergehen, sehr schlecht gewappnet; der Dalai Lama hält sich nicht dabei auf und ist nach wie vor davon überzeugt, daß Aufrichtigkeit und Wahrheit schließlich den Sieg davontragen werden.

Im direkten menschlichen Kontakt sucht das tibetische geistliche Oberhaupt Brücken zu schlagen, Differenzen zu überwinden und so Übereinstimmungen zu betonen. Angefangen bei jenem Bereich, der ihm am meisten am Herzen liegt, der Religion, dem Hauptpfeiler des menschlichen Lebens. Nach mehreren Begegnungen mit Würdenträgern wie dem Erzbischof von Canterbury, orthodoxen Archimandriten, muslimischen Führern aus Ladakh oder der Sowjetunion und auch mit Päpsten hat der Meister des Lotus, von der gleichen Hinwendung zu den anderen beseelt, im Herbst 1986 in Assisi am Gebetstag für den Weltfrieden teilgenommen; initiiert wurde der als universell verstandene Anlaß vom Bischof von Rom. Gemeinsam mit den Vertretern anderer Großreligionen wollte der Dalai dergestalt wiederholen, daß das Leben in Fülle und Harmonie auf Erden schön sein kann, so es der Mensch versteht, sich entsprechend zu verhalten.

Im Laufe der Zeit und wenn unerwartet einander fremde Traditionen aufeinanderprallen, ereignen sich zuweilen seltsame Zufälle. Trotz ihrer Vergänglichkeit eröffnen diese Begegnungen gleichwohl flüchtig unvermutete Perspektiven. Anläßlich seiner Reise in die USA im Jahr 1980 stand plötzlich eine kleine Gruppe von Hopi-Indianern vor dem Haus in Los Angeles, wo sich der Dalai Lama aufhielt. Diese Stammesältesten, Hüter einer wenig bekannten, aber noch immer lebendigen Tradition, Träger einer allzu lange verkannten oder verlachten Erkenntnis, behaupteten gelassen, sie hätten dem geistlichen Oberhaupt der Tibeter eine wichtige Botschaft zu übermitteln.

Da Tenzin Gyatso nicht die Angewohnheit hat, sich Unerwartetem zu verschließen, wurde eilends ein Gespräch arrangiert. «Eine eigenartige Begegnung», erinnert er sich heute. «Menschen von äußerster Höflichkeit. Sie wollten mir über eine alte, von Generation zu Generation überlieferte Prophezeiung ihres Volkes berichten, wonach eines Tages jemand aus dem Osten käme, jemand, dessen Name mit einer weiten Salzwasserfläche verbunden sei. Sie meinten, ich könnte es sein, und waren gekommen, es mir zu sagen ... Ihre Sorge um die Bewahrung der Umwelt und ihre Achtung vor der Natur haben mich tief beeindruckt. Das liegt nun bereits einige Jahre zurück, aber diese Sorge um alles, was uns umgibt, gewinnt jeden Tag an Wichtigkeit; auch das ist eine Gemeinsamkeit zwischen ihnen und uns.»

Laut der Hopi-Tradition wird tatsächlich eines Tages ein

Bruder des Sonnenclans, ein wahrer Weiser, bei ihnen eintreffen, bei den Hopi-Indianern, die der Überzeugung sind, daß die Achse der Welt durch ihr Territorium verläuft, so wie sie auch das Dach der Welt durchquert. Eine weitere seltsame Übereinstimmung: das Feuer-Ritual der Hopi gleicht ganz ungemein einer ähnlichen tibetischen Zeremonie, während eine alte Vorhersage des Hochlands besagt, daß «am Tag, wo der Eisen-Vogel fliegen wird und die Pferde auf Rädern galoppieren werden, das Volk von Bod wie Ameisen in die Welt verstreut wird und der Dharma auf dem Kontinent des roten Mannes ankommen wird». Zur Stunde will sich der Dalai Lama nicht auf müßige Spekulationen einlassen, er begnügt sich mit dem Hinweis auf die Analogien und lächelt. Aber seine Sorge um die uns umgebende Welt findet bei jeder sich bietenden Gelegenheit ihren Ausdruck: «Friede und Leben auf der Welt, so wie wir sie kennen, sind bedroht von menschlichen Aktivitäten, die die menschlichen Werte verkennen ... Es ist leicht, die Zerstörungen der Vergangenheit, Folgen des Unwissens, zu verzeihen. Heute jedoch haben wir Zugang zu mehr Informationen, und es ist wesentlich, das uns überantwortete Erbe, das wir den kommenden Generationen hinterlassen werden, von einem ethischen Standpunkt aus zu überprüfen ... Wir besitzen die nötige Fähigkeit und haben auch die Verantwortung dafür, und wir müssen handeln, bevor es zu spät ist.»[17]

Man muß den Dalai Lama nur in seinen Garten begleiten, um innezuwerden, daß sein Verhältnis zur Natur ebenso organisch und vital ist wie jenes zu seinesgleichen. Gleichzeitig gibt es eine Art affektiver Distanz zwischen ihm und dem, was zu tun ihm obliegt; Tenzin Gyatso zeigt sich zurückhaltend, ja vorsichtig, sobald jemand, etwas voreilig, versucht, seine geistliche Rolle und seine weltlichen Aktivitäten zu vermengen. Seiner Meinung nach könnte es sich als gefährlich erweisen, dem Oberhaupt irgendeiner Religion die politische Macht zu übertragen. «Würde etwa jemand wie der Papst, der an der Spitze einer ganz bestimmten Kirche steht, zum nationalen politischen Führer erhoben, dann könnte es für ihn auf die Länge schwierig sein, objektiv zu bleiben, und zwar in seinem religiösen wie in seinem politischen Amt. Eine derartige Verknüpfung von Kirche und Staat kann zu Problemen führen, außer es gebe große Flexibilität in beiden Rollen. Muß man sich strikt einer Tradition unterziehen, so kann sich das als unangenehm erweisen. Im religiösen Bereich hat der Dalai Lama nicht die gleiche Rolle wie der Papst, seine Rolle ist verschwommener und abstrakter.

Bei den Tibetern ist die Ausgangslage eine andere. Wenn gesagt wird, der Dalai Lama sei geistliches und weltliches Oberhaupt, dann ist damit weder im einen noch im anderen Bereich eine starre Rolle definiert. Es handelt sich um einen Titel allgemeiner Art, der bedeutet, daß der Dalai Lama als religiöser Meister geachtet ist und daß er in den politischen Angelegenheiten Tibets mitzureden hat. Ich bin frei, meine Meinung sowohl in religiösen wie in politischen Dingen kundzutun, und ich kann mich nicht zum Sprecher irgendeiner bestimmten Institution machen. Wenn die Tibeter also davon sprechen, ‹religiöse und säkulare Funktionen zu vereinen›, dann entspricht das nicht genau dem, was die Abendländer meinen, wenn sie von den Beziehungen zwischen Kirche und Staat sprechen. In einem freien Tibet freilich lägen die Dinge anders, aber als Flüchtling bin ich zweifellos weniger Zwängen unterworfen.» Was die Abendländer nicht immer auf Anhieb verstehen und was den Stellungnahmen des Dalai Lama ohne jeden Zweifel noch mehr Gewicht verleiht, ist die Tatsache, daß in einem gewissen Sinn seine Freiheit total ist.

Wie dem auch sei, die erste Reise Tenzin Gyatsos in die Vereinigten Staaten zeugt sehr wohl von der zwiespältigen Haltung des Westens in der tibetischen Frage, zumindest aber von seiner falschen Einschätzung, zuweilen sogar von seiner beklagenswerten Ignoranz. Jedermann weiß, daß Washington während Jahren so getan hat, als gebe es Volkschina nicht, und sich lange gegen den Einzug dieses Landes in die Vereinten Nationen gesperrt hat – und dabei sogar, aber lediglich hinter den Kulissen, die Lage auf dem Dach der Welt vorschob. Als dann die Wende kam und Präsident Nixon nach China reiste, geriet Tibet sogleich in die Versenkung – unter ganz anderen, aber ebenso belanglosen Vorwänden: Interessen verpflichten. 1980 jedoch, als dann alle, ernsthaften oder nicht ernsthaften, Hindernisse schließlich beseitigt waren, wurde der exilierte Herrscher bei jeder Etappe seiner Amerikareise – zwar nicht offiziell, aber zumindest inoffiziell – mit großer Herzlichkeit empfangen. Auch hier vollbrachte sein persönliches Charisma wahre Wunder. Aber nichts wurde unternommen, um auf politischer Ebene die chinesische Besatzung anzuprangern, etwa in internationalen Organisationen. Vielleicht hat Charles G. Rose, ein Mitglied des amerikanischen Kongresses, die hervorstechendsten Züge am besten zusammengefaßt, als er den Gast seinen Kollegen in der sehr nüchternen und feierlichen Constitution Hall in Washington kurz und bündig so vorstellte: «Der Dalai Lama ermutigt die Menschen, mehr eigenständiges Denken zu entwickeln.» Die Anekdote dazu – einige Wochen später war es an Johannes Paul II., auf der gleichen Tribüne das Wort zu ergreifen ...

Diese mehr oder weniger gewollte Blindheit der Demokratien in bezug auf Tibet ist nicht den USA vorbehalten; auch die führenden Politiker in Europa haben in dieser Hinsicht keinen Grund, stolz zu sein. Ebensowenig die Intellektuellen, die sich sonst normalerweise als das Gewissen der Völker, als Meinungsmacher oder Sprecher der Unterdrückten verstehen. Gewiß, an mildernden Umständen fehlt es weder den einen noch den anderen: Tibet ist weit weg, ist hoch gelegen, ist unbekannt, ist geheimnisvoll.

Für manche schwankt die Vorstellung zwischen Tintin und weißer oder schwarzer Magie, zwischen heiligem Berg und Yeti, zwischen der Exotik unerreichbarer Pilgerfahrten und den Hirngespinsten der Unvernunft. Und aufs Ganze gesehen, ist zudem die – getreue oder blinde, scharfsichtige oder plump eigennützige – Freundschaft mit China sehr wohl eine Messe wert, und sei sie dazu bestimmt, das Blut von Tausenden und Abertausenden von bewußt oder unbewußt ignorierten Opfern zu überdecken.

Das geht so weit, daß heute, wo die Führung in Beijing aus offenkundig finanziellen Erwägungen heraus die Grenzen eines Landes, das ihr gar nicht gehört, schließlich für jene geöffnet hat, die von eben diesem Land träumen, jetzt die meisten dieser

Reisenden im Schlepptau des letzten Modeschreis ignorieren wollen, daß sich dort unter dem Schutz einer furchtbaren Mauer des Schweigens eine Tragödie abgespielt hat und direkt unter ihren Augen, die zu sehen sich weigern, noch immer abspielt. Es gibt sogar einige, die nach ihrer Rückkehr, schamlos und ignorant, so weit gehen, äußerst gelehrt zu erklären, «weshalb Tibet nicht das Afghanistan der Chinesen ist». Zugleich findet sich in der Schweiz, in Frankreich, in Italien und vielleicht auch anderswo immer dann, wenn der Dalai Lama die Erlaubnis erhalten hat, die Einladung einer Gruppe von Freunden anzunehmen, ganz sicher jemand, der ohne Umschweife erklärt, es handle sich um einen privaten Besuch, während offizielle Kontakte sorgfältig vermieden werden. Beijing hält nämlich starr an seinen Grundsätzen fest – und seien sie unbegründet oder sogar verfälscht – und schreckt auch vor Drohgebärden nicht zurück, um seinen Willen durchzusetzen, also um entgegen jeder Wahrheit die Auffassung zu verfestigen, Tibet sei das gleiche wie China.

Zur Abtragung dieser Berge von Vorurteilen verfügt der Dalai Lama angesichts der chinesischen Übermacht wie auch ihrer gewaltigen Propagandamaschinerie nur über beschränkte Mittel. Er betrachtet es jedoch als unschätzbaren Vorteil, die Wahrheit auf seiner Seite zu haben, und es ist diese Realität, die er jenen verständlich zu machen sucht, die ihm zuhören wollen, wenn er die Straßen der Welt unter die Füße nimmt.

Immer und immer wieder wurde ihm bei seinen jüngsten Reisen in den Westen, bei Gesprächen mit Persönlichkeiten unterschiedlichster Herkunft in Indien, bei unvorhergesehenen Begegnungen die Frage nach der Gewalt gestellt. Selbst unter den Tibetern spitzt sie sich vor allem bei der im Exil geborenen oder aufgewachsenen jungen Generation so sehr zu, daß der Gewaltverzicht einigen beinahe das Herz bricht. Es fehlt nicht an Argumenten, die vor allem von einer freien Jugend mit offenen Augen für eine sich rasch wandelnde Welt mit eloquentem Eifer vertreten werden: nicht vorsätzlicher Wille, weh zu tun oder zu zerstören, sondern Auflehnung gegen die Mauer des Schweigens, Wille, sich Gehör zu verschaffen, und zwar trotz des Überdrusses, ständig die Rolle des Rufers in der Wüste zu spielen.

Keine Flugzeugentführungen, keine Attentate, keine Geiselnahmen, um zu erpressen und um sich billig die Publizität und den zweifelhaften Luxus der Verachtung einzuhandeln; davon wollen die Tibeter nichts wissen, denn für sie käme es einer Erniedrigung gleich, sich solcher Verfahren zu bedienen. Und dennoch, es hat in Tibet einen bewaffneten Widerstand gegeben, und es gibt ihn noch immer. Wegen mangelnder Mittel und Unterstützung von außen flackert er nur sporadisch auf. In der Gemeinschaft im Exil wiederum gibt es zehntausend Männer, die in der indischen Armee gedient haben, meist bei den Elitetruppen, den Fallschirmjägern und dem Gebirgsgrenzschutz. Tenzin Choegyal, der jüngste Bruder des Dalai Lama, ist einer von ihnen; zuweilen sagt er, mit einem kleinen Lächeln in den Mundwinkeln, nie zuvor im Verlauf seiner langen Geschichte habe Tibet eine derartige Armee besessen ...

Aber es gibt eine Grenze, die zu überschreiten niemand wagen würde, nämlich die Position des exilierten Herrschers selbst. Seit der Dalai Lama mit diesem grausamen Dilemma konfrontiert ist, hat er sich während der ganzen Zeit bemüht, seinem Gewissen und seinem Glauben nachzuleben. Die eigenen Erfahrungen mit dem chinesischen Eroberer, die ihm voll bewußte Tragödie seines Volkes, das den Seinen zugefügte zum Himmel schreiende Unrecht, all dies konnte seinen unerschütterlichen Glauben in die buddhistische Gewaltlosigkeit nicht schmälern. Er bleibt, philosophisch, ein entschiedener Gegner von Gewaltanwendung als Mittel zum Zweck – letzterer kann ersteres in keinem Fall rechtfertigen. Diese Haltung ist keineswegs Ausdruck mangelnden Verständnisses oder Mitleids; bereits während seines langen und gefährlichen Marsches ins Exil hat er seine Bewunderung und tiefe Wertschätzung für die Selbstlosigkeit und Tapferkeit der Khampa-Krieger bezeugt, die über seine Flucht gewacht haben. Aber weder damals noch heute ist er davon überzeugt, Gewalt könne in irgendeiner Weise der Sache Tibets förderlich sein.

In einer Welt, in der allzu oft das Gesetz des Stärkeren

herrscht, antwortet der Dalai Lama seinen Gesprächspartnern aus aller Welt, die manchmal über seine angebliche Passivität oder Resignation erstaunt sind, mit heiterer Gelassenheit, er halte sich an die vom Mahayana-Gesetz vorgezeichnete Linie: «Radikales Handeln und Gewalt können unter gewissen Umständen verständlich sein, nämlich wenn die Motivation uneigennützig, wenn der Beweggrund gerecht ist und wenn es keine andere Möglichkeit mehr gibt. In diesem aus tieferer Einsicht stammenden Sinn ist Gewalt Gewaltlosigkeit, hat sie doch die Hilfeleistung an den anderen zum Zweck.»

Das ist weder Sophisterei noch buddhistische Kasuistik. «Es ist beklagenswert und auch folgenschwer, daß die Gewalt heute in der Gesellschaft einen derartigen Stellenwert hat. Gleichwohl gilt es nicht zu vergessen, daß es Gewalt und Gewalt gibt – jene, auf die niemand achtet, und jene, die alle Welt sieht, von der alle Welt spricht. Auf keinen Fall ist die Methode positiv zu werten.

Gewalt gilt vom buddhistischen Standpunkt aus als schlecht, weil sie weh tut, weil sie jemanden oder etwas verletzt. Aber es gibt auch verschiedene Arten, weh zu tun. Weh tun muß nämlich nicht unbedingt brutale Gewaltanwendung heißen. Etwa, indem man sehr höflich, sehr nett lächelt, sich korrekt und anständig benimmt, obwohl das angestrebte Ziel darin besteht, zu verletzen, weh zu tun. Auch das ist eine Form von Gewalt. Sie kann aber auch viel direkter, direkt physisch sein. Wenn etwa eine Mutter ihr Kind ohrfeigt, dann tut das weh, aber sie tut es nicht in der Absicht, zu schaden. Die Erscheinungsform ist gewalttätig, während der tiefere Sinn ein ganz anderer ist; es ist eine Art Hilfe, die Motivation ist gut oder gerecht. Hinterhältige Süße ist schlimmer als diese scheinbare Gewalt.

Was Gewalt oder Gewaltlosigkeit betrifft, so stellt sich die Frage nochmals anders. Es handelt sich dabei um eine Methode, nicht um einen Zweck. Bleibt keine andere Wahl mehr, dann ist sie verständlich, wenn nicht gar zu rechtfertigen. Die gerechte, auf Altruismus beruhende Motivation ermöglicht zwar das Verständnis, aber es gilt, distanziert zu bleiben, beim Wehtun keine Freude zu verspüren. Um den anderen zu helfen, wenn wirklich alle anderen Mittel erschöpft sind, dann ist es zulässig. Die zornvollen Göttinnen und die erzürnten Götter sind da, um anzuzeigen, daß man zur Gewaltanwendung als Methode greifen kann, handelt es sich doch um ein wirkungsvolles Instrument, das aber nie und nimmer ein Zweck sein kann.»

In diesem Sinne hat sich der geistliche Führer der Tibeter vor kurzem an seine buddhistischen Glaubensbrüder auf Sri Lanka gewandt, jener einst paradiesischen Insel, die heute zum Schlachtfeld blutiger ethnischer Rivalitäten geworden ist. Dieses Vorgehen veranschaulicht sehr schön, wie der Exilierte in Dharamsala die Gegenwart und ihre Antagonismen angeht: «Es ist einfach, von den hehren Prinzipien zu reden, aber erst in einer schwierigen Lage wird die Praxis wirklich auf die Probe gestellt. In menschlichen Angelegenheiten kommt es zu unterschiedlichen Meinungen, zu Interessenkonflikten. Aber wir können nicht hoffen, derartige Probleme allein durch Gewalt akzeptabel und dauerhaft zu lösen . . .

Besorgt und schmerzlich berührt, verfolge ich seit einiger Zeit die Lage auf Sri Lanka. Die gegenwärtigen ethnischen Probleme sind auch deshalb eine Tragödie, weil die beiden Gemeinschaften aus Gläubigen zweier alter Religionen bestehen, die sich wie die Wasser ein und desselben Flusses gleichen. Es sind Bemühungen zur Erarbeitung einer Lösung im Gange. Ich möchte an alle meine buddhistischen Glaubensbrüder des Sangha appellieren, sich an die Spitze dieser Bewegung zur friedlichen Beilegung der Konflikte zu setzen.

Unser Meister hat uns den Weg der Gewaltlosigkeit, der Toleranz und des Mitleids gewiesen. Trotz der entsetzlichen Ungerechtigkeiten, die mein Volk durch die chinesische Besatzungsmacht hat erleiden müssen, habe ich mich immer bemüht, nach einer friedlichen Lösung zu suchen. Tatsache ist, daß im Fall von Sri Lanka, unabhängig davon, welche Differenzen bestehen mögen und wie der gegenwärtige Konflikt schließlich ausgehen mag, die beiden Gemeinschaften sehr viele Gemeinsamkeiten haben und auch in Zukunft werden miteinander leben müssen. Langfristig liegt es also im Interesse beider Gemeinschaften, mit Toleranz, gutem Willen und Vertrauen nach einer friedlichen Lösung zu suchen, und nicht auf Haß und Gewalt zu bauen.»[18]

Obwohl oft gesagt wird, man müsse nicht unbedingt religiös sein, um sich verantwortlich zu fühlen und gerecht zu handeln, sucht der Dalai Lama im Gespräch mit Andersgläubigen nach Verbindungen zwischen dem, was den verschiedenen Denkrichtungen gemeinsam ist: die Begriffe Gerechtigkeit und Aufrichtigkeit, Wahrheit, Selbstlosigkeit und Güte. Also letztlich das, was in den meisten Fällen das geistliche Streben des Menschen in all seinen Varianten und manchmal auch Widersprüchen begründet.

Bei einigen sind die Berührungspunkte offenkundig, bei anderen weniger. Die Kontakte mit den Jaina etwa sind einfach: «Das rührt daher», präzisiert der Kostbare Beschützer, «daß Jainismus und Buddhismus beinahe Zwillinge sind, in einer weit zurückliegenden Epoche zur gleichen Zeit aus dem Hinduismus hervorgegangen. Die zentralen Vorstellungen unserer Weltauffassung berühren sich; vielleicht sind die Jaina in bezug auf bestimmte Grundsätze noch strikter als wir. So sind sie etwa strenge Vegetarier, was nicht alle Buddhisten sind. Wie wir gründen sie ihre Einstellung auf *ahimsa*, Gewaltlosigkeit.

Das gilt nicht in gleichem Maße für das Verhältnis zu den Hindus; es ist verschwommener, schwieriger, weil jeder auf seine Weise praktiziert; zudem gibt es kein Oberhaupt, das in ihrem Namen sprechen könnte. Trotzdem ist es zuweilen möglich, mit Asketen oder Gelehrten vertiefende Gespräche zu führen. Mit den Muslims? Hier ist es ähnlich, auch sie haben keinen Führer, so daß es großenteils vom einzelnen abhängt.

Sehen Sie die Muslims in Ladakh. Auf religiöser Ebene sind sie Mohammedaner. Vom ethnischen Standpunkt, aber auch von ihrem Brauchtum und ihrer Kultur her sind sie Tibeter. Die meisten von ihnen sind Schiiten, d. h. sie leben den Vorschriften ihres Gesetzes strikt nach; das bedeutet, daß sie kaum Beziehungen zu den anderen Religionen haben und beispielsweise nie eine Mahlzeit mit Buddhisten teilen würden. Was meine Person betrifft, so sind sie manchmal dazu bereit, und ich kann Ihnen versichern, daß einige dieser Mahlzeiten köstlich waren ... Der

Wahrheit halber muß man sagen, daß es sich hier eher um gesellschaftliche Kontakte handelt und daß es dafür andere, mehr affektive Erklärungen gibt. Die Muslims von Ladakh fühlen sich den Tibetern im allgemeinen, dem Dalai Lama im besonderen verbunden.

Ich kann mich kaum an ernsthafte theologische Diskussionen mit Mohammedanern erinnern. Bei ein oder zwei Gelegenheiten vielleicht, vor allem mit Sufis, denn seltsamerweise interessieren sie sich auf den ersten Blick sehr stark für Mitleid und gewisse Methoden buddhistischer Meditation. Aber dieser Zugang bezieht sich auf technische, mit einer bestimmten Übung verbundene Einzelheiten ... Eine Begegnung mit Ayatollah Khomeini? Worüber sollte ich mit ihm sprechen, wenn nicht über Religion, über Gott und über das tätige Mitleid?»

Oftmals erinnert der tibetische Lehrer daran, daß er keineswegs daran interessiert ist, andere zum Buddhismus zu bekehren. Ihm ist wichtig, daß die Buddhisten ihren Beitrag zur Gesellschaft insgesamt leisten, in Übereinstimmung mit ihren eigenen Vorstellungen und ihrer eigenen Lebensauffassung, daß sie ihre Rolle in der Gesellschaft wahrnehmen und nicht abseits stehen. Wenn er im Ausland lehrt oder Vorträge hält, dann stets in dieser Perspektive. Gleichwohl scheinen einige Aufenthalte mehr Intensität zu besitzen als andere, und sei es nur aus gefühlsmäßigen Gründen – wie der Dalai Lama selbst zugibt.

So mußte man sich im Mai 1986 in den Alpen der Haute-Provence aufhalten, sich vom Festival du Tibet überraschen lassen und in Digne haltmachen, um die Ungewöhnlichkeit der Ereignisse ermessen zu können. Samten Dzong – oder die Festung der Meditation – oder ganz einfach die Alexandra-David-Neel-Stiftung erweckte den Eindruck eines aufgeschreckten Bienenstocks. Vielleicht zu Recht: in fiebriger Aufregung erwartete man die Ankunft des tibetischen Meisters. Zwar war es nicht das erste Mal, daß sich Tenzin Gyatso in diese entlegene Region begab, wo die Forschungsreisende die letzten Jahre ihres langen Lebens verbracht hatte und wo man beinahe die Erinnerungen an die von ihr so geliebten fernen himalajischen Weiten wiederfinden konnte. Aber 1982 hatte der Dalai Lama nur kurz haltgemacht, nur gerade den ersten Stein zu jenem Gebäudekomplex gelegt, der Konferenzraum, Museum und Bibliothek werden sollte und den er dann vier Jahre später einweihen sollte. Darüber hinaus sollte der liebevoll erwartete Gast eine dreitägige Unterweisung erteilen, einen öffentlichen Vortrag halten, mit seiner Gegenwart einer Tibet geweihten Ausstellung Glanz verleihen und den Titel eines Ehrenbürgers wie auch die Schlüssel der Stadt des Lavendels erhalten; genug, um die für die Sicherheit Verantwortlichen und den kleinen Kreis der Anhänger, die sich in das Abenteuer gestürzt hatten, unablässig auf Trab zu halten...

Wie bei diesen Reisen üblich, entsteht eine Art Marathon, dessen fiebrige Unruhe ihn überhaupt nicht zu berühren scheint; der Ozean der Weisheit findet Zeit, Audienzen zu gewähren, Journalisten zu treffen, mit Freunden zu plaudern, und er läßt an den von leuchtender Heiterkeit durchwobenen Ausbrüchen der Lebensfreude teilhaben. Wenn man daran denkt, daß Alexandra David-Neel eines Tages geseufzt hatte: «Natürlich freut mich diese Auszeichnung» – sie war soeben mit dem Orden der Ehrenlegion ausgezeichnet worden –, «aber um wieviel lieber hätte ich den vierzehnten Dalai Lama hier empfangen!» Als er das hört, beginnt Tenzin Gyatso zu lächeln, hebt einen halb fragenden, halb spöttischen Blick zum Himmel und meint: «Dank ihrer intensiven buddhistischen Praxis muß sie eine sehr gute Wiedergeburt gehabt haben. Vielleicht schaut sie dort oben in ihrem Paradies zu, wie wir diskutieren, und lächelt, weil ihr Wunsch in Erfüllung gegangen ist?»

In zwei Tagen zwei Vorträge in Paris, mehrere Begegnungen und verschiedene Kontakte, alles selbstverständlich ganz privat, ein kleiner Empfang im Hôtel de Ville und drei Tage inkognito in einem Landhaus in der Normandie, das waren die Stationen des letzten Besuchs in Frankreich. Es blieb kaum Zeit zur Muße in diesem streng geregelten Ablauf, aber trotzdem wurden ein oder zwei ungewöhnliche Ausflüge unternommen. Erstens ein unvorhergesehener Besuch in der Abtei von Bec-Hellouin, wo sich die Benediktiner noch nicht davon erholt haben, daß bei ihnen plötzlich eine zugleich mythische und unverhofft vertraute Gestalt auftauchte: die Regel des heiligen Benedikt erweckt das Interesse des buddhistischen Mönchs, der darin wie ein fernes Echo auf seine eigene Meditations- und Reflexionspraxis sieht. Und Tenzin Gyatso schätzt mit großer Kennerschaft die Ruhe der Klöster, etwas abseits vom weltlichen Treiben der Ballungsgebiete, wo der Geist so sehr gestört wird, daß der Mensch nicht mehr die Zeit zum Träumen findet ...

Noch ungewöhnlicher mag die andere Episode erscheinen; anstatt, wie im Prinzip vorgesehen, einige Stunden der Erholung einzuschieben, äußert der Dalai Lama zur Überraschung seiner Begleiter den Wunsch, den Ort der Landung der Alliierten in Arromanches zu besichtigen. In aller Eile galt es zu improvisieren, den Bürgermeister der kleinen Stadt zu benachrichtigen, das Museum zu öffnen, auch die Sicherheitsvorkehren nicht zu vergessen und sich dem Willen des Kostbaren Beschützers zu unterziehen. Aber die Laune war doch nicht so launenhaft, wie es den Anschein machte. «Ich wollte es sehen, fühlen», erklärte er mir einige Wochen später. «Ich habe viel über diesen berühmten Strand, die Landung in der Normandie und den Zweiten Weltkrieg gelesen. Ich wollte den genauen Ort sehen, wo so viele Leute gelitten haben und gestorben sind, wo sie ihr Leben geopfert haben. Ich wollte auch die Waffen sehen, diese mächtigen Kanonen und alle diese Gewehre, die mich schmerzlich berührten. In der Nähe von diesen Maschinen, diesen Waffen und diesem Sand habe ich die Emotionen jener gespürt und geteilt, die sich damals dort befanden ...

Wieviel Leiden, Angst und Furcht. Die Angst jener, die vom Meer kamen, und die Angst jener, die kurz vor dem Kampf standen. Aber auch Haß, viel Haß, Wellen von Haß. Ich wollte, und sei es nur für einen kurzen Augenblick, all dies mit jenen teilen, die es erlebt haben und daran gestorben sind. Ich mußte es selbst sehen. Damit ich auch die Erinnerung an das, was einst war, teilen kann ...»

Die Erinnerung an das, was einst war ... Damals, im Potala, ließ der junge Dalai Lama seinen fragenden Blick über staubige, vergilbte und mit Eselsohren versehene Weltkarten gleiten, die so selten gebraucht worden waren, daß sie beim Entfalten beinahe zerfielen. Weit entfernt, sehr weit entfernt, weit jenseits seines unmittelbaren Aktionsradius gelegen, nahm er sich bewegende und sich wandelnde Welten wahr, so weit weg, daß er sie sich kaum vorstellen konnte. Wie sieht dieser Mönch, der beseelt ist von der Unendlichkeit unendlicher Ewigkeiten, heute diese Welt der Menschen, deren Wege er beschreitet und auf die er seinen heiteren Blick legt?

«Die heutige Welt ... Der Westen scheint mir im wesentlichen mit der materiellen Seite beschäftigt zu sein, aber er genügt sich nicht selbst; trotz seiner unbestreitbaren Errungenschaften gelingt es ihm nicht, alle Wünsche des Menschen zu erfüllen. Das will heißen, daß sein Verständnis der Welt unzureichend ist.

Ohne innere Dimension kann der Mensch nicht vollständig sein, er kann nicht vorankommen in seinem Selbstverständnis und in seiner Weltauffassung. Wir alle haben eine Vergangenheit, eine Zukunft. Wir sind auf Besuch, Touristen, die Erfahrungen machen – wir ziehen lediglich vorüber.

Früher schien mir die Welt viel interessanter, viel begehrenswerter zu sein ... Mit der Erfahrung, den vorbeiziehenden Jahren mußte ich mich mit der Tatsache abfinden, daß es nicht unbedingt so angenehm ist, wie ich es mir vorgestellt hatte. Der menschliche Geist errichtet Konstruktionen, die oftmals sehr viel schöner sind als die Wirklichkeit der Welt ...»

DRITTER TEIL

VON DEN DREI ZEITEN UND DEN ZEHN RICHTUNGEN

I

Ein Weg nach Shambhala

Reden können hieß schon immer
schweigen können, verstehen,
daß man nicht immer reden soll.
Octavio Paz

So viele Träume von Licht und Schönheit hat das Land Bod eingegeben, daß seine eigenen Träume uns träumerisch stimmen. Wo aber beginnt der Traum, wenn man auf einem traumhaften Stück Erde lebt? Der Horizont ist so nahe, am Ende der weiten Ebene, daß sich – ist die unsichtbare Festung einmal überwunden – dahinter vielleicht wahrhaftig ein Märchenland auftut... Oder zumindest jenes geheimnisvolle, den meisten Augen verborgene Reich – was es keineswegs daran hindert, zu existieren. Ein Reich, das alle, die reinen Herzens sind, sehen können, dem sich seit Jahrhunderten unablässig das unermüdliche Streben der Pilger zuwendet und von dem die großen Weisen sagen, sie hätten von ihm kostbare Lehren empfangen.

Shambhala ist für Tibet das, was für andere der Heilige Berg, das verborgene Herz der Welt, der Übergang vom Sichtbaren zum Unsichtbaren oder auch das kommende Goldene Zeitalter ist. Symbol an den Grenzen der Unendlichkeit und der Ewigkeit, existiert das magische Land mit der ganzen Macht der Vorstellungen, die es stets von neuem hervorruft; ausgestattet mit bescheidensten Glaubensüberzeugungen und kühnsten Gedanken, die das Epos der Kulturheroen im Lauf der Zeiten entwickelt hat, hat es sich unablässig bereichert mit den Wahrnehmungen von Generationen von Meditierenden, Asketen und Wanderern auf dem Weg der Erkenntnis, aber auch mit der Vollkommenheit und der vollendeten Fülle der großen Weisen. Mußte nicht Tibet, selbst Herrscher des Berges, noch höhere Landstriche besitzen, noch anziehender und geheimnisvoller, weil sie jenseits der eigenen prachtvollen Wirklichkeit liegen? Um nach Shambhala zu gelangen, muß man nur dem Führer folgen, dabei aber nicht vergessen, daß sich auf dem Weg dorthin liebenswerte Spinner und authentisch nach dem Absoluten Suchende verirrt haben. Denn selbst im Land der Tagträume können die irisierenden Spiralen der Trugbilder reale Gefahren verbergen.

Für sich allein drückt die Geschichte von Shambhala das Paradox der Suche aus und faßt es zusammen. Eng verbunden ist sie mit dem Rad der Zeit, dem Kala-Chakra, einer der höchsten tantrischen Initiationen im tibetischen Buddhismus, also einer der geheimsten, weil am schwierigsten zu beherrschenden Initiationen, die eine umfassende Kenntnis der verschiedensten Aspekte der Überlieferung voraussetzt. Es ist jedoch die einzige Initiation des Anuttara-Yogatantra (des höchsten Yogatantra), die, zumindest was die ersten Stufen betrifft, auch einer buntgemischten Zuhörerschaft offen erteilt wird: jeder kann teilnehmen, sobald er auch das geringste Interesse daran zeigt. Bereits die Teilnahme an einer derartigen Zeremonie gilt als wohltätig, steht sie doch im Rufe, eine Wiedergeburt im verborgenen Reich zu sichern – Wächter der Reinheit der Lehre und Garant der Beständigkeit des Gesetzes. Wenn ihr dann der Dalai Lama selbst vorsteht, stehen die Vorzeichen noch günstiger, ist er doch selbst direkter Erbe dieser – wie man sagt – seit Jahrhunderten, seit der ersten Lehrpredigt des Buddha ununterbrochenen Traditionskette.

Ist es Mythos oder Realität, dieses seltsame Reich, dessen Name «Quelle des Glücks» bedeutet? «Die Antwort auf diese Frage ist nicht einfach», räumt der Dalai Lama ein, ein unbestimmtes und deshalb alle Interpretationen zulassendes Lächeln auf den Lippen. «Wer auf der Weltkarte sucht, der wird kaum den genauen Ort finden, wo sich dieses Märchenland befindet. In den Wegleitungen steht, daß, wer sich von Bodh Gaya nach Norden, gegen den Himalaja wendet, schließlich zu einer gewaltigen Festung aus Eis und Schnee gelangt ...

Wir Buddhisten sind tatsächlich der Überzeugung, daß es einen Ort, in etwa einen Himmel oder ein Paradies, vielmehr ein reines, unserem Alltagsleben nahes Land gibt, das der gewöhnliche Mensch nicht sehen kann, zu dem er keinen Zugang hat, wohin sich niemand begeben kann, außer er praktiziere, etwa in der Meditation oder im Traum, eine besondere Methode. Voraussetzung ist allerdings, daß die Absichten desjenigen, der sich auf diesen Weg begibt, vollkommen rein, fern jedes Egoismus und jeglicher Bösartigkeit sind. Sonst ist es unmöglich, nach Shambhala zu gelangen, denn es ist eine von unserer Alltagswelt ganz verschiedene Welt. Trotzdem ist es keine geistige Schau, es existiert materiell in unserem Universum. Wenn so viele grundlegende Lehren von Shambhala kommen, wie könnte es nur eine Legende sein?»

Man ist perplex, denn gäbe es Shambhala in dieser Art und Weise, dann wüßte man es. Aber existiert die Zeit? Auch diese Frage stellt sich, ist doch das mythische Reich der Bewohner des Landes Bod nur in enger Verknüpfung mit dieser anderen Dimension des Alltags denkbar, die, denkt man über sie nach, zu einer reinen Übereinkunft des Geistes verblaßt. Dabei ist im Auge zu behalten, daß die buddhistische Meditation ganz ausdrücklich die Veränderung der Bewußtseinsebenen und keineswegs eine rationale Erklärung der Welt anstrebt, die im grellen und durchdringenden Schein eines unendlichen Lichts schließlich ausfranst.

Die Träume der anderen träumen – wer es tut, für den treffen die Wege des Mythos schließlich wieder zusammen, obwohl sie zuweilen als parallel erscheinen mögen. Es ist eine Frage der Dimension oder des Verstehens: die Reise in den Osten führt unweigerlich zum verlorenen Horizont der verborgenen Täler – Heiligtümer verhüllter Weisheit in der Erwartung der Erfüllung der Zeiten; der heilige Berg dient dem König der Welt als Schutz, dem König, der über Sinn und Sein herrscht, andernorts Herr der Gerechtigkeit oder Meister der Weisheit genannt. Und das Buch, das angeblich als Wegleitung dient, enthält so viele vertraute Ortsnamen, daß sich unzählige Lesarten anbieten.

Allein, wenn die Lehre völlig lesbar wird und ohne abzuschweifen den peinlich genauen Feinheiten des Mandala aus Sand folgt, wenn die reale Geographie eine parallele Realität maskiert, indem sie sie enthüllt, dann wirft der Weg der Suche das Echo von Agartha, Eldorado oder Gral zurück: der Weg wird initiatorisch und führt zu Fragen, in denen Zeit und Raum sich vereinen und auf die jeder, so er will, nur seine eigene Antwort geben kann. Jene Antwort, die die Untadeligkeit des Kriegers erfordert, der bereit ist, sich in klarem Bewußtsein allen Fallen zu stellen, oder die jenen vorauseilenden Blick erheischt, der es dem Dichter erlaubt, das zu sehen, was der gewöhnliche Sterbliche vergessen hat – falls er es je gewußt hat. Jede Suche kann nur individuell sein, selbst wenn von Zeit zu Zeit ein schlummernder Instinkt plötzlich irgendeine beliebige Gruppe, einen Clan oder eine Horde in die ungestüme Verfolgung eines nur flüchtig wahrgenommenen oder vage erahnten Traumes stürzt.

«Das größte Geheimnis ist nicht, daß wir zufällig auf die Erde geworfen sind», sagt Malraux, keinen Einspruch duldend, «sondern daß wir in diesem Gefängnis in uns selbst so starke Vorstellungen erzeugen, daß wir unser Nichts zu verleugnen imstande sind.» Und wie ein gedämpftes Echo darauf Borges: «Niemand kann wissen, ob die Welt ein Phantasiegebilde oder Realität ist und ob es einen Unterschied zwischen träumen und leben gibt.» Wörter, nichts als Wörter. Aber mit ihnen baut sich der Mensch jene Mauern, in die er sich einschließt, und vielleicht kann er sich beim Erwachen aus dieser Art kollektiver Halluzination der Macht seines Geistes bewußt werden.

Zumindest behaupten das die Weisen der himalajischen Weiten, und es ist eine Möglichkeit, dieses berühmte Rad der Zeit anzugehen, ohne welches es vielleicht weder Märchenland noch das ununterdrückbare Streben, sich auf den Weg zu machen, noch den Willen nach Erkenntnis, um dorthin zu gelangen, gäbe. Es gilt, die Freiheit zu lernen, jene Freiheit, die nach buddhistischer Anschauung von allen – goldenen oder eisernen – Ketten befreit, um zur ursprünglichen Einheit der drei Reiche zu gelangen – des physischen, mentalen und geistlichen Reiches, so wie es das Kala-Chakra lehrt. Ist nämlich das Bewußtsein einmal vollkommen erleuchtet, dann lebt das Gestern in der Erinnerung weiter, gehört das Morgen zur Vorstellung und wird das Heute bald vorbei sein: allein die Gegenwart zählt, und sie ist ewig. Das Rad der Zeit zu erfassen heißt, Herr der Zeit zu werden.

Herausforderung oder Wette, die Weisen der tibetischen

Berge haben sich darin abgelöst. Jahrhundert für Jahrhundert haben sie nach Shambhala gesucht. Zuweilen haben sie es gefunden. Mit dem gleichen Streben haben sie über die Zeit hinaus einen großen Traum weitergegeben, der bald im Gehabe der Geschichte, bald im Spiegel der Prophetie daherkommt. Ist es denn weiter erstaunlich, daß am Anfang der Weise der Sakya, der historische Buddha, steht, der am Ende seines irdischen Lebens die Kala-Chakra-Lehre einem ausgewählten Kreis von Schülern mitteilte, darunter auch dem großen König von Shambhala? Die echte tantrische Tradition ist nämlich nicht allen und jedem zugänglich, sie verlangt vertiefte Erkenntnisse, und allein eine Minderheit von Anhängern ist fähig, ihr Wesen zu erfassen. Kurz bevor er in den Frieden der letzten Vollendung eintrat, nahm der Erwachte in einem allein dem Auge der Erkenntnis zugänglichen Lichtkörper die Gestalt der mächtigen Gottheit des Kala-Chakra an, um diesen Weg zur endgültigen Erlösung den zu diesem Zwecke in Dhanyakataka, in Südindien, vereinten Weisen und Gottheiten zu offenbaren. Zur gleichen Zeit lehrte der Buddha das Prajnaparamita-Sutra, das Buch der höchsten Weisheit, auf dem Geierspitzberg in der Nähe von Bodh Gaya.

Laut dem jetzigen Meister des Lotus wurden diese mystischen Lehren, die in den heiligen Texten des Kanjur, gewissermaßen den tibetischen Kanon bildend, aufgezeichnet sind, in einer der normalen Sicht entzogenen geistigen Dimension mitgeteilt, die jedoch nicht weniger real als unsere eigene ist. Dawa Sangpo – Suchandra mit seinem indischen Namen –, König von Shambhala, dem Land von Shiva, kehrte mit dieser kostbaren Erkenntnis in sein entlegenes Reich zurück und legte sie unverzüglich auf Schrifttafeln fest. Mehr noch, er ließ ein dreidimensionales Mandala errichten, als glanzvolle Behausung der Gottheit, um deren Visualisierung in der Meditation zu begünstigen. Er begnügte sich nicht damit, die ersten Kommentare zu verfassen, sondern initiierte alle seine Untertanen der sechsundneunzig Feengefilde in diese Weisheit. Im Staub der Jahrhunderte legte sich ein Schleier von Friede und Vergessen auf das glückliche, dem Studium und der Praxis dieser Erkenntnis zugewandte

Reich, unter der Führung einer Kette großer religiöser Monarchen, die alle, so wird gesagt, je beinahe hundert Jahre regierten.

In der achten königlichen Generation jedoch bekam der Herrscher Manjushrikirti Streit mit zahlreichen Anhängern, welche die Lehren als zu komplex und zu mühsam beurteilten. Angefangen bei theologischen Streitereien und Unmutsbezeugungen, drohte der Protest überhandzunehmen, bis dann der König schließlich einwilligte, eine verkürzte, den Schülern genehmere Version des Kala-Chakra zu erarbeiten. Aus dieser Zeit stammt eine noch immer bestehende zweite Kette von fünfundzwanzig Herrschern, aus der eines Tages, bald vielleicht, der König-Propagator hervorgehen wird, dazu bestimmt, das Unglück zu besiegen und den Sieg über die bösen Mächte davonzutragen. Während dieser Zeit nehmen in der außerhalb von Shambhala gelegenen Welt, das heißt auf der Erde, die Ereignisse ihren Lauf, der Buddhismus verbreitet sich von Indien aus in Zentralasien und in China, während sich das Rad der Zeit, im jenseits der irdischen Grenzen gelegenen Reich, vor neugierigen Blicken geschützt, auch weiterhin dreht. Im Lande Bod beginnt der Buddhismus im 7./8. Jahrhundert mystische Wege einzuschlagen, und wenig später kommt die in den Nebeln der Erinnerung versunkene Geschichte der kostbaren Lehre einem Asketen zu Ohren, dem großen indischen Yogi Tilopa. Dieser entschließt sich, sich auf die Suche nach diesem verlorenen Wissen zu machen, und begibt sich auf den Weg nach Shambhala.

Aber auch der berühmte Weise sollte das Herz des Lotus, das die vom allwissenden König regierten legendären Gefilde bildet, nicht erreichen: weit weg von der Welt der Menschen, auf dem Gipfel eines hohen Berges, begegnete er einem Eremiten, der sich nach den Gründen für seine waghalsige Reise erkundigte. Der Anachoret warnte ihn, der Weg nach Shambhala sei noch weit und mancherlei Gefahren würden dem kühnen Pilger bis zur unbezwingbaren Festung des Wissens, vom Schneeleoparden, von Wolken und Nebeln wohl bewacht, auflauern. Aber er bot seinem vorüberziehenden Gast an, ihn an Ort und Stelle in die von ihm gesuchte Erkenntnis einzuführen; daraufhin erkannte der Pilger Manjushri, den Bodhisattva der Erkenntnis, warf sich vor ihm nieder und wurde in die Geheimnisse des Kala-Chakra eingeführt. So gelangte das verlorene Wissen nach Indien zurück. Einige Jahre später nahm ein anderer Meister den Pilgerstab und brachte von Shambhala eine noch vollständigere Version des geheimen Textes zurück.

Wirklichkeit oder Einbildung – wollen diese Reisen bedeuten, der Ursprung dieses Wissens befinde sich irgendwo in Innerasien? Die Hypothese scheint plausibel, weil auch andere Überlieferungen, etwa jene des Flußgesangs der Pfirsichblüten aus der Zeit der chinesischen T'ang-Dynastie oder auch das Heldenepos von Gesar, dem König von Ling, diese Vermutungen stützen. Für die frühen Taoisten liegt das Paradies des Westens in der gleichen Gegend, jenseits der Bergketten, auf dem Jadeberg, und auch kirgisische Legenden erwähnen eine identische Quelle – jenseits des Altai, der Steppen der Mongolei in der goldenen Sandwüste von Takla Makan. Das kollektive Gedächtnis bewahrt die Erinnerung an einst blühende Städte im Herzen eines kaum mythischen Zentralasiens, wie etwa Khotan oder Uttarakuru. Die Skythen ihrerseits glaubten an einen Traumort in Richtung Nordpol, jenseits einer für den gewöhnlichen Sterblichen unüberwindlichen trostlosen Region von Finsternis und Schnee. Griechen und Römer hatten die Hyperboreer, Thule ist eine ähnliche Schöpfung, und Gilgamesch, der mesopotamische Held, hatte es sich zur Aufgabe gemacht, aus dem Garten der Sonne das Geheimnis der Unsterblichkeit zurückzubringen ... Ohne Arjuna, den ruhmreichen Prinzen des Mahabharata zu vergessen, der sich in der Suche nach Stärke und Erkenntnis gegen Norden wendet, gegen den heiligen Berg von Kailasa, in der Nähe des Manasarowar-Sees.

Diese wenigen, ganz verschiedenartigen Hinweise lassen seltsame Übereinstimmungen anklingen, bewahrt doch jedes Volk, jede Epoche, jede Kultur in ihrem Innersten stets irgendein verheißenes Land ...

Wie dem auch sei, die aus Shambhala gekommene Kala-Chakra-Lehre blüht um die Jahrtausendwende in Kaschmir und Bengalen und gewinnt sogleich auch die einsamen Höhen jenseits des Himalaja, die dem Denken und dem Abenteuer auf ungewohnten Pfaden so zugetan sind; sie wird von Somanatha unter den Mönchen der Hochebene verbreitet. Nach und nach faßt diese esoterische Weisheit in der tibetischen Lehre Wurzeln, ja sie wird zu einem Grundpfeiler der Lehre der Gelugpas. Tsongkhapa, der Gründer, interessiert sich ganz besonders für diese Meditationstechnik, die er bis in ihre letzten Konsequenzen beherrscht hat. In einer direkten Vision von Shambhala ist er angeblich persönlich vom Herrscher des verbotenen Reiches initiiert worden.

Von Gelehrten zu Asketen, von Eremiten zu Weisen, von Meistern zu Schülern ist die Transmissionskette im Lauf der Jahrhunderte ohne Unterbruch intakt geblieben. In Anbetracht des Stellenwerts, den die Tibeter diesem unverfälschten und direkten Übermittlungsmodus beimessen, wird einsichtig, wie kostbar ihnen die von ihrem jetzigen geistlichen Oberhaupt vermittelte Initiation ist. Er selbst wurde von seinem geistlichen Betreuer Kyabje Ling Dorje Chang, dem siebenundneunzigsten Nachfolger des Reformers Tsongkhapa auf dem Äbtethron von Gaden und Oberhaupt der Gelbmützen, initiiert.

Weshalb diese Lehre und nicht eine andere? Weshalb dieser Weg der Suche und nicht die dem Entscheid oder dem Scharfsinn der Pilger überlassenen leichteren Pfade? Gemäß den Buddhisten kann niemand behaupten, ein Weg sei gut oder schlecht, bevor er ihn nicht gegangen ist; auch der Weg kann erst aufgrund des erzielten Resultates, das heißt der vom Anhänger gefundenen oder nicht gefundenen Erkenntnis beurteilt werden ... So wird bekräftigt, es gebe ebenso viele Wege wie Reisende. Aber die gelehrten Lamas sagen auch, daß die Lehre des Rades der Zeit für die heutige Welt von äußerster Wichtigkeit ist, besteht doch eine ganz besondere Beziehung zwischen Shambhala und der Welt, die wir kennen, in der wir leben.

Manche haben in diesem grundlegenden Tantra, das das Kala-Chakra darstellt, Züge entdeckt, die eine Verbindung mit der indischen Tradition nahelegen, zumindest in den ausgemachten Ähnlichkeiten zwischen Kalki, dem künftigen Erlöser, und Rudra Cakrin, dem Herrscher von Shambhala, der aufgerufen ist, die heranstürmenden Feinde der Weisheit zu besiegen. Er wird dann eine unzählbare Truppe ausheben, ausgerüstet mit allen denkbaren und erdenklichen Waffen, und die Herrschaft der Gerechtigkeit wiederherstellen. Aber es mag auch sein, daß diese Krieger einer anderen Dimension lediglich die Schöpfungen von freien und mächtigen Geistern sind, zerstörerische Trugbilder der lähmenden Illusionen der Menschen ... Welches Volk, welche Nation, welche Kultur hat nicht im Innern des kollektiven Bewußtseins von einem vollkommenen Monarchen geträumt, der durchdrungen von Gerechtigkeitssinn und Gleichmut und damit betraut ist, über dem wohlgeordneten Ablauf einer harmonischen und in jeder Hinsicht gerechten Gesellschaft zu wachen? Auch das Bild des Groß-Königs nistet irgendwo in den Tiefen des menschlichen Geistes, aber auch hier verlangen die unterschiedlichen Stufen des Verstehens nach einer differenzierten Lesart. Auf die Gefahr hin, daß es lediglich der Nachtwächter ist, den man fragt, wie es um die Nacht steht. Es schwingt etwas von Jüngstem Gericht und Auferstehung in diesem vielfältigen Interpretationen offenen Glauben mit.

Eine Annäherung bringt unweigerlich die Frage nach dem von einer peinlich genauen Chronologie angezeigten präzisen Sinn mit sich, obwohl der Feind in der buddhistischen Vision ganz klar als Feind bezeichnet wird. Denn der König der Barbaren, machtbesessen und von blinder Selbstüberheblichkeit, hört eines Tages, nachdem er die ganze Welt erobert hat, von den märchenhaften Schätzen von Shambhala. Er wird nicht ruhen, bis er sie sich angeeignet hat. So wirft er denn seine Truppen in den Kampf um die Eroberung der unbekannten Gefilde, die seiner Meinung nach seine Macht beschränken. Das wird, offensichtlich, sein Verderben sein – zumindest in einem irdischen Sinn, denn seine Niederlage ist auch das Ende seiner Verblendung: er hat in buddhistischer Sicht den wahren Sinn des Lebens gefunden. Will man den gängigen astronomischen Berechnungen des tibetischen Kalenders Glauben schenken, dann wird dieser gigantische Kampf in drei oder vier Jahrhunderten stattfinden, zur Zeit des zweiunddreißigsten Königs von Shambhala. Zurzeit regiert der achtundzwanzigste König über dieses Land des Friedens, und das Aufeinanderprallen der beiden Welten wird das gewaltige Vorspiel zu einem neuen Goldenen Zeitalter sein.

Selbstverständlich hat jeder Lama, wenn nicht jeder Tibeter seine eigene Vorstellung und Interpretation der Prophetie oder sogar der eigentlichen Lehre. Tenzin Gyatso selbst läßt in seinen Überlegungen nicht nach, aber wenn man Dalai Lama ist, dann fügen sich die Variationen über diese anderen Welten in eine andersartige Spur ein, der Traum ist auf einer anderen Bewußtseinsstufe angesiedelt und führt zu schwindelerregenden Höhenflügen. Wie Shambhala. Selbst wenn Yeshe Norbu, das alle Wünsche erfüllende Juwel, ausweicht und angeblich nach einer aufschlußreichen Abkürzung sucht, so leuchtet doch sein Auge sanft von tiefem Wissen, aber auch von spöttischem Einvernehmen; man muß kein Zauberer sein, um zu wissen, daß er den Weg nach Shambhala kennt.

«Man muß wissen, daß das Kala-Chakra eine weite Spanne von Phänomenen umfaßt, das geht vom menschlichen Körper und Geist bis hin zum globalen, kosmischen und astrologischen äußeren Aspekt. In diesem Sinn ist es eine der umfassendsten Lehren. Es gibt ein äußeres und ein inneres Kala-Chakra, die selbstverständlich miteinander verbunden sind und gemeinsam mit dem dritten, totalisierenden verknüpft sind; letzteres zeigt die Mittel der Reinigung, also des Loslassens auf. Durch unablässige und vollständige Übung dieser hohen tantrischen Disziplin ist es möglich, in einem einzigen Leben zur Erleuchtung, zum Erwachen zu gelangen.

Das ist in etwa die Bedeutung des Kala-Chakra, und wir glauben unbedingt an seine Fähigkeit, Spannungen zu verringern. Die Initiation ist also öffentlich, weil sie unserer Meinung nach geeignet ist, Frieden zu schaffen, den Frieden des Geistes und folglich auch den Frieden in der Welt zu fördern. Eines Tages, in den kommenden Jahrhunderten, könnte das Reich von Shambhala sehr wohl wieder in jene Realität eintauchen, die die unsere zu sein scheint, und zu jener Arbeit beitragen, die wir in dieser Welt gemeinsam zu vollbringen haben.

Da ich selbst Kala-Chakra praktiziere und in unmittelbarer

Beziehung zu diesem tantrischen Weg stehe, ist klar, daß ich mich sehr intensiv für Shambhala interessiere. Für mich ist es nicht ein gewöhnlicher Ort, eher eine Geistes- oder Bewußtseinshaltung, die nur nach Maßgabe individueller karmischer Bindungen gelebt oder erfahren werden kann.

Aber selbst für mich bleibt Shambhala ein rätselhaftes, ja paradoxes Land. So wird es gemäß den Schriften in drei- oder vierhundert Jahren auf diesem Planeten, in unserer Welt einen Kampf mit den Mächten von Shambhala geben. Sie werden bis hierher, auf diese Erde zurückkommen, um das Gesetz zurückzubringen. Das liegt in der Logik des Kreislaufs. Aber wie ist es zu interpretieren? Um welche Kräfte handelt es sich tatsächlich? Ich finde es denn auch etwas schwierig zu erklären, denn wenn Shambhala ein Reich des Friedens ist – und es kann nichts anderes sein –, weshalb dann diese schreckenerregenden Waffen und dieser gewaltige Kampf? Außer es handle sich um ein Gebiet des Reinen Landes, das nur mental existiert, so wie man vom reinen Land des Bodhisattva der Erkenntnis, Manjushri, oder den *dakini* spricht, jenen gegenwärtigen, aber nie sichtbaren Gottheiten, Wächterinnen der Schatten und Führerinnen der umliegenden Gefilde.

Es gibt noch eine andere Möglichkeit, es könnte sich nämlich um einen anderen Planeten handeln. Zurzeit haben wir weder die technischen Möglichkeiten noch die Mittel, nach anderen Planeten zu reisen. Es gilt noch Fortschritte zu machen, bis man über den Raum hinaus wird kommunizieren können. In der Hoffnung, diese Leute seien nicht, wie in den Science-fiction-Romanen, böse kleine grüne Männer, die von anderen Welträumen kommen, um die Menschen zu knechten ... Nein, zweifellos nicht, denn es heißt, der Herrscher von Shambhala sei sehr schön und sehr intelligent und besitze alle Gaben der Gerechtigkeit und des Mitleids. Man wird sehen, nicht wahr?»

Es gibt aber noch eine weitere tibetische Tradition, jene von Gesar von Ling, die ebenfalls – und sei es nur durch eine Assoziation – mit dem legendären Reich verbunden werden kann. Wie die meisten aus den Hochländern Innerasiens hervorgegangenen mythischen Heroen ist Gesar, Herrscher von Ling, ein

Meister. Für manche ist er die Reinkarnation Padmasambhavas, also desjenigen, der den Buddhismus in Tibet festigte; andere wiederum betrachten ihn als eine Inkarnation von Avalokiteshvara, dem Herrn des Grenzenlosen Mitleids. «Vielleicht wird er eines Tages wiederkommen», bemerkt der Dalai Lama. «Wie Sie wissen, ist die Idee der Freiheit, der Befreiung im Herzen der Tibeter stark verankert, sei es nun im Zusammenhang mit Shambhala oder mit Gesar. Es ist möglich, in ihm den befreienden Krieger zu sehen, der die Bande der physischen Abhängigkeit, aber auch der geistlichen Verblendung durchschneidet. Einmal mehr hängt alles von der Betrachtungsebene, von der gewählten Interpretationsweise ab. Ich weiß auch nicht mehr darüber ...»

Als eine mögliche Wahrnehmungsweise der geheimnisumwobenen Gefilde drängt sich, je länger die Vision der Wanderschaften andauert, eine beinahe initiatorische Lesart auf. Unweigerlich legen Hindernisse und Kämpfe, Begegnungen und Kehrtwendungen nachdrücklich die Etappen der Suche nach Selbsterkenntnis nahe. Im übrigen zeigen auch die drei Verstehensebenen des Rades der Zeit, auf die der Dalai Lama selbst hingewiesen hat, ganz eindeutig diese Suche an, die nach übereinstimmender Meinung bis ans Ende des eigenen Selbst zu gehen hat, um dann als Träger eines Weisheitsfunkens zurückzukehren, von dem die Meister sagen, er ermögliche es, im Lichte des Todes zu leben.

In dieser Beziehung ist die bekannteste Wegleitung zum Aufbruch in die sibyllinischen Gefilde – *Der Weg nach Shambhala*, vom dritten Panchen Lama, Lobsang Palden Yeshe, 1775 verfaßt – ganz explizit. In diesem Text wird Indien in seiner äußeren Gestalt und in seiner Nomenklatur in einer Art und Weise beschrieben, in der ganz offensichtlich Phantasie mit pedantischer Genauigkeit einhergeht; eine detaillierte Beschreibung gemäß dem Wissensstandard eines tibetischen Gelehrten, der zweifellos mit den heiligen Texten, nicht aber mit Geographie vertraut ist, deren praktische Dimension ihm offensichtlich entgeht. Die Ausführungen zeugen gleichwohl von einer solide gefestigten Werthierarchie, während gewisse Klagen über die

Unruhe und die Dekadenz der Zeit einen seltsam modernen Anklang besitzen ...

Akademische Diskussion einerseits, offenbart die Wegleitung andererseits eine logische und kohärente Interpretation des spirituellen, ja metaphysischen Aspekts der Suche; während der Autor die als magisch betrachteten Mittel nur kurz streift, läßt er sich etwas länger über jene Meditationsstufen aus, die dem Anhänger angeblich «Kräfte» verleihen. Im gleichen Atemzug warnt er aber, dies sei nicht der Zweck der Suche und man solle sich davor hüten, in die Falle von trügerischen Errungenschaften zu geraten. Selbst das letzte Wachen scheint an der Schwelle zum Erwachen länger zu sein, denn es gilt, die Welt so sehen zu lehren, wie sie ist, und sich nicht mit dem Bild, das man sich von ihr macht, zu begnügen. Je tiefer der Abgrund zu sein scheint, um so schöner wird die Entdeckung der ihn überragenden unendlichen Weite zu sein.

Unnötig auch, den Übergang erzwingen zu wollen: die Reise nach Shambhala will auch lehren, daß es nötig ist, der Zeit Zeit zu geben, und das Kala-Chakra wiederum erfordert eine persönliche Disziplin, die kaum Raum für andere Tätigkeiten läßt. Einmal mehr ist es eine Frage der Wahl; jede ein bißchen seriöse geistliche Erfahrung verlangt ein totales Engagement und gründet auf Entsagung. Die transzendente Dimension der Suche begnügt sich nur ungern mit rationalen Erklärungen: das Unsagbare trifft mit dem Unerklärlichen zusammen. Was nicht daran hindert, sich über den Endzweck dieser Wanderschaft zu befragen, gibt es doch einige – gewiß, äußerst rare – Zeugen, die allein durch ihre Gegenwart und ihre individuelle Erfahrung die unbestreitbare Realität des Resultats der Suche bezeugen.

Wer auf tibetischen Pfaden wandelt, der hat Begegnungen, die sich unauslöschlich in das Gedächtnis eingraben und Bestandteil eines Lebens werden; Blicke oder Lächeln, die nichts je wird ausradieren können. Etwa mit dem Arzt Tenzin Choedhak. Auf den ersten Blick unauffällig, beinahe scheu, mit einer Stimme, die so friedlich ist, daß sie ganz dünn zu sein scheint, den leicht gebeugten Rücken in einer dunklen Jacke von undefinierbarer

Farbe – würde man ihm in der Menge begegnen, er fiele kaum auf, wäre da nicht sein Blick. Kaum je drängt sich das herausragende Verstehen so nachdrücklich, ganz ohne Worte auf: greifbare und sogleich geteilte Hinwendung. Einer jener verblüffenden Blicke von Zärtlichkeit und Macht zugleich, die Scharfsichtigkeit desjenigen, der so viel erfahren hat, daß er alles zurückgelassen hat, außer die wilde Entschlossenheit, sich in den Dienst der anderen zu stellen. Jenseits des erlittenen Leidens, jenseits des Bösen und aller Übel, deren Zeuge er gewesen ist, bleibt der Mann wie ein Fels in seinem Glauben verankert – der Quelle seiner Stärke und der von ihm unablässig den anderen, ausnahmslos allen anderen zugewandten Gabe.

Seit seiner zartesten Kindheit ist Tenzin Choedhak, aus Tradition, Mönch gewesen, in einem Tibet, das nicht mehr existiert. Ein nüchternes und karges Leben unter dem Zeichen von Studium und Konzentration, das ihn von seinem heimatlichen Dorf bis in die berühmte Medizinschule auf dem Eisenhügel von Lhasa führt, wo er parallel seine religiöse und seine medizinische Ausbildung verfolgt. 1956 zum Leibarzt des Dalai Lama ernannt – vier waren mit seiner regelmäßigen Betreuung beauftragt –, muß er die schlimmsten Wirren nach dem in einem Blutbad ertränkten antichinesischen Aufstand von 1959 erleiden: Verhöre, Folter, Zwangsarbeit in einem Lager am Rande der Wüste Gobi. In diesem Straflager, das als eines der schlimmsten in ganz China gilt, verbringt er einige schreckliche Jahre, sieht seine Leidensgefährten einen nach dem anderen sterben, ohne etwas für sie tun zu können. 1962 wird er zur «Umerziehung» in das berüchtigte Drapchi-Gefängnis nach Lhasa übergeführt.

Die Ankunft der ersten vom Dalai Lama entsandten und von seinem Bruder Lobsang Samten angeführten Delegation im Jahr 1979, die sich vor Ort ein Bild über das Ausmaß des Wandels machen soll, bringt dem Arzt Tenzin Choedhak endlich die Befreiung. Ein Jahr danach erhält er ausnahmsweise die Erlaubnis, das besetzte Tibet zu verlassen; er begibt sich nach Nepal, dann direkt nach Dharamsala, um sein Amt an der Seite des Herrschers im Exil wiederaufzunehmen. Das einzige, was Tenzin Choedhak heute zu diesen entsetzlichen Jahren über die Lippen kommt, ist die Bemerkung, die unermüdliche Praxis einer ganz bestimmten tantrischen Meditation habe ihn gerettet; Tag für Tag, vielmehr Nacht für Nacht hat er daraus Kraft und Trotz geschöpft, um sich einer Realität zu stellen, die bei weitem die schlimmsten Alpträume eines im Fieberwahn liegenden Geistes übertrifft. Alle Dämonen und zornvollen Götter, alle schrecklichen Gottheiten und entsetzlichen Geister des tibetischen Götterhimmels mochten angesichts des erlittenen Leidens als freundliche Trugbilder erscheinen.

Das ist zweifellos der Grund, weshalb er das Lächeln derjenigen hat, die, zurückgekommen aus dem Haus der Toten, eine unsagbare Erkenntnis in sich tragen: Tenzin Choedhak urteilt nicht – hat er es überhaupt je getan? –, er leidet mit und leistet Hilfe. Mit unendlicher Sanftheit hört er den Patienten zu, die in seiner einfachen, allen offenen Arzt-Praxis im von ihm geleiteten Zentrum für Tibetische Medizin in Dharamsala auftauchen. Er hört sie nicht mit Worten erzählen, sondern in Klängen, die für den gewöhnlichen Sterblichen nicht wahrnehmbar sind; mit seinen Handflächen von einfühlsamer Empfindsamkeit fühlt er ihnen den Puls, um zu «hören», wie der Körper seine Leiden erzählt, und um seine Klagen zu interpretieren. Wesen von derartiger menschlicher Qualität, von derartiger übermenschlicher Hinwendung zum anderen muß man glauben, wenn sie versichern, ihre geistliche Praxis sei ihr einziger Schutzschild gewesen; auf dieser Ebene ist Zweifel sinnlos, und der Geist beugt sich der Evidenz. Und sagt sich, daß der Weg weit, sehr weit sein muß, um zu solcher Meisterschaft zu gelangen. Vielleicht ist es die paradoxe Natur dieser Vollendung, die zeitweilig die äußere Beobachtung in die Irre führt; ist die Abkürzung einmal genommen und das Erwachen erreicht, kippen alle Perspektiven, und die Welt organisiert sich von neuem gemäß den Strukturen einer anderen raumzeitlichen Dimension. Dann kann derjenige, der solche Abgründe erblickt, vom Schwindel bedroht sein . . .

Auf die Suche nach Shambhala aufzubrechen heißt in erster Linie, jegliche Anhänglichkeit hinter sich zu lassen, sich einem von Fallstricken übersäten und von unbestimmt erahnten Bedrohungen erfüllten Unbekannten zuzuwenden; es ist auch die Suche nach der totalen Freiheit, die Befreiung aus den Grenzen der normalen Existenz. Man muß frei sein, um die Reise zu unternehmen, aber man muß sich auch der zu überwindenden Fallen bewußt sein; das ist der Preis des zu kämpfenden einsamen Kampfes, um zu dem zu gelangen, was auch Individuation genannt wird, eine vollständige Integration der Persönlichkeit, die in jenem Moment erreicht wird, wo man die Schwelle zum glänzenden Königspalast im Herzen des Herzens des Lotus überschreitet. Langsam kommt der Suchende voran, indem er die innere Energie mit geeigneten Mitteln aktiviert, indem er durch Gaben die ihm den Weg versperrenden feindlichen Kräfte versöhnt und sie sich schließlich zu Verbündeten macht, langsam, Schritt für Schritt, Stufe für Stufe, kommt er voran, durchquert unerforschte Regionen des eigenen Bewußtseins und gelangt endlich zu einer grundlegenden Realität, dem Nährboden aller Reichtümer.

Die letzte Bedeutung des Rades der Zeit, seine eschatologische oder apokalyptische Dimension, kann sehr wohl einer Wiedergeburt gleichgesetzt werden: die Weisheit zu erlangen, das bedeutet von neuem in das irdische Dasein hineingeboren zu werden, nicht als Übermensch, sondern als vollendetes menschliches Wesen, das bis ans Ende seiner Grenzen und seiner Möglichkeiten gegangen ist, um zum Licht zu gelangen. Das äußere, das innere und das geheime Rad der tantrischen Lehre verbinden sich, um jenseits des Dunkels der zerstreuten Illusion zu leuchten – bildhafte Formel des Lernens, das es erlaubt, sich selbst seine eigene Fackel zu sein. Und als Empfänger dieses kostbaren Juwels unter den Menschen zu bleiben, einfach unter ihnen zu bleiben, um ihnen helfen zu können, sich selbst zu werden.

Gewiß, ein östliches Verfahren, vom zweifelnden oder beunruhigten westlichen Blick verachtet, der diesen kaum inventorisierten und folglich gefährlichen Bereichen äußerst mißtrauisch gegenübersteht, tragen sie doch den wenig vertrauenserweckenden Stempel der mit äußerster Präzision zu handhabenden «Seelenangelegenheiten». In der Tat liegen das Wesen, der Inhalt und das Symbol des Reiches in der Reise, in diesem Abstieg in die Tiefen des Bewußtseins, der den Sinn der Welt, ja deren Wahrnehmung radikal verändert. Eine andere Art, auszudrükken, daß, wer zu seiner wahren Natur erwachen will, an seinem eigenen trügerischen Bild sterben muß. Für einige bedeutet das, dem Leben einen Sinn zu finden oder zu geben. «Zum Glück hat die Natur in ihrer Güte und Langmut den meisten Menschen nie die fatale Frage nach dem Sinn ihres Lebens in den Mund gelegt», notiert eines Tages C. G. Jung. «Und wenn niemand die Frage stellt, dann kann man nur Stillschweigen bewahren.» Die tibetischen Buddhisten ihrerseits scheinen sie ohne Unterlaß gestellt zu haben. Gingen sie richtig in ihrer Einschätzung, gewisse Lehren müßten verborgen bleiben, solange die Zeiten zu ihrer Verbreitung nicht reif sind?

Diese parallelen Welten, von der westlichen Vernunft mit sichtlichem Argwohn wahrgenommen, sind für die Tibeter, die geringsten und die vollendetsten unter ihnen, eine unbestreitbare Realität. Auf den Hochebenen des Himalaja spaßt man nicht mit den Geistern, obwohl man manchmal nur zögernd von ihnen spricht; es sind ganz einfach Gegebenheiten des Lebens, denen man Rechnung trägt, so wie man etwa dem Schnee Rechnung trägt, der unvermutet fällt und einen Paß blockiert, oder dem ungestümen Wind, der sich plötzlich erhebt und in wilder Verfolgungsjagd einem unsichtbaren Pferd mit losen Zügeln nacheilt... Um sich davon zu überzeugen, daß diese Realität ebenso real ist wie jede andere, genügt es, sich die ausschlaggebende Rolle der Orakel im Alltagsleben des Landes Bod in Erinnerung zu rufen.

Medium zu sein oder Mittler zu den Schutzgottheiten zu sein war nie ein Kinderspiel für jene, die die Götter – mit welchem anderen Wort könnte dieser Begriff ausgedrückt werden? – zur Übermittlung ihrer Botschaften auserwählen. Denn wohl oder übel wird man zuerst als Bote auserwählt, erst nachher kommt das Lernen. Keine wichtige Entscheidung konnte ohne ihre Hilfeleistung getroffen werden, und auf ihre Warnungen wurde stets gehört, selbst wenn sich ihre Schutzwache der brutalen

Gewalt der Menschen gegenüber als ungenügend erweisen sollte.

Zur jetzigen Zeit, unter Exilbedingungen, ist der Orakelberuf schwierig auszuüben, und die Kommunikation scheint schwierig zu sein, insbesondere mit Dorje Drakden, dem «Angesehenen Unwandelbaren», dem Höchsten Beschützer des Hochlandes, oder auch mit Palden Lhamo, der ausschließlich über den Dalai Lama wachenden Gottheit. «Keineswegs», antwortet Tenzin Gyatso. «Es gibt überhaupt kein Problem. Nicht das Medium ist wichtig, seine Abwesenheit hindert die Gottheit nicht daran, präsent zu sein. Es gilt andere Kanäle zu gebrauchen, um mit ihr zu kommunizieren, subtilere, raffiniertere Bewußtseinsverbindungen als die üblicherweise benutzten. Außerdem hat es für Palden Lhamo nie ein Medium gegeben, auch kein Bedürfnis danach. Selbstverständlich kann der Mittler die Dinge erleichtern, aber es ist nicht schwerwiegend, wenn es keinen physischen Körper gibt, der geeignet und vorbereitet wäre, die Gottheit vorübergehend zu empfangen. Es gibt andere Mittel als die mediumistische Trance, um die nötigen Botschaften zu empfangen.»

Ist der Buddhismus, insbesondere in seiner tibetischen Version, tatsächlich eine Geistwissenschaft, wofür er in den westlichen Ländern oft gehalten wird? «Ich glaube, daß an dieser Auffassung etwas Wahres ist», antwortet der Kostbare Meister. «Für mich ist der Buddhismus in erster Linie eine Humanreligion. Er scheint sich tatsächlich grundlegend mit der Entwicklung des Geistes und seiner Vervollkommnung zu beschäftigen.

Bei Initiationen, Ritualen oder Zeremonien, wenn es darum geht, die Gottheit und ihre Symbole zu erklären und zu visualisieren, dann bedient man sich zweifellos Techniken und Mitteln zur Hervorhebung oder zur Transformation des Geistes oder des Bewußtseins des Schülers. Damit ist gesagt, daß dieser Aspekt von äußerster Wichtigkeit ist, wenn es darum geht, auf dem Weg der buddhistischen Erkenntnis voranzuschreiten.

Eine Geistwissenschaft ... Auch hier hängt alles davon ab, was man unter ‹Wissenschaft› versteht. Zurzeit beschränkt sich die Bedeutung des Wortes auf das, was genau gemessen werden kann. Unter diesem Blickwinkel lassen sich selbstverständlich weder Geist noch Bewußtsein messen. Es ist etwas ganz anderes, etwas vollständig verschiedenes. Wenn sich also die Wissenschaft ausschließlich auf das Meßbare beschränkt, dann läßt sich schwerlich behaupten, der Buddhismus sei eine Geistwissenschaft. Gewiß ist allerdings, daß er sich auf vorhandene Gegebenheiten stützt, die er in der Absicht nutzt, das Bewußtsein zu verfeinern oder zu schärfen. Aber all das kommt nicht von einem Tag auf den anderen.

Man muß einsehen, daß sich unsere Persönlichkeit nicht plötzlich, einfach so, verändert – wie unter der Berührung eines Zauberstabes. Man muß seinen Beitrag leisten, sich nicht gegen die Anstrengung sträuben oder vor ihr zurückschrecken. Unsere natürlichen Veranlagungen verändern sich nur langsam, und es braucht auch Zeit, um dessen innezuwerden. Es braucht Geduld und Entschlossenheit, um ein Ziel zu erreichen; dabei geht es nicht um eine äußere Veränderung, so als veränderte man seine Nase oder seinen Haarschnitt, sondern um eine Verwandlung des Geistes, eine Vertiefung des Bewußtseins.

Ziel der höchsten tantrischen Lehren, wie etwa des Kala-Chakra, ist es, die Samen eines besseren Verständnisses der eigenen Person und der Welt zu säen, die Wahrnehmung, den Blick, mit dem wir unsere Umwelt wahrnehmen, zu verändern. Die Erkenntnis ist wichtig, wichtiger noch ist jedoch der Geist, der sie vermittelt. Wird nur der Geist eingesetzt und das Herz bleibt im Abseits, dann kann dies nur die gesellschaftlichen Wirren verstärken. Der menschliche Geist muß von einem offenen und mitleidvollen Herz gemäßigt werden.»

Der Meister des Lotus geht in seinen Erklärungen nicht weiter; gemäß der Tradition muß eine Geheimlehre geheim bleiben, und die Initiierten, denen sie voll zugänglich ist – Weise unter Weisen –, sie sind durch das Gelübde und die Verpflichtung gebunden, nichts von dem zu enthüllen, was nicht enthüllt werden darf. Vor der Wahl, das Risiko einzugehen, daß sich ein Wissen, dessen außergewöhnlichen Wert sie durchaus kennen, verliert, und dem Risiko, es einer gefährlichen Entwürdigung auszusetzen, sollte es in unerfahrene oder schlecht gesinnte

Hände geraten, gehen die authentischen Träger dieses Wissens den Weg äußerster Umsicht. Mit der Elle der Zeit – einem anderen Gedächtnis – gemessen, vertrauen sie auf den unausweichlichen Fortbestand des verborgenen Reiches und wissen aufgrund ihres eigenen Weges, daß wer dort eines Tages ankommen soll, auch ankommen wird. Unter diesen Umständen ist es vielleicht nicht sehr sinnvoll, die Prophetie buchstabengetreu zu nehmen, selbst wenn die Mehrzahl der Tibeter die Reise nach Shambhala in ihrer ganz unmittelbaren, das heißt ganz offenkundig irdischen Bedeutung auffaßt. Aber nur wer vollkommen fähig ist, kann sich auf den Weg begeben, erfordert dieser doch ein perfektes Zusammenspiel der Mittel und einen guten Führer.

Die Tibeter aber sind ein Volk von Pilgern, sie marschieren unermüdlich während Stunden und Tagen, während Wochen und Monaten, ja während Jahren, wenn der Gedanke der Pilgerfahrt in ihrem Geist zu keimen beginnt. Sie brechen auf, sie wandern. Allein, in kleinen oder großen Gruppen. Nichts scheint sie aufhalten zu können, weder zweifelhafte Vorhersagen noch – heutige – administrative Schranken. Ersteren kann mit Gaben, Gebet und geeigneten Riten erfolgreich entgegengewirkt werden. Letztere sind dazu da, umgangen zu werden, werden sie doch auf jeden Fall als vollkommen willkürliche und sinnlose Einschränkungen empfunden.

Zum jahrtausendealten Atavismus des Nomaden gesellt sich eine auf den ersten Blick eher verblüffende Gleichgültigkeit den weltlichen Dingen gegenüber; zwar ist man sich bewußt, daß diese den Alltag erleichtern, weshalb sie auch geschätzt werden, aber die traditionelle Genügsamkeit der Gewohnheiten macht sie nicht unentbehrlich. Materieller Reichtum wird geschätzt, aber es bleibt das Bewußtsein, daß er eine Illusion von Macht darstellt und daß schwieriger zu erlangende geistliche Werte weniger flüchtig sind. Diese Auffassung, die seit Jahrhunderten den Alltag der bis vor kurzem von äußeren Einflüssen geschützten Hochebenen geprägt hat, erklärt teilweise die Bereitschaft der Menschen im Lande Bod, sich plötzlich auf den Weg zu machen – wie aus einer Trotzreaktion oder aus einem aus den Tiefen des Instinkts aufbrechenden Impuls heraus. Zudem kompensiert die von ihrem Führer vermittelte Initiation hundertfach die Opfer, die für eine Teilnahme erbracht werden müssen, sie tilgt die unzähligen überwundenen Hindernisse aus dem Gedächtnis, um nur noch die Erinnerung an eine strahlende Präsenz zu bewahren. Es war dieses Gefühl, das sie eines Tages, aber der Stunde und der Zeit voll bewußt, zu Hunderten, ja zu Tausenden nach Bodh Gaya und zum beeindruckenden Ritual des Kala-Chakra drängte.

Auf den unzähligen Pfaden, die die Generationen derjenigen, die ihnen in der Zeitlosigkeit der Jahrhunderte voraufgegangen waren, gezeichnet hatten, sich vorbehaltlos unter den Schutz von Tara der Beschützerin stellend – jener Gottheit, die aus einer Träne des Herrn des Grenzenlosen Mitleids hervorgegangen ist –, kehren sie zu den von dieser Gegenwart unablässig erhaltenen und belebten heiligen Orten ihres Glaubens zurück. Es ist in etwa die ewige Rückkehr in Erwartung dessen, was in alle Ewigkeit geschrieben steht: der Kreislauf des Lebens ist so gemacht, daß er notwendigerweise durch den Tod hindurchführt und daß jede Existenz sterblich ist. Das gilt für die Menschen wie für die Lehren. Damit sich die Ankunft von Maitreya, dem kommenden Buddha, erfüllen kann, müssen die Barbaren ihr Karma erschöpfen, und ihr Los ist es, zum gegebenen Zeitpunkt gegen Shambhala anzukämpfen. Daraufhin wird eine lange, dem geistlichen Vorankommen der Menschheit kostbare Epoche der fruchtbaren Weisheit und des Friedens kommen.

Selbst wenn nicht alle die Muße oder die Fähigkeit haben, den Weg zu Ende zu gehen, so werden sie zumindest versucht haben, die ersten Schritte zu tun – auch das wird ihnen angerechnet werden. Mit einer Beständigkeit, die gerade deshalb so bemerkenswert ist, weil sie freundlich und wohlwollend bleibt, erinnert der Dalai Lama unablässig an das Erfordernis des persönlichen Vorankommens, appelliert an die Verantwortung eines jeden für das Wohl aller. In der unendlichen Runde der Zeiten trifft nur selten das zweifache Glück ein, als Mensch und in einem von der Gegenwart eines Buddha erleuchteten Lichtäon geboren zu werden.

Gewiß, betrachtet man den Lauf der Welt, dann kann man sich immer fragen, was denn eine Zeit der Dunkelheit ist, aber auf diesen Einwand antwortet Tenzin Gyatso, das sei eine Frage der Perspektive. «Tatsächlich scheint es mir», so gibt er zu, «daß die allgemeine Stimmung heute nicht gerade eine glückliche ist. Obwohl man im allgemeinen sehr wohl weiß, was gut und was böse ist, besteht eher die Tendenz, im gegenteiligen Sinn zu handeln; unter dem Vorwand von äußerem Druck, negativen Umständen und des Zeitgeists begibt man sich auf den schlechten Weg. In meinen Augen ist das niemandem förderlich, gleichwohl bin ich davon überzeugt, daß es möglich ist, diese Einstellung zu verändern. Ich hoffe sehr auf die kommende Generation. Es gibt verschiedene Methoden, dieses Glück, das Ziel aller und jedes einzelnen ist, zu erreichen; einige bevorzugen Wissenschaft und Technik, andere die religiöse Praxis, nochmals andere ein Regierungssystem oder das Banner einer Ideologie.

Jeder sucht seinen Weg, und in einer Welt, die jeden Tag kleiner wird, wo wir in immer stärkerer gegenseitiger Abhängigkeit stehen, scheint es mir äußerst wichtig, den Sinn für universale Verantwortung zu entwickeln. Seit jeher, heute mehr denn je, bin ich davon überzeugt, daß jeder spirituelle Wert, welcher auch immer, in diesem Bereich eine große Rolle zu spielen und eine besondere Verantwortung zu übernehmen hat, um zu einem echten Weltfrieden beizutragen. Nicht zu vergessen ist dabei, daß der Weltfriede nur über den inneren Frieden jedes einzelnen zu erreichen ist.»

Im sich wandelnden, zuweilen verwirrenden Universum der zu entschlüsselnden Symbole – etwa bei der Initiation oder der Entzifferung eines paradoxen Alphabets – konzentriert sich der Kern der Aufmerksamkeit auf denjenigen, der hinüberleitet: er kennt den Übergang und kann die zu umschiffenden Klippen zeigen. Aus diesem Grund müssen ihm diejenigen, die ihm folgen, volles Vertrauen schenken, obwohl es an ihnen ist zu marschieren. Grundlegende Verantwortung des tantrischen Meisters, der auch weiß, daß man nicht in alle Winde säen soll und daß es Momente der Stille gibt, die ebenso viele Abgründe des

Denkens darstellen. Denn das vollkommene innere Licht bleibt einigen wenigen vorbehalten.

Das war der Sinn des Zusammentreffens von Bodh Gaya. Ohne Wissen der Presseorgane, die sich als Weltorgane verstehen und immer auf der Lauer nach dem Spektakel, selbst dem verfälschten Spektakel sind, hat der kleine Ort in Bihar einige Tage, die Zeit der Initiation, am Rande der Alltagswelt gelebt, in einer kaum wahrnehmbar anderen Dimension, wie behutsam vom Gewöhnlichen abgehoben, in einer Gegenwart von ungewöhnlicher Leichtigkeit: die Essenz von Sein oder Werden. Vielleicht die Dimension von Shambhala? Andere würden vom Durchschreiten des Spiegels oder vom Regenbogen einer Verbindung zwischen Leere und Ewigkeit sprechen . . .

Dann ist der Sand des magischen Mandala zerrieselt, die kaleidoskopische und bunte Versammlung hat sich aufgelöst, die Pilger sind gegangen. Die Welt ist wieder sich selbst geworden, hat wieder die Farben des Alltags angenommen, aber die Teilnehmer des Initiationsrituals sind fortab Träger einer Hoffnung – der Hoffnung, vollkommen geeignet zur Erlangung des Erwachens wiedergeboren zu werden, dank der Praxis des Kala-Chakra. Wenn die Zeiten gekommen sind.

Sich selbst, die Welt? Heißt das voll von Gleichgültigkeit, von Egoismus und ganz prosaischen Interessen? Zweifellos. Und doch . . .

«Was Sie in kleinen schwarzen Buchstaben
mit Tinte schreiben,
kann gänzlich verloren sein,
das Werk eines einzigen Wassertropfens.
Aber was in Ihrem Geist eingeschrieben steht,
das bleibt dort bis in alle Ewigkeit.»

bemerkte eines Tages der Dalai Lama.

Ob Empfindung des Dichters oder Aussage des Weisen: die von neuem über Bodh Gaya hereingebrochene Stille erklingt vom mächtigen Hämmern eines Herzens, das auch weiterhin schlägt, dem unaufmerksamen, vom tausendfältigen Lärm des Lebens in

Anspruch genommenen Ohr unhörbar. Auf der Gegenseite des Raums versteht es die Stille unter dem Bodhibaum, sich initiatorisch zu geben, und Tara, die Göttin, lächelt dem Vorübergehenden zu, der sie betrachtet, bevor er sich tief verneigt. Sie wacht, denn sie weiß, daß sich die Zeiten schließlich stets vollenden werden. Das ist das Gesetz des Rades, das ist vielleicht das Symbol von Shambhala: eine schöne Geschichte, die sich im Herzen des Lotus auflöst, ein wunderbarer Traum von Liebe und Gerechtigkeit jenseits der eisigen Berge der Unendlichkeit, eine gewaltige Litanei, die auf immer den Gang eines Volkes auf der Suche nach sich selbst rhythmisch begleitet.

II

Bis zur Vollendung der Zeiten

Die Wahrheit triumphiert nie,
doch ihre Gegner sterben schließlich aus.
Max Planck

Das einundzwanzigste Jahrhundert wird religiös sein oder nicht sein», diese Überlegung André Malraux' macht den Meister des Lotus nachdenklich. Sein Blick kreuzt denjenigen der Buddha-Statue, die den Ehrenplatz im hellen und einladenden Audienzsaal in Dharamsala einnimmt. Weite Fenster öffnen sich gegen die Veranda; das ganze Gebäude ist von Bäumen und Blumen umgeben. Es ist ruhig im stillen Bergstädtchen, Vogeltriller begleiten die Stille, und die Ventilatoren stehen still. Der Herbst legt die ersten goldenen und bernsteinfarbenen Tupfer auf die Blätter, das Blau des Himmels intensiviert sich in der Nähe der bereits mit einem Schleier von seidenem Schnee belegten Gipfel. Ein Mönch gleitet zwischen zwei Türen hindurch und verschwindet leise. Das Auge wird schmal, der Blick verschärft sich, ein Lächeln beginnt sich abzuzeichnen, und die Antwort fügt sich ruhig in den Lauf der Zeit ein.

«Ich glaube kaum, ich bin da anderer Meinung. Es gibt immer einen mittleren Weg, eine mittlere Lösung. Selbst mit Blick auf die Vergangenheit kann nicht von einer vollständig, absolut religiösen Gesellschaft gesprochen werden, um wieviel weniger dann heute ... Seit jeher hat es Menschen gegeben, die sich zur Religion hingezogen fühlen, und andere, die ihr abweisend gegenüberstehen; dann gibt es auch jene, die weder das eine noch das andere sind. Mir scheint, daß es auch so weitergehen wird. Was das einundzwanzigste Jahrhundert betrifft, so weiß ich nicht ... Es wird zweifellos immer verschiedene Strömungen, Extremisten auf der einen wie der anderen Seite, religiöse Fanatiker und überzeugte Atheisten geben. Zu Beginn des Jahrhunderts waren die antireligiösen Kräfte möglicherweise viel stärker. Heute sind vermutlich die neutralen Kräfte stärker, zugleich läßt sich da und dort ein zunehmendes Interesse für geistliche Dinge wahrnehmen, keimenden Samen gleich. Man muß auch zugeben, daß die Materialisten heute Legion sind – Materialisten in dem Sinne, daß Geld in ihrer Lebensauffassung die Hauptrolle spielt. Nicht alle Probleme lassen sich aber mit Geld oder Macht lösen, denn die innere Dimension läßt sich nicht unbegrenzt lange ausblenden. Vielleicht ist es das, was der französische Schriftsteller sagen wollte?»

Wie sieht denn das scharfe Auge des Meisters des Lotus die Zukunft? Die große Schlacht von Shambhala, in etwa vierhundert Jahren angesagt, ist nach menschlichen Maßstäben noch weit weg; unablässig dreht sich in der Zwischenzeit die Erde, wird sie von den Ereignissen verwandelt, fragen sich die Menschen. Zwar haben die Bewohner des blauen Planeten unwissentlich eine privilegierte Verbindung mit dem verborgenen Reich, sie müssen aber, bevor sie es entdecken, ihren täglichen Kampf kämpfen. Denjenigen Tibets beispielsweise, und das Schneeland steht denn auch weiterhin im Zentrum der Sorgen und Aktivitäten des Dalai Lama. Er ist sich der in den vergangenen Jahrzehnten erfolgten Umwälzungen auf dem Dach der Welt vollkommen bewußt und weiß genau, daß sich die Vergangenheit überlebt hat; beiläufig bemerkt er denn auch, es wäre keineswegs wünschenswert, zu inzwischen eindeutig überholten Strukturen zurückzukehren.

Vor allen anderen Überlegungen scheint es ihm wichtig, jenes Mißverständnis auszumachen, auf dem der tibetisch-chinesische Konflikt beruht. Durch Geschichte, Kultur und Tradition sind die beiden Länder zwangsläufig Nachbarn; so hat es die Natur gewollt. Politisch jedoch waren sie immer zwei getrennte Größen, obwohl im Wechselspiel der jahrhundertealten Einflüsse zwischen ihnen Beziehungen ganz besonderer Natur entstanden sind. Der Kern der Tragödie liegt unbestreitbar im Willen der Chinesen, das Bild einer trügerischen Ähnlichkeit durchzusetzen, während die Entschlossenheit der Tibeter, ihre radikale Andersheit nach außen sichtbar zu machen, im Verlauf der Jahre keineswegs abgenommen hat, ganz im Gegenteil. Gewiß, es besteht die durchaus reale Gefahr, daß das Dach der Welt von den aufeinanderfolgenden Wellen der Han-Kolonisten auf der Suche nach neuem Lebensraum überschwemmt wird, Zwangsassimilation jedoch hat sich im Verlauf der Menschheitsgeschichte langfristig nie als tragfähige Lösung erwiesen. Es sei denn, man lasse das physische Verschwinden einer Gemeinschaft zu, die numerisch zu schwach ist, um sich dem Eroberer entgegenzustellen.

Auch unter diesem Blickwinkel beschäftigt sich der weltliche und geistliche Herrscher der Tibeter unablässig mit der Zukunft. Und diese Zukunft ist zwangsläufig mit der Haltung Chinas verbunden. Von den jüngsten Erfahrungen eines Besseren belehrt, verbirgt der Dalai Lama seine Besorgnis nicht: «Heute ist die nationale Identität Tibets unmittelbar gefährdet; ein Strom von chinesischen Kolonisten überschwemmt unser Territorium und beschwört die Gefahr einer Assimilation und Absorption der einheimischen Bevölkerung herauf. Zu Beginn des Jahrhunderts bildeten die Manchu eine besondere Rasse mit eigener Kultur und eigenen Traditionen. Heute gibt es nur noch etwa zwei oder drei Millionen Manchu in der Mandschurei, wo inzwischen fünfundsiebzig Millionen Chinesen angesiedelt sind. In Ost-Turkestan, von den Chinesen Sinkiang genannt, ist die chinesische Bevölkerung von zweihunderttausend im Jahr 1947 auf sieben Millionen, also auf mehr als die Hälfte der dreizehn Millionen Einwohner angewachsen. Im Gefolge der chinesischen Kolonisation der Inneren Mongolei gibt es dort heute achteinhalb Millionen Chinesen und lediglich zweieinhalb Millionen Mongolen. Laut offiziellen chinesischen Informationen gibt es in der Region von Koko Nor, im Nordosten Tibets, wo ich herstamme, inzwischen neben den siebenhunderttausend Tibetern beinahe drei Millionen Chinesen.

Es ist nicht ohne Belang, daran zu erinnern, daß Sun Yat-sen, der Vater der Chinesischen Republik, Tibet, die Mongolei und die Mandschurei als Ausland betrachtet hat. In den dreißiger Jahren, als Mao Tse-tung noch um die Macht kämpfte, unterstützte er die Unabhängigkeit Tibets. Jahre später, bei meinem China-Aufenthalt von 1954, bestätigte mir Mao, China würde uns, solange wir arm und rückständig seien, helfen, daß es dann aber an uns sei, China zu helfen. Die Chinesen verbreiten, sie seien nicht als Imperialisten oder Kolonisten nach Tibet gekommen, sondern als ‹Befreier›. Was für eine Art von Befreiung ist das, die den Menschen ihre Freiheit und ihr Recht auf Selbstbestimmung raubt?

Es ist unmöglich, die unermeßlichen materiellen Verluste Tibets unter der chinesischen Herrschaft abzuschätzen; die im Verlauf der Jahrhunderte in unseren fünftausend Klöstern angesammelten Reichtümer wurden zerstört, geplündert oder nach China verschleppt, ganz zu schweigen vom unersetzlichen Verlust kostbarster Manuskripte in Sanskrit, Pali und Tibetisch. Und nun besitzen die Chinesen die Stirn, zu behaupten, sie hätten im Verlauf der letzten dreißig Jahre rund drei Milliarden Dollar für die Entwicklung Tibets aufgewendet. Weshalb vergessen sie zu erwähnen, daß sie dort mindestens dreihunderttausend Soldaten und beinahe 1,7 Millionen Beamte unterhalten?

Für sie scheint nun wirklich die Zeit gekommen zu sein, das Land zu verlassen. Sie müßten nach Hause zurückkehren und sich mit der Lösung der Probleme im eigenen Land befassen. Das wäre für sie und für Tibet besser. Wir haben das Recht, unseren eigenen Weg zu gehen, den Normen unserer Kultur und unserer Identität entsprechend zu leben. Alle Völker haben dieses Recht, und niemand kann sich das Recht anmaßen, die anderen zu kolonisieren.

Ich anerkenne gerne, daß sich seit Beginn der achtziger Jahre die Situation in Tibet leicht gebessert hat. Es gibt mehr Lebensmittel, größeren wirtschaftlichen Spielraum, und in einigen Regionen ist die Bewegungsfreiheit etwas weniger eingeschränkt. Die bloße Befriedigung der Grundbedürfnisse an Nahrung, Wohnraum und Kleidung genügt dem Menschen jedoch nicht. Wahrscheinlich sind die Tiere zufrieden, wenn sie, selbst zeitweilig, gefüttert, untergebracht und gut behandelt werden. In der menschlichen Gesellschaft jedoch bleibt die Freiheit die grundlegende Forderung, ein unveräußerliches Recht, das nicht durch vorübergehende Erleichterungen im wirtschaftlichen Sektor oder in der Lebensmittelversorgung zu ersetzen ist.

Wir Tibeter, wir haben nichts gegen die Chinesen. Alles, was wir verlangen, steht uns rechtens zu. Wir sind der Überzeugung, daß auch die Chinesen das Recht auf Glück und Wohlstand haben, aber nicht auf Kosten einer anderen Nation oder eines anderen Volkes. China hat kein Recht, über das Schicksal des tibetischen Volkes zu bestimmen. Zweifellos hat es in der Vergangenheit Zeiten gegeben, in denen Manchu und Chinesen ihren Einfluß auf Tibet ausübten. Aber welche Nation der Welt kann sich rühmen, nie unter dem Einfluß fremder Mächte gestanden zu haben, handle es sich nun um militärische, politische, kulturelle oder religiöse Einflußnahme? Das verleiht niemandem das Recht, Ansprüche auf Souveränität des Stärkeren über den Schwächeren zu erheben. Derartige Behauptungen entbehren jeglicher realen Grundlage.

Wird die jetzige Politik weitergeführt, dann wird Tibet bald nicht mehr tibetisch sein. Es wird ein Territorium unter anderen sein, von Chinesen bevölkert und von chinesischer Kultur dominiert. Es wäre an der Zeit, sich dessen bewußt zu werden. Diese Art von Kolonialismus ist anachronistisch und ungebührlich, Menschen guten Willens überall sollten derartige Praktiken anprangern. Tibet besitzt ein einzigartiges kulturelles Erbe, ist ein Land von großer landschaftlicher Schönheit. Bereits haben die Chinesen einen großen Teil unserer Wälder zerstört und genutzt, sie haben auch die meisten wilden Tiere ausgerottet. Die Bewahrung dieses kulturellen Erbes liegt nicht bloß in der Verantwortung der Tibeter allein, ist doch unsere Kultur eine der ältesten der Welt und Teil des Erbes der Menschheit. Zudem ist sie unter mancherlei Aspekten nicht nur schön, sondern auch nützlich. Wird sie zerstört, dann ist das nicht bloß ein schwerer Verlust für Zentralasien, sondern für die Weltkultur insgesamt.»

Das ist der Sinn des stillen, unermüdlichen Kampfes, den Tenzin Gyatso führt, seit er sich nach der unerbittlichen Niederschlagung des antichinesischen Aufstandes im Jahr 1959 zum Exil gezwungen sah. Ohne mit spektakulären und tödlichen Gesten die Aufmerksamkeit der Welt auf ein Anliegen zu lenken, das ebenso dramatisch ist wie jene anderen, die durch Flugzeugentführungen und Attentate, Entführungen und Geiselnahmen, Mord und Erpressung ihre blutige Spur in den Schlagzeilen der Weltpresse hinterlassen, wägt das geistliche Oberhaupt der Tibeter seine Worte ab und fordert nur Gerechtigkeit für die Seinen.

«Manche behaupten, die tibetische Frage sei eine lediglich politische Angelegenheit. Aber ich teile diese Meinung nicht. Wir Tibeter haben wie die Chinesen ein einzigartiges und eigenes kulturelles Erbe. Wir hassen die Chinesen nicht; wir achten zutiefst den Reichtum der chinesischen Kultur, die so viele Jahrhunderte umspannt. Trotz dieses tiefen Respekts und unserer Haltung, die nicht antichinesisch ist, haben wir sechs Millionen Tibeter ein gleiches Recht, unsere eigene, sehr verschiedene Kultur zu bewahren, so lange wir anderen dabei nicht schaden. In materieller Hinsicht sind wir rückständig, aber auf spirituellem Gebiet, d. h. in der Entwicklung des Bewußtseins, sind wir reich. Bis zum letzten Jahrhundert lebten wir als eine friedliche Nation unserer einzigartigen Kultur. Unglücklicherweise wird jetzt, während der letzten Jahrzehnte, diese Nation und Kultur willentlich zerstört. Wir lieben unsere eigene Kultur und unser Land. Wir haben ein Recht, es zu bewahren. Die sechs Millionen Tibeter sind Menschen, ob sie materiell rückständig sind oder nicht, ist dabei uninteressant. Wir sind sechs Millionen menschliche Seelen mit dem Recht, als Menschen leben zu können. Und nur darum geht es uns.

Ich diene unserer Sache mit der Motivation, damit auch der Menschheit zu dienen, nicht um der Macht willen und nicht aus Haß. Nicht bloß als Tibeter, sondern als Mensch denke ich, daß es ein Beitrag für die Weltgemeinschaft ist, diese Kultur, diese Nation zu erhalten. Deshalb halte ich beharrlich an unserem Freiheitsbegehren fest, deshalb sage ich, daß es nicht bloß um eine rein politische Angelegenheit geht. Das Recht des Stärkeren kann, wie stark es auch immer sein mag, nur vorübergehend das beste sein; die Flamme der Wahrheit jedoch verlöscht nicht. Das ist meine Überzeugung.»

Bald dreißig Jahre Exil und einsamer Kampf, fast ohne äußere Unterstützung, außer der aus allen vier Himmelsrichtungen zusammengetragenen privaten internationalen Hilfe, die dazu beitragen soll, daß eine jahrhundertealte, unvergleichliche menschliche Erfahrung überlebt. Im Land selbst haben die Tibeter mit den ihnen zur Verfügung stehenden Mitteln gekämpft, ohne wirklich zu wissen, wie man sich gegen die vom Einfallsreichtum des modernen Menschen erfundenen Waffen wehrt; im Ausland kämpfen die Tibeter weiterhin um den Fortbestand ihrer Andersheit.

Der Dalai Lama nimmt diese Jahre des Leidens, der Sorgen und der zahllosen Schwierigkeiten so, wie sie sind, mit nie nachlassender Scharfsicht und dem unerschütterlichen Willen, standzuhalten. In dieser Optik hat er eine Exilregierung gebildet, die anzuerkennen kein Staat den Mut hatte. Was ihn keineswegs daran hindert, sich seinen Aufgaben zu widmen und sie zu erfüllen. «Unter den gegenwärtigen Umständen ist es unwichtig», so kommentiert der Dalai Lama, «ob diese Vertretung offiziell anerkannt oder nicht anerkannt ist. Es kommt vor, daß man im Recht ist und plötzlich ins Unrecht versetzt wird – aber auch das Gegenteil ist möglich. Was zählt, ist die Tatsache, daß die Mehrheit der Tibeter ihre Hoffnungen auf diese Regierung setzt. Gerade deshalb haben auch wir eine gewaltige Verantwortung. Die jetzige Periode ist die schwärzeste in der zweitausendjährigen Geschichte Tibets. Unter diesen Umständen betrachte ich es als eine große Ehre und ein Privileg, die mit meiner Stellung verbundene Verantwortung wahrzunehmen.»

Gleichwohl sind auf dem zurückgelegten Weg auch mancherlei ermutigende und positive Elemente auszumachen. Es existiert inzwischen in aller Form eine Tibetische Verfassung, die den Realitäten der modernen Welt angepaßt ist und von den gewählten Vertretern der tibetischen Exilgemeinschaften angenommen worden ist. Auch die Demokratie will gelernt sein, eine Übung, der sich bislang allein die Flüchtlinge unterziehen: im chinesisch kontrollierten Tibet kann zwar jeder versuchen, so zu denken, wie er will, dennoch bleibt er dem chinesischen System unterworfen, das ihm soziale Regeln aufoktroyiert, die von einer noch immer schlecht tolerierten fremden Herrschaft stammen.

Die in Indien auf Anregung des Dalai Lama erarbeitete, von

ihm inspirierte und auf ihn zugeschnittene Charta hat insofern lediglich vorläufigen Charakter, als sie sich an den Erfordernissen des Exils orientiert. Geht man jedoch ihre Artikel durch, so erweckt sie den Eindruck der offensten und fortschrittlichsten Verfassung, die Tibet je besessen hat. Ein Paradox mehr, hält man sich denjenigen vor Augen, der sie veranlaßt hat, ist doch der exilierte Herrscher einerseits legitimer Erbe und Inkarnation einer jahrhundertealten Lehre und Denkform, also ein Bewahrer, andererseits die Personifizierung eines Willens zur Modernisierung, der Erbauer einer anderen Zukunft, ein Erneuerer also, entschlossen, den Panzer lähmender Traditionen aufzubrechen. Der Dalai Lama ist jedoch darauf bedacht, mögliche Mißverständnisse sogleich auszuräumen: zum gegebenen Zeitpunkt wird diese Verfassung allen im Land verbliebenen Tibetern unterbreitet werden, und ihnen wird der endgültige Entscheid zustehen. Das erlittene Leiden verleiht ihnen dieses Recht, und die Zukunft liegt in ihren Händen – das politische und wirtschaftliche System eines unabhängigen Tibet wird Ausdruck ihres Willens sein.

Tenzin Gyatso scheut auch einen kritischen Blick auf die Vergangenheit nicht und gibt vorbehaltlos zu, daß eine Öffnung auf die Welt hin vielleicht den Verlauf der aktuellen Geschichte auf dem Dach der Welt hätte verändern können. Er betont die Engstirnigkeit der Traditionalisten, die sich gegen die Errichtung von westlich orientierten Schulen in Gyantse und Lhasa wehrten, weil sie befürchteten – es war noch zur Zeit des Großen Dreizehnten –, die westlichen Gewohnheiten könnten den Glauben der jungen Generation an den Buddhismus untergraben oder sogar zerstören. «Mein Vorgänger hatte Format, er sah sehr weit», bemerkt er dazu. «Aber er hatte es mit einer sehr konservativen Gesellschaft zu tun, und zuweilen hatte er Mühe, die übrigen tibetischen Verantwortlichen von der Richtigkeit seiner Ideen zu überzeugen. Zweifellos wären einige schmerzliche Erfahrungen nicht zu vermeiden gewesen, aber das hätte nicht der modernen Erziehung oder dem Westen angelastet werden können. Es wäre uns anzulasten gewesen, weil es uns nicht gelungen wäre, der jungen Generation eine vertiefte und solide, in ihrer eigenen Tradition verankerte philosophische Grundlage zu vermitteln.»[19] Das ist auch der Grund, weshalb er heute trotz der materiellen Zwänge des Exils äußerst wachsam und anspruchsvoll bleibt, sobald es um die Qualität der Ausbildung und Erziehung der heranwachsenden Generation geht. Kann es da überraschen, daß er sich mit einem so speziellen Gegenstand wie der Sprache befaßt?

«Es geht dabei um ein Problem, mit dem wir sowohl in Tibet selbst, wo uns das chinesische Erziehungswesen eine uns fremde Sprache aufzwingt, als auch in Indien oder anderswo konfrontiert sind. Es gilt, die tibetische Sprache so zu entwickeln, daß sie über ein den Anforderungen der modernen Welt angemessenes Vokabular verfügt. Sonst ist sie in ihrem Überleben bedroht, läuft Gefahr, eine tote Sprache zu werden. Es mangelt uns an geeigneten Wörtern für viele moderne wissenschaftliche Begriffe; das erklärt, weshalb es für Tibeter so schwierig, wenn nicht unmöglich ist, eine wissenschaftliche oder technische Ausbildung in ihrer Muttersprache zu erhalten. Das ist keineswegs überraschend, auch kein Grund, sich darüber zu schämen. Unsere Kultur hat sich ganz ohne nähere Berührung mit dem Abendland entwickelt, etwas, was unsere Sprache auf ihre Weise widerspiegelt, Das gilt übrigens», so fügt er verschmitzt hinzu, «genauso für den Westen. In der tibetischen Philosophie und Spiritualität gibt es zahlreiche Begriffe, die im Englischen oder in den übrigen westlichen Sprachen keinerlei Entsprechung haben. Ganz einfach, weil letztere in diesen Bereichen nicht genügend entwickelt sind, um diese Begriffe zu integrieren.»

Gleichwohl setzt der Meister des Lotus nicht zu großen Theorien oder gelehrten Spekulationen über die künftige Gestalt der tibetischen Gesellschaft an; als guter buddhistischer Mönch begnügt er sich vielmehr damit, von nahem eine praktische Entwicklung zu verfolgen, auf die er, wie er offen zugibt, keinen direkten Einfluß ausüben kann. Sein Einfluß ist in erster Linie geistlicher oder intellektueller Natur; dank seines persönlichen Ansehens kann er seine Meinung kundtun, aber letztlich lebt jeder sein eigenes Leben, und es steht den Tibetern insgesamt zu, sich ihre neue Welt zu erbauen.

Eines allerdings ist gewiß; es wird nicht möglich sein, den Wandel zu ignorieren, der stattgefunden hat, man wird den neuen Gegebenheiten Rechnung tragen, sich den veränderten gesellschaftlichen Regeln unterziehen und sich mit einer, selbst partiellen, Säkularisierung des Lebensstils abfinden müssen. Im übrigen waren bereits vor vielen Jahren, bereits vor der chinesischen Invasion auf dem Dach der Welt, zumindest in den Städten, untergründig Erneuerungsströmungen im Gang. Die Tragödie Tibets ist es, daß die oftmals in interne Streitigkeiten und in Rivalitäten zwischen Clans oder Einzelpersonen verwickelten Verantwortlichen diesen Strömungen nicht rechtzeitig die nötige Aufmerksamkeit schenkten, wie hypnotisiert von der Unwandelbarkeit der sie umgebenden Felsenwelt.

Bereits zur Zeit der nur mühselig aufrechterhaltenen Zusammenarbeit mit dem kommunistischen China zwischen 1950 und 1959 erforschte der Dalai Lama trotz seiner Jugend und seiner politischen Unerfahrenheit vorsichtig mögliche Wege zur Veränderung. Er wurde, wie alle anderen auch, vom Eroberer, von der Geschichte und der Zeit überrumpelt. Die Brutalität der aufgezwungenen Umwälzungen sollte sein Land und sein Volk teuer zu stehen kommen, was zu einem anderen Zukunftsentwurf geführt hat; es gilt, dort anzuknüpfen, wo es möglich ist, und sich darum zu bemühen, aus den gegebenen Umständen das Beste zu machen. Ein Teil der Verantwortung liegt bei der Exilgemeinschaft an der Grenze zwischen zwei Welten: zwischen einem Land, an das sie nur noch eine vage Erinnerung haben, und der modernen Gesellschaft, in der sie leben, obliegt den jungen Tibetern der jetzigen Generation die oft undankbare Rolle, Verbindungsglieder zu sein.

«Bis jetzt haben wir, seit wir eine kleine tibetische Gemeinschaft außerhalb Tibets bilden», meint der Dalai Lama, «in Anbetracht der Umstände unser kulturelles Erbe recht gut bewahrt. Zwar hat unsere junge Generation einen anderen Stil, sie kleidet sich anders und trägt einen anderen Haarschnitt, insgesamt jedoch haben sich Geist und Wahrnehmung der Dinge nicht grundlegend verändert. Sie bleibt zutiefst von unserer Kultur geprägt, die sie respektiert, und sie praktiziert den Buddhismus. Was die fernere Zukunft anbelangt, so sind Vorhersagen schwierig. Wir sind lediglich Flüchtlinge, das stimmt, aber wir sind frei, und diese Freiheit ist für die Entwicklung des Menschen, für die Sicherung der Zukunft ausschlaggebend. Zurzeit befindet sich die authentische tibetische Kultur, der wahre tibetische Buddhismus außerhalb der geographischen Grenzen Tibets.»

Eine scharfsichtige Analyse, die die widrigen Umstände des Exils wie die bereits erzielten Resultate einbezieht. Inzwischen ist nun alles eine Frage der Zeit. Die jungen, über die ganze Welt zerstreuten Tibeter leben, außer in Indien, in einer ihnen fremden kulturellen und sozialen Umgebung; zwischen ihnen, den auf dem indischen Subkontinent lebenden Flüchtlingen und den Tibetern im Schneeland vertieft sich der Graben zusehends. Sitten und Bräuche mögen variieren, die dringlichsten Fragen jedoch wirft die Bewahrung der geistlichen Lehre auf. Das Prinzip der Reinkarnation von Weisen und Groß-Lamas stellt sich inzwischen in ganz anderer Weise, obwohl bis zur Stunde die Ketten anscheinend intakt sind.

Es stimmt auch, daß das Exil die Entstehung von zahlreichen buddhistischen Zentren aller Richtungen in den westlichen Ländern bewirkt hat, wo Interesse – oder zumindest schwärmerische Begeisterung – für die tibetischen Schulen festzustellen ist. Dank ihrer bemerkenswerten Anpassungsfähigkeit kann sich die Lehre ohne größere Schwierigkeiten verschiedensten Umständen anpassen, im Umfeld von Meistern, die anderswo Wurzeln schlagen. Auch wenn sie zuweilen aufmerksame und eifrige Schüler finden und versuchen, in direkter Nachfolge der jahrhundertealten Tradition Fackeln des Lichts zu bleiben, so sind sie doch oft jenen unzähligen Fallstricken ausgeliefert, die die fremden Sozialnormen in ihren hintersten Winkeln stets bereithalten, um nur ungenau definierte, als Aggressionen empfundene Gefahren abzuwehren.

So haben etwa in den letzten Jahren aufgekommene, mehr oder minder respektable Sekten, die blinde Suche in den Reihen einer oftmals hilflosen Jugend nützend, zuweilen dazu geführt, daß der tibetische Buddhismus mit derartigen zweifelhaften

Experimenten gleichgestellt wurde. Unwissenheit oder Verkennung begünstigen derartige Vermengungen, gegen die allein Unterscheidungsvermögen hilft. Außerdem führt die freiwillige oder erzwungene Rückkehr gelehrter Mönche ins weltliche Leben dazu, daß sich die Tibeter überlegen, ob sie sich den westlichen Kandidaten, die sich gemäß der tibetisch-buddhistischen Mönchstradition ausbilden wollen, vermehrt öffnen wollen. Dann allerdings lassen sich beide Seiten auf ein Abenteuer ein! Zuweilen erweist sich der Austausch als fruchtbar, und jene, die sich nicht davor scheuen, den Weg beharrlich weiterzugehen, genießen im allgemeinen die Wertschätzung ihrer Meister und ihrer Glaubensbrüder und -schwestern.

«Der Kern der buddhistischen Lehren ändert sich nicht», erklärt der Dalai Lama. «Wo immer ihnen nachgelebt wird, sind sie anwendbar. Gleichwohl harmonieren gewisse äußere Aspekte, etwa gewisse Rituale oder Zeremonien, nicht notwendigerweise mit einer neuen Umgebung. Solche Dinge werden sich ändern. Welche Form sie an diesem oder jenem Ort annehmen werden, das läßt sich nicht vorhersagen, denn das hängt von den jeweiligen Umständen ab. Als der Buddhismus erstmals in Tibet Wurzeln schlug, da besaß niemand die Autorität zu sagen: ‹Nun ist der Buddhismus in ein neues Land gekommen, und er muß so oder so praktiziert werden.› Es wurde kein derartiger Entscheid gefällt, und im Verlauf der Zeit hat sich dann nach und nach eine einzigartige Tradition herausgebildet. Vielleicht wird das eines Tages auch im Westen geschehen, vielleicht wird es eines Tages einen mit westlicher Kultur durchsetzten Buddhismus geben. Jedes Land hat sein eigenes kulturelles Erbe, und während der Kern unverändert bleibt, ist die Praxis von Ort zu Ort verschieden.»

Im Zusammenhang mit der Zukunft Tibets läßt sich das Verhältnis zwischen Buddhismus und Marxismus nicht ausblenden. Während Annäherungen, was die geistige Vision des Universums des einen und die theoretische Doktrin des anderen betrifft, durchaus vorstellbar sind, stößt sich ein mögliches Einvernehmen unweigerlich am grundlegenden Gegensatz der von Religion und Ideologie bereitgestellten Mittel. Die eine macht

Toleranz und Güte zu Eckpfeilern ihrer Weltauffassung, während die andere bei der Verwirklichung ihrer eigenen Ziele keineswegs zimperlich vorgeht.

«Darüber habe ich sehr lange und sehr ernsthaft nachgedacht», bemerkt der Dalai Lama, «denn dieses Thema betrifft Millionen von Menschen von Thailand bis Sibirien. Bei den Buddhisten ist der althergebrachte Glaube noch heute sehr stark, zutiefst verwurzelt, wie ich etwa anläßlich meiner Reisen in die Mongolei feststellen konnte. Jahrzehnte kommunistischer Herrschaft genügten nicht, das religiöse Empfinden auszumerzen, die Buddhisten sind nicht leicht davon zu überzeugen, daß sie davon ablassen sollen. Zwar ist die offizielle Haltung der Führung auch weiterhin offen feindselig, was aber lediglich dazu führt, daß Tausende von Menschen leiden müssen.

Grundsätzlich haben, glaube ich, der Buddhismus im allgemeinen, der Mahayana-Buddhismus im besonderen und der ursprüngliche Marxismus gewisse Gemeinsamkeiten. Im Marxismus steht der Arme, der Entrechtete, der in der Gesellschaft Unterprivilegierte an erster Stelle. Das ist auch ganz richtig, denn es ist gut, insbesondere im wirtschaftlichen Bereich wahre Gleichheit verwirklichen zu suchen. Gemäß dem Marxismus hängt alles vom eigenen Tun des Individuums ab. Gemäß dem Buddhismus auch, sind wir doch der Überzeugung, daß es keinen Schöpfer gibt und die wichtigsten Dinge deshalb von uns selbst abhängen – der Mensch ist irgendwie sein eigener Schöpfer. So ließen sich Anknüpfungspunkte finden, über die eine Diskussion möglich wäre. Das setzt aber auf beiden Seiten echte geistige Öffnung und einen realistischeren Ansatz voraus ...

Nicht zu vergessen ist freilich, daß der Marxismus – die Geschichte bezeugt es hundertfach – keine totale Antwort für die menschliche Gesellschaft darstellt, ist er doch eine Theorie, die allein auf dem Materialismus, auf der Materie gründet und das Bewußtsein völlig vernachlässigt. Für einen Buddhisten aber kann es keine Materie ohne Bewußtsein geben. Ohne Wissen um das Bewußtsein ist es nicht möglich, die Materie vollumfänglich zu erklären, so wie es ohne angemessenes Verständnis der Materie sehr schwierig ist, das Bewußtsein vollumfänglich zu erklären. Läßt man das Bewußtsein beiseite, dann wird man es nie zur inneren Gelassenheit bringen. Im Vergleich zum Marxismus kann demnach der Buddhismus etwas Zusätzliches einbringen. Was die Wirtschaft betrifft, so kann die marxistische Theorie möglicherweise den Buddhismus ergänzen ...»

Als entschiedener Anhänger der Gewaltlosigkeit – so sehr davon überzeugt, daß allein die Hinwendung zum anderen die Lösung der wahren Probleme des Daseins ermöglicht, daß er selbst seine Gesprächspartner davon überzeugt – bringt der Dalai Lama seine tiefe Überzeugung zum Ausdruck, daß die generalisierte Indifferenz gegenüber der Gewalt die eigentliche Bedrohung für die Menschheit darstellt. Unzweifelhaft herrscht in weiten Teilen der Welt heute ein Klima der Gewalt; von der Wahrnehmung beinahe unbemerkt, wird Gewalt so banal und so geläufig, daß sie schließlich als unausweichlich erscheint. In Ermangelung einer ethischen Grundlage, oftmals gerade unter dem Deckmantel großzügiger Ideen oder des revolutionären Willens zum Wohle aller, wird der Mensch nur allzu oft dem Menschen zum Wolf. Das haben die Tibeter auf ihre Kosten erfahren müssen, deshalb warnen sie vor dieser Plage, die sich in einen Spiegel verwandelt, worin sich die Barbarei mit menschlichem Antlitz spiegelt. «Resignieren», sagt Tenzin Gyatso lediglich, «das bedeutet, die Gewalt zu prämieren, das Untolerierbare zu tolerieren, die Arme zu verschränken, statt zu reagieren.

Die heutige Generation lebt in einer Welt unter Druck, in der die Systeme unablässig komplizierter werden und Verwirrung herrscht. Jedermann redet und spricht von Frieden, von Gerechtigkeit und Gleichheit, die Praxis aber sieht ganz anders aus. Nicht etwa, weil die Person oder das Individuum schlecht wären, sondern wegen des allgemeinen Umfelds; die Zwänge sind zu stark und beeinflussen negativ. Vielleicht wird es der jungen Generation gelingen, ihre Verantwortung besser wahrzunehmen.»

Eingeständnis des Scheiterns? Nicht einmal – vielmehr Scharfsinn oder buddhistischer Realismus, wie der Dalai Lama lachend zu sagen pflegt, gibt es doch ein Ziel, dem man sich instinktiv zuwendet: Befreiung oder Heil, Erlösung vom negativen Denken, von den Buddhisten *moksa* genannt. Für den Meister des Lotus lautet der genaue Wortsinn dafür: «in die Freiheit entlassen, Befreiung. Normalerweise, solange man unter dem Einfluß des negativen Denkens steht, sagt man, man sei Gefangener, man befinde sich im Gefängnis. Hört das negative Denken auf oder hat man seinen Einfluß einmal überwunden, dann ist man vom Gefängnis, zumindest von diesem Gefängnis befreit. Das ist das Heil oder die Befreiung ... Aber aufgepaßt, nicht Befreiung nach chinesischer Manier, sondern innere Befreiung! ...»

Auf jeden Fall hat diese Art und Weise, Leben und Frieden zu verstehen, sich über den Sinn des Daseins zu befragen, sich den anderen zuzuwenden, eine außergewöhnliche Figur, eine herausragende Persönlichkeit geschaffen. Wer seinen persönlichen Weg verfolgt, stellt verblüfft fest, wie sehr dieser äußerst nuancierte und subtile Mönch Sympathie, Interesse, Neugier und Begeisterung auf sich zieht. Wer dann zugleich seine innere Kraft wahrnimmt, der begreift sogleich die tieferen Gründe der chinesischen Haltung ihm gegenüber: weder Versprechungen noch Halbwahrheiten vermögen seine Gewißheit, eine für sein Volk elementare Forderung zu verteidigen, zu beeinträchtigen. Er trägt gewissermaßen eine Dimension der Ewigkeit in sich, die müßige Argumentationen hinfällig macht, den Schein entlarvt und schöne Worte augenblicklich relativiert: es ist nicht möglich, ihn mit Worten abzuspeisen.

Diese Erfahrung hat auch die chinesische Führung gemacht. Im Gefolge dessen, was gemeinhin die Öffnung Tibets genannt wird – nach einem praktisch totalen Besuchsverbot, außer für einige bedingungslose Anhänger der chinesischen Politik –, sind auch dem Herrscher im Exil Avancen gemacht worden. Unter dem Druck der Fakten mußten die Han-Verantwortlichen, zwar widerwillig, die grundsätzliche Loyalität eines ganzen Volkes seinem unangefochtenen, wenn auch im Ausland lebenden Oberhaupt gegenüber zur Kenntnis nehmen, was sie dann bereits 1980 veranlaßte, ihre Haltung einem möglichen Besuch des Dalai Lama gegenüber festzulegen. Mit der öffentlichen Bekanntgabe haben sie aber bis November 1984 zugewartet, was dann auch als lakonische Ablehnung jeglichen Vorschlags zu ernsthaften Verhandlungen interpretiert wurde.

Für Beijing kommt keinerlei «Feilschen» in Betracht, hat doch die chinesische Führung keineswegs die Absicht, auf ihre Politik der vollendeten Tatsachen zurückzukommen. Zudem wird das tibetische geistliche Oberhaupt nachdrücklich dazu aufgefordert, an der «Einigung Chinas und an der Förderung der nationalen Einheit mitzuarbeiten» und zugleich auf die Idee der Unabhängigkeit Tibets völlig zu verzichten. Darüber hinaus sollte der Dalai Lama auch den Demonstrationen der Flüchtlinge ein Ende setzen, die jedes Jahr am 10. März an die blutige Niederschlagung des antichinesischen Aufstandes von 1959 erinnern. Sollte sich der Dalai Lama entscheiden, in das «Mutterland» chinesischer Version zurückzukehren, wird er «in den Genuß des gleichen politischen Status und der gleichen Lebensbedingungen wie vor 1959» gelangen, mit dem kleinen Unterschied allerdings, daß er in Beijing, auf jeden Fall nicht auf tibetischem Gebiet residieren muß. In Kompensation dazu könnte ihm im äußersten Fall das Amt des Vizepräsidenten des Ständigen Ausschusses des Nationalen Volkskongresses, des chinesischen Parlaments, übertragen werden. Wie dem Panchen Lama ... Diesen Bedingungen kommt zumindest das Verdienst der Klarheit zu; es ist jedoch schwer vorstellbar, der Meister des Lotus könnte sich ihnen beugen, selbst wenn zuweilen die Sehnsucht nach dem Hochland seinen Blick einen Augenblick lang trübt.

Ab und zu jedoch kommen da und dort Gerüchte über eine mögliche Reise nach Tibet auf. Es gibt kaum Begegnungen oder Gespräche, in denen nicht, vielleicht nur beiläufig, die Rede darauf kommt, und sei es nur als Hypothese oder weil sich gewisse Vorhersagen, Schriften oder Orakel nur auf dem Hintergrund der Präsenz des geistlichen Herrschers in seinem rot-weißen Palast, dem Potala, in Lhasa interpretieren lassen. Mit einem entwaffnenden Lächeln umgeht Tenzin Gyatso die direkte Frage, weicht diplomatisch aus oder dreht die Frage um – je nach Stimmung. Zuweilen erinnert er daran, daß die Juden zweitausend Jahre warten mußten, bevor sie in ihre Heimat zurückkehren konnten, daß es also nur genügend Geduld brauche und daß ein Buddhist wie er gewillt sei, jede Eventualität ins Auge zu fassen. Und er präzisiert:

«Nach der Entsendung meiner ersten Delegationen nach Tibet hatte ich tatsächlich Anfang 1983 den Wunsch geäußert, mich persönlich vor Ort zu begeben, vielleicht 1985, um mit eigenen Augen zu sehen, was in Tibet vor sich ging, und so die Lage direkt kennenzulernen. Ich war der Meinung, 1985 könnte angesichts der seit 1979 wahrnehmbaren Veränderungen ein geeigneter Zeitpunkt für einen Besuch sein.

Leider wurden dann 1983 von neuem zahlreiche Tibeter verhaftet, öffentliche Hinrichtungen fanden unter dem Vorwand des Kampfes gegen das Banditentum statt. Menschen verschwanden spurlos, niemand weiß, was mit ihnen geschehen ist. Wie die Chinesen sagen, zwei Schritte nach vorn, einen zurück, zuweilen auch ein Schritt nach vorn und zwei zurück ... Viele Dinge haben sich seit 1979/80 ereignet, vor allem als Hu Yaobang nach Lhasa kam, frühere Fehler öffentlich eingestand und sich auch entschuldigte. Er hatte bei dieser Gelegenheit auch versprochen, eine gemäßigtere, realistischere Politik zu verfolgen. In der Folge gingen aber die Dinge im gleichen Stil weiter, was heißen will, daß nichts wirklich gewiß und nichts definitiv erreicht ist. Später haben dann die Chinesen in der Öffentlichkeit gewisse Bedingungen im Zusammenhang mit meinem möglichen Besuch in Tibet wiederholt. So daß ich nicht die Absicht habe, mich dorthin zu begeben.

Es ist nicht meine eigene Person, die mich beschäftigt, sondern die ständige Sorge darum, was für mein Volk von Nutzen sein mag. Ich bin ein einfacher buddhistischer Mönch, ich kann mich überall durchschlagen. Das wichtigste ist meine eigene innere Freiheit, aber das ist eine andere Frage. Ich bin vom Schicksal von sechs Millionen Tibetern direkt betroffen. Die Chinesen wollen das übersehen und tun so, als würden sie sich um den Dalai Lama kümmern. Das ist weder richtig noch korrekt.

Bei diesen ersten Kontakten schienen sie auch zu glauben, in Tibet selbst würden die Menschen dank politischer Indoktrinierung und anderer Mittel dem Dalai Lama schließlich die Treue aufkündigen. Unter diesen Umständen schien es richtig, ihn kommen zu lassen, dachten sie doch, niemand käme, ihm zu huldigen, er genieße keine Achtung mehr und es sei folglich leichter, ihn zu manipulieren. Während des Aufenthalts unserer Delegationen jedoch sind die Menschen von überall her gekommen, um ihre Loyalität, ihr Vertrauen in mich auszudrücken. Das kam für die Chinesen selbst gänzlich überraschend.

In Wahrheit habe ich das Gefühl, daß die chinesische Führung selbst es innerlich nicht gerne sähe, wenn ich nach Tibet zurückkehrte. Ich auf jeden Fall will nicht dorthin zurückkehren, bevor ich nicht die letzte Gewißheit habe, daß es den Tibetern etwas bringt. Im übrigen habe ich seither auch sehr viele Botschaften erhalten, worin der Wunsch geäußert wird, ich solle so bald als möglich zurückkommen, worin ich aber zugleich gewarnt und gebeten werde, unter den gegenwärtigen Umständen nicht zurückzukehren. Selbst Chinesen, denen ich auf meinen Reisen begegnet bin, haben mir das gleiche gesagt und mir bestätigt, sie selbst würden ihrer Regierung nur bedingt trauen und äußerste Vorsicht sei am Platz.

Das Verhalten der Chinesen ist manchmal recht seltsam; kaum hatte ich den Wunsch geäußert, ihre Einladung anzunehmen, haben sie einen Propagandafeldzug gegen mich in Gang gesetzt und ihre Bedingungen wieder auf den Tisch gelegt. Einerseits erklären sie, sie wollten einen offenen Dialog, andererseits ändern sie die Taktik, sobald die Antwort kommt, und greifen auf derartige Tricks zurück. Das läßt an ihrer Aufrichtigkeit Zweifel aufkommen, was auch erklärt, weshalb wir jegliches Besuchsvorhaben suspendiert haben.

Offenkundig diente ihre Einladung nur Propagandazwecken, sie haben überhaupt kein Interesse an einem echten Dialog. Zudem gaben gewisse Anzeichen Anlaß zur Vermutung, daß sie meinen möglichen Besuch als Mittel zur Legitimierung ihrer Ansprüche auf Tibet nutzen wollten. So wurden die ins Auge gefaßten Pläne nicht weiter verfolgt, gerade auch, weil gewisse Briefe aus dem Land selbst, insbesondere aus Kreisen des Widerstands, mich inständig baten, nicht so weit zu gehen und mich nicht selbst in die Hände der Chinesen zu begeben. Eine Frage der Sicherheit und des Vertrauens... Das hat dazu geführt, daß ich, ohne daß von seiten der chinesischen Führung ein eigentlicher Sinneswandel stattgefunden hätte, stark bezweifle, ob die Diskussionen in diesem Punkt wieder in Gang gebracht und in naher Zukunft auch zu Ende geführt werden können. Längerfristig kann jedoch allein eine für alle annehmbare Lösung der tibetischen Frage einen wahren und lebensfähigen Frieden in Asien sichern.

Vielleicht lieben mich die Tibeter gerade deshalb so sehr, weil ich fern von ihnen bin. Letztlich haben mich die Chinesen mit ihrer intransigenten und starren Haltung zum beliebtesten Dalai Lama gemacht...»

Selbst die antichinesischen Demonstrationen im Oktober 1987 und im März 1988 in Lhasa vermochten die Haltung des Dalai Lama nicht zu ändern; nach wie vor bleibt er seinen Prinzipien der Gewaltlosigkeit treu. Offen bedauert er die daraufhin einsetzende Unterdrückung, während er gleichzeitig seine Bewunderung für jene wiederholt, die nicht davor zurückgeschreckt sind, ihr Leben zu opfern, um das Gewissen der Welt aufzurütteln. Wie nie zuvor haben die Proteste im Oktober 1987 ihr Echo in der Weltpresse gefunden, obwohl die chinesische Führung einige sporadische Unruhen sorgfältig vertuscht hat. Die von Deng Xiaoping und seinen Getreuen verfolgte Politik der Öffnung hat sich für sie als zweischneidig erwiesen; die größte Mühe bereitet den Chinesen dabei das Eingeständnis, daß die Tibeter, indem sie laut und deutlich ihren Willen zur Freiheit zum Ausdruck brachten, China eine empfindliche Niederlage beigebracht haben. Für die Han könnte es keine schlimmere Beleidigung geben.

Zufälligerweise, einige sagen, so zufällig sei es dann doch nicht gewesen, befand sich der Dalai Lama zum Zeitpunkt, als sich die Anzeichen für die Demonstration am 1. Oktober in Lhasa mehrten, in den USA. Auf private Einladung war er gekommen, einen Stupa an der Universität von Indiana zu weihen, und war auch Gast der Subkommission des amerikanischen Senats für Menschenrechte gewesen. Der Ausbruch aufgestauten Zorns auf dem Dach der Welt hat ihn weder überrascht noch dazu bewogen, sein bereits Wochen zuvor festgelegtes Programm abzuändern. So haben wir uns denn, wie abgemacht, in Manali, einer kleinen, an den Hängen des Himalaja klebenden Ortschaft im Kulu-Tal getroffen, wo er von rund dreitausend buddhistischen Gläubigen aus der Gegend erwartet wurde, die gekommen waren, seinen Kommentar zu einem der berühmtesten Texte des großen Weisen Shantideva zu vernehmen.

Unter einem launischen Himmel, in einem rustikalen Bungalow, wo sich einst Jawarhalal Nehru gerne erholte, inmitten einer Waldlichtung, wo die tibetische Flagge kühn im Winde flattert, ist der Dalai Lama zuvorkommend wie eh und je. Aber seine Ausführungen sind deutlicher politisch, wenn auch von heiterem Scharfsinn geprägt. Selbst die Brutalität der chinesischen Reaktion auf unbewaffnete Mönche und Zivilisten erstaunt ihn nicht.

«Es ist die chinesische Art. Mir kommt es manchmal vor, als hätten sie ein schlechtes Gewissen. Sie haben sich eine Vorstellung von Tibet gemacht, und nachdem sie so oft wiederholt haben, daß sie als Befreier gekommen sind, sind sie schließlich auf ihre eigene Propaganda hereingefallen. Wenn sich dann Zwischenfälle ereignen, verlieren sie die Fassung und weigern sich, die wirklichen Ursachen anzuerkennen.

Denn trotz einiger offizieller, oberflächlich gesehen positiver Veränderungen der letzten Jahre bleibt die Lage weiterhin ernst und die Ressentiments sitzen tief. Diese Proteste sind lediglich das Symptom für eine Krankheit, die seit mehr als dreißig Jahren, seit 1950 dauert, als es zur Tragödie der Invasion kam. Es ist also verständlich, daß zu gewissen Zeiten der Volkszorn ausbricht. Die Reaktion war brutal, aber diesmal vor den Augen der Weltöffentlichkeit.

Das ist wichtig; ich bewundere den Mut der Tibeter, die auf die Straße gegangen sind, um ihre wahren Gefühle auszudrükken, aber die Weltöffentlichkeit muß es auch wissen. Die Öffentlichkeit muß sich bewußt werden, daß Tibet unter einem Regime kolonialer Besatzung lebt und daß es die Tibeter überdrüssig sind, Opfer des Kolonialismus zu sein. Wäre die Lage so, wie sie von den Chinesen beschrieben wird, nämlich daß die Mehrheit der Tibeter überaus glücklich ist, weshalb schenken sie mir dann weiterhin ihr Vertrauen, auch wenn ich das Gegenteil sage? Die meisten Chinesen denken, Tibet sei arm, rückständig, dunkel und grausam, barbarisch gewesen. Wenn sie wirklich soviel für Tibet getan haben, wie sie vorgeben, wie läßt sich dann die Reaktion der Tibeter ihnen gegenüber erklären, und weshalb fordern diese auch weiterhin so beharrlich ihre Unabhängigkeit?

Wenn die Sinisierung nicht gestoppt wird, wenn die Umsiedelung von Völkern nach den tibetischen Hochländern nicht aufhört, dann werden die Tibeter in ihrer Heimat bald eine Minderheit sein. Eine große Gefahr, deren wir uns bewußt sind. Es ist gewissermaßen die Endlösung der tibetischen Frage nach chinesischer Manier. Wenn die Öffentlichkeit nicht darüber wacht, dann wird es das Ende sein, die Vernichtung des tibetischen Volkes und seiner Kultur.»

In seinem ständigen Bemühen, jenen positiven Strohhalm zu finden, der den negativen Balken in Bewegung brächte, hat der Dalai Lama einen Fünf-Punkte-Plan entwickelt, um so neue Gesprächsmöglichkeiten in Gang zu bringen. «Diese fünf Punkte sind nicht neu», präzisiert er. «Ich habe sie bereits zu wiederholten Malen angesprochen, aber so zusammengefaßt, können sie möglicherweise Anstoß zur Diskussion sein. Es geht darum, ganz Tibet in eine Friedenszone zu verwandeln; die chinesische Politik der Völkerumsiedelung ist aufzugeben, denn sie stellt eine Bedrohung der Existenz des tibetischen Volkes dar; die Grundrechte und die demokratischen Freiheiten der Tibeter sind zu respektieren; die Umwelt in Tibet ist wiederherzustellen und zu schützen, indem die Herstellung von Atomwaffen und die Lagerung radioaktiver Abfälle auf tibetischem Territorium durch China aufgegeben wird; es sind Verhandlungen über den künftigen Status Tibets zu beginnen und zwischen dem tibetischen und dem chinesischen Volk sind Beziehungen aufzunehmen.»

Im nachhinein wird klar, die Oktoberunruhen, die Lhasa einen Moment lang ins Rampenlicht brachten, haben die chinesische Führung überrascht. Sie brachen zudem zu einem äußerst ungelegenen Zeitpunkt aus, nämlich kurz vor dem Dreizehnten Kommunistischen Parteikongreß mit all seinen internen Auseinandersetzungen zwischen Reformern und Konservativen. Sie waren um so peinlicher, als Hunderte von ausländischen Touristen vor Ort waren, was eine Vertuschung der Ereignisse verunmöglichte. Gewissermaßen eine Kränkung, und jedermann weiß, wie ungern der Osten das Gesicht verliert.

Die Führung in Beijing behauptet, sie habe den Tibetern Fortschritt und Wohlstand gebracht, indem sie Straßen, Spitäler und Schulen baute, Elektrizität und die Segnungen der modernen Gesellschaft einführte. Die klassische Argumentation der Kolonisatoren. Außerdem wäre noch zu fragen, wem diese Veränderungen dienen und ob Tibet nicht selbst in der Lage gewesen wäre, auf seine Weise und in seinem Rhythmus die Anpassung an die aus dem Zweiten Weltkrieg hervorgegangene Welt anzupacken. Nach ihrem unbedingten Festhalten an ihrer Andersheit zu urteilen, scheinen die Tibeter eine andere Meinung zu haben, und wenn sie auch weiterhin die Freiheit fordern, dann bedeutet das, daß es Beijing nicht gelungen ist, sie zu überzeugen. Ist bekannt, daß Beijing erst im Juli 1987 endlich Tibetisch als offizielle Sprache der sogenannt Autonomen Region anerkannt hat? Anders gesagt, bis zu jenem Zeitpunkt waren Verantwortliche und Kaderleute – selbstverständlich alles Han –, die vor Ort die Zügel der Macht in den Händen hielten, nicht einmal gehalten, die Sprache der Verwalteten zu kennen; diese Einzelheit sagt sehr viel über die Beziehung zwischen den beiden Gesellschaften aus, die nebeneinander lebten, ohne sich faktisch verstehen zu können ...

«Auch die Chinesen haben das Recht auf Glück und Wohlstand», bestätigt der Dalai Lama. «Aber nicht auf Kosten der Tibeter.» Ungeachtet der jüngsten Ereignisse bestätigt das geistliche und weltliche Oberhaupt des Schneelandes unablässig, daß für ihn die Zukunft völlig offen ist und alle Optionen möglich bleiben. Er ist sich jedoch der Gefahren durchaus bewußt und ruft die Weltöffentlichkeit auf, damit nicht einmal mehr der Mantel des Vergessens über Tibet falle.

«Lassen wir etwas Zeit verstreichen, meine Vorschläge streben langfristige Ziele an. Ich glaube, daß die Chinesen für den Augenblick von den Tibetern genug und übergenug haben. Es ist besser, sie ruhig ihre Fassung wiedergewinnen zu lassen. Es gilt an die Zukunft und in größeren Zeiträumen zu denken. Jeder muß seinen Beitrag leisten, um ein Klima gegenseitigen Verständnisses zu schaffen, was dann allmählich zu einer Vertrauensbasis führen könnte. Solange Waffen und Soldaten die Tibeter bedrohen, ist gar nichts möglich.

Das Problem ist, daß die Chinesen es jedesmal als antichinesischen Angriff auffassen, wenn wir uns ihnen nähern und unsere Ansichten und Klagen unterbreiten, und sofort in die Defensive gehen. So kann der tibetische Standpunkt den Chinesen nie in den Kopf gehen. Aus diesem Grund sage ich es vor aller Welt, damit der Rest der Welt es vernimmt und weiß, daß es so ist.»

Die neuerlichen Auseinandersetzungen im März 1988 vor dem Jokhang, am ersten Tag der Ritualzeremonien des Großen Gebets für das Glück aller Wesen, nach zwanzigjährigem totalem Verbot zum dritten Mal hintereinander erlaubt, fügen sich in die Logik der Ereignisse ein. Zumindest sollten sie, so der Dalai Lama, «bewirken, daß die chinesische Führung über den Ernst der Lage nachdenkt und eine für das tibetische wie für das chinesische Volk positive Lösung ins Auge faßt».

Seine Botschaft anläßlich des 29. Jahrestages des in einem Blutbad ertränkten Volksaufstandes, der seinen Aufbruch bewirkt und Tausende von Tibetern ins Exil geführt hatte, ist eindeutig. «Im Verlauf der letzten Monate hat unser Land die härteste Unterdrückung seit der Epoche der Kulturrevolution erlitten. Der Kampf unseres Volkes unterscheidet sich von zahlreichen anderen Bewegungen durch seine Gewaltlosigkeit. Das mag der Grund sein, weshalb es uns schwerer gefallen ist, die Welt von der Tiefe unserer Verzweiflung und dem Ausmaß unserer Entschlossenheit zu überzeugen. Das mag auch der Grund sein, weshalb die Regierungen die Rechtmäßigkeit unserer Sache ignoriert haben.

Sich der Gewalt anheimstellen zu müssen, um die Aufmerksamkeit der internationalen Gemeinschaft auf sich zu ziehen, welch trauriger Indikator für den gegenwärtigen Zustand der Welt! Die ganze Welt ist von Terrorismus und anderen gewalttätigen Demonstrationen betroffen, wäre es da nicht im Interesse aller, die gewaltlose Verteidigung gerechter Anliegen zu unterstützen?»

Auch anläßlich unserer Begegnung in London Mitte April 1988 unterstrich der Dalai Lama die Gewaltlosigkeit. Das Foreign Office hatte ihm drastische Zurückhaltung in politischen Dingen auferlegt und ihn aufgefordert, seine Ausführungen auf strikt religiöse oder geistliche Kommentare zu beschränken. Das sollte sich negativ auswirken, denn die Presse, über diese Einschränkungen empört, hat diese ängstliche Haltung hart kritisiert und nicht gezögert, dem Besuch in Großbritannien große Beachtung zu schenken.

Es war zweifellos nicht bloß ein zufälliges Zusammentreffen, daß am Tage der Ankunft des Dalai Lama in der britischen Hauptstadt der Panchen Lama in Beijing mit großem publizistischem Aufwand bekanntgab, der geistliche und weltliche Führer im Exil sei in China willkommen und könne sich, falls erwünscht, sogar in Lhasa niederlassen, freilich unter der Bedingung, daß er auf die Idee der Unabhängigkeit verzichte und einwillige, in etwa ein chinesischer «Bürger» wie jeder andere zu sein. Ein geschickter Propagandacoup, der aber nicht zu Illusionen zu verleiten vermochte; der Panchen Lama, obwohl noch immer einer der neunzehn Vizepräsidenten des Volkskongresses, stand noch immer unter Hausarrest in Beijing und bekam nur selten die Erlaubnis, sich nach Tibet zu begeben. Einige Tage später kam der chinesische Ministerpräsident in Person auf dieses offiziöse Angebot zurück und beeilte sich, die Sache herunterzuspielen ...

Alle diese Ereignisse vermögen den Gleichmut des Herrschers des Schneelandes nicht zu beeinträchtigen. Besorgt über die latenten Spannungen, die wie ein Schwelbrand motten, betont er einmal mehr, er sei zutiefst davon überzeugt, daß der Weg der Gewaltlosigkeit, wie ihn Mahatma Gandhi bei seinem Kampf gegen die britische Kolonialmacht in Indien beschritten hatte, der einzig mögliche sei.

«Solange es die Unabhängigkeitsbewegung gab, war Gandhi deren Galionsfigur. Nachdem das Ziel einmal erreicht war, hat er eine Mitarbeit in der Regierung abgelehnt. Ich denke, das ist die richtige Vorgehensweise, zumindest jene, die mir zusagt. Es ist das, was ich auch persönlich gerne tun würde. In all den in Indien verbrachten Jahren habe ich den Tibetern immer wieder gesagt, ich übernähme die Verantwortung für die Befreiungsbewegung.

Was nachher kommt, ist etwas ganz anderes. Nachher, mit der Freiheit, werden auch die jeder menschlichen Gemeinschaft eigentümlichen Streitigkeiten und Differenzen ausbrechen, das ist nur natürlich und durchaus normal. Unter diesen Umständen wird es aber für den Dalai Lama besser sein, sich nicht in die Alltagspolitik einzumischen. Persönlich wird mir meine Neutralität die Schlichtung der Zwistigkeiten erleichtern ...

Kürzlich ist in Tibet Gewalt aufgeflammt. Das ist etwas anderes. Aufgrund der verzweifelten Lage der Tibeter im Innern des Landes ist das leider notwendig, müssen sie doch selbst ihre Gefühle, ihre Unzufriedenheit ausdrücken – sonst findet ihre Lage in der Welt weder Beachtung noch Verständnis. Sie sind der chinesischen Herrschaft überdrüssig, und sie haben es deutlich kundgetan. Die Gewalt jedoch lag nicht auf ihrer Seite – sie haben Waffen beschlagnahmt, aber anstatt sie einzusetzen, haben sie sie zerstört. Ein richtiges Verhalten.

Ich bewundere all jene, die bei ihrem Straßenprotest ihr Leben aufs Spiel gesetzt haben. Um ihre Solidarität mit den Manifestanten in Lhasa auszudrücken, haben Tibeter in Neu-Delhi einen Hungerstreik begonnen, den sie bis zur letzten Konsequenz weiterführen wollten; sie waren nötigenfalls bereit, ihr Leben zu opfern, in der Hoffnung, endlich Aufmerksamkeit zu erregen. Auch ihren Mut, ihre Entschlossenheit und ihren Willen habe ich bewundert. Aber zugleich bin ich Mönch, und trotz allem liegt mir die Bewahrung ihres Lebens am Herzen. Zwar bin ich grundsätzlich mit ihnen einverstanden, aber es lohnt sich nicht, zu weit zu gehen, wenn das Opfer unnötig ist. Ich konnte nicht schweigend zusehen, wie sie starben, deshalb habe ich sie dringend gebeten, ihren Hungerstreik abzubrechen …

Auch hier, das Wesentliche. Einige sind anderer Meinung und denken, allein mit Gewalt könne man sich Gehör verschaffen. Ich kann dem eine gewisse Logik nicht absprechen, aber es ist nicht meine Logik. Sollte der aktive Militantismus zunehmen, sollte sich die Lage verhärten und mir entgleiten, gelänge es mir nicht mehr, sie zu kontrollieren, und gewänne die Gewalt die Oberhand, dann könnte ich nur noch mein Versprechen, die Verantwortung für die Befreiungsbewegung zu übernehmen, rückgängig machen. Für mich kann Gewalt unmöglich der Weg sein; die Chinesen hätten dann leichtes Spiel und könnten Tibet und die Tibeter brutal unterdrücken und sie, im wahrsten Sinne des Wortes, unerbittlich vernichten.

Und die Avancen der Chinesen? Zuweilen scheinen sie sich gemäßigter, offener und toleranter zu geben, während sie gleichzeitig brutaler und unnachgiebiger sind. Es ist noch zu früh, um sich definitiv festzulegen, aber wie Sie wissen, ist die Lage vor Ort auch weiterhin angespannt …»

Wie unter diesen Umständen aus der Sackgasse herausfinden, den gordischen Knoten zerschneiden, ohne im Grundsatz nachzugeben?

«Über den mittleren Weg, selbstverständlich», antwortet der Dalai Lama lächelnd. «Wie Sie wissen, bin ich ein Madhyamika-Anhänger, folglich suche ich jederzeit, in allen Dingen, nach dem mittleren Weg; er entspricht mir am besten. Mein Denken und mein Gefühl treffen sich, aber es gilt noch gewisse Einzelheiten zu präzisieren.

Ich arbeite zurzeit an meinem Fünf-Punkte-Plan, es geht darum, die Vorschläge zu präzisieren und auszufeilen; ich glaube, er ist eine valable Grundlage für mögliche Verhandlungen. Tibet hat das Recht, seine Unabhängigkeit zu fordern. Gleichzeitig wollen die Chinesen nicht auf ihre Gebietsansprüche verzichten, und sie tun alles in ihrer Macht Stehende, um die Unabhängigkeitsforderungen zu unterdrücken und zu unterjochen. Unter diesen Umständen befinde ich mich in der Rolle des freien Sprechers der Tibeter. Deshalb bin ich zutiefst davon überzeugt, daß es sich lohnt, diesen Weg zu erforschen, den mittleren Weg, den Weg zwischen zwei Positionen.»

Taucht dann die Frage auf, ob die Chinesen auch fähig seien, diesen Ansatz zu verstehen, dann lächelt der Dalai Lama: «Ich denke schon. Aber es braucht Zeit. Ob die Chinesen es akzeptieren oder nicht, es ist die Karte, die ich jetzt auszuspielen habe. Es lohnt den Versuch, und es tut niemandem weh. Die Brücken sind nicht abgebrochen, und über meinen Bruder, der gegen Ende des letzten Jahres in Beijing weilte, hat mich die chinesische Führung wissen lassen, daß sie nun direkte Kontakte mit mir wünscht. Tatsache ist, daß sie durch die Ereignisse in Verlegenheit geraten und sich wahrscheinlich selbst nicht einig ist. Aber was wollen Sie, so ist es nun einmal...»

Diesen Ansatz hartnäckig weiterverfolgend, trägt der tibetische Hierarch gleichwohl seinen Gegnern Rechnung. Der möglichen Implikationen einer solchen Geste völlig bewußt, spielt er dann den Ball Mitte Juni 1988 zurück und nimmt dabei die Öffentlichkeit zum Zeugen. Vor dem Europaparlament in Straßburg macht er konkrete und präzise Vorschläge; dabei geht er so weit, daß er Beijing sogar die Möglichkeit zur momentanen Kontrolle über Außenpolitik und Verteidigung anbietet im Austausch gegen wirkliche Autonomie des Schneelandes im zivilen und administrativen Bereich, insbesondere was Religion, Erziehung, Handel, Kultur, Tourismus, Wissenschaft und Sport betrifft. Gewissermaßen ein Assoziationsvertrag wie mit Hongkong oder Taiwan. Dabei unterläßt er es nicht, zu betonen, daß der Entscheid in letzter Instanz bei den Tibetern liegt.

Im Erde-Drachen-Jahr, das gemäß dem Gregorianischen Kalender am 18. Februar 1988 begonnen hat und das gemäß der tibetischen Tradition ein bewegtes Jahr sein wird, vermittelt der Dalai Lama den Eindruck, er habe die Konsequenzen aus den Ereignissen der letzten Monate gezogen. «Meiner Meinung nach wünscht die Mehrzahl der Tibeter eine Trennung von den Chinesen, davon kann aber auf chinesischer Seite keine Rede sein. Und niemand wird Tibet helfen», erklärt er mir noch Mitte Juni während eines Treffens in Genf. «Hält die gegenwärtige Lage an, dann bedeutet das noch mehr Leiden und Zerstörung für das tibetische Volk und seine Kultur. Folglich wäre es logisch, nach einer Lösung zu suchen, nach einer Möglichkeit, aus der Sackgasse herauszufinden. Das ist meine Grundidee. Was die Vollzugsmodalitäten betrifft, so müssen sie noch festgelegt werden.»

Der Meister des Lotus räumt ein, manche könnten dieses Vorgehen als Konzession betrachten und gewisse Tibeter könnten ihm seine Mäßigung zum Vorwurf machen. Seiner Meinung nach handelt es sich eher um ein «Arrangement, die Suche nach einem Kompromiß, den Versuch, einem Gesprächspartner, der nur ungern sein Gesicht verliert, einen Ausweg zu ermöglichen. Unglücklicherweise mißt die chinesische Führung diesem Aspekt allzu oft zuviel Gewicht bei, vergißt dabei das Wesentliche und reagiert negativ, weil sie in Verlegenheit ist. Einer der Schlüsselfaktoren der tibetischen Tragödie ist», so betont er, «die Unkenntnis. Die Chinesen wissen nichts über das Land Tibet, seine Geschichte, seine Traditionen und seine Besonderheiten. Nie, seit der Schaffung unserer Nation im Jahr 127 vor der christlichen Zeitrechnung, haben die Tibeter ihre Souveränität an eine fremde Macht abgegeben. Die Zeit nach dem, was die Chinesen als die ‹Befreiung› von 1949 bezeichnen, ist die dunkelste Periode unserer Geschichte. Es wäre allerdings an der Zeit, daß auch die Führung in Beijing realisiert, daß die Kolonialherrschaft über besetzte Gebiete heute eine anachronistische Regierungsform ist.»

In gewisser Weise scheint der Dalai Lama einen Schritt zurückzugehen, um dann beim Sprung mehr Anlauf nehmen zu können, wenn er in Übereinstimmung mit seiner Auffassung als buddhistischer Mönch den «mittleren Weg» wählt und zugleich den Zwängen der politischen Realität Rechnung trägt. Dazu meint er: «Ganz Tibet – wir nennen es Cholka-Sum –, also Ü-Tsang, Kham und Amdo, muß eine demokratische Größe mit eigener Regierung werden, mit China assoziiert. Das Regierungssystem müßte wie folgt geregelt werden: ein vom Volk gewählter Regierungschef, eine Legislative mit zwei Kammern, und ein unabhängiges Rechtswesen. Sitz der Regierung muß Lhasa sein.» Damit wird gleichzeitig daran erinnert, daß die aufgrund der chinesischen Interessen definierte gegenwärtige Autonome Region nur einen Teil des historischen Territoriums Tibet umfaßt, sind doch mehrere Gebiete in die benachbarte chinesischen Provinzen zwangseingegliedert worden.

Was die Grundsätze anbelangt, so bleibt der tibetische Würdenträger unnachgiebig. Zwar hat er Beijing gegenüber eine spektakuläre Geste gemacht, aber er beharrt auf seiner Forderung nach Entmilitarisierung und Entnuklearisierung des Hochlandes, um dort eine Friedenszone zu schaffen, eine Art Pufferstaat, der fähig wäre, die aufeinanderprallenden Interessen im Herzen Asiens aufzufangen. Gleichzeitig sieht er in diesem möglichen Hort des Friedens das größte Naturreservat des Planeten, ist doch für ihn die Sorge um die Umwelt nicht vom Schicksal der Menschen zu trennen. Und er präzisiert: «Es gilt ein Verbot für Herstellung und Lagerung von Atomwaffen und anderem Kriegsgerät wie auch für Atomwaffenversuche zu erlassen; auch der Einsatz von Kernenergie und anderen Technologien, die risikobergende Abfälle produzieren, ist zu verbieten. Es gilt, eine regionale Friedenskonferenz einzuberufen, um zu garantieren, daß Tibet durch die Entmilitarisierung zu einem wahren Hort des Friedens wird. Bis zur Einberufung einer derartigen Versammlung und bevor die entmilitarisierte und neutrale Zone geschaffen ist, könnte China das Recht eingeräumt werden, eine begrenzte Anzahl militärischer Einrichtungen rein defensiver Natur in Tibet zu unterhalten.»

Der Dalai Lama weiß sehr wohl, daß diese neuen Vorschläge zuerst überdacht werden müssen und daß vor der Aufnahme eventueller Gespräche die Reaktion Beijings erst einmal negativ ausfallen könnte. «Das liegt in der Ordnung der Dinge», stellt er philosophisch fest. «Trotzdem hoffe ich, daß die Chinesen diese Vorschläge schließlich sorgfältig prüfen und in Betracht ziehen werden. Ich für meinen Teil bin der Meinung, daß sich ein Versuch lohnt, wie auch immer die Antwort ausfallen mag.» Tatsächlich hat er einmal mehr recht behalten, denn nach einer ersten, bereits nach einer Woche erfolgten brutalen und abweisenden Reaktion sind die Aussagen aus Beijing nuancierter geworden und haben die Tür für weitere Entwicklungen offengelassen.

Aber wenn der Dalai Lama von Assoziation spricht, hat er dann effektiv auf die völlige Unabhängigkeit Tibets verzichtet? «Verzichten ist nicht das Wort», präzisiert er. «Für uns, für mich ist Tibet seit jeher etwas anderes als China. Das ist unsere tiefste Überzeugung, und ich zweifle, daß sich daran etwas ändern wird. In der Zukunft können, wie in jeder Gesellschaft oder in jedem menschlichen Unterfangen, je nach den Umständen Veränderungen eintreten, ohne daß dadurch die Andersheit Tibets verändert würde. Unter gewissen Voraussetzungen können sich zwei verschiedene und getrennte Gemeinschaften provisorisch zusammentun, während sich andere aus anderen Gründen trennen können. Das liegt in der menschlichen Natur oder der Geschichte der Menschheit.»

Für Tibet war das Ende des Erde-Drachen-Jahres hart. Am 10. Dezember 1988, während man in Paris den vierzigsten Jahrestag der Allgemeinen Erklärung der Menschenrechte feierte, schoß in Lhasa die chinesische Polizei auf unbewaffnete Demonstranten, die die Achtung eben dieser Rechte auf dem Dach der Welt forderten. Mit dem Näherrücken des dreißigsten Jahrestages des antichinesischen Aufstandes in Lhasa stiegen die Spannungen, und bereits im Januar häuften sich aus Beijing Warnungen vor möglichen Protesten.

Und trotzdem. Mitte Januar, nachdem der Panchen Lama in seinem Stammland Shigatse das Grab seiner Vorgänger geweiht hatte – es war zur Zeit der Kulturrevolution zerstört und geplündert und später dann wieder rekonstruiert worden –, übte er in nie dagewesener Weise ganz offen Kritik an der Politik Beijings in Tibet. Unverblümt sagte er, daß sein Land seine sogenannte Befreiung zu teuer bezahlt habe, daß von nun an die Fehler der Vergangenheit unter allen Umständen zu vermeiden seien. Im Prinzip sollte der buddhistische Würdenträger einige Tage später in Lhasa die Feierlichkeiten zum Neuen Jahr und das traditionelle Große Gebet leiten. Aber am 28. Januar verschied der Panchen Lama plötzlich, im Alter von fünfzig Jahren von einem Herzinfarkt dahingerafft. Sogleich wurde das Monlam-Fest verboten, und das Erde-Schlange-Jahr begann am 6. Februar unter eher düsteren Vorzeichen. Nach dem Verlust dieses wichtigen, wenn auch zuweilen irritierenden Vermittlers stand die chinesische Führung mit dem Rücken zur Wand, gewissermaßen dazu gezwungen, sich einem nicht mehr zu umgehenden Gesprächspartner zuzuwenden, dem Dalai Lama.

Mit den Protesten im März 1989 sollte Beijings Bestürzung noch zunehmen. Obwohl gewarnt, wurden die Lokalbehörden offensichtlich von den einige Tage vor dem 10. März aufflammenden Unmutsbezeugungen überrascht. Und wie allzu oft sollte die Antwort in keinem Verhältnis zu den Ereignissen stehen: rund zwanzig Tote laut offiziellen Angaben, sehr viel mehr laut tibetischen Quellen, als die überforderte Polizei ohne Vorwarnung in die wütende Menge schoß. Zur Wiederherstellung der Ordnung verhängt Beijing das Kriegsrecht, eine seit Bestehen der Volksrepublik nie dagewesene Maßnahme; in den Straßen der tibetischen Hauptstadt, die – es sei nochmals in Erinnerung gerufen – rund einhunderttausend Einwohner, darunter zahlreiche chinesische Kolonisten zählt, patrouillieren 60 000 bewaffnete Soldaten. Im Zuge der Ereignisse werden die ungefähr hundert anwesenden ausländischen Touristen innert 48 Stunden ausgewiesen, so daß niemand mehr weiß, was sich im Herzen des Hochlandes tatsächlich abspielt.

Während die Tibeter im Exil manifestieren, wo sie können – in Neu-Delhi, in Paris, in Bern, in London und anderswo –, appelliert der Dalai Lama an Deng Xiaoping und die Weltöffentlichkeit zur Beendigung der Gewalt und zur Aufhebung des Kriegsrechts. Im Bemühen, seine ungestümen jungen Landsleute, die für den bewaffneten Widerstand eintreten, zu besänftigen, gibt er zu bedenken, dieser Entscheid käme einem Selbstmord gleich, könnte er doch der chinesischen Führung als Vorwand für eine noch härtere Unterdrückung dienen. Und er fügt bei: «Ungeachtet der jetzigen tragischen Ereignisse sind wir immer noch bereit, über eine friedliche Lösung zu diskutieren. Vor dieser Krise waren wir der Meinung, die Gespräche mit China in Genf könnten in einigen Monaten beginnen. Heute aber . . .

Dieses Jahr hat erst begonnen. Es kann sich viel ereignen, denn, wie Sie wissen, auch Autokraten sind nicht unsterblich, und alle Menschen haben den Drang nach Freiheit.» Mit dem zeitlichen Abstand erwächst diesen Aussagen des tibetischen geistlichen Oberhaupts ein seltsames Echo. Es war vor dem als historisch eingeschätzten Besuch Michail Gorbatschows in Beijing, vor dem großen Studentenprotest auf dem Tienanmen-Platz und dem nachfolgenden Drama, vor der Verleihung des Friedensnobelpreises.

Für den Meister des Lotus ist das Erde-Schlange-Jahr besonders befrachtet gewesen – an Bedeutung und an Reisen. Zahlreiche Reisen – insbesondere nach Costa Rica und nach Mexiko, wo er offiziell empfangen wurde und sich ausführlich mit den Präsidenten Oscar Arias und Carlos Salinas de Gortari unterhielt; nach Deutschland, nach Frankreich, in die Vereinigten Staaten, wo er vom Entscheid der Nobelpreisjury vernahm. Nach Dharamsala, wohin der neue Preisträger im November 1989 kurz zurückkehrte, bevor er sich nach Paris begab, wo er den Prix de la Mémoire entgegennehmen konnte, dann nach Oslo. Dazu sagte er mir:

«Für mich als buddhistischer Mönch ist diese Auszeichnung nicht sehr wichtig. Es würde meinen Ansichten widersprechen, wäre ich stolz darauf, und für einen Mönch wäre es eindeutig schlecht, sich etwas darauf einzubilden. Als Mensch aber anerkenne ich gleichzeitig den durchaus großen Stellenwert dieser Geste, denn sie anerkennt gewissermaßen, daß das, was ich zu sagen und zu tun mich bemühe, richtig ist – die Anerkennung meines gewaltlosen Kampfes. In Wahrheit ist der Nobelpreis wichtiger für Tibet und die Tibeter als für mich selbst. Als ich die Nachricht vernahm, galt mein erster Gedanke Buddha und meinen Meistern, denen ich verdanke, daß ich heute das bin, was ich bin; aber auch all jenen, die seit Jahren die tibetische Sache unterstützen, und ich habe mich für sie gefreut ...

Mit dem Prix de la Mémoire verhält es sich ähnlich, auch er ist eine Anerkennung des von den Tibetern geführten gewaltlosen Kampfes um die Bewahrung ihrer Kultur, ihrer Zivilisation und ihrer mehr als zweitausendjährigen Geschichte, und zwar nicht nur in ihren materiellen, sondern auch in ihren spirituellen Aspekten. In dieser Hinsicht teile ich diesen Preis sehr gern mit den Vertretern des jüdischen und des armenischen Bekenntnisses. Zwischen diesen drei vom Genozid bedrohten Völkern gibt es eine Schicksals- und Leidensgemeinschaft, die uns einander näherbringt.»

Nobelpreis oder nicht – der tibetische Würdenträger bleibt sich selbst in seinem Verhalten und in seiner Hinwendung zu den anderen. Aber haben sich dadurch seine Beziehungen mit Beijing verändert?

«Bis zu den Ereignissen auf dem Tienanmen hatten wir mehr oder weniger sporadische formelle Kontakte. Aber seither, nichts. Die Reaktion der chinesischen Regierung auf die Verleihung des Nobelpreises war eher negativ, effektiv aber weiß ich nicht, was die chinesische Führung wirklich denkt, sie konnte gar nicht anders reagieren. Ihre Haltung ist Ausdruck der Verhärtung in Beijing, die sich im übrigen auch in einer neuen Repressionswelle in Tibet selbst widerspiegelt. Das will heißen, daß das Problem für Tibet unverändert bleibt, obwohl man eine mögliche Entwicklung nicht ausschließen soll. Vielleicht wäre es für Tibet besser gewesen, wenn die Jury in Oslo den Preis gemeinsam dem Dalai Lama und Den Xiaoping verliehen hätte, nicht wahr?! Das hätte uns zumindest Gelegenheit zu einer Begegnung verschafft, weshalb also nicht versuchen, einen Dialog in Gang zu bringen, das kostet weniger und zeitigt letztlich mehr Wirkung . . .»

Sanft hüllt eine goldene Dämmerung Dharamsala in ein beruhigendes Licht. Das Dorf gibt sich das Gehabe einstudierter Gleichgültigkeit; es lag in der Ordnung der Dinge, nicht wahr, daß sein berühmtester Gast schließlich von der Weltöffentlichkeit anerkannt würde. «Klein-Lhasa» in Indien vibriert aber voll Befriedigung, nicht ohne Stolz. Ein Tibeter sagte mir: «Der Friedensnobelpreis, das ist eine *puja* für ein langes Leben des Westens an den Dalai Lama.»

Zufall der Geschichte, vielmehr Ironie der Geschichte – neben König Olaf von Norwegen, der trotz heftiger Proteste Chinas an der Zeremonie in Oslo teilnahm, war Vaclav Havel Anfang Februar 1990 der erste europäische Präsident im Amt, der den Dalai Lama empfing. Ihre Begegnung war in erster

Linie die Begegnung zweier langjähriger Dissidenten, die beide, aus unterschiedlichen, aber ebenso guten Gründen den gewaltlosen Widerstand gegen Unterdrückung und Knechtung gewählt hatten – getragen von der unverbrüchlichen Gewißheit, daß eine gerechte Sache letztlich nur den Sieg davontragen kann. Trotz des Tibet auferlegten Schweigens, wo im Gegensatz zu Beijing das Kriegsrecht erst Anfang Mai 1990 aufgehoben worden ist und wo Soldaten, die an der Unterdrückung des tibetischen Protests beteiligt gewesen sind, zu Dutzenden Auszeichnungen erhalten, fühlt sich der exilierte Hierarch laut eigenen Aussagen von dem in der Welt sich abzeichnenden Wandel ermutigt.

«Heutzutage fallen Grenzen und Mauern zwischen Nationen und Völkern unvermutet rasch. Wir leben einen einmaligen Augenblick in der Weltgeschichte, einen Augenblick der Hoffnung und der Erwartung. Selbst wenn es Regierungen gibt, die noch immer den Gedanken von sich weisen, Grenzen seien keine Mauern und legitimerweise sei die ganze menschliche Gesellschaft vom Schicksal der Menschen in irgendeinem Land betroffen. Nackte Gewalt vermag weder den menschlichen Geist noch das Streben nach Freiheit zu zerstören. Es ist nur unser Recht, uns aufzulehnen, wenn unsere Brüder und Schwestern, ungeachtet von Rasse, Religion, Geschlecht und politischer Überzeugung, brutal behandelt werden – es ist auch unsere Pflicht, ihnen nach bestem Wissen und Gewissen zu helfen. Einige unter uns haben das Glück, in Freiheit zu leben. Nie dürfen wir jene, die nicht das gleiche Glück haben, vergessen.»

Was wird die Zukunft, was wird das tibetische Jahr 2117, das gemäß dem westlichen Kalender am 26. Februar 1990 begonnene Eisen-Pferd-Jahr bringen?

«Ich glaube, es ist auch eine Generationenfrage. Es scheint mir, daß die jungen Chinesen – jene, mit denen ich mich während meiner jüngsten Reisen unterhalten konnte – allmählich entdecken, daß etwas auf dem Dach der Welt nicht stimmt. Nach ihren eigenen Erfahrungen können sie nun besser verstehen, was wir erlitten haben, und sie sind sich bewußt geworden, was Regierungspropaganda auszurichten vermag. Dieser Ansatz zu einem besseren Verständnis könnte für die Zukunft nützlich sein, denn obwohl China Tibet verschluckt hat, hat es das Land nicht verdaut ...

Wir können nichts tun, solange die chinesische Regierung nicht hören will. Nichts. Nur abwarten. Es ist eine Frage der Zeit. Die heutige chinesische Führung ist zu alt, um ihre Meinung ändern zu können. Andere werden folgen, vielleicht werden sie Dialog und Wandel gegenüber offener sein. Allein die Zeit wird die Antwort bringen. Die jüngsten Ereignisse haben wahrscheinlich die Lebensdauer des chinesischen Kommunismus empfindlich verkürzt. Gleichzeitig haben sie der Weltöffentlichkeit die Augen über China geöffnet, bewirkt, daß sie wahrnimmt, was sich dort tatsächlich zuträgt. Seit mehreren Jahren versuchte Beijing auf dem internationalen Parkett sein Image aufzubessern; eine Nacht hat genügt, um alles zu zerstören, alle Bemühungen zunichte zu machen.

Wie immer sie auch gestaltet sein mögen, die Beziehungen zwischen Tibet und China müssen auf Gleichheit, gegenseitiger Achtung und gegenseitigem Vertrauen und dem gemeinsamen Wohl gründen. Sie müssen auf jenem Grundsatz basieren, den die Verantwortlichen Tibets und Chinas in ihrer großen Weisheit im Vertrag von 823 festgelegt hatten. Auf einem heute noch im Jokhang in Lhasa zu besichtigenden Pfeiler eingraviert, legt der Grundsatz folgendes fest: ‹Die Tibeter werden in ihrem großen Land Tibet glücklich leben, und die Chinesen werden in ihrem großen Land China glücklich leben.›

Wir sind zum Dialog bereit, aber wir haben es nicht eilig, denn wir wollen auch unsere Solidarität mit der Demokratiebewegung in China, mit den Studenten und mit dem Volk zum Ausdruck bringen. Mit ihnen haben wir einige Gemeinsamkeiten, denn wie sie heute fordern die Tibeter seit langem Freiheit, Demokratie und die Achtung ihrer Rechte. Insbesondere das Recht auf Selbstbestimmung; das ist nicht nur ein menschliches Grundrecht, sondern Ausgangspunkt, um in den Genuß aller übrigen Rechte zu gelangen.

Grundsätzlich bleibt unsere Position unverändert. Wir haben bereits zu wiederholten Malen gesagt, bis wohin wir gehen können. Seit mehr als zwei Jahren warten wir nun auf eine klare Antwort Beijings auf unsere Vorschläge. Falls sich nichts bewegt, falls Machtmißbrauch und Folter, aber auch Verhaftungen und Hinrichtungen in Tibet weitergehen, dann allerdings bin ich der Überzeugung, daß es mein Recht, unser Recht ist, andere Töne anzuschlagen.

Als buddhistischer Mönch gilt meine Sorge allen Unterdrückten, allen bewußten Wesen, die leiden. Gewiß, meine Religion hat mir stark geholfen, Liebe und Mitleid zu empfinden, und zwar sogar jenen gegenüber, die wir als unsere Feinde betrachten. Aber ich bin davon überzeugt, daß jeder auf seine Weise sein gutes Herz und sein universales Verantwortungsgefühl zeigen kann – sei es mit oder ohne Hilfe der Religion.»

In diesem fein dosierten Gleichgewicht zwischen Spiritualität und Politik, zwischen Transzendenz und Alltag, zwischen persönlicher Reflexion und altruistischer Aktion – welcher Platz kommt dem Mönch zu, welches Spiel spielt der Führer einer dermaßen verkannten Sache? Zumeist vermengen sich die beiden Gestalten oder sie überlagern sich zumindest. Je nach dem Licht läßt einer dem anderen den Vortritt, selbst wenn sie letztlich nicht zu trennen sind. Aber wie bringt der Dalai Lama als Person so viele unterschiedliche Aktivitäten unter einen Hut? Ein einfaches Menschenleben scheint dazu nicht zu genügen ...
«Es gibt so viele Dinge, die mich interessieren, so viele Themen, die meine Aufmerksamkeit fesseln! Das ist meine Art, die Zeit zu verbringen; außerdem ergänzen und erhellen sich alle diese Aspekte gegenseitig.

Der geistliche Aspekt hängt von der eigenen Motivation ab, während die weltliche Aktivität Tätigsein in der Welt bedeutet. Da die Motivation jede Handlung bestimmt, muß sie unbedingt richtig sein. Was immer die Aktivität ist, wenn die Motivation negativ ist, dann ist es auch die Aktivität. Umgekehrt wird bei einer positiven Motivation auch die Aktivität positiv sein.

Es gilt auch zu unterscheiden zwischen der eigenen geistlichen Praxis und der religiösen Institution an sich, mit der man möglicherweise verbunden ist. Für das Oberhaupt irgendeiner religiösen Institution liegt das Problem darin, daß es sich den Regeln und dem Verhalten dieser Institution unterziehen muß. Es ist nicht möglich, in aller Freiheit den eigenen Vorstellungen nachzuleben oder persönliche Meinungen verlauten zu lassen, die im Widerspruch zur Tradition der Institution stehen. Glücklicherweise bin ich kein religiöses Oberhaupt in diesem Sinne, ich bin viel eher der umfassende geistliche Führer, der sich nicht um Verwaltungsangelegenheiten oder die Tendenzen jeder einzelnen Schule zu kümmern hat: dafür gibt es Verantwortliche. Die wesentliche Verantwortung, die mir zufällt, liegt darin, über der Reinheit der Institutionen zu wachen und auch darüber, daß sich die großen Transmissionsketten nicht verlieren. Im übrigen muß ich mich vor allem um die eigene Praxis kümmern.»

Damit ist aber im gleichen Atemzug auch gesagt, daß der Ozean der Weisheit nicht gänzlich ein Meister wie alle anderen ist. Als Inkarnation des Herrn des Grenzenlosen Mitleids wird von ihm angenommen, er sei unermüdlich zu den Menschen zurückgekehrt, um ihnen als Leuchte zu dienen. Nun, da das Schneeland nicht mehr ist, was es einst war, da das verborgene Reich gezwungen war, seinen Glanz und seine Geheimnisse dem fremden Blick zu enthüllen, da es brutal mit dem Unglück der Welt in Berührung kam, aufgedrängt von einem unerbittlichen Eroberer, der es gewissermaßen entsakralisierte, indem er das Land aus seinem die lichterfüllten Abgründe überragenden Traum riß – was wird nun aus der Sukzessionslinie, der Transmissionskette des Kostbaren Siegreichen werden?

«Tibet», so antwortet er ohne Zögern, «ist durchaus ohne Dalai Lama vorstellbar; das Land ist lange Zeit sehr gut ohne die Institution als solche ausgekommen, hat lange Zeit ohne sie gelebt, was theoretisch durchaus möglich ist. Die menschlichen Institutionen vergehen, ob sie fortbestehen oder nicht, hängt von den Umständen ab. Absolut gesehen, ist Tibet, seine Nation, seine Kultur und sogar der Buddhismus ohne Dalai Lama durchaus denkbar.

Zum jetzigen Zeitpunkt ist der Dalai Lama selbstverständlich ein Symbol, ein Symbol Tibets. Deshalb ist er für die tibetische

Nation und Kultur, aber auch für den tibetischen Buddhismus so wichtig. Würde der Dalai Lama zum jetzigen Zeitpunkt weggehen, man würde in Übereinstimmung mit der Tradition einen anderen Dalai Lama suchen, finden und auswählen. Später, in dreißig oder vierzig Jahren? Das weiß ich nicht, alles ist im Fluß, nicht wahr? Wird die Kontinuität der Institution ins Auge gefaßt, dann stellt sich die Frage nach der Sukzession.

In diesem Zusammenhang gilt es mehrere Möglichkeiten zu prüfen, vom überlieferten Brauch einmal abgesehen. Bevor ich gehe, könnte ich beispielsweise jemanden designieren, ihm selbst den Titel des Dalai Lama verleihen. Das gibt es bereits in der Tradition gewisser Groß-Lamas, etwa beim Patriarch von Gaden, dem Tri Rinpoche, der auf der Basis der Anciennität und nach Maßgabe präziser Eigenschaften für eine Anzahl von Jahren gewählt wird. Man könnte auch an eine Art Konklave denken, ähnlich wie bei der Papstwahl, eine Art Versammlung der Groß-Lamas.

Die Frage ist, insbesondere seit 1979, oft diskutiert worden. Zu jener Zeit waren manche anscheinend der Meinung, sie sei aktuell; es war die Zeit, als die Chinesen zu verstehen geben wollten, es gebe kein tibetisches Problem, das einzige Problem sei der Dalai Lama. Sie erzählten allen, die es hören wollten, seit der Befreiung nach chinesischer Manier seien die Tibeter in Tibet sehr glücklich und das einzige Hindernis für diese Glückseligkeit sei der Dalai Lama, der nur daran dächte, seine eigene Autorität wiederherzustellen und seine früheren Privilegien zurückzugewinnen. Im Klartext hieß das ihrer Meinung nach, daß der Dalai Lama sofort nach seiner Rückkehr das frühere System wiederherstellen würde, etwas, dem sie nicht zustimmen konnten.

Mir lag daran, die Sache richtigzustellen, und so erklärte ich denn damals, dies sei keineswegs das Problem, man solle nicht vor lauter Bäumen den Wald nicht sehen. Die Frage hat nichts zu tun mit der Institution an sich, und letztlich würde ich sogar sagen, es ist nicht sosehr mein Problem, persönlich betrifft es mich nicht. Die Lage verändert sich. Wenn durch die Umstände die Notwendigkeit der historischen Institution hinfällig wird, wenn sie keine Daseinsberechtigung mehr hat, ihre Rolle in der Geschichte ausgespielt und ihre Zeit gekommen ist – wohlan, dann ist es nicht schlecht, ihr ein Ende zu setzen. Zumindest ist das meine Meinung.»

Das ist, klar und eindeutig, die persönliche Position Tenzin Gyatsos. Er räumt aber ein, diese Sichtweise werde von den Tibetern nicht notwendigerweise geteilt. «Das ist in der Tat etwas anderes», gibt er lächelnd zu. «Offiziell, in der Öffentlichkeit habe ich zu dieser Frage nicht Stellung genommen und bin nicht sicher, ob die Tibeter bereit sind, eine Diskussion zu diesem Thema zuzulassen. Vor kurzem habe ich verlauten lassen, es werde mit Sicherheit eine Zeit kommen, in der es keinen Dalai Lama mehr geben werde. Auch das verlangt geistige Vorbereitung. Tatsache ist, daß es zum jetzigen Zeitpunkt keinen Zukunftsplan gibt. Die vor einigen Jahren angenommene Verfassung sieht ausdrücklich den Fall vor, daß der Dalai Lama seine Regierungstätigkeit nicht ausüben kann. Das ist bereits ein erster Schritt. Ich bemühe mich, die Reflexion über dieses Thema in Gang zu bringen, nach Ideen zu suchen, die dann im geeigneten Moment ausgereift wären. Wenn die Zeit gekommen ist, dann werde ich auf jeden Fall mit den Betroffenen diskutieren, um die nötige Vorsorge zu treffen und meine Nachfolge so gut wie möglich vorzubereiten. Aber wissen Sie, das ist nicht wirklich eine persönliche Angelegenheit.»

Es ist keineswegs leicht, dieses äußerst delikate Thema im Gespräch mit Tibetern anzuschneiden. Vom Bescheidensten bis zum kaum Betroffenen, im Innern wie im Exil, vom Nächsten bis zum Fernsten von jenem Brennpunkt, wo sich heute, geographisch gesprochen, die Residenz des Herrschers des Schneelandes befindet, besteht eine keinen Widerspruch duldende Übereinstimmung: Der Dalai Lama ist Tibet. Der Meister des Lotus kann sich dagegen wehren und versuchen, seinen Landsleuten verständlich zu machen, daß sich darüber, über eben diesen Punkt diskutieren läßt, in diesem Fall scheinen sie ihm die Gefolgschaft zu verweigern.

Auf dieser Basis sind gewiß einige Varianten möglich, aber niemand wagt sie anzugehen. Vielleicht wagen es einige, darüber nachzudenken, sich zu fragen, was geschähe, wenn ihm etwas zustieße; sie meinen dann, die Sache Tibets würde weitergehen, man müßte sich neu organisieren und den Kampf weiterführen. Aber man fühlt, daß niemand diese Aussichten akzeptiert, ja nicht einmal ihr In-Betracht-Ziehen wird akzeptiert; alle geben zu, daß ohne diese Präsenz im Alltag, ohne den Trost dieses Lächelns und ohne den Schalk dieses Blicks alles viel schwieriger wäre – das Exil, der tägliche Kampf, das Überleben, selbst die Hoffnung und vielleicht auch die Rückkehr. Man ist beinahe gezwungen anzunehmen, genau das sei das Privileg des Hochlandes, nämlich jenen hervorgebracht zu haben, der in den Augen der Tibeter «das alle Wünsche erfüllende Juwel» ist und bleibt. Auf seine Weise hatte jener indische Journalist, Enkel von Mahatma Gandhi, nicht unrecht, wenn er vom vierzehnten Dalai Lama sagte: «Er ist die Gabe der Vorsehung an Tibet und die Gabe Tibets an die Welt.»

Gemurmel und Getuschel – von Echo zu Echo weitergegeben, hält sich verschwommen, aber hartnäckig das Gerücht, es sei zu Ende mit den Dalai Lamas, mit dem vierzehnten werde die Kette abreißen und überhaupt würden alte Prophezeiungen diese Vorhersage eindeutig stützen. Tenzin Gyatso seinerseits ist weniger kategorisch und erklärt, er kenne keine derartigen Texte. «Soviel ich weiß, gibt es keine Prophezeiungen, die an sich mit der Sukzession der Dalai Lamas verbunden sind. Es gibt nichts Genaues und Eindeutiges darüber. Das hindert nicht daran, daß man auf privater Ebene gewisse Hypothesen erarbeiten oder veschiedene Schlußfolgerungen prüfen kann. Als ich zum ersten Mal in Lhasa eintraf, vertraute etwa ein gelehrter Weiser, ein wirklicher Groß-Lama, nachdem er mich gesehen hatte, seinen Schülern an, der vierzehnte werde ein guter Dalai Lama sein, vielleicht der letzte. Das wurde von einer bestimmten Person zu einem bestimmten Zeitpunkt und unter ganz bestimmten Umständen gesagt. Ich kann Ihnen nicht mehr darüber sagen, und, soviel ich weiß, ich wiederhole es, gibt es nichts Präziseres.

Ansonsten gibt es aber immer Wesen, die die für die Stellung des Dalai Lama erforderlichen Voraussetzungen besitzen. Was auch immer kommen mag, die Inkarnation eines Buddha oder eines Bodhisattva wird sich auch weiterhin manifestieren, und zwar nicht nur in menschlicher Gestalt. Ob nun der Titel einem ganz bestimmten Wesen verliehen wird oder nicht, alles hängt davon ab, ob es unter den gegebenen Umständen wohltätig ist oder nicht. Lange vor dem ersten anerkannten Dalai Lama gab es andere Inkarnationen von Avalokiteshvara, dem Herrn des Grenzenlosen Mitleids, ohne daß sie unbedingt den Titel Ozean der Weisheit getragen hätten. Wie dem auch sei, ich bin nicht der beste Dalai Lama, aber auch nicht der schlechteste ... Vielleicht wäre es tatsächlich gut, wenn ich der letzte wäre ... Wenn ich mich zum höchsten Wohle der Wesen als oder sagen wir einmal, eine Brücke oder ein Insekt reinkarnieren müßte, dann ist es für mich als Mönch und Anhänger des Mahayana Pflicht, es zu tun. Solange es Wesen gibt, die leiden, werde ich wiederkehren.»

Vorhersage oder nicht, gute oder schlechte Vorzeichen, Prophetie oder nicht, die Gewißheit ist da, gegeben von der am besten qualifizierten Person, eine solche Verpflichtung einzugehen. Für die Tibeter ist diese Gewißheit ausschlaggebend. Vielleicht auch für die übrige Welt. So gut wie jeder andere, zuweilen vielleicht sogar besser als andere, haben es das Land Bod und seine Bewohner verstanden, mit der Zeit zu spielen, sich ihr anheimzustellen. Auch heute ist es für sie eine Frage der Zeit, die sich zwar unter ganz neuen und äußerst dringlichen Vorzeichen stellt – geht es doch ums Überleben. In jedem möglichen Wortsinn. Aber das Wort des Buddha gilt, der Niedergang wird vorläufig sein, die Wiedergeburt um so glanzvoller ...

In dieser Perspektive ist der jetzige Vertreter Chenresis unter den Seinen ohne jeden Zweifel ein Dalai Lama, der sich an einem Angelpunkt, ja an einer Bruchstelle befindet. Am Angelpunkt der Welten im Konflikt, an der Bruchstelle der zersplitterten Gesellschaften ist er der Wächter, der am Rande der fernen Horizonte wacht, einsam. Er hört nicht auf, zu verblüffen, wenn nicht betroffen zu machen oder Gewohnheiten durcheinanderzubringen. Sein Gang zu den Sternen erforscht die Zukunft, die einer Suche, einer Frage gleicht. Aber welche Antwort? In dieser Welt des Scheins, in der die Mode auf Botschaften aus ist, besitzt seine Botschaft von großer Schlichtheit einen unerhörten Tiefgang. Sein eigener innerer Friede wird Teilhabe an der Heiterkeit, gereinigte Kraft von höchster Aufmerksamkeit und Öffnung auf den anderen hin.

Gilt es die Welt zu verändern, um das Schicksal zu verändern, oder den Blick zu verändern, der sich auf den Jahrmarkt der Trugbilder legt? Das eine ist nicht möglich ohne das andere. «Selbstverständlich kann die menschliche Gesellschaft besser werden, für alle besser werden», betont der Meister des Lotus. «Gerade durch den inneren Frieden. Besser, das heißt für mich mehr Aufmerksamkeit und Höflichkeit dem anderen gegenüber, eine selbstlosere Hinwendung, um besser zu verstehen. Zuerst gilt es anzuerkennen, daß die anderen, alle anderen Menschen die gleichen Rechte und die gleichen Aspirationen auf Wohlstand und Glück haben wie wir, daß wir sie nicht als Objekte im Dienste unseres Egoismus nach Gutdünken manipulieren dürfen. Sie sind unseresgleichen, und wir sollen sie als unseresgleichen einschätzen. Sind die ersten Knoten einmal gelöst, die ersten Schritte getan, erweitert sich der Blickwinkel, und es wird möglich, weiterzugehen, über die eigenen Grenzen, die eigene Gesellschaft oder über sich selbst hinaus.» Einigen gelingt es schneller als anderen, sie setzen Maßstäbe, werden Wegmarken für jene, die ihnen zu folgen suchen.

«Die Schönheit Tibets ist stark, elementar, erhaben», enthüllte Fosco Maraini eines Tages. «Sie gewährt nichts, ich möchte beinahe sagen, sie verzeiht nichts ...» Was verzeihen? Weshalb? Tatsache ist, daß sie schenkt, Sie schenkt dem Wesen eine andere, einzigartige und seltene Dimension. Gemäß diesem Schlüssel stimmen sich viele Bewohner des Landes ab, seien sie vollendete Weise oder angeblich einfache Sterbliche, Nomaden, die das Leben durchschreiten, wie andere die Weiten der Weidplätze wechseln. Irgendwo wissen sie, beinahe instinktiv, und andere mit ihnen wissen, daß die Welt als ein Mandala angesehen werden kann, und im Mandala der Welt steht für die Tibeter im Zentrum ein Mensch, den sie «Seine Präsenz» nennen. In ihren Augen inkarniert er ein Prinzip der Liebe und des Lichts, und zahlreich, sehr zahlreich sind jene, die in ihm den unerschöpflichen Quell ihres Daseinsgrundes finden. Aber er, der buddhistische Mönch Tenzin Gyatso, was denkt er vom vierzehnten Dalai Lama? Und der vierzehnte Dalai Lama, wie sieht er den buddhistischen Mönch Tenzin Gyatso?

«Eine gute Frage und erst noch eine amüsante ...» (Lachen. Perlendes Lachen. Dann dreißig Sekunden des Nachdenkens.) «Als buddhistischer Mönch Tenzin Gyatso fühle ich großes Mitleid mit dem vierzehnten Dalai Lama, denn zuweilen denkt er, sein Leben sei nicht einfach, er habe viele komplexe Situationen zu bewältigen, was nicht immer einfach ist. Was den Dalai Lama betrifft, wenn er an Tenzin Gyatso denkt und ihn beobachtet, dann hat er das Gefühl, daß er sein Bestes tut, daß er sich von ganzem Herzen bemüht und sein Möglichstes tut, um es richtig zu machen ... Geht das so?» Und schon beginnt das Lachen von neuem ...

Im Herzen des Mandala befindet sich stets ein Licht. Oft gibt es dort eine Gottheit, zuweilen kann dort die Leere sein, ein andermal ein Meister, Wächter oder hinüberleitender Führer. Aber zwischen dem Symbol und dem Menschen steht, souverän gegenwärtig, der Pilger, jener, der in aller Heiterkeit seinem Ziel entgegenwandert, von dem er sagt, es sei weit weg, von dem er aber weiß, daß es in Reichweite der Hand oder des Herzens eines jeden liegt. Jener, der sagt: «Selbstvertrauen, Mut, Entschlossenheit und Optimismus sind, meiner Meinung nach, wesentlich, wenn man gewinnen will. Redet man sich von Anfang an ein, es gehe nicht, läßt man sich entmutigen, hat man eine pessimistische Einstellung, werden Sie das, was Sie sich wünschen, selbst wenn es leicht zu erlangen ist, nicht erreichen, es wird nicht gehen. Das ist meine Sichtweise. Für die menschliche Gemeinschaft wie für das Individuum ist Hoffnung entscheidend ...

Wichtig ist, sein Bestes zu tun. Ob es gelingt oder nicht, das ist eine andere Frage. Selbst wenn man nicht unbedingt das erreicht, was man in diesem Leben sucht, macht das nichts – zumindest hat man versucht, eine bessere Gesellschaft zu schaffen, gegründet auf mehr Mitleid und weniger Egoismus. Davon bin ich zutiefst überzeugt.»

Der Kreis, geschlossen, ruht flüchtig in sich selbst, bereits geschmückt für eine nächste Entfaltung; was ist ein Menschenleben an den Grenzen zur Ewigkeit, Widerspiegelung der Spiegelung zwischen der Unendlichkeit des Raums und der Unerdenklichkeit der Zeit? Andere werden später kommen, an den Rändern des Imaginären, die Unsterblichkeit mit der Elle des Vorläufigen zu befragen. Morgen wird der Horizont dem Regenbogen allen Lichts gleichen, kostbar wie die Hoffnung aller Leben.

In dieser Erwartung, vom aufblitzenden Licht zum schimmernden Schein, begleitet die Gabe strahlender Freude die Schritte eines Menschen, der auf der Erde wandert und zuweilen die Faszination für das Okkulte symbolisiert. Aus dem geistlichen Streben hat er eine grundlegende Seinsdimension gemacht, in einer grandiosen Harmonie von Erkenntnis und Verstehen, von Geist und Herz. Es ist vielleicht ein seltenes Privileg, einem «jivan mukhta», einem «lebenden Befreiten» zu begegnen, wie die Hindus jene bezeichnen, die in ihrer menschlichen Gestalt die höchste Stufe der Erleuchtung erlangt haben, für immer die Ketten der Erscheinungen brechend. Die Tibeter sagen, sie seien Bodhisattvas, die an der Schwelle zum Erwachen angelangt sind und sich entschließen, unter die Menschen zurückzukehren, um die Leiden jener zu lindern, die das Nichtwissen blind macht. Andere betrachten sie ganz einfach als Weise: sie haben die Pforten der Wahrnehmung gesprengt und ihre Sicht umfaßt Universen, wo sich das Rätsel des Glücks ohne Alraun und Mohn löst. Jenseits des Unsagbaren wird ihre Erfahrung Gabe. Zurück auf der verehrten Erde des Buddha, in der Gewißheit, in das Hochland der Götter zurückzukehren, betet ein tibetischer Mönch in der Stille der Morgendämmerung für den Frieden der Welt. Hier oder anderswo, unspektakulär, steigt sein Gebet im gedämpften Rhythmus von Damaru und Glöckchen keinem Gott entgegen: es ist Meditation und Streben nach dem Licht, Wandel der Bewußtseinsebene und Öffnen des inneren Auges. Von ferne, weit weg, von der transluziden Quelle der Zeit aus erhellt er einen Weg, der am bebenden Grat zum Raum seine Spuren schreibt. Bis zur nächsten Reife der Zeiten.

ANMERKUNGEN

1 Tucci, G., *To Lhasa and Beyond.*

2 Huc, R. E., *Reise durch die Mongolei, nach Tibet und China 1844–1846.*

3 Nach dem französischen Text übersetzt: «Les poèmes du VIe Dalaï-Lama», traduction d'Yves Codet; in: *Tribu* 7 (1985).

4 Bell, Ch., *Portrait of the Dalai Lama.*

5 Bärlocher, D., *Testimonies of Tibetan Tulkus.*

6 Avedon, J. F., *Ein Interview mit dem Dalai Lama.*

7 Malik, I., *Dalai Lamas of Tibet.*

8 Avedon, J. F., *In Exile from the Land of Snows.*

9 Norbu, Th. D./C. M. Turnbull, *Mein Tibet. Geist und Seele einer sterbenden Kultur*, S. 323.

10 Maraini, F., *Geheimnis Tibet.*

11 Ib.

12 Andrugtsang, G. T., *Four Rivers, Six Ranges.*

13 Norbu, Th. D./C. M. Turnbull, a. a. O., S. 322.

14 Bärlocher, D., a. a. O.

15 Der XIV. Dalai Lama, *Logik der Liebe*, S. 155 ff.

16 Bärlocher, D., a. a. O.

17 Botschaft zum Internationalen Tag der Umwelt, 5. Juni 1986.

18 Botschaft an die Buddhisten in Sri Lanka anläßlich des Festes des Buddha 1986; in: *Tibetan Bulletin* Juni/Juli 1986.

19 *Tibetan Review.* Oktober 1986.

Falls nicht näher bezeichnet, stammen die meisten Zitate des Dalai Lama aus persönlichen Gesprächen mit der Autorin, insbesondere in Genf und Rikon (Schweiz), in Bodh Gaya (Indien) 1985; in Digne und Saint-Maclou (Frankreich), Dharamsala (Indien), Rom und Assisi (Italien) 1986; in Manali (Indien) 1987; London (Großbritannien) 1988; Dharamsala (Indien) und Paris (Frankreich) 1989. Auszugsweise wurde eines dieser Gespräche in *Le Monde, La Stampa* und *The Guardian* publiziert. Die übrigen Kommentare des Dalai Lama sind mit seiner freundlichen Erlaubnis seinen eigenen Werken entnommen (*Mein Leben und mein Volk. Die Tragödie Tibets*; *Wege zur universellen Verantwortung*; *Logik der Liebe*; *Das Auge einer neuen Achtsamkeit*).

GLOSSAR

Ahimsa: Prinzip der Gewaltlosigkeit
Amban: chinesischer Resident in Lhasa, unter den Mongolen
Bodhisattva: Weiser, der an die Schwelle der Erleuchtung gelangt ist und auf die Erlösung verzichtet, um den leidenden Wesen zu helfen, sich zu befreien
Chöten: Reliquientempel in der Form einer umgekehrten Glocke, himalajische Form des indischen Stupa
Dakini: weibliche Schutzgottheit
Damaru: kleine Ritualtrommel
Darshan: übliche Segnungszeremonie indischer Weiser
Dharma: Lehre des Buddha
Desi: Regent zur Zeit der Minderjährigkeit des Dalai Lama
Geshe: gelehrter Mönch
Gompa: Wohnstätte der Einsamkeit: tibetische Bezeichnung von Lama-Klöstern und Einsiedeleien
Guru: geistlicher Lehrer
Kalon: Beamter im Ministerrang
Karma: Gesetz von Ursache und Wirkung
Kashag: Ministerkabinett
Khata: Glücksschleife, meist weiß
Mandala: graphische Darstellung des Universums; Meditationshilfe
Mani: Stein mit eingemeißelter Sakralformel
Mantra: rhythmisierte Beschwörungsformel
Mantrisch: mit Mantra verbunden
Monlam: Großes Jahresgebet für das Glück aller Wesen
Puja: liturgische Opferzeremonie
Rinpoche: Ehrentitel, allgemein als Anrede für einen hochrangigen Lama verwendet
Sadhana: beharrlich zu praktizierende Askese oder Regel, um auf dem geistlichen Weg voranzukommen
Sangha: Gemeinschaft der buddhistischen Mönche
Stupa: indischer Reliquientempel
Sutra: Anleitung oder Aphorismus, in Hinduismus und Buddhismus

Tantra: Methode geistlicher Disziplin, die die höchsten buddhistischen Lehren umfaßt
Tantrisch: mit Tantra verbunden
Thanka: religiöse Malerei auf Stoff
Tsampa: Mehl aus gerösteter Gerste, Grundlage der tibetischen Nahrung
Tulku: Reinkarnation eines Weisen, eines Asketen, eines Abtes oder eines Lama

Mit den mächtigen Waffen der Wahrheit und der Entschlossenheit

Die Rede des Dalai Lama anläßlich der Verleihung des Friedensnobelpreises in Oslo

Meine Brüder und Schwestern, es ist mir eine Ehre und Freude, heute bei Ihnen zu sein. Ich freue mich wirklich, so viele alte Freunde aus den unterschiedlichsten Weltgegenden zu treffen und neue Freunde zu gewinnen, die ich einmal wiederzusehen hoffe. Wenn ich in vielen Teilen der Welt mit Leuten zusammenkomme, erinnert mich das immer daran, daß wir im Grunde alle gleich sind: Wir sind alle Menschen. Wir tragen vielleicht verschiedene Kleider, unsere Hautfarbe ist verschieden, oder wir sprechen verschiedene Sprachen. Doch das sind Unterschiede an der Oberfläche. Im Grunde sind wir die gleichen Menschen. Das verbindet uns. Das ermöglicht uns, einander zu verstehen und Freundschaft und Nähe zu entwickeln.

Ich habe mich entschlossen, Ihnen einige meiner Gedanken zu Problemen mitzuteilen, die uns als Mitglieder der Menschheitsfamilie alle angehen. Weil wir alle diesen kleinen Planeten Erde miteinander teilen, müssen wir lernen, miteinander und mit der Natur in Einklang und Frieden zu leben. Das ist nicht bloß ein Traum, sondern Notwendigkeit. Wir sind in so vieler Hinsicht voneinander abhängig, daß wir nicht mehr länger in isolierten Gemeinschaften leben und ignorieren können, was außerhalb dieser Gemeinschaften geschieht. Wir müssen einander helfen, wenn wir Schwierigkeiten haben, und uns gegenseitig an unserem Wohlergehen teilhaben lassen. Ich spreche zu Ihnen von Mensch zu Mensch als ein einfacher Mönch. Wenn Sie meine Worte sinnvoll finden, hoffe ich, daß Sie danach zu handeln versuchen.

Ich möchte Ihnen heute auch sagen, was ich über die Not und die Hoffnungen des tibetischen Volkes denke. Der Nobelpreis ist eine Ehrung, die dieses Volk für seinen Mut und seine unerschütterliche Entschlossenheit in vierzig Jahren der Besetzung durch ausländische Truppen sehr wohl verdient hat. Als freier Sprecher für meine gefangenen Landsleute sehe ich es als meine Pflicht an, in ihrem Namen das Wort zu ergreifen. Ich tue das nicht mit Wut oder Haß auf die, die für das unermeßliche Leid unseres Volkes und für die Zerstörung unseres Landes, unserer Häuser und unserer Kultur verantwortlich sind. Auch sie sind Menschen, die nach Glückseligkeit streben und unser Mitleid verdienen. Ich will Sie über die traurige Lage in meinem Land und über die Hoffnungen meines Volkes informieren, denn in unserem Kampf für die Freiheit ist die Wahrheit unsere einzige Waffe.

Wenn wir uns klarmachen, daß wir im Grunde alle gleich sind, Menschen, die nach Glückseligkeit streben und Leid zu vermeiden suchen, dann hilft uns das, ein Gefühl der Brüderlichkeit zu entwickeln, ein warmes Gefühl der Liebe und des Mitleids für andere. Dies wiederum ist entscheidend, wenn wir in dieser immer kleiner werdenden Welt überleben wollen. Denn wenn jeder von uns selbstsüchtig nur das verfolgt, was er für seine eigenen Interessen hält, ohne sich um die Nöte anderer zu kümmern, werden wir schließlich nicht nur anderen schaden, sondern auch uns selbst. Das ist im Laufe dieses Jahrhunderts ganz deutlich geworden. Wir wissen zum Beispiel, daß es Selbstmord gleichkäme, riskierten wir heute einen Atomkrieg; daß wir durch Verschmutzung der Luft und der Meere für einen kurzfristigen Gewinn die Grundlage unseres Überlebens zerstören. Weil die einzelnen und die Völker immer mehr voneinander abhängig werden, haben wir keine andere Wahl, als ein Gefühl der universalen Verantwortung zu entwickeln.

Heute sind wir wirklich eine erdumspannende Familie. Was in einem Teil der Welt geschieht, kann uns alle betreffen. Dies gilt natürlich nicht nur für die negativen, sondern auch für die positiven Entwicklungen. Nicht nur wissen wir, dank der außerordentlich entwickelten Kommunikationstechniken, was anderswo passiert, wir werden auch von weit entfernten Ereignissen direkt betroffen. Wir sind traurig, wenn Kinder in Ostafrika verhungern. In ähnlicher Weise verspüren wir Freude, wenn eine Familie, nach Jahrzehnten der Trennung durch die Mauer in Berlin, wieder vereint ist. Unsere Ernten, unser Vieh werden vergiftet, unsere Gesundheit, unsere Lebensgrundlagen sind bedroht, wenn sich viele Kilometer entfernt in einem anderen Land ein atomarer Zwischenfall ereignet. Unsere eigene Sicherheit wird gefestigt, wenn kriegführende Parteien auf anderen Kontinenten Frieden schließen.

Doch Krieg oder Frieden, Zerstörung oder Schutz der Umwelt, Bruch oder Förderung der Menschenrechte und der demokratischen Freiheiten, Armut oder Wohlstand, Mangel an moralischen und geistlichen Werten oder ihr Bestehen und ihre Entwicklung, Zusammenbruch oder Verbesserung der Verständigung unter den Menschen sind keine isolierten Erscheinungen, die man unabhängig voneinander analysieren und in Angriff nehmen kann. Vielmehr sind sie auf allen Ebenen eng miteinander verbunden; aus diesem Verständnis heraus muß man mit ihnen umgehen.

Frieden im Sinne von Abwesenheit von Krieg hat geringen Wert für jemanden, der vor Hunger und Kälte stirbt. Einem Gefangenen, der wegen seiner Überzeugung eingesperrt ist, wird ein solcher Frieden die Schmerzen der Folterung nicht nehmen. Er ist kein Trost für die, welche ihre Angehörigen bei Überschwemmungen verloren haben, die von sinnlosen Abholzungen in einem Nachbarland verursacht wurden. Frieden kann nur von Dauer sein, wo die Menschenrechte respektiert werden, wo die Menschen zu essen haben und wo der einzelne und die Völker frei sind. Wahren Frieden mit uns selbst und mit der Welt um uns herum können wir nur durch die Entwicklung von innerem Frieden erlangen. Die anderen genannten Phänomene sind auf ähnliche Weise miteinander verbunden. So erkennen wir zum Beispiel, daß eine saubere Umwelt, Wohlstand oder Demokratie wenig bedeuten angesichts eines Krieges, vor allem eines Atomkrieges, und daß materielle Entwicklung nicht ausreicht, das Glück der Menschen zu garantieren.

Natürlich ist materieller Fortschritt wichtig für die Entwicklung der Menschen. In Tibet haben wir uns viel zuwenig um den technischen und wirtschaftlichen Fortschritt gekümmert, und heute merken wir, daß das ein Fehler war. Andererseits kann materielle Entwicklung ohne eine spirituelle Entwicklung ebenfalls ernste Probleme schaffen. In einigen Ländern widmet man äußerlichen Dingen zu viel Aufmerksamkeit, der inneren Entwicklung wird wenig Bedeutung beigemessen. Ich glaube, daß beide wichtig sind und nebeneinander wachsen müssen, um einen ausgeglichenen Zustand zu erreichen. Die Tibeter werden von ausländischen Besuchern immer als glückliches, freundliches Volk beschrieben. Das gehört zu unserem Volkscharakter, der von kulturellen und religiösen Werten geprägt ist, welche die Bedeutung des inneren Friedens durch die Entwicklung von Liebe und Güte zu allen lebenden und fühlenden Wesen, Menschen wie Tieren, unterstreichen. Innerer Friede ist der Schlüssel: Wenn Sie in ihrem Innern von Frieden erfüllt sind, beeinträchtigen äußerliche Probleme nicht dieses tiefempfundene Gefühl für Frieden und Ruhe. In diesem Geisteszustand können Sie Situationen ruhig und vernünftig bewältigen und dabei Ihre innere Fröhlichkeit bewahren. Das ist sehr wichtig. Ohne diesen inneren Frieden können Sie, wie bequem Ihr Leben materiell gesehen auch sein mag, dennoch ängstlich, verwirrt oder unglücklich wegen irgendwelcher Umstände sein.

Es ist deshalb von großer Bedeutung, die Wechselbeziehungen zwischen diesen und anderen Erscheinungen zu verstehen und zu versuchen, Probleme auf eine ausgeglichene Weise zu lösen, die diese unterschiedlichen Aspekte berücksichtigt. Das ist natürlich nicht einfach. Aber es nützt wenig, sich um die Lösung eines Problems zu bemühen, wenn dabei ein genauso ernstes neues entsteht. Wir haben also keine Wahl: Wir müssen ein Gefühl der universalen Verantwortung entwickeln, und zwar nicht nur im geographischen Sinne, sondern auch im Hinblick auf die verschiedenen Probleme, die unseren Planeten bedrohen.

Die Verantwortung tragen nicht nur die Führer unserer Länder oder die, die für eine bestimmte Aufgabe ernannt oder gewählt worden sind. Verantwortung trägt jeder von uns. Frieden zum Beispiel fängt bei jedem einzelnen an. Wenn wir inneren Frieden besitzen, können wir mit den Menschen um uns herum in Frieden leben. Wenn unsere Gemeinde in Frieden lebt, kann sie diesen Frieden mit Nachbargemeinden teilen und so weiter. Wenn wir Gefühle der Liebe und Güte für andere haben, fühlen sich nicht nur die anderen geliebt und beachtet, sondern es hilft auch uns selbst, innere Fröhlichkeit, inneren Frieden zu entwickeln. Es gibt durchaus Möglichkeiten, bewußt an der Entwicklung von Gefühlen der Liebe und Güte zu arbeiten. Für einige von uns besteht die wirkungsvollste Möglichkeit dazu in Religionsausübung. Für andere mögen es nichtreligiöse Übungen sein. Wichtig ist, daß jeder von uns sich ehrlich bemüht, unsere Verantwortung füreinander und für die Umwelt ernst zu nehmen.

Die Entwicklungen, die um uns herum stattfinden, ermutigen mich. Nachdem die Jugend in vielen Ländern, vor allem im nördlichen Europa, wiederholt die Beendigung der gefährlichen Umweltzerstörung gefordert hat, die im Namen der wirtschaftlichen Entwicklung vorangetrieben wurde, beginnen die politischen Führer in aller Welt, mit bedeutenden Maßnahmen dieses Problem in Angriff zu nehmen. Der Bericht der Weltkommission für Umwelt und Entwicklung an den Generalsekretär der Vereinten Nationen (Brundtland-Report) war ein wichtiger Schritt, denn er brachte den Regierungen die Dringlichkeit der Angelegenheit nahe. Ernsthafte Bemühungen, Frieden in Kriegsgebiete zu bringen und das Selbstbestimmungsrecht einiger Völker zu verwirklichen, hatten den Rückzug der sowjetischen Truppen aus Afghanistan und die Errichtung des unabhängigen Namibia zur Folge. Hartnäckige, gewaltfreie Proteste der Bevölkerung haben viele Länder wirklicher Demokratie näher gebracht. Das ist an vielen Stellen geschehen, von Manila auf den Philippinen bis nach Berlin. Nun, da die Ära des Kalten Krieges zu Ende zu gehen scheint, leben die Menschen überall mit neuer Hoffnung. Leider wurden die mutigen Anstrengungen des chinesischen Volkes, ähnliche Veränderungen auch in seinem Land zu bewirken, im vergangenen Jahr brutal zunichte gemacht. Aber auch seine Bemühungen sind eine Quelle der Hoffnung. Die militärische Macht hat die Sehnsucht des chinesischen Volkes nach Freiheit und seine Entschlossenheit, sie zu erringen, nicht ausgelöscht. Ich bewundere ganz besonders, daß diese jungen Leute, die man gelehrt hatte, die Macht komme aus dem Lauf der Gewehre, statt dessen die Gewaltfreiheit als ihre Waffe wählten.

Diese positiven Veränderungen zeigen, daß Vernunft, Mut, Entschlossenheit und die unauslöschliche Sehnsucht nach Freiheit letztlich siegen können. Im Kampf zwischen den Kräften des Kriegs, der Gewalt und der Unterdrückung auf der einen Seite und denen des Friedens, der Vernunft und der Freiheit auf der anderen sind die letzteren dabei, die Oberhand zu gewinnen. Das erfüllt uns Tibeter mit der Hoffnung, daß auch wir eines Tages wieder frei sein werden.

Auch die Verleihung des Nobelpreises an mich, einen einfachen Mönch aus dem fernen Tibet, hier in Norwegen läßt uns Tibeter hoffen. Sie bedeutet, daß wir, obwohl wir auf unsere Not nicht mit Gewalt aufmerksam gemacht haben, nicht vergessen worden sind. Sie bedeutet auch, daß unsere Werte, vor allem unsere Achtung allen Formen des Lebens gegenüber und der Glaube an die Macht der Wahrheit, heute anerkannt wird und wir darin bestärkt werden. Sie ist ferner eine Ehrung meines Lehrers Mahatma Gandhi, dessen Beispiel so viele von uns inspiriert. Die Preisverleihung dieses Jahr zeigt, daß das Gefühl der universalen Verantwortung sich allmählich entwickelt. Ich bin tief berührt von der aufrichtigen Besorgnis, die so viele Menschen in diesem Teil der Welt über das Leiden des tibetischen Volkes zum Ausdruck bringen. Das ist eine Quelle der Hoffnung nicht nur für uns Tibeter, sondern für alle unterdrückten Völker.

Wie Sie wissen, ist Tibet seit vierzig Jahren von ausländischen Truppen besetzt. Heute sind mehr als eine Viertelmillion chinesische Soldaten in Tibet stationiert. Einige Quellen schätzen die Stärke der Besatzungsarmee sogar auf das Doppelte. In dieser Zeit wurden die Tibeter ihrer grundlegenden Menschenrechte beraubt, wie des Rechts auf Leben, der Reise-, Rede- und Religionsfreiheit, um nur einige zu nennen. Mehr als ein Sechstel der sechs Millionen zählenden Bevölkerung Tibets starben als direkte Folge des Einmarsches und der Besetzung durch die Chinesen. Bereits vor der Kulturrevolution wurden viele der tibetischen Klöster, Tempel und historischen Gebäude zerstört. Beinahe alles, was übrigblieb, wurde dann während der Kulturrevolution vernichtet. Ich will mich dabei nicht lange aufhalten, die Vorgänge sind gut dokumentiert. Es ist jedoch wichtig, sich klarzumachen, daß trotz der begrenzten Freiheit, die nach 1979 den Wiederaufbau von Teilen einiger Klöster und ähnliche Zeichen der Liberalisierung ermöglichte, heute die grundlegenden Menschenrechte des tibetischen Volkes immer noch systematisch verletzt werden. In den vergangenen Monaten hat sich diese Lage sogar noch verschlimmert.

Gäbe es nicht unsere Exilgemeinde, die von der Regierung und dem Volk Indiens so großzügig beschützt und unterstützt wird und der Organisationen und einzelne aus vielen Teilen der Welt helfen, wäre unsere Nation wenig mehr als das zerrüttete Überbleibsel eines Volkes. Unsere Kultur, Religion und nationale Identität wären ausgerottet worden. Doch im Exil haben wir Schulen und Klöster gebaut und demokratische Institutionen geschaffen, um unserem Volk zu dienen und den Samen unserer Kultur zu bewahren. Mit Hilfe dieser Erfahrungen wollen wir in einem künftigen, freien Tibet eine umfassende Demokratie errichten. So lassen wir unsere Exilgemeinde sich nach modernen Gesichtspunkten entwickeln, bewahren aber gleichzeitig unsere kulturelle Identität und halten sie hoch. Dadurch machen wir Millionen unserer Landsleute in Tibet Hoffnung.

Am beunruhigendsten ist zurzeit das Einströmen chinesischer Siedler nach Tibet. Obwohl in den ersten Jahrzehnten der Besetzung bereits eine beträchtliche Anzahl von Chinesen in die östlichen Teile Tibets umgesiedelt wurde – in die tibetischen Provinzen Amdo (Chinghai) und Kham, die größtenteils benachbarten chinesischen Provinzen angegliedert wurden –, hat die chinesische Regierung seit 1983 eine beispiellose Zahl von Chinesen dazu ermuntert, in alle Teile Tibets einzuwandern, einschließlich Zentral- und Westtibets, die von der Volksrepublik als Autonome Region Tibet bezeichnet werden. Die Tibeter werden zusehends zu einer unbedeutenden Minderheit in ihrem eigenen Land. Dieser Trend, der das Überleben des tibetischen Volkes, seiner Kultur und seines spirituellen Erbes bedroht, kann noch aufgehalten und umgekehrt werden. Aber das muß sofort geschehen, bevor es zu spät ist.

Der neue Zyklus von Protest und gewaltsamer Unterdrückung, der in Tibet im September 1987 begann und im März 1989 seinen Höhepunkt in der Verhängung des Kriegsrechts in der Hauptstadt Lhasa fand, war im wesentlichen eine Reaktion auf diesen ungeheuren Zustrom von Chinesen. Im Exil haben uns Informationen erreicht, denen zufolge Protestmärsche und andere friedliche Formen des Protests in Lhasa und an einigen anderen Orten in Tibet fortgesetzt werden, trotz der strengen Bestrafung und der unmenschlichen Behandlung, die Tibeter erleiden müssen, die wegen Äußerung ihrer Beschwerden verhaftet werden.

Die Zahl der Tibeter, die während der Proteste im März von Sicherheitskräften getötet wurden, und derer, die später in der Haft umkamen, ist nicht bekannt. Sie wird auf über zweihundert geschätzt. Tausende wurden festgenommen, verhaftet und eingesperrt; Folter ist an der Tagesordnung.

Vor dem Hintergrund dieser sich verschlechternden Lage und um weiteres Blutvergießen zu vermeiden, habe ich den sogenannten Fünf-Punkte-Friedensplan für die Wiederherstellung des Friedens und der Menschenrechte in Tibet vorgelegt. In einer Rede in Straßburg 1988 habe ich dazu ausführlich Stellung genommen. Meiner Meinung nach stellt der Plan einen vernünftigen und realistischen Rahmen für Verhandlungen mit der Volksrepublik China dar. Doch bisher waren Chinas Führer nicht willens, konstruktiv darauf zu reagieren. Die brutale Unterdrückung der chinesischen Demokratiebewegung im Juni 1989 unterstrich aber meinen Standpunkt, daß jegliche Lösung der Tibet-Frage nur sinnvoll ist, wenn sie von angemessenen internationalen Garantien gestützt wird.

Der Fünf-Punkte-Friedensplan handelt von den grundlegenden und miteinander verbundenen Themen, auf die ich mich im ersten Teil dieser Rede bezogen habe. Er sieht vor:

1. Umwandlung ganz Tibets, einschließlich der östlichen Provinzen Kham und Amdo, in eine Ahimsa-(gewaltfreie)Zone.

2. Beendigung der chinesischen Umsiedlungspolitik.

3. Achtung der Menschenrechte und der demokratischen Freiheiten des tibetischen Volkes.

4. Wiederherstellung und Bewahrung der natürlichen Umwelt in Tibet.

5. Beginn ernsthafter Verhandlungen über den künftigen Status Tibets und Aufnahme von offiziellen Beziehungen zwischen dem tibetischen und dem chinesischen Volk. In Straßburg schlug ich vor, daß Tibet ein sich völlig selbstverwaltendes demokratisches Gebilde werden solle.

Ich möchte die Gelegenheit nutzen, den Begriff Ahimsa-Zone oder Friedenszone zu erklären, welcher das entscheidende Element des Fünf-Punkte-Friedensplans bildet. Es ist von großer Bedeutung nicht nur für Tibet, sondern auch für Frieden und Stabilität in ganz Asien.

Mein Traum ist, daß die ganze tibetische Hochebene eine freie Zufluchtstätte werden soll, in der Mensch und Natur in Frieden und harmonischer Ausgewogenheit leben können. Sie wäre ein Ort, an dem Menschen aus aller Welt die wahre Bedeutung des Friedens in ihrem Innern erforschen könnten, weg von den Spannungen und Belastungen, die es sonst fast überall auf der Welt gibt. Ja, Tibet könnte ein schöpferisches Zentrum für die Förderung und Entwicklung des Friedens werden.

Zu den Schlüsselelementen der vorgeschlagenen Ahimsa-Zone gehören:

– Entmilitarisierung der ganzen tibetischen Hochebene.

– Verbot der Herstellung, Erprobung und Lagerung von Atomwaffen und anderen Waffen auf der tibetischen Hochebene.

– Umwandlung der tibetischen Hochebene in den größten Naturschutzpark der Welt; Anwendung strenger Gesetze zum Schutz der Tiere und Pflanzen; umsichtige Regulierung der Ausbeutung natürlicher Ressourcen, damit die zugehörigen

Ökosysteme nicht beschädigt werden; vernünftige Entwicklungsmaßnahmen in den bevölkerten Gebieten.

– Verbot der Herstellung und Benutzung von Atomkraft und anderen Technologien, die gefährlichen Abfall produzieren.

– Ausrichtung der nationalen Ressourcen und Politik auf die aktive Förderung des Friedens und des Umweltschutzes; Organisationen, die sich der Friedensförderung und des Schutzes aller Formen des Lebens widmen, wären in Tibet willkommen.

– Ermutigung für internationale und regionale Organisationen für die Förderung und den Schutz der Menschenrechte, sich in Tibet niederzulassen.

Durch Tibets Höhenlage und seine Größe (sie entspricht der der Europäischen Gemeinschaft) wie auch durch seine einzigartige Geschichte und sein umfassendes spirituelles Erbe eignet sich das Land in idealer Weise dafür, im strategischen Zentrum Asiens ein Hort des Friedens zu sein. Das würde auch Tibets historischer Rolle einer friedlichen buddhistischen Nation und einer Pufferzone zwischen den starken und oft rivalisierenden Mächten des asiatischen Kontinents entsprechen.

Um bestehende Spannungen in Asien zu verringern, hat der sowjetische Staatspräsident Gorbatschow vorgeschlagen, die sowjetisch-chinesische Grenze zu entmilitarisieren und sie in eine «Grenze des Friedens und der gutnachbarschaftlichen Beziehungen» umzuwandeln. Die nepalesische Regierung hatte davor schon einmal vorgeschlagen, daß das nepalesische Himalaja-Gebiet an der Grenze zu Tibet eine Friedenszone werden solle; allerdings war in diesem Vorschlag eine Entmilitarisierung nicht vorgesehen.

Für die Stabilität und den Frieden in Asien ist es ausschlaggebend, daß Friedenszonen geschaffen werden, um die größten Mächte und möglichen Gegner auseinanderzuhalten. Der Vorschlag Gorbatschows, zu dem auch ein vollständiger Rückzug der sowjetischen Truppen aus der Mongolei gehörte, würde dazu beitragen, Spannungen und Konfliktpotential zwischen der Sowjetunion und China abzubauen. Eine echte Friedenszone muß natürlich auch zwischen den beiden bevölkerungsreichsten Staaten der Welt, China und Indien, errichtet werden.

Die Schaffung der Ahimsa-Zone erforderte den Rückzug von Truppen und militärischen Einrichtungen aus Tibet, was Indien und Nepal ermöglichte, ebenfalls Truppen und militärische Einrichtungen aus den Himalaja-Gebieten an der Grenze zu Tibet abzuziehen. Das müßte durch internationale Abkommen erreicht werden. Eine solche Entwicklung läge im wohlverstandenen Interesse aller Staaten in Asien, vor allem Chinas und Indiens, da es ihre Sicherheit festigte und gleichzeitig die wirtschaftliche Belastung durch die Unterhaltung hoher Truppenkonzentrationen in weit entfernten Gebieten verminderte.

Tibet wäre nicht das erste strategisch wichtige Gebiet, das entmilitarisiert würde. Teile der Sinai-Halbinsel, des ägyptischen Territoriums zwischen Israel und Ägypten, waren teilweise entmilitarisiert. Costa Rica ist natürlich das beste Beispiel für ein völlig entmilitarisiertes Land.

Tibet wäre auch nicht das erste Gebiet, das in einen Naturschutzpark verwandelt würde. Viele solcher Parks sind in der ganzen Welt geschaffen worden. Einige Gebiete von großer strategischer Bedeutung wurden zu natürlichen «Friedensparks» erklärt. Zwei Beispiele sind der La-Amistad-Park an der Grenze zwischen Costa Rica und Panama und das Si-A-Paz-Projekt an der Grenze zwischen Costa Rica und Nicaragua.

Als ich Costa Rica 1989 besuchte, habe ich gesehen, wie sich ein Land ohne Armee erfolgreich entwickeln und eine stabile Demokratie werden kann, die dem Frieden und dem Umweltschutz verpflichtet ist. Dies bestärkte mich darin, daß meine Vision von einem künftigen Tibet ein realistischer Plan ist, nicht nur ein Traum.

Lassen Sie mich zum Schluß Ihnen allen und unseren Freunden, die heute nicht zugegen sind, herzlich danken. Die Besorgnis und die Unterstützung, die Sie für die Tibeter und ihre Not zum Ausdruck gebracht haben, haben uns alle tief berührt und machen uns auch weiterhin Mut, für Freiheit und Gerechtigkeit zu kämpfen – nicht mit Gewalt, sondern mit den mächtigen Waffen der Wahrheit und der Entschlossenheit. Ich spreche für das ganze tibetische Volk, wenn ich Ihnen Dank sage und Sie bitte, Tibet in dieser kritischen Phase seiner Geschichte nicht zu vergessen. Auch wir hoffen, zu einer friedlicheren, menschlicheren und schöneren Welt beizutragen. Ein künftiges freies Tibet wird notleidenden Menschen in der ganzen Welt helfen, die Umwelt zu schützen und den Frieden zu fördern suchen. Die Fähigkeit von uns Tibetern, spirituelle Qualitäten mit einer realistisch-praktischen Einstellung zu verbinden, gibt uns die Möglichkeit, einen besonderen Beitrag zu leisten, so bescheiden er auch sein mag. Darauf hoffe ich, darum bete ich.

Ich möchte mit einem kurzen Gebet schließen, das mir viel Inspiration und Entschlossenheit gibt:

Solange das Weltall besteht
und solange es noch Lebewesen gibt,
so lange mag auch ich daran festhalten,
das Elend der Welt zu vertreiben.

Ich danke Ihnen.

Aus dem Englischen von Karin Schulte

BIBLIOGRAPHIE

Der XIV. Dalai Lama, *Mein Leben und mein Volk. Die Tragödie Tibets.* München/Zürich 1962.

Der XIV. Dalai Lama, *Wege zur universellen Verantwortung.* Rheinberg 1981.

Der XIV. Dalai Lama, *Logik der Liebe.* München 1986.

Der XIV. Dalai Lama, *Das Auge einer neuen Achtsamkeit.* München 1987.

Le XIVe Dalaï-Lama, *La lumière du Dharma.* Paris 1973.

The XIVth Dalai Lama/J. Hopkins, *The Kalachakra Tantra.* London 1985.

The XIVth Dalai Lama, *Collected Statements, Interviews and Articles.* Dharamsala 1986.

L'enseignement du Dalaï-Lama. Paris 1976/1987.

Andrugtsang, G. T., *Four Rivers, Six Ranges.* Dharamsala 1973.

Aten, *Un cavalier dans la neige.* Paris 1981.

Auboyer, J./J.-L. Nou, *Buddha. Der Weg der Erleuchtung.* Freiburg i. Br./Basel 1982.

Avedon, J. F., *Ein Interview mit dem Dalai Lama.* München 1982.

Avedon, J. F., *In Exile from the Land of Snows. The First Full Account of the Dalai Lama and the Tibetans since the Chinese Conquest.* New York 1984.

Bacot, J., *Trois mystères tibétaines, Tchirimekundan, Djroazanmo, Nansal.* Paris 1921.

Bacot, J., *Milarepa.* Paris 1971.

Bärlocher, D., *Testimonies of Tibetan Tulkus. A Research among Reincarnate Buddhist Masters in Exile.* Rikon/Zürich 1982.

Bell, Ch., *Portrait of the Dalai Lama.* London 1942.

Bernbaum, E., *Der Weg nach Shambhala. Auf der Suche nach dem sagenhaften Königreich im Himalaja.* Freiburg i. Br. 1988.

Blofeld, J., *The Tantric Mysticism of Tibet.* Boston 1987.

Blofeld, J., *Die Macht des heiligen Lautes. Die «Silben der Kraft» als Mittel der Transformation des Bewußtseins. Eine Einführung in die Praxis der Mantra-Meditation.* Bern 1988.

Borromée, A., u. a., *Der Dalai Lama. Weltliche und spirituelle Macht.* München 1984.

Burman, B. R., *Religion and Politics in Tibet.* Neu-Delhi 1979.

Clifford, T., *Tibetische Heilkunst. Einführung in Theorie und Praxis der altbewährten Naturheilkunde der Tibeter. Diagnostische Methoden, Heilmittel, Psychosomatik und Seelenheilkunde.* Bern 1986.

VIe Dalaï-Lama, «Les poèmes: Le sutra de diamant». Trad. Y. Codet; in: *Tribu* 7 (1985).

VIe Dalaï-Lama, *La raison de l'oiseau.* Saint-Clément-la-Rivière 1986.

Das, S. Ch., *Journey to Lhasa and Central Tibet.* 1902 ND: Neu-Delhi 1970.

David-Neel, A., *Mönche und Strauchritter. Eine Tibetfahrt auf Schleichwegen.* Leipzig 1933.

David-Neel, A., *Altes Tibet – neues China.* Wiesbaden 1955.

David-Neel, A., *Heilige und Hexer. Glaube und Aberglaube im Land des Lamaismus.* Wiesbaden, 3. Aufl. 1981.

David-Neel, A., *Mein Weg durch Himmel und Höllen. Das Abenteuer meines Lebens.* Berlin 1986.

David-Neel, A., *Le Tibet d'Alexandra David-Neel.* Paris 1979.

David-Neel, A./A. A. Yongden, *La vie surhumaine de Guésar de Ling, le héros tibétain. Racontée par les bardes de son pays.* Paris 1986.

Desjardins, A., *Les chemins de la sagesse.* Paris 1969.

Dhondup, K., *The Waterbird and Other Years.* Neu-Delhi 1986.

Donden, Y., *Health trough Balance.* New York 1986.

«From Liberation to Liberalisation». Dharamsala 1982.

Gashi, T. D., *New Tibet.* Dharamsala 1980.

Geem, I. van, *Crier avant de mourir. La tragédie du Tibet.* Paris 1977.

Goodman, M. H., *The Last Dalai Lama. A Biography.* Boston 1986.

Hicks, R./N. Choegyam, *Weiter Ozean. Der Dalai Lama. Eine autorisierte Biographie.* Essen 1985.

Huc, R. E., *Reise durch die Mongolei, nach Tibet und China 1844–1846.* Frankfurt a. M. 1986.

Internationale Juristenkommission, «Le Tibet et la République populaire de Chine». Genf 1959.

Internationale Juristenkommission, «La question du Tibet et la primauté du droit». Genf 1960.

Jest, C., *La Turquoise de vie. Un pèlerinage tibétain.* Paris 1985.

Karan, P. P., *The Changing Face of Tibet. The Impact of Chinese Communist Ideology on the Landscape.* Lexington 1976.

Khangkar, L. D., *Lectures on Tibetan Medecine.* Dharamsala 1986.

Landen, P., *Lhasa the Mysterious City.* Neu-Delhi 1905/1978.

Lhamo, R., *We Tibetans.* New York 1977.

Losang, R. Kh. N., *My Life and Lives.* New York 1977.

Malik, I., *Dalai Lamas of Tibet.* Neu-Delhi 1984.

Maraini, F., *Geheimnis Tibet.* München 1953.

Massin, Ch., *La médecine tibétaine.* Paris 1982.

McGovern, W. M., *Als Kuli nach Lhasa. Eine heimliche Reise nach Tibet.* Berlin 1924.

Mele, P. F., *Tibet.* Neu-Delhi 1975.

Meyer, F., *La médecine tibétaine.* Straßburg 1979.

Milarepa, *Les cent mille chants.* Paris 1986.

Norbu, Th. D., *Tibet. Verlorene Heimat. Erzählt von H. Harrer.* Wien/Berlin/Frankfurt a. M. 1960.

Norbu, Th. D./C. M. Turnbull, *Mein Tibet. Geist und Seele einer sterbenden Kultur. Der Bruder des Dalai Lama berichtet.* Wiesbaden 1971.

Paljor, K., *Tibet the Undying Flame.* Dharamsala 1977.

Pallis, M., *Peaks and Lamas.* London, 2. Aufl. 1940.

Pemba, T., *Tibet im Jahr des Drachen.* Basel 1968.

Reclus, E., *Nouvelle géographie universelle.* Bd. 7, Paris 1882.

Richardson, H. E., *Tibet. Geschichte und Schicksal.* Frankfurt a. M. 1964.

Riencourt, A. de, *Tibet im Wandel Asiens.* Wiesbaden 1951.

Schlaginweit, E., *Buddhism in Tibet.* 1863 (ND: Spanien 1968).

Shakabpa, W. D., *Tibet. A Political History.* New York 1984.

Snellgrove, D. L./H. Richardson, *A Cultural History of Tibet.* New York 1986.

Stein, R. A., *La civilisation tibétaine.* Paris 1962 (ND).

Tewari, U. N., *Resurgent Tibet. A Cause for Non Aligned Movement.* Neu-Delhi 1983.

Tibet the Sacred Realm. New York 1983.

Tibetan Medical Center, *Fundamentals of Tibetan Medecine.* Dharamsala 1981.

«Tibetans in Exile». Dharamsala 1982.

Tsering, R. D., *Daughter of Tibet.* Neu-Delhi 1970.

Tucci, G., *To Lhasa and Beyond. Diary of the Expedition to Tibet in the Year 1948.* New York 1987.

Tucci, G., *Geheimnis des Mandala. Theorie und Praxis.* Weilheim 1972.

Tung, R. J., *A Portrait of Lost Tibet.* London 1980.

Vie et enseignement de Geshé Rabten, Lama tibétain. Anduze 1980.

Yeshé, P., *La voie vers Shambhala.* Mailand 1983.